马克思主义学术文丛　赵剑英 总主编

马克思主义宗教理论研究

吕大吉 高师宁 著

中国社会科学出版社

图书在版编目（CIP）数据

马克思主义宗教理论研究/吕大吉、高师宁著. —北京：中国
社会科学出版社，2011.5　（2011.10 重印）
ISBN 978-7-5004-9776-9

Ⅰ.①马…　Ⅱ.①吕…②高…　Ⅲ.①马克思主义—宗教学
Ⅳ.①A811.63

中国版本图书馆 CIP 数据核字（2011）第 072920 号

责任编辑　徐　申　黄燕生
责任校对　郭　娟
封面设计　大鹏设计
技术编辑　戴　宽

出版发行　**中国社会科学出版社**
社　　址　北京鼓楼西大街甲 158 号　邮　编　100720
电　　话　010 – 84029450（邮购）
网　　址　http://www.csspw.cn
经　　销　新华书店
印　　刷　北京新魏印刷厂　　　装　订　广增装订厂
版　　次　2011 年 5 月第 1 版　　印　次　2011 年 10 月第 2 次印刷
开　　本　710×1000　1/16
印　　张　23.5　　　　　　　　　插　页　2
字　　数　373 千字
定　　价　48.00 元

出版前言

　　马克思主义的诞生是人类思想史上一件划时代的大事。一百六十多年来，马克思主义的真理性，业已通过对人类历史影响的深度和广度得到充分的检验和证明。在当今纷繁复杂的各种思想体系中，只有马克思主义才能对全球化条件下当代资本主义社会的内在矛盾从理论和方法上给予深刻的揭示和说明，只有当代中国的马克思主义才能给中国的发展道路从理论和方法上提供科学的论证和指引。近代以来的中国历史和发展实践表明，当代中国发展问题的关键在于必须坚持和发展马克思主义，坚持中国特色社会主义理论体系。这是中华民族走向伟大复兴的光明之路。

　　马克思主义是发展的科学。当今世界格局和经济政治秩序正在发生前所未有的深刻变化，诸多全球性问题纷至沓来。当代中国改革发展也正处于关键阶段，社会利益结构正在发生深刻调整，资源生态环境承载的压力巨大并付出了沉重代价，主流价值观念和意识形态面临重大冲击，党的执政方式与能力面临复杂而严峻的考验。这些重大的现实课题，迫切需要我们大力推进理论创新，不断赋予当代中国马克思主义鲜明的实践特色、民族特色、时代特色。对于广大马克思主义理论工作者而言，坚持马克思主义基本原理与把握中国国情和时代特征紧密结合起来，加快推进马克思主义中国化的步伐，为中国特色社会主义事业的健康发展提供正确的理论支持，无疑是一项光荣而重大的历史使命。

　　马克思主义研究事业的繁荣和发展，绝不仅仅体现为马克思主义研究成果数量的增加和研究队伍以及机构规模的扩大，而更应体现在关于马克思主义基础理论研究和重大现实课题研究所取得的重大进展上。本文丛旨在推出高质量、高水平的马克思主义理论研究创新成果。在选稿标准上，坚持基础研究和现实研究的统一，坚持思想性、学术性与实践性的统一，坚持马克思主义中国化、时代化、大众化的统一，倡导求真、创新、严谨、平实的学风和文风。希望《马克思主义学术文丛》成为我国马克思主义理论研究与创新成果的展示平台，期盼广大读者对该文丛予以积极关心、支持与指导！

中国社会科学出版社总编辑　赵剑英
2010 年 3 月 2 日

目　　录

绪　言

以理性的态度认识和对待
马克思主义宗教理论

　　本书所要研究的主题是马克思主义思想体系的一个方面，即它的宗教哲学或宗教理论（一般又称为"宗教观"）。这一部分与通常所说的马克思主义三大组成部分（辩证唯物主义与历史唯物主义哲学、政治经济学和科学社会主义）比起来，其地位当然要次要得多。不过，马克思、恩格斯对于宗教问题的论述，总体上是作为马克思主义哲学（特别是历史唯物主义）的一部分来展开的。马克思、恩格斯青年时代就参加了黑格尔哲学中的激进派——青年黑格尔派的宗教批判运动，这是他们一生从事革命性的理论活动和实践活动的开始，这个"第一步"对马、恩创建马克思主义哲学以及整个马克思主义思想体系有着非比寻常的意义。没有这个"第一步"，马、恩就不可能从对宗教的批判转向对政治和法的批判，从对天国的批判转向对尘世社会的批判；也不可能在哲学世界观上从青年黑格尔派的崇尚理性启蒙的唯心主义经过费尔巴哈的人本学唯物主义，进一步发展为辩证唯物主义和历史唯物主义。再进一步，如果他们没有通过德国的宗教批判运动创建了自己的哲学世界观和历史观，并把它们作为研究社会历史和政治、经济问题的认识论和方法论，也就不可能创建马克思主义的政治经济学和科学社会主义。在这个意义上，马克思、恩格斯研究宗教问题、从事宗教批判，对于整个马克思主义理论体系的创立，具有特殊的意义。我们的马克思主义研究者，特别是我们的专门研究马克思主义宗教理论的宗教学者，应该深刻了解马、恩的宗教理论在马克思主义整个体系形成和发展过程中的特殊地位和特殊作用；在此基础上，对进一步深入研究马克思、恩格斯的宗教理论的意义和必要性给予特殊的重视。

对于宗教问题的批判研究，并不仅仅是马克思、恩格斯一生的理论活动和实践活动的开端，而是贯穿在他们毕生的革命事业之中。只要革命事业提出了宗教问题，他们就会拿起笔来，从事宗教问题的研究和著述。在这方面，恩格斯尤其关注，付出了更多的精力，留下了更多的论著。马、恩的宗教理论，无论是在他们的生前，还是在他们逝世以后，它的影响力也和马克思主义整个思想体系一样，是非常之深远和巨大的。自19世纪中期以来，马克思主义不仅在思想学术领域引发了开天辟地式的革命，而且在社会生活中启发了国际工人阶级和被压迫人民的阶级觉悟和革命意志，掀起了风起云涌、声势浩大的社会运动和政治革命。这种影响超越了时间和空间的限制，从欧洲走向全世界，从19世纪延续至今。随着马克思主义和国际共产主义运动的发展，马、恩的宗教理论也超过了单纯的学术理论范围，成了国际工人运动和马克思主义政党处理宗教问题的指导思想。苏联、东欧社会主义国家的建立，以及中国共产党通过长期的革命战争夺取政权之后，马克思主义、列宁主义的宗教理论更成为党和国家处理宗教事务的指导思想和制定宗教对策的理论依据。这样一来，它的遭遇就与共产党作为执政党的国家的命运紧紧地联系在一起了。几十年来，各社会主义国家的共产党在对待和处理宗教事务上所走的道路是曲折多变的。既有成功的经验，也有失败的教训。但无论是经验，还是教训，对于我们都是一笔宝贵的财富，值得认真总结，提高认识。唐太宗李世民说得好："人以铜为镜，可以正衣冠；以古为镜，可以见兴替；以人为镜，可以知得失。"① 千古名言，足以为训。我们要看到一个重要的历史事实，自从马克思主义诞生以来，它在乘风破浪式的迅猛发展的同时，也遭受到各种社会势力和社会思潮的激烈反对。特别是马克思主义的宗教理论，由于它具有的特殊性，其所遭遇的质疑与反对，更彰显出特殊的激烈性。这是因为它在世界宗教思想史上是一种最为彻底的无神论，而在它的对面，矗立着拥有广大信众的传统宗教及其教会组织。宗教和教会有着久远的历史传统，在人类历史上一直发生着深刻的社会影响，是一种巨大的社会力量。它们以神或

---

① 《资治通鉴》卷一九六。

上帝的名义，用一切手段，对历史上一切批判和反对宗教的怀疑论、自由思想和无神论思潮，施行残酷无情的打击。至于马克思主义的宗教理论，作为一种最彻底的无神论，更是被它们视为洪水猛兽，必欲灭之而后快。马克思、恩格斯在《共产党宣言》中，开宗明义第一句话就指出：

　　一个幽灵，共产主义的幽灵，在欧洲徘徊。旧欧洲的一切势力，教皇和沙皇、梅特涅和基佐、法国的激进党人和德国的警察，都为驱除这个幽灵而结成了神圣同盟。

　　有哪一个反对党不被它的当政的敌人骂为共产党呢？又有哪一个反对党不拿共产主义这个罪名去回敬更进步的反对党和自己的反动敌人呢？①

　　在这个反共神圣同盟中，教皇为代表的宗教势力占有特殊的地位。他们之所以反对共产党，其根本原因当然是因为共产党人要推翻旧的社会制度，实现共产主义理想；而在马克思主义的共产主义理想中也包括消除传统宗教的无神论人道主义理想。正是这个原因，马克思主义的宗教理论被维护旧制度的"神圣同盟"当成自己的敌人。这种敌对状况从此一直在历史上延续下来，反对它的声浪长期不断，调门不仅未曾降低，甚至越来越高。苏联、东欧社会主义国家社会剧变前后，那里的基督教新旧各派教会、东正教会已经明里暗里为反共势力煽风点火，摇旗呐喊。剧变之后，宗教势力更是勃然兴盛起来。马克思主义、列宁主义的无神论宗教理论的传统权威地位，俨然被宗教和教会取而代之，甚至被抛进历史的逝波。宗教势力和政治自由派把苏东剧变说成是马克思主义、列宁主义、共产主义的失败；当然，也意指马克思主义、列宁主义的宗教理论和共产党的宗教政策的失败。

　　在我们中国，宗教战线的基本状况也有与苏东社会类似的表现。中国共产党在民主主义革命时期在如何对待宗教势力、处理宗教问题上就确立了一个好的政策和传统，这就是主张宗教信仰自由，把爱国宗教人

---

① 《马克思恩格斯选集》第 1 卷，人民出版社 1972 年版（下同，不再注），第 250 页。

士作为统一战线的对象。这个正确的决策，不仅在民主革命时期减少了革命的阻力，而且在夺取政权之后，也有助于宗教界人士接受共产党的领导，支持社会主义建设事业。令人遗憾者，这种好景为时不长。毛泽东在 1958 年发动的"大跃进"运动和在 1966—1976 年发动的"文化大革命"中，先后两次开展大规模的群众运动力图把传统宗教作为"四旧"予以扫除。不仅宗教界人士，甚至在宗教战线做实际工作的党政干部，都一下子变成了"牛鬼蛇神"，遭受到不应有的打击。这两次废除宗教的运动，先后都随着"大跃进"和"文化大革命"的失败而失败了。应该承认，这也意味着当时实行的那种宗教政策的失败。

"文革"之后，社会上一部分人由此对马克思主义宗教观本身产生了不同程度的怀疑的以至否定的情绪。这大概有两方面的原因：第一，在惨痛失败的历史事实面前，人们易于受激动情绪的支配和驱使，一般人难以冷静地区别何者是马克思主义宗教理论的核心和基础，何者是后人对它的误解和歪曲；更何况那些推行错误的宗教政策的人，往往把马克思主义的旗帜举得更高，把马克思主义的口号喊得更响；第二，改革开放以来，国内社会在政治上和学术上的大环境相对宽松，国外的各种宗教和宗教学术思潮大量涌进，各种传统宗教、民间信仰，以至新兴宗教快速恢复和发展，宗教学术领域的理论思潮也逐渐展现出多样化的趋势。"文革"之前马克思主义宗教观和世界观对宗教学术研究的一元化指导，受到不同形式和不同程度的冲击。在上述两种情况的影响下，有些人（包括一部分研究宗教问题的学者）便从对"大跃进"和"文革"时期错误的宗教政策的否定，逐渐发展到对马克思主义宗教观本身的怀疑。局部怀疑者有之，全面否定者亦有之；用各种不同方式认为马克思主义宗教理论并无普遍意义者有之，公开宣称它已经过时者亦有之。消极冷对的程度有轻有重，怀疑以至否定的形式"推陈出新"。这种复杂的情况，意味着马克思主义宗教理论在新的历史阶段遭遇到了新的挑战。在这种挑战面前，我们国家宗教战线的实践工作者和从事宗教学术研究的宗教学者不能再像"文革"时期的红卫兵那样，把这些"挑战者"打成"阶级敌人"，以"大批判"的方式对待之。不管各种对马克思主义宗教理论持不同意见的挑战者有着什么样的政治内涵，但他们一般都是以不同学术见解的形式表现出来的。我们不能把学术之争归结为政治斗争。学术上的不同见解本质上是个认识问题，认识上的是非对错只能通过学术上的自由讨论才能得到合乎理性的解决。认识问题解决了，它所蕴含的政治内涵也就清楚了。

在我国的宗教学术领域，党和国家提倡以马克思主义的世界观和宗教观作为指导思想。这种提倡的基本根据就是相信马克思主义是科学的真理。既然如此，马克思主义（包括它的宗教理论）作为一种"科学"，它本身应该被视为学术研究的对象，而不是信仰的对象。学术研究的对象应该允许不同意见者的怀疑，也不应担心和害怕别人的反对和否定。一切科学，一切真理，都是在怀疑和否定旧时的成见中成长起来的，它们本身也需要在不同意见者对它们的怀疑以至否定它的挑战中进一步完善和发展。只许别人信仰，不许别人质疑，那不过只是自封神圣的"宗教"，而不是真正的科学。一切主义、理论或学说，只要它是科学的真理，它就应该能够经受得起任何别人的怀疑和反对，是推不翻、打不倒的。马克思、恩格斯以及他们创建的马克思主义150年来不就一直经受各种各样的怀疑和反对吗？苏联、东欧剧变、中国"文化大革命"的惨败，不是曾被敌对者说成是马克思主义彻底失败的历史证明吗？这些一贯反对马克思主义的社会势力，特别是他们的政治家、思想家，不是也趾高气扬地欢庆他们"最终战胜"了马克思主义的"伟大胜利"吗？然而，历史的真实很快就教训了他们，他们的估计完全错了。马克思和他的思想仍然活在世界上广大人民的心里，影响着他们的精神和行动；这种影响之大、之深，在世界历史上是任何其他的人都无与伦比的。甚至西方世界的主流媒体和知识界也逐渐冷静下来，改变其在"冷战"之后对马克思主义的全盘否定和冷嘲热讽的态度，重新思考马克思和马克思主义的历史意义和时代价值。

20世纪末，即1999年秋天，英国广播公司（BBC）用相当长的时间发动一次活动，在国际互联网上通过自由投票，评选一位在第二千纪一千年间全世界最伟大、最具影响力的人物。这显然是一件具有深刻历史意义的活动。人们不难想到，一千年，是一个漫长的历史过程。在整个人类历史上，第二千纪无疑是社会变革最为激烈，社会进步最为急速，文化、科学、哲学、宗教、政治、经济的发展变化最为深刻的时期。在这一千年间，全世界涌现出了许许多多的叱咤风云、给历史巨轮以巨大推动的"风流人物"，被人们公认为可以载入史册的"伟大的"、"具有影响力"的历史巨人（思想家、哲学家、宗教家、文学家、艺术家、科学家、军事家、政治家……），有如天上的繁星，难以数计。要在其中单挑出一个"最伟大"、"最具影响力"的"No.1"（"第一号"），那他无疑应该是伟人中的伟人，巨人中的巨人。如其没有创造出开天辟地、震古烁今的历史事功，是绝对不会得到世界公众的公认而入选的。BBC 在经过反复的评选过程之后，最后确定：这一千年中世界最伟大、最有影响力的人物是"马克思"。排名在马克思之后的人是爱因斯坦、牛顿、达尔文等，这三位伟人都是科学家，他们在自然科学方面的贡献是极其巨大的，特别是他们的科学成就不仅局限于自然科学，还进一步影响到哲学、社会科学、宗教学等很多方面，但是，为什么马克思却以压倒优势居于上述三位伟大科学家之前呢？我们不妨倾听一些投票者的自白。美国人卡普尔说："马克思对资本主义运作模式作出了最好的分析。由于资本主义在 20 世纪末实际上已成为全世界最具代表性的制度，他的思想学说对于帮助我们认识当今的世界仍极具参考价值。"另一位挪威投票者科里森说："马克思启蒙了数以千计争取自由的斗争，他是现代思想之父。"这二人的"自白"很有意义。在他俩看来，马克思之所以是第二千纪最伟大、最具影响力的"第一号"，并不仅在于他的思想在他活动的年代有巨大影响，更在于他是现代思想之父，对认识当代世界仍极具参考价值，这就是说马克思主义至今仍未过时。

这次国际互联网自由评选的结果是意味深长的。值得注意的是，这次评选活动的主持者，并不是我们中国或其他共产党国家，而是西方资本主义世界的主流媒体之一英国广播公司（BBC）。如此的结果和结论，显然是那些自认为赢得了"冷战"的思想家和政治家始料未及的。他们也许不会承认，也许至今仍高声反对；但 BBC 评选结果所表现的，是一千年中的历史事实，而这次评选活动本身就是一个历史事件，而历史事实是抹不掉的客观存在。这个事件值得一切有思想者深思。尽管曾经高举马克思主义旗帜的苏联和东欧的社会主义国家输掉了与资本主义世界体系的"冷战"，但"马克思主义"却并未在与资本主义思想体系的思想斗争中输掉自己在历史上的崇高地位与伟大价值。因为苏联和东欧等社会主义国家所实行的"社会主义"并不等同于马克思主义本身，甚至在很大程度上不符合于马克思主义的真义。在我们研究马克思主义的真实意义和历史价值的时候，不能忘却上述这个历史的启示。

在我们身处现当代的世界大环境中，通过 BBC 1999 年的评选活动分析和认识马克思作为第二千纪"最伟大"、"最具影响力"人物的意义和价值的时候，我们也不能忘记或抹煞历史事实的另一方面。马克思主义自从诞生以来，无论在政治上，还是在学术思想上，都成了激烈争议的对象。国际社会的各色人等、各个阶层、各种学术思潮和政治党派都曾卷进这场思想争辩和政治斗争之中。这种论争，从来就没有停止过，现在仍在进行，未来大概也不会停止。BBC 的评选结论，也不会平息世界上各种各样反对马克思主义的声浪。这就像西方式民主国家的总统选举一样，多数票选出的总统获得了合法的执政权，但反对派即使处于少数，仍可继续坚持他们的反对立场，进行其反对活动。对于这种客观的历史和现实，我们要有清醒的认识。无论是对马克思主义和列宁主义的整个思想体系，还是对作为其思想体系的一部分的宗教理论，我们都应该保持一种科学的态度。

改革开放以来，邓小平一直提倡我们要对马克思主义、列宁主义、毛泽东思想抱实事求是的态度，力求全面、准确的了解。近年来，中央有关领导更具体地要求我们在研究他们的论述时，要分清"四个哪些"问题：

1. 哪些是必须长期坚持的马克思主义基本原理；
2. 哪些是需要结合新的实际丰富和发展的理论判断；
3. 哪些是必须破除的教条式的理解；
4. 哪些是必须澄清的附加在马克思主义名下的错误观点。

这"四个哪些"，深刻地体现了邓小平倡导的实事求是的科学精神。我认为，在马、恩创建马克思主义 150 余年之后的今天，用"四个哪些"的精神和原则去分析它所包含的各种内容（特别是本书所要研究的宗教观）是十分必要的。这 150 余年的历史，无论是在全世界，还是在我们中国，都是社会激烈变化、各种社会文化思潮风起云涌、互相竞争而又彼此渗透的过程，这就决定马克思主义思想体系（包括它的宗教观）的发展必然是曲折多变的。其中，既有自身的演变，也有鱼龙混杂的情况。这并不是马克思主义一家所独有的特例。在人类历史上，各种曾被认为在人类社会及其历史发展过程中发生重大影响的思想文化体系，它们的发展进程都不会像复印机或生物基因一样，一代接一代地自我复制。它们一般都会随时代的演进、社会的变迁而发生适应性的演变。它们的反对者会提出针锋相对的反对意见；它们的追随者也会对其宗师作出不同的理解；除此以外，它们会不时遭遇别有用心的曲解以及有意无意的误读。时过境迁，原版思想体系就会不同程度地改变其本来的面目，被附加上许多原版没有或与原版不同的东西。有符合于原版之"正义"者，亦有违背原版基本精神之"邪门歪道"。试以佛教为例。佛陀逝世后，佛陀弟子的第一次结集就在教内产生了以大迦叶为代表的一派与以富楼那为代表的另一派的争论，两派各将所闻佛陀教诲定为"佛说"。第二次结集发生了戒律之争，正式分裂为上座部和大众部。以后的论争更扩大到对一系列佛教基本教义的理解（如宇宙是实有还是假有，有我还是无我，有神还是无神），佛教分裂为几大部派。贵霜王朝时，则正式分为大乘和小乘两大教派。佛教世界化过程中，更与当地的传统宗教相结合，使佛教具有了地区性色彩，如以禅宗为代表的汉地佛教、以活佛信仰为特色的藏传佛教，等等。佛教如此，基督教、伊斯兰教更是如此。孔子创立的儒家学派与上述诸大宗教的情况也大致不差。孔子之后，诸子学说先后兴起与之争鸣。孟子时竟出现了天下之言"不归于杨，则归于墨"①的情况。儒家学派内部分化的情况也很严重。按韩非子的说法："自孔子之死也，有子张之儒，有子思之儒，有颜氏之儒，有孟氏之儒，有漆雕氏之儒，有仲良氏之儒，有孙氏之儒，有乐正氏之儒。"②荀子儒学自立门户，除抨击思孟之儒外，还指斥子张、子夏、子游诸儒学门派为"贱儒"。两汉时代及其之后，儒学上升为独享尊荣地位的国家哲学，但儒学内部仍不断因意见分歧而出现对立的学派。汉朝有今文经学与古文经学之争；宋明则有程朱理学与陆王心学的分化；明清时代，则兴起了否定程朱陆王的"实学"和以戴震、颜元为代表的新派儒学。五四时代，孔孟儒学作为封建时代礼教的思想基础，被启蒙学者批得一无是处。20 世纪 70 年代，毛泽东发动的"批林批

① （宋）华镇撰：《云溪居士集》卷十六，《四库全书·集部·别集类》。
② 《韩非子》卷十九，《四库全书·子部·法家类》。

孔"、"评法批儒"运动更把它再度打翻在地，踏上千万只脚。可现代新儒家们却逆风而上，把儒学重新抬了出来，并用新时代的话语（从西方的康德哲学到中国的马克思主义）对孔孟之道作了新的诠释。古代的儒门圣哲穿上了时代的新装，面目一新矣！

这些思想文化史上的历史事实，应该能对我们研究马克思主义宗教理论以及其他各个方面提供许多有益的启示。当我们把马克思主义及其宗教理论当成一个学术研究对象进行研究的时候，绝不能把它当成一成不变的东西，既要紧紧地把握它们在不同历史阶段的具体的时代特性，也要努力跟踪它们在历史发展链条中的连续性；既要看到它们的那些作为马克思主义之基础的基本原理，也要看到它们随时代和具体事物的改变而必须改变以至毅然放弃那些确已过时的论断。对于某些敌对者的有意歪曲和诬蔑，我们当然应该据理辩正，但对于信从者的不同理解和不同诠释，我们则需要给予实事求是的分析。对误解者，纠其误而正其解无疑是必要的；但对那些有别于传统"正说"，但却适应了新社会的需要，符合新时代精神的"新解"或"新说"，我们则应肯定其为与时俱进的创新，以此来推动马克思主义的传统观点与时代精神的结合，使其能随着社会的前进而不断发展。固执陈见，率由旧章，把昔日经典的一言一语，视之为神圣的天启，句句是真理，一个字也不能改动，是不可能有思想文化（包括马克思主义）的发展的，社会也就因此而被旧传统所固结，不会有什么进步了。今日之地球上，充满着数以百万、千万计的物种，它们的存在和发展，构成了我们这个五彩缤纷、万紫千红的大千世界。然而，它们都是从几十亿年前诞生于世的原始生命体长期演进而来。如果原始生命体不随环境的变化而变化，它们的基因不随时随机而发生变异，我们这个地球还会有今日之繁华荣茂、多彩多姿的盛景么！适者生存，生则变易，"变则通、通则久"，这是生物发展的规律，也是社会和文化发展的规律。马克思主义整个体系不能例外，作为其组成部分之一的马克思主义宗教理论也不能例外。只有根据这种观念来对待马克思主义及其宗教理论，才是科学的态度。这也正是"四个哪些"原则对我们的要求。笔者曾在1984年（那正是邓小平倡导的"拨乱反正"的年代）写作《宗教学通论》一书时谈及我们对马克思主义宗教理论应持的态度，写下了这段文字：

　　马克思主义的宗教观是在马克思主义哲学的理论基础上建立起来的宗教理论，它的基本精神和主要内容，经受了历史实践的检验，至今仍是正确的，有生命力的。马克思主义的世界观和宗教观可以为我们的宗教研究提供认识论和方法论的指导。但是我们决不能把马克思主义的这个观点或那个理论当成现存的结论或永恒不变的教条，更不能把马克思、恩格斯、列宁的个别论断当成证明的工具。彻底的辩证法不承认超时空的绝对物，当然也反对把马克思主义自身绝对化。马克思主义应该是一种开放的系统，既要敢于随时抛弃已被实践证明为错误的东西，更要不断研究新的问题，吸取新的营养，使自身得到发展。①

写过这段话后，时间已过二十余年之久，但我到今仍坚持这段话的基本内容。我认为，它和中央现在提倡的"四个哪些"原则的基本精神是一致的。在学习和研究马克思主义宗教理论，写作本书时，我们将努力应用这段话所体现的"四个哪些"原则的精神。

　　问题在于我们在研究马克思主义宗教理论时，究竟如何具体体现"四个哪些"原则？或者说，如何在研究中，一方面坚持展现马克思主义宗教理论中那些"正确的"、"有生命力的"科学内容。另一方面，又不把它绝对化、神圣化为宗教式的信条，"既要敢于随时抛弃已被实践证明为错误的东西，更要不断研究新的问题，吸取新的营养，使自身得到发展"？要在研究实践中具体贯彻和展现这些原则和精神，根本之点是要在研究过程中应用确有科学意义的方法论。在我看来，这种具有科学意义的方法论，就是马、恩创立的历史唯物主义。历史唯物主义是一种建立在对一切社会历史现象进行理性分析基础上的哲学世界观。它关于社会存在决定社会意识、经济基础决定上层建筑、阶级分化与阶级分析的原理，如果能得到研究者准确的理解和科学的应用，那它们对一切社会历史现象和社会文化形态的认识与分析都具有普遍性的意义。马克思、恩格斯的宗教理论本身，本质上就是马、恩应用历史唯物主义原理

---

① 吕大吉主编并主笔：《宗教学通论》，中国社会科学出版社 1989 年版，第 32 页。

对历史上的宗教和现实生活中的宗教问题进行理性分析的结果。今天，当我们把马克思主义宗教理论作为学术探讨的对象时，无疑也应该用历史唯物主义的原理对之进行历史的、唯物的分析。具体地说，这要求我们在研究马克思主义宗教理论的基本原理和各种论断时，要深入研究和细致分析这些理论究竟是在什么样的历史背景和具体环境下提出来的，它所要解答的问题究竟是什么样的东西，这也就意味着要还当时当地的具体论断以本来面目，把后人和别人对它们的误读、曲解以及各种人为的附加成分予以清除。深入研究马克思主义宗教理论提出时的具体历史条件十分重要。因为正是这种具体的历史条件决定了马克思、恩格斯以及后来的列宁提出其理论或概念的具体内容，自然也相应地决定了这些理论或概念在应用时的条件和范围。只有在相同的历史条件下，它们才具有适用价值。一旦超出了这些具体的历史条件而做超时空的应用，它们往往就不那么适用，以致在实践上导致误用和失败。

　　但是，按笔者的理解，马克思主义宗教理论的历史具体性并不意味着它就不再具有普遍性的意义和价值。具体与一般、特殊性与普遍性，是一对既有对立、又相统一的哲学范畴。现实世界的事物都是具体的、特殊的。但具体性中包含一般性，特殊性中包含普遍性，一般性、普遍性的东西即存在于具体性、特殊性的东西之中。真理是具体的，只有在它反映的具体历史条件下才有其适用的价值，才是真理；超出这个历史条件，真理就会转化为谬误。但是，一当此真理适用的历史条件出现于世，即使是在不同的时间和空间，这个真理就会具有其固有的适用价值，具有真理的意义。这就意味着真理的具体性与普遍性的统一。为了说清这个道理，且以马克思的一个论断为例。马克思关于宗教问题的最重要的一篇论文是《〈黑格尔法哲学批判〉导言》。这篇文章开宗明义第一句话说："就德国来说，对宗教的批判实际上已经结束；而对宗教的批判是其他一切批判的前提。"马克思说这句话的具体历史条件是针对19世纪德国青年黑格尔派（马克思、恩格斯本人是此派的重要成员）发动的宗教批判运动而言。19世纪德国的社会政治制度，还是落后而反动的君主专制制度。社会、政治、法律以及哲学、道德等意识形态笼罩在宗教神学的灵光圈之下，被宗教神圣化为上帝的意志或天命，人民必须绝对顺从，不得违抗逾越。在这种性质的社会历史下，人民只能在

"天国的幻想"中去寻找自己所憧憬的未来。为改变当时德国那种陈腐的社会政治制度,追求社会的变革与进步,青年黑格尔派便在思想领域发动了反宗教的批判运动,藉以打破德国人民关于天国的幻想,用理性和行动去粉碎反动社会政治制度的镣铐,争取现实的幸福。如果没有宗教批判,就不可能进行对德国社会政治和法的批判。所以,马克思所说的"对宗教的批判是其他一切批判的前提"这句话,对当时德国而言,无疑是颠扑不破的真理。但这个真理是具体的,马克思自己也说它是"就德国来说"的。离开19世纪德国这个具体的历史背景和社会政治条件,这句话就不一定有同样的适用价值。因此,我们不能把马克思这个论断绝对化,不管何时何地,在任何社会历史条件下都把"宗教批判"当成"其他一切批判的前提"。这种性质的错误常可见到,我本人就曾犯过。1979年,邓小平、胡耀邦发动解放思想、破除迷信、改革开放运动。这场具有深刻社会革命意义的运动,是从针对林彪、"四人帮"推行的神化领袖、个人迷信的极"左"思想的批判中展开的。个人迷信无疑有信仰主义特征,政治上的信仰主义也具有某些宗教信仰主义的色彩。但政治信仰主义与宗教信仰主义毕竟是性质不同的东西,不能混为一谈。可我当时在批判林彪、"四人帮"的政治信仰主义的时候,就曾不加分析地引用了马克思的这句话,把宗教批判说成是其他一切批判的前提,是思想解放的必要条件。我的这些说法当时就引起宗教界朋友的反感。20世纪70年代中国的社会历史条件与19世纪30、40年代德国的社会历史条件是大不相同的,邓小平的改革开放运动与青年黑格尔派的宗教批判运动,其社会性质与政治内容也是大不相同的。我把马克思那句针对德国的宗教批判运动的话,用来比附针对林彪、四人帮推行的"个人迷信"的运动,显然是脱离了马克思当时针对的具体历史条件,做了超时空的应用。于是,一个具体的真理,由于我的误用,变成了脱离具体性的抽象物,转化而为"谬误"。

但是,在我说明我对马克思这句话做过错误的理解和应用的同时,我觉得还有必要做进一步的思考。必须指出,正如具体性包含一般性,特殊性包含普遍性一样,马克思那句针对19世纪德国宗教批判运动的话也具有超出当时德国社会的具体历史条件的普遍意义。无论何时何地,只要其社会历史条件与当时的德国相同或相似,那么,马克思的那个论断便具有适用的价值，具有超出当时德国的普遍意义。18 世纪的法国，以伏尔泰、狄德罗为代表的启蒙思潮对传统宗教的批判导致了法国社会的革命化，直接导致了推翻波旁王朝的法国大革命。思想史家普遍承认，18 世纪法国的思想启蒙运动是"革命前的革命"。没有启蒙思潮的思想革命，便没有法国大革命的政治革命。与此相同的情况也曾发生在辛亥革命前后的中国社会。在辛亥革命之际，具有启蒙思想的先进中国人就曾不断提出"革天"、"革神"的启蒙宗教观，认识到一个深刻的真理：如欲救亡图存，必需变法图强；欲革封建君权，必革封建神权。革命先行者孙中山在一次演说中说："帝制时代，以天下奉一人，皇帝之于国家，直视为自己之私产，且谓皇帝为天生者，如天子受命于天，及天睿聪明诸说皆假此欺人，以证皇帝之至尊无上，甚或托诸神话鬼语，坚人民之信仰。中国历史上，固多有之。"（《在桂林对滇赣粤军的演说》）孙中山认为：神权、君权，都是过去的陈迹，应在民权时代予以扫除。章炳麟对宗教也有类似的批判："惟神之说，崇奉一尊，则与平等绝远也。欲使众生平等，不得不先破神教。"（《无神论》）孙中山、章炳麟这些论断与马克思所说"宗教的批判是其他一切批判的前提"，在内容和话语形式上可以说是异曲同工，精神实质是完全一致的。世界历史上的众多事实都确定地证明，在任何国家和社会，只要存在着宗教神权的精神统治和宗教神学对社会政治制度的神圣维护，那么，要想变革传统社会，必须批判传统宗教。"对宗教的批判是其他一切批判的前提"这个论断既是符合于当时德国具体情况的具体真理，对于具有类似德国社会历史条件的国家社会而言，也是具有普遍意义的真理。真理的普遍性同时存在真理的具体性之中。

当我们把历史唯物主义作为研究马克思主义宗教理论的认识论和方法论的时候，我们固然要强调马克思、恩格斯、列宁在不同历史条件下发表的宗教论述的历史具体性，但与此同时，我们也不能忘记，所谓"历史具体性"并不是永远停留在某个"时间点"上的历史事件，不是静止不变的东西。历史是一个不断前进、不断变化的过程。社会存在决定社会意识，社会存在的发展与演变也决定社会意识的发展与演变。这对马克思、恩格斯、列宁的宗教理论同样适用。一当社会历史条件发生变化的时候，原来与之相适应的理论、概念就会与变化了的新的社会历史条件不相适应了，成了过时的思想观念，必须而且必然为新的理论、新的观念所代替。因此，马克思主义宗教理论应该而且必须与时俱进，不断创新，有新的发展。当然，此种与时俱进的新理论、新概念仍是历史的、具体的。但这个新时代的"历史具体性"是意指它们与新时代的社会历史条件相适应而言。如果此时此地仍坚持把过时的理念视为不变的真理，那就是毛泽东不断指斥的教条主义。如果固执坚持这种信念，马克思主义及其宗教理论就会变成一具僵尸，必将为不断前进的社会所抛弃。我们要以历史主义的发展观来看待马克思主义的宗教理论，以至整个马克思主义思想体系。

历史事实也是这样展开和运行的。马克思、恩格斯以至列宁，他们本人关于宗教的理论也是随社会历史条件的变化和他们对宗教问题的认识的深化而不断改变、修正和发展的，马克思、恩格斯的宗教理论在他们一生经历的不同历史阶段（如青年黑格尔派宗教批判运动时期、德法年鉴时期［1843—1844］、《共产党宣言》时期［1848］、马克思主义思想体系创建并走向国际工人运动时期）各有其不同的特点和重点，在他们的晚年（特别是恩格斯的晚年）更对宗教问题提出了不同于过去的新的论点。至于列宁，由于他身处沙皇俄国，又实际领导着布尔什维克党进行推翻俄国沙皇专制统治的无产阶级革命运动，他所面临的宗教问题与马、恩时代有很大的不同，他在宗教理论和宗教实际问题上显然不可能原封原样地照搬马恩的论断，即使原文引证马恩宗教理论的词句，他也会根据俄国革命的实际做出自己的解释。简单地把马克思主义的宗教理论和列宁主义的宗教理论等同起来，画上等号，是不符合历史实际的。

基于上述分析，可以看到，马克思、恩格斯的宗教理论既有其历史具体性的方面，又有其历史发展性的方面。历史唯物主义的认识论和方法论要求我们对它的研究，必须一方面要准确把握它在某个历史阶段为当时社会历史条件所决定的具体规定性，另一方面又要全面系统地把握它在历史演变中的变化和发展，并把它的历史具体性和整体发展观联系起来。这也意味着本书的研究对象和研究内容，应该是系统地研究马克思、恩格斯和列宁的宗教理论在历史发展中的全部过程。

但是，本书的主旨并不完全局限于对马克思主义和列宁主义的宗教理论的历史发展进行论述的纯历史性的研究。历史的研究不是目的本身，而是用以指导我们正确认识和解决当前中国社会宗教领域中提出来的一些具有重要理论意义和实践意义的新的问题，包括那些针对马克思主义和列宁主义的宗教理论发出的质疑和挑战。如何认识和解决这些问题，如何应对这些质疑和挑战，势必会对马克思主义、列宁主义的宗教理论在中国的当前地位和未来发展产生重要影响。在当代中国的宗教战线上，已经有一些理论工作者和实践工作者对上述这些问题和挑战进行了自己的研究，提出了自己的答案。不管这些研究和回应是否完善，能否得到宗教学术界和社会各界的赞同，它们都是有益于社会、有益于宗教学术的，马克思主义的宗教理论也将会因为这种探讨而得到新的发展。基于这种考虑，本书作者自愿参加到这个探索队伍中来。我们在对马克思、恩格斯和列宁的宗教理论进行比较系统的历史研究时，也打算适当联系当代中国的宗教问题，把历史的研究和现实的社会结合起来，提出一些纯属个人性质的思想。主观上，我们力求探讨和应用马克思主义唯物史观，将之作为我们的认识论和方法论，但在客观上能否达到预期的效果，得到社会和学界的承认，那就超出主观预期的范围，只有社会实践和历史发展才能给出正确评判。

第 一 章

从古希腊罗马时代到18世纪
法国的启蒙宗教学说

——马克思主义宗教理论历史背景之一

　　马克思、恩格斯创立的宗教理论或宗教哲学，有如中国的长江、黄河，浩浩荡荡，气势夺人。但长江、黄河都不是从天而降的无源之水，而是沿岸的众多支流汇集而成。马克思、恩格斯的宗教理论也是如此，它有悠久的历史源泉和深厚的理论文化背景。从其基本内容和理论倾向看，它本质上是从古代希腊哲学以及文艺复兴时期人文主义思潮以来两千余年各种具有宗教启蒙色彩的先进思想文化发展的结果。一切现实的存在并不仅是当下的展现，本质上是历史的延续。要说明现实，必须回顾历史；要深入准确地了解马克思主义的宗教理论，我们有必要回顾和追溯它得以产生的理论源泉和历史文化背景。

　　马克思在《〈黑格尔法哲学批判〉导言》中说："宗教是那些还没有获得自己或是再度丧失了自己的人的自我意识和自我感觉。"[①] 这句话富有深意。按照笔者的理解，马克思这句话的意思是说，宗教所信仰和崇拜的神，以及在此信仰基础上建立起来的人与神的关系，本质上不过是失去了自我意识、丧失了命运主人翁感觉的人的头脑中幻想的产物，是一种没有客观对象的主观意识。马克思的这句话是从哲学高度对宗教的神和神人关系的分析，我们不能就此而否定宗教意识在社会和人类生

---

① 《马克思恩格斯选集》第1卷，第1页。

活中的巨大影响。人头脑中的任何一种思想、观念、意识、意欲……不管它的性质如何，是一种理念还是一种幻想，当其成为社会大众的一种生活追求和信仰对象的时候，它往往会演变和转化为一种巨大的精神力量和物质力量。裴多菲诗曰："生命诚可贵，爱情价更高。若为自由故，二者皆可抛"；林则徐诗曰："苟利国家生死以，岂因祸福避趋之。"诗人内在追求的热爱自由、爱国主义的精神境界、政治理念可以让他们为之忘我奋斗，直到献出自己的生命。陶渊明的"桃花源"、摩尔的"乌托邦"，本来不过是他们头脑中的一种主观愿望，一种幻想，但千百年来却成为许多有志有识之士的生活追求。宗教的神和人对神的敬畏与信仰，何尝不是如此。按照马克思的说法，它不过是人的一种自我意识和自我感觉。但是，在人类历史上，特别是在基督教统治之下的西方人的社会生活中，宗教却与人的命运息息相关，不可或缺。

在社会上居于至高无上地位的基督教宗教力量、宗教神学，以及受其影响、为之服务的各种社会文化，把神说成是人和世界的"主"，要求人绝对地信仰神、服从神，把神与人的关系说成是"主"与"奴"的关系。这种把人贬为神的奴仆的教义实在有损人的尊严和价值，只能通行于那些"还没有获得自己或是再度丧失了自己的人"，只有当人处于对自己的人格尊严愚昧无知的状态下才会接受它。一当人对自己的人性和人格有了新的自觉，他就会挣脱这种有辱自己的奴仆地位。正是这个缘故，西方宗教的这种神人关系即主仆关系的教义孕育了自己的对立面，在西方社会历史进程的不同阶段涌现出了各种形式的启蒙宗教思潮和无神论宗教哲学。这些启蒙宗教思潮和无神论宗教哲学以各种理论形式，从各个角度要求把人从传统的宗教和神的精神控制下解放出来，把人从宗教迷梦中唤醒过来，重塑人的独立人格，使人成为能掌控自己命运的主人翁，成为实现人的本质的真正的人。这样一来，就在西方历史上形成了神本主义和人本主义两种思想路线、两种世界观和人生观的冲突。

人摆脱神和传统宗教的精神控制而获得解放是随着人的自我觉醒程度而发展的，需要社会的进步和文化、科学的提高，更为直接的是需要宗教观念和哲学观念的发展。由于人在社会历史发展进程中的逐渐觉醒，以及自然科学和理性哲学的发展，人逐渐认识到，那被传统宗教视之为主宰人类命运和自然万物的神圣上帝，实际上不过只是人性异化的产物。他们一步一步地把神还原为人，把神性还原为人性，把超自然的存在还原为自然的存在，把神圣的彼岸世界还原为世俗的人类社会。这样的认识是逐步达到的，经历了一个长期、曲折、充满斗争的过程。代表人类觉醒的启蒙宗教思潮在不同的历史阶段展现为不同的理论形式。其在古代希腊罗马时代，是包含在哲学和文学中的启蒙宗教思想；在中世纪，则是潜在于基督教异端神学中的反正统神学思想；15、16 世纪的文艺复兴时期，逐渐兴起了反对神本主义的人本主义思潮，各种形式的宗教启蒙思想从此冲开基督教传统神学的精神统治的闸门，奔流不息；在 16、17 世纪，出现了反对超神论正统派神学的泛神论思潮；到了 16—18 世纪，兴起了与超自然主义宗教神学直接对立的实验科学和机械唯物主义的自然哲学；发展到 17—18 世纪，则变形为广泛流行的自然神论思潮；再进一步则发展为 18 世纪法国以百科全书派为代表的、具有战斗无神论特色的启蒙运动，以及 19 世纪德国青年黑格尔派发动的宗教批判运动。

欧洲历史上涌现的这一系列反对宗教教会的政治控制及其宗教神学的精神统治的宗教启蒙思潮和宗教批判运动，实际上就是马克思主义宗教理论得以产生的理论来源和历史文化背景。如果我们想对马克思主义宗教理论有比较深入透彻的理解，确实大有必要对历史上这些思潮进行一番系统的探讨。这是一个内容博大的学术领域，应该有一门学科对其去做专门性的研究，拙作《西方宗教学说史》就是为此目的写的一部专著。由于这部书的篇幅过大，笔者不能也没有必要重复那些已经公诸于世的论点，有志于深究此问题的同道学人可以直接参读该书。笔者在此打算只对两千多年来各种西方宗教启蒙思潮的主要理论内容进行一番综合性的总结，从横的方面概括其基本理论，并从纵的方面说明其在历史上的展现。这将不是对启蒙宗教学说发展史的直线型的历史说明，而是对各种启蒙学说共同具有的、理论范畴的共时性综合及其历史发展的、理论与历史一致的理论性研究。笔者相信，这种性质的学术研究将会使我们对马克思主义宗教理论形成之前的西方启蒙宗教学说史有一种新的认识；在此基础上，对马克思主义宗教理论的主要内容、主要方面的来龙去脉有更深切的理解。

　　按照笔者的研究，马克思主义宗教理论产生之前的启蒙宗教学说的理论内容是非常丰富的。它们在不同的历史时期根据时代的要求对宗教的教会生活、教义、教仪和神学理论进行过多方面的分析和批判，在文学艺术、政治、伦理、科学和哲学等文化学术领域，都留下了内容广博、影响深远的启蒙思想，给后来的宗教学说（其中当然也包括马克思主义宗教理论）的产生与发展以重要的影响。对启蒙思想的各个方面展开面面俱到的论述既无可能，也无必要。本书只想着重讨论其中的四个最重要的方面：

　　1. 认识神人关系的实质，把神还原为人，把神性还原为人性；

　　2. 通过科学理性和哲学理性的分析，揭露基督教神学信仰主义的反理性主义性质；

　　3. 用历史学和语言学的论证，把神圣的《圣经》还原为世俗的作品，得出了是人创造宗教，而不是宗教创造人的结论；

　　4. 揭露宗教（特别是基督教）在社会历史上的消极作用，打开了从无神论人道主义走向“社会主义”观念的通道。

　　由于 19 世纪青年黑格尔派的宗教批判运动和费尔巴哈的人本主义宗教观与马克思、恩格斯的宗教理论有着更直接、更密切的关系，本书将在对上述四个方面综合论述之后，专辟一章讨论德国 19 世纪青年黑格尔派的宗教批判和费尔巴哈的人本主义宗教哲学。因为它们实际上是马克思恩格斯创建的历史唯物论宗教观的最直接的理论背景。

第一节　认识神人关系的实质，把神还原
为人，把神性还原为人性

　　在原始的氏族—部落制社会，宗教实际上是其他各种原始文化和上层建筑的总汇。氏族—部落制社会是每一社会成员赖以生存的绝对条件，社会成员个人离开了社会组织是无法生存的。个人绝对地从属于社会组织，也绝对地依附于社会崇奉的原始神灵。在原始人心目中，神不仅是社会生活的主宰，也是个人命运的主宰；不仅是宇宙万物的创造者，也是一切自然活动的操纵者。原始时代的神人关系，是主宰者和被

主宰者、操纵者和被操纵者的关系。在神面前，人是没有任何个性和地位的。但是，随着千万年时光的流逝，人逐渐认识了自己，也逐渐认识了自然万物的一些特性及其活动的常规。与此过程相应，人一点一滴地扩大了自己的主体性认识，一步一步地增大了对自然的控制和对人自身命运的掌握；在此基础上，人也逐渐认识到，原来，宇宙万物、人间万事，并不完全是神灵主宰的，人也可以通过自己的实践活动实现对自然和社会的控制，而不一定事事诉诸对神灵的祈求。这是人类的历史进步和文化发展的过程，是人逐渐摆脱神的绝对控制而扩大人的自主性的过程，是人从蒙昧状态进化到文明状态的标志性表现。如果我们把整个人类历史看成是一个文化不断发展、人类文明程度不断深化和提高、人对自然和社会的掌控度越来越大的历史过程，那么，我们似乎可以得出一个概括性的结论：在人类的宗教信仰中，在对神人关系的认识和实际对待中，人对神的依附性总体上是越来越缩小，人的主体性则越来越扩大。尽管在文明社会的高级宗教中，宗教神学家把神和神性说得越来越崇高、越完美、越神圣，把神的地位放到越来越高远莫测的天上，但神却因此而让出了在古代社会中那种事必躬亲、主宰一切世俗生活的传统领地，人因此而获得了一定程度的自由和主体性。此言绝非空洞的推论，而是具有历史实证的真理。例如，在原始人类的社会生活中，人的一切活动都必须通过巫术、禁忌、祈求、祭祀之类宗教仪式，求得神的允准而后行；而在文明时代的高级宗教里，尽管此类仪式活动仍然存在，但却是日渐稀少了。一年四季，信仰者只需定期上教堂就行了。对比这不同时代情况形成的历史反差，难道还不能说明我们上述判断的可信性么！

　　在中外的文化发展史上，当人类越来越多地摆脱蒙昧状态，进入到日益发展的文明程度的时候，就相继出现了对传统宗教所构建的那种绝对主奴型的神人关系模式的怀疑乃至反对，出现了把人从神的绝对统治下解放出来的宗教启蒙思想。这种文化和宗教上的革命性变化，同时出现在公元前 6 世纪前后的中国、希腊和印度。德国学者雅斯贝斯把这种人类最早发现宗教启蒙思想的时代称之为"轴心时代"。对于"轴心时代"这个概念所反映的历史事实，当今世界的各行学者大体上都是赞同的，但对它的文化实质却各从自己的立场做出了不同的解读。我个人也有自己的解读。我认为，"轴心时代"涌现出了各种形式的新文化，如早期的哲学、自然科学、实验知识、文学艺术……它们的基本内容和基本特点大体上都表现为反对传统的宗教信仰及其用以解释社会生活和自然世界的神话世界观，体现了人对自身的人性的自觉和理性的醒悟。在这种人性和理性的觉悟面前，传统的神人关系逐渐解构，人逐渐摆脱神的束缚，走向人自身的解放之路。所有这一切，概括起来就是一个名称：宗教启蒙思想。中国的"轴心时代"文化发生在先秦的春秋战国时期，它的核心是重构"天（神）人关系"，代表性的说法是："夫民，神之主也"（《左传》桓公六年）；"国将兴，听于民；将亡，听于神。神聪明正直而壹者也，依人而行"（《左传》僖公五年）。孔子集编的《诗》三百篇中有大量疑天、怨天、咒天的诗句。有见识的智者主张"天道远，人道迩"，处理人间事务应远鬼神而尽人事。古代印度的轴心文化的体现者，学界一般认之为以佛陀和耆那教为代表的沙门思潮，其基本特点是反对传统婆罗门教的"三大主义"（吠陀天启、祭祀万能、婆罗门至上），提出了重构"梵我关系"，使"自我"（人）获得解脱的各种新的法门。相比之下，古代希腊的轴心文化，其宗教启蒙性质更为丰富多姿，更具理性色彩。希腊的启蒙思想家们反对传统宗教的神话世界观，用各种形式的自然哲学去说明宇宙万物的自然产生。普罗泰戈拉直接提出了"人是万物的尺度，是存在的事物存在的尺度，也是不存在的事物不存在的尺度"的论断。就这个论断的精神实质而论，似乎可以认为，它成了以后西方思想史上人本主义思想的基本命题。因为它抬高了人的地位，贬低以至否定神的传统权威，甚至直接导致对神的存在的怀疑，"人"自身成了判断一切的主体与核心。文艺复兴的人文主义及其以后一波接着一波的宗教启蒙思潮，实际上不过是不断回归古希腊人本主义的这一基本命题。

　　欧洲中世纪千余年的基督教的精神统治和神权统治把希腊轴心时代极富人性和理性的启蒙思潮打进地狱之门，重新把神人关系变成为主奴关系。在基督教的神权和神学统治之下，人把自己所有的一切人性虔诚地献给上帝，成了没有自然情欲、丧失自由意志、剥夺理性思考的一具僵尸。人的情欲、意志和理性乃是人性的根本内容，是人的独立人格之所在。丧失了这些东西，人也就失去了自己的本质和人的人格，而不再是真正的人了。要使人重新成为真正的人，就必须把被基督教盘剥去的人性和人格夺取回来，使其复归于人的自身。这种思潮在欧洲历史上被叫做"人文主义"（Humanism），它出现于14—16世纪的"文艺复兴时期"。

15、16世纪之交，由于兴建土木工程，从罗马废墟中挖出了古代希腊罗马时代一批艺术珍品（如"望楼上的阿波罗"、"拉奥孔"等）。这些古典雕塑的风格和神韵，与中世纪以来的宗教禁欲主义说教形成尖锐的对照。古代艺术家塑造了极为完美动人的形体，表现了人体自身的崇高与伟大，体现了人体的美丽和人性的可爱。这就唤起了文艺复兴时代的人的自觉与自尊，燃起了人们热爱人和人生的世俗情感。人们开始在感情层次上，又逐渐在理性层次上对那种否定人性、否定人的肉体情欲、否定物质利益，认为人类天生有罪的宗教禁欲主义和基督教神学世界观产生了越来越大的怀疑。恩格斯说得好："罗马废墟中所掘出来的古代雕刻，在惊讶的西方面前展示了一个新世界——希腊的古代；在它的光辉形象面前，中世纪的幽灵消逝了。"[①] 一大批人文主义思想先驱横空出世。他们大力收集已经散失的古代希腊罗马时代的文化典籍，从希腊聘请许多学者来罗马讲授古希腊的语言和学术。这是一股强劲的文化新风，它吹开了知识界的思想之门，重新去认识基督教诞生之前的古代希腊罗马的文化、学术和精神风貌。在这些充满异教情调的古典文化中，渗透着一种对自然、社会和人生的奥秘进行自由探讨的精神，表现了人性的可爱和理性的伟大。

文艺复兴时期的人文主义者们活动在不同的文化领域，但他们的思想大体上有一个共同的倾向，那就是强调并肯定人的地位和作用。他们讴歌的人，不再是宗教教会的圣徒或僧侣，而是现实生活中有感官情欲之爱的世俗凡人。

皮科在其《论人类尊严》的演说中，肯定人类具有自由的意志和实现其自由意志的无限能力，人可以成为人所欲成就的一切，实现人想要达到的目的。莎士比亚在《哈姆雷特》中也对人的尊严唱出了皮科式的颂歌："人类是一件多么了不得的杰作！多么高贵的理性！多么伟大的

---

① 恩格斯：《自然辩证法》，人民出版社1961年版，第4页。

力量！多么优美的仪表！多么文雅的举动！在行为上多么像一个天使！在智慧上多么像一个天神！宇宙的精华！万物的灵长！"① 在中世纪，由于宗教禁欲主义的长期禁锢，人们把自己看成是生而有罪的罪人，在上帝面前不过是渺小卑微的两脚动物，而在文艺复兴时代人文主义者的笔下，人竟被抬高到如此崇高的地位。这种观念上的改变，无疑反映了人的觉醒。这种觉醒更以艺术形象展现在艺术作品之中。在中世纪，由于神对人性的剥夺，古代希腊罗马时代那种充满人性的艺术之花凋谢了。绘画、雕塑和建筑严格地为基督教的神圣性服务，成了表现宗教道德的感性象征，艺术蜕化为宗教教义的点缀物。新时代的艺术观则完全不同。艺术被视为对人和自然的模仿。人和自然应该成为一切艺术活动的中心，应该是自然美和人体美的展现。如果不热爱人和人的肉体，不热爱大自然，也就不可能有什么艺术。

按照基督教神学和宗教禁欲主义的价值观念，人的肉体、感性、情欲，乃是罪恶的渊薮，应予谴责和抛弃。人的自然人性被宗教剥夺了，异化为敌视人的自然力量。特别是女人，更被视为罪恶之源而被神圣的宗教钉在禁欲柱上。只是到了文艺复兴时期的艺术作品中，昔日被异化而失去的人性才重新复归到人的自身，作为美的化身得到表现。既然人性（包括人的肉体和情欲）是美，那么，追求人性的满足，也就是符合于自然的事情。传统基督教那种鄙视人、否定人的教条，特别是那一套禁欲主义的道德说教便是反乎自然之道，悖乎人性之理了。个别人文主义思想家（如彭波拉奇）更否认人的灵魂不死，这就有助于免除死后惩罚的恐惧，把人的兴趣和注意力从来世转向今生，从天堂转向尘世。这是这一时期人的解放和人性复归的精神催化剂，人们（特别是资产阶级市民阶层）可以放心大胆地去追求物质的利益和人欲的实现，无须胆战心惊于死后地狱的火刑了。

文艺复兴时期人文主义思潮虽然没有否定上帝和基督教，但却贬低了它们的地位和作用，高扬了人的尊严和价值，这是从"神中心"向"人中心"的转化，是用人本主义代替了神本主义，其社会意义则是推动了资本主义代替封建主义的历史进程，其历史进步价值是巨大

---

① 《莎士比亚全集》第 9 卷，朱生豪译，人民文学出版社 1978 年版，第 49 页。

的。至于它推动近代哲学思想和启蒙宗教学说上的意义，更是值得肯定。人文主义关于人性复归，人的解放的主张，实际上是近代西方思想史上第一次突破了中世纪基督教神学的精神统治，在这座"精神围城"的城墙上打开了第一个缺口。从此以后，人性解放的历史洪流奔腾不息，浪逐潮高，相继出现于欧洲历史的各种宗教启蒙思潮，如泛神论、自然神论、机械唯物主义的自然哲学和自然科学的宗教观、法国启蒙运动、青年黑格尔派的宗教批判运动……实质上都是从不同角度深化这种从以神为中心转化为以人为中心、从神本主义转化为人本主义的进程。在此基础上，费尔巴哈直接把他的无神论宗教哲学称之为"人本主义"。马克思、恩格斯全面继承了欧洲历史上这种人本主义传统，最后概括为一个总的结论：是人创造了神和宗教，而不是神和宗教创造了人。在欧洲启蒙思想家的心目中，传统宗教和基督教所构建的以主奴关系为其社会实质的神人关系彻底被否定了，"颠倒的世界观"被颠倒了过来，人不再是为宗教和神主宰其命运的奴仆，成了自己命运的主宰，成了真正的人。

第二节　通过科学与哲学的理性分析，
揭露基督教神学信仰主义的
反理性主义实质

在悠远的古代（作为西方文化之源的古代希腊文化），人类的智慧尚处于萌芽时期，对于生活于其中的生活环境（自然世界和社会生活）的性质及其变化，都认之为神灵的操纵和作用。他们对此坚信不疑。在人的头脑中缺乏理性智慧的时候，想入非非的想象力便惊人地发展起来。一代代的古代人驰骋其丰富的想象力编造了许许多多的神话故事，说明神灵如何使用其超人的神奇力量，操纵自然事物，主宰人间事务，以至创造自然世界和人类本身。这种种神话故事也是古代人智窦初开时对自然世界和人间事务的本原和原因的一种解释性说明，其中渗透着一种具有普遍性的宗教观念：神是世界的本原，是万事万物的原因。应该承认这种观念中存在着原始性的哲学思想和科学探索的因素。正是这种理性的因素促进了早期的科学和哲学的产生。古代希腊最伟大的哲学家亚里士多德对此有一段精彩的论说：

> 古今来人们开始哲理探索，应起于对自然万物的惊异；他们先是惊异于种种迷惑的现象，逐渐积累一点一滴的解释，对一些较重大的问题，例如日月与星的运行以及宇宙之创生，作成说明。一个有所迷惑与惊异的人，每自愧愚蠢（因此神话所编录的全是怪异，凡爱好怪异，凡爱好神话的人也是爱好智慧的人）；他们探索哲理只是为想脱出愚蠢……①

按此说，对自然和天象的惊奇，以及由此而对之寻求解释，产生了宗教神话；摆脱神话的愚蠢，就形成哲学。

宗教赋予神灵、神性、灵魂等崇拜对象的超自然、超经验、超理性的神秘神性，也激发了哲学思想和科学探索的产生与发展。因为正是这种神秘而又神圣的宗教观念，孕育了人类关于经验与超经验、理性与信仰、自然与超自然、神与人、神性与人性之关系的思想，成了文明时代各种哲学思想和科学探索的动因。如果没有古代宗教关于超经验、超理性、超自然的神圣观念，也就不会在文明发展的一定阶段（"轴心时代"），一方面激发起把"超自然力量"还原为自然力量、把神还原为人、把神性还原为人性、用理性和经验去说明和实证一切存在之物，否定或怀疑超经验、超理性的存在和可证性；另一方面，在宗教方面，则出现了用理论的形式论证其实有的宗教神学和为其服务的宗教哲学。这就出现了两种不同性质的思想路线：一方面是肯定并论证超自然力量的宗教神学以及附属于它、为宗教观念作论证的宗教哲学；另一方面是把超自然力量还原为自然力量和人间力量的自然哲学（早期的自然科学）和启蒙思想。这两种思潮在历史上不断进行理论上的争论以至政治上的斗争，又不断互相渗透和启发；既推动了宗教神学、启蒙哲学和自然科学自身的发展，又激发了人类理性思维和各种文化思想的发展。

在西方历史上，这种思想路线的斗争开端于古希腊的轴心时代。

---

① 亚里士多德：《形而上学》，吴寿彭译，商务印出馆 1959 年版，第 5 页。

泰勒斯及其之后相继出现的一批又一批的启蒙思想家用各种不同的物
质元素（水、气、无限者、土、火、种子、原子和虚空……）的分解
与组合，来说宇宙万物的产生及其变化。物质元素代替传统宗教的神
成了"万物的本原"、"世界的第一原理"。[①] 在否定神的哲学—科学思
维的影响下，古希腊的启蒙思想家们还对神灵的本质和起源问题提出
了各种理智性的学说，其著名于世者有克塞诺芬尼的"神灵拟人说"
（认为神灵是人的虚构，是拟人化的产物）；普罗提库斯的"感恩说"
（认为宗教观念和人对神灵的崇拜起源于人对生存攸关的自然力的感
恩活动）；德谟克里特的"恐惧造神说"（认为宗教神灵观念起源于人
对自然力的恐惧感）和"法律造神说"（据柏拉图的转述，德谟克里
特及其信徒认为"神的存在是一种狡猾的臆造；实际上神是不存在
的，神［只是］靠某些法规才被认为是存在的"）[②]；克里底亚的"神
道设教说"（认为古代立法者为了约束人民，便虚构出诸神作为人类
道德的监督者和审判官）；犹希麦如的"人死封神说"（认为古代人所
信诸神皆是声名显赫的帝王或英雄死后被人神格化的结果）。所有这
些学说都是哲学家、思想家对神和宗教的起源问题进行理性探索的结
果。具体说法各有不同，但都是把宗教和神灵归结为人的创造（臆
造）。中世纪以后各种发展程度更高的启蒙哲学体系，本质上都是上
述古代希腊启蒙思想的继承和发展。

　　到西欧中世纪，由于基督教在政治上和精神上独占统治地位，古代
希腊充满人文精神和理性精神的伟大文化（哲学、文学、艺术、科学）
被完全埋没了。宗教禁欲主义把人的自然人性作为牺牲献给上帝，理性
主义的哲学和其他一切世俗文化变成了服务于基督教神学的婢女，人重
新成了神的奴仆。整个精神文化为教会僧侣所垄断，哲学成了论证上帝
存在及其超自然权能的工具。少数有些哲学头脑的教父们反而用哲学思
辩的形式来论证宗教信仰主义，认为信仰高于一切，理性必须服从信
仰。早期的教父神学家德尔图良（约 150—220 年）说，信仰是基督亲

---

　　① 亚里士多德说："神原被认为是万物的原因，也被认为是世间的第一原理。"见《形
而上学》，吴寿彭译，商务印出馆 1959 年版，第 6 页。

　　② 转引自《古希腊唯物主义者》，莫斯科，第 147 页。

自制定的准则，是绝对必须相信的神圣真理。人的理性和哲学之所以不能认识和证明它们，只不过说明它们自身的低级和愚蠢。例如，按照人类理性的判断，基督既然是神，就不应有死；说他死了，就不合于理性。基督既已被钉在十字架上死去，并已被埋葬，说他复活，也不合于理性。但德尔图良说，基督死而复活是肯定的，是不容怀疑的神圣事件。理性不能证明，只不过表明理性的局限性，人类理性视为荒谬的事，恰正说明宗教真理超于理性之上，表明了宗教的神圣。他留下了一句名言："正因为荒谬，所以我才相信。"这句"名言"集中表现了中世纪基督教神学的反理性的、信仰主义的本质。在后来的发展中，也出现了一些更高明的经院神学家，如 11 世纪的安瑟伦和 13 世纪的托玛斯·阿奎纳，他们试图用哲学推理的形式来论证上帝的存在。安瑟伦提出了先天性的本体论证明，托玛斯·阿奎纳则在否定这种先天性证明之后，提出了后天性的五种证明（宇宙论的，目的论的等）。① 这些证明对神学和哲学的影响都很大，教会视为最高信仰的最好证明，哲学则视为必须质疑的课题。为宗教信仰服务的哲学家奉为圭臬，或者循此思路提出各种形式的新的论证，反对传统宗教的理性主义、唯物主义哲学家斥之为暧昧虚假的概念游戏，直至用严格的逻辑推理揭露它的虚妄。他们不仅从哲学理性否定上帝存在、灵魂不死、超自然律的意志自由之类神学基本命题的可证性，而且进一步从科学理性的基础上直接否定一切超自然存在物的存在。哥伯尼的太阳中心说从科学上开始了对宗教神学的第一次"反叛"；开普勒发现的天体运行三规律证明被传统宗教神学视为神圣的天体，其运行严格符合于不变的自然规律；伽利略的实验物理学更进一步用实验的方式确证一切自然物体的运动和变化皆服从于具有数学必然性的物理法则，并用数学方程式予以表达；牛顿总结了当时的自然科学的发现，提出了大至天体，小至物质微粒皆必须遵从的三个基本力学规律和万有引力定律。科学理性和哲学理性从根本上否定了一切超自然之物（上帝、灵魂）的存在，也进一步从根本上否定了《圣经》所载之上帝和耶稣基督可随心所欲地创造的那些违反自然规律的神迹事

---

① 具体的证明方式，请参见拙作《西方宗教学说史》第 3 章，此处略。《西方宗教学说史》，中国社会科学出版社 2005 年再版。

件。笛卡尔（在物理学上）、拉普拉斯、狄德罗、康德都在各自的时代
从自然科学或自然哲学角度提出了物质宇宙自然形成和演化的学说。上
帝创世的《圣经》信条被否定了，我们生活于其中的物质宇宙和自然万
物从来都是按照自然规律运动和演变，其中没有上帝的任何作用。上帝
被哲学家和科学家抛弃了。如果说，在16—17世纪的泛神论、17—18
世纪的自然神论，以及牛顿的天体运行论，实质上否定上帝及其作用的
同时，还在名义上为上帝留有一席之地的话，那么，到18世纪法国以
百科全书派为代表的哲学家（狄德罗、霍尔巴赫、爱尔维修）那里，则
形成了与宗教神学针锋相对的战斗无神论。这是西方启蒙宗教思想在其
发展史上臻于鼎盛的时期。在科学理性和哲学理性的审判台前，宗教信
仰和崇拜的一切超自然、超人间的存在（神、神性、神迹）都被剥夺了
其存在的权利，创造世界的超自然上帝被还原为一切按自然律而运行的
物质自然，超人间的神被理性还原为人的创造。这是理性审判官的判
决。理性的权威是至高无上的，宗教神学所谓的超理性、超经验的上帝
或神，既然是超出理性和经验的范围，那只能说明它经受不起理性和经
验的检验，其存在当然就是不合理的了。

第三节　用历史学和语言学的考证，把神圣的
《圣经》还原为世俗的作品

　　犹太教、基督教、伊斯兰教自称为"天启宗教"，新旧约《圣经》
被基督教徒说成是上帝的启示，是"上帝之言"（包括"上帝之行"）的
记录，教会和信徒奉之为神圣的经典。在整个中世纪，甚至在其后的相
当时期，"圣经词句在各法庭中都具有法律的效力"（恩格斯语）。基督
教世界的社会和人们都必须信仰和服从，不能怀疑，更不能反对。基督
教先后分裂为几大教派之后，各教派在教义和教仪上各有差异，甚至互
相排斥，但各派都打着神圣《圣经》的旗号，都认为只有自己遵奉的那
一套才符合《圣经》的真义，才是真正的"上帝之言"，斥对方为异端。
在维护《圣经》的神圣性的名目下，互相进行神学上的攻击，政治上的
迫害，直到发动刀光剑影的宗教战争。文艺复兴时期的人文主义开启了
新时代宗教启蒙思潮的日益深化的发展。理性旗帜高扬，人性逐渐复

归，人逐渐从传统宗教及其上帝的绝对信仰（实质上是剥夺人的理性思
维的精神奴役）中解放出来。一批又一批启蒙思想家重新发扬古希腊哲
学家、思想家的理性精神和人文精神去思考教会的宣示和《圣经》所说
的一切，是否真正是上帝的启示？《旧约》中，上帝在六天之内创造世
界万物，上帝通过耳提面命规定以色列人的生活方式和行为规范，众先
知传达的上帝的启示……《新约》记载的耶稣基督所行的各种惊世骇俗
的"神迹"，诸如使瞎子复明，使聋人复聪，赶鬼治命，起死回生……
这一切显然违背了事之常规、人之常理的记载，难道都是真实的历史事
件么？一旦人的理性开了窍，就自然会对这些记载的真实性表示理性的
怀疑；再进一步，就会对新旧约《圣经》的神圣性进行理性的探讨。于
是就出现了一门用历史学和语言学的方法来研究《圣经》的历史真实性
的学问——"圣经批判学"。在这门学问的早期发展中，意大利人文主
义者罗伦佐·瓦拉（1406—1457 年）对于历史文献《君士坦丁赠赐》
的考证性研究是这方面最具典型意义的例证。

　　公元 754 年时，教皇司提反三世与丕平达成一项互利的协议：教皇
承认墨洛温王朝的合法君主地位，丕平则把拉温那地区和昔日拜占庭总
督在意大利的全部辖区赠给教皇。教皇为了给此项馈赠披上一件神圣而
又合法的外衣，便伪造了一个文件，说什么塞尔维斯教皇按照圣彼得和
圣保罗梦中显灵的指示，为君士坦丁大帝施以洗礼，治好了他所患的麻
风病。从此君士坦丁便皈依了基督教，并把罗马以及西方所有的辖地和
意大利的城市赠赐给塞尔维斯教皇及其后继者。《君士坦丁赠赐》这份
纯属伪造的文件为教皇的世俗统治权提供了历史依据，后世竟为其所
骗，信以为真。但瓦拉通过语言学、历史学的考证，证明这份文件并不
是教廷所说的那样在 4 世纪写出，而是在 8 世纪伪造的。瓦拉的考证在
学术上具有无可怀疑的权威性。这一学术杰作实质上是指向教廷权威的
挑战书，说明罗马教廷的世俗权力，对教皇领地和其他地区的统治完全
是非法的。瓦拉还不顾教廷的迫害，继续通过古典文献的论证，证明一
系列基督教历史上的重要文献均为伪造，对罗马教廷的教权主义给予了
沉重的打击。这种性质的历史学、语言学上的考证研究后来逐渐从教廷
文书发展到新旧约《圣经》本身之上。早在 12 世纪时，西班牙的犹太
学者麦蒙尼地（1135—1204）注意到《圣经》所记载的大量神奇事件暧

昧不清，自相矛盾，不合乎人之常理，难以令人相信。他受当时流行的
亚里士多德理性哲学的影响，提出了一个主张：要求用理智原则来解释
《圣经》的记载。他本意无非是想把《圣经》那些不合常理的神话故事
说成是某种"隐喻"，并非真有其事，以此把《圣经》故事解释得合乎
理性一些，以便易于为人所信。但这样一点点理性主义的要求也为当时
正统神学家坚决反对。另一个犹太学者耶乎大·阿尔帕恰提出了一条与
麦蒙尼地针锋相对的原则，主张理智应该完全服从《圣经》的条文。按
斯宾诺莎的描述："他立下了一个一般性的原则，就是无论《圣经》教
条式地告人以什么，明白地肯定什么，必须以《圣经》里的这话自身为
根据，承认其为绝对真理。"① 研究《圣经》的学者一般把这一"原则"
称之为"阿尔帕恰定律"。坚持理性权威的启蒙思想家理所当然地反对
这种盲目迷信《圣经》权威的反理性原则，进一步激发他们对《圣经》
进行严格的理智性研究，用历史考证和语言比较的方法，研究《圣经》
这本书在历史上究竟是怎样形成和演变的，各种语言的译文（希伯来
文、希腊文、拉丁文、现代西方语言）各种版本之间异同的比较（特别
是以比较分析四部福音书所记载的圣经故事的不同描述及其互相之间的
矛盾）……这就开辟了以历史学和语言学为基本方法的《圣经》研究。
在这方面，斯宾诺莎作出了卓越的贡献。他的《神学政治论》是这方面
的经典之作，对后来西方启蒙思潮的发展产生了深远的影响。

　　斯宾诺莎对"阿尔帕恰定律"极其厌恶和反感，认为它实质上是把
理智和哲学当成宗教信仰的奴仆，把古代犹太人的偏见和无知当成神的
启示。斯氏坚持理智的权威，如果理智的判断与《圣经》条文有冲突，
那就不能使理智屈从《圣经》。理智是我们最大的才能，是来自上天的
光明，为什么要屈服于《圣经》中违反理性和经验事实的死文字呢？斯
宾诺莎通过对《圣经》的研究，具体揭示出其中充满了大量的自相矛盾
的叙述，是理智无法否认、也不能予以调和的。他指出，研究《圣经》
的真正科学的方法就是历史学的方法。正如要科学地解释自然，就必须
研究自然的历史一样，要想科学地解释《圣经》，也必须研究《圣经》
的历史。《圣经》的记述，凡是不能历史地予以证实和作出解释的，就

---

　　① 斯宾诺莎：《神学政治论》，温锡增译，商务印书馆 1982 年版，第 203 页。

不能信以为真。《圣经》的作者不是上帝，而是古代希伯来人。因此，我们必须首先弄懂希伯来人所用语言的性质和特点，把原文的句法加以比较，只有这样，才能了解原作者的真意。同时，斯宾诺莎认为，还必须进一步与写作《圣经》各篇章的历史背景联系起来，必须了解"每篇作者的生平、行为与学历，他是何许人，他著作的原因，写在什么时代，为什么人写的，用的什么语言。此外，还要考求每篇经历的遭遇。最初是否受到欢迎，落到什么人手里，有多少种不同的原文，是谁的主意把它归到《圣经》里的。最后，现在公认为是神圣的各篇是怎样合而为一的"①。这种研究方法的提出，充分表明《圣经》这本书在斯宾诺莎的心目中不过只是一部在古代历史上由普通人所写作和编纂起来的普通著作，根本不是什么上帝的启示。

斯宾诺莎应用他提出的历史学、语言学的研究方法，以他那精湛渊博的希伯来文知识和历史知识，考证出《圣经》不但不是上帝的直接启示，而且也不是一个人的作品，而是分别由不同的人、在不同的时期写的，前后经历两千余年，由后人编纂成书。以摩西五经为例。书中谈及摩西事迹时使用的是第三人称，还描述了摩西的死和埋葬的情况。斯宾诺莎据此证明，摩西五经显然不是摩西写的，而是出自他死后的另一个人的手笔。至于《约书亚记》、《撒母耳记》、《列王记》等也是如此。斯宾诺莎还根据阿本·以斯拉的注释证明摩西五经的原本与现存版本是大不相同的。因为原书是写在一个祭坛周围，按犹太教的传统说法，那个祭坛只有 12 块石板。可见原本必比现本简短得多。《圣经》各篇章的语言风格和文字的雅俗也各有不同，反映它们是由各具不同文化素质的众多作者写作而成。根据诸如此类的历史考证，斯宾诺莎的结论是："圣书不是一个人写的，也不是为一个时期的人写的，而是出自脾气不同的许多笔者的手笔，写作的时期自首至尾亘两千年，还许比这更要长些。"②

斯宾诺莎对于《圣经》的历史学和语言学的考证是非常深刻的，令人信服地证明《圣经》并没有神圣的来源，我们不应该把表现古代犹太

---

①　斯宾诺莎：《神学政治论》，第 111 页。

②　同上书，第 194 页。

人肤浅无知的智力的东西，当成神圣的绝对真理而盲目信仰。他从事《圣经》研究的目的，就是要揭示《圣经》在历史上的本来面目，揭穿犹太教、基督教把《圣经》当做"上帝的普遍的绝对的教义"的虚伪性，把人们的思想和精神从宗教的神圣权威的束缚下解放出来，树立理性的权威，争取思想和信仰的自由。

斯宾诺莎的《圣经》研究立即在社会上，特别是在学术思想界产生了巨大的影响，推动并深化了启蒙思潮的发展进程。18 世纪英国的著名哲学家大卫·休谟在其哲学巨著《人类理智研究》中也公开宣告摩西五经不过是世俗作家的作品："是由一个野蛮无知的民族提供给我们的一部分，它是在他们更为野蛮的年代写的，而且完全可能是在其所叙述的事实很久以后写成的。它们没有为一致的证据所确证，而且仿佛是各民族对其起源所作的那些荒诞的说法……"① 《圣经》中的摩西五经的神迹记叙是完全虚妄的。休谟在《人类理智研究》的结尾，勇敢无畏地宣告，应该把诸如此类的宗教神学著作，从图书馆的书架上拿下来，"把它投到烈火中去"②。

自然神论哲学家约翰·托兰德的名著《基督教并不神秘》提出，理性既是确证一切的基础，也是证明《圣经》是否真实可信的基础。信仰必须以理性为根据，相信任何人类理智无法设想的东西，并非真实的信仰，而只是一种鲁莽的臆想和顽固的偏见。如果信仰没有充分的理由，必然随之而产生不信任和社会生活中的各种罪过。《基督教并不神秘》的一大特殊贡献，就是它也用历史学的方法探讨了基督教神圣仪式在历史上的产生发展过程。托兰德通过历史考据，证明原始基督教的仪式非常简朴，只有洗礼和圣餐礼，其他的那些充满神秘色彩的仪式都是从异教传入，或由改宗者带进基督教中的。大约是在 2、3 世纪，异教的神秘仪式才逐渐取代原始基督教的简朴；除洗礼外，又增加了尝奶和蜜、十字标记、穿白袍等，此后又增加了教理内容，恢复了犹太教旧有的斋戒、涂油、接吻，增加了向接受洗礼者口中灌盐和酒、第二次涂油、按手等仪式；往后，又有了无休止的灯光、驱邪、吸气以及其他异教徒的

_____

① 大卫·休谟：《人类理智研究》，吕大吉译，商务印书馆 1999 年版，第 120 页。

② 同上书，第 153 页。

虚饰。由此出发，不仅在基督教中产生了对预兆、前兆、星兆的信仰，而且也产生了偶像、祭坛、音乐、教堂献祭……之类繁杂豪华的神秘仪式。基督教的教主们由于私利的驱使，便借助这些神秘仪式建立起独立的政治团体，逐步确立了教阶制的等级和秩序，出现了副补祭、读经师；最后出现了罗马教皇、红衣主教、主教长、都主教、大主教、首席主教、副主教、副监督、地方主教、顾问、教区教师及其数不胜数的扈从随员的名称。这些从异教引进来的各种神秘而又神圣的仪式，一方面加强了无知信徒的盲目迷信，另一方面则巩固了教士们的封建神权："各种礼仪和戒律的法令或典制，为这种新状态增加了光彩，大大地影响了或麻痹了无知者的头脑，而且使他们相信他们果真是能够给一定时间、地点、人物或活动带来尊严的上帝和人之间的中间人。靠这种方法，教士们能够做到任何事情；他们最终垄断了解释《圣经》的唯一权利，并且以此要求承认他们自身的绝对无误性。"①

　　斯宾诺莎的《神学政治论》和约翰·托兰德的《基督教并不神秘》开辟的用历史学和语言学的方法对《圣经》和基督教神秘仪式的本来面目及其在历史上的演变过程的研究，对西方宗教启蒙思潮的发展起了非常特殊的作用。这种历史考证性的研究不同于哲学家的思辨推理，它完全建立在历史事实的实证基础上，主观随意性比较少，因而更加使人信服。在 19 世纪的德国，关于《圣经》的历史批判研究在思想界和知识界得到了空前的发展。如果说，鲍尔为代表的图平根学派大体上是在纯学术性的领域进行这种性质的研究的话，那么，以施特劳斯、鲍威尔为代表的青年黑格尔派，则有意识、有目的地把这种批判研究从学术领域导向政治领域，发动起一场对德国社会产生了震撼性影响的宗教批判运动。施特劳斯的《耶稣传》、鲍威尔的几本福音书批判，通过历史考据证明《圣经》所载的那一连串令人心醉神迷的耶稣救世故事，不过是人有意或无意编造的"神话"，神圣的《圣经》其实是人为的臆造，甚至救世主耶稣其人在历史上也不是真实的存在。青年黑格尔派关于基督教《圣经》的历史批判研究得出了千百年来西方宗教启蒙思潮所要达到的

---

　　①　约翰·托兰德：《基督教并不神秘》，张继安译，吕大吉校，商务印书馆 1982 年版，第 93 页。

结论：是人创造了神和宗教，而不是宗教和神创造了人。这是一个惊天动地的革命性的结论。更重要的是，马克思、恩格斯都是青年黑格尔派的重要成员，参加青年黑格尔派发动的宗教批判运动，是他们一生学术活动和社会革命活动的起点。他们高度评价历史学和语言学的宗教研究方法。恩格斯在其晚年还写了几篇专门研究基督教史的论文，在肯定施特劳斯、鲍威尔的学术成就的同时，特别肯定他们应用的历史学、语言学的《圣经》研究方法："从历史学和语言学的角度来批判圣经，研究构成新旧约的各种著作的年代、起源和历史意义等问题，是一门科学。"①

至于以施特劳斯、鲍威尔为代表的青年黑格尔派发动的宗教批判运动的情况，及其对马克思、恩格斯的影响，本书下一章将进行专门讨论。

第四节　揭露宗教（特别是基督教）在社会历史上的消极作用，打开了从无神论人道主义走向"社会主义"观念的通道

启蒙思想家从哲学理性和科学理性批判宗教神学的反理性实质，从历史学和语言学的考证证明神学经典的非神圣性，其目的和实际效果本质上是为了人和人性的解放，从宗教的神那里夺回人格的尊严，实现人的价值。为了达此目的，单纯从理性上、逻辑上证明宗教神学的荒谬还是不够的。其自然的趋势进一步发展到对宗教在社会历史的功能和作用等方面进行揭露和批判，证明宗教的社会历史作用是消极的、有害的，甚至是反人性、反社会的。只有这样，启蒙思潮对宗教的批判才不致局限于社会上极少数知识精英的客厅或沙龙里，才能为社会大众所理解和接受。文艺复兴时期的人文主义者已经开始了这方面的批判，但当时主

---

① 《马克思恩格斯全集》第 21 卷，人民出版社，第 10 页。本书所引《马克思恩格斯全集》的引文，均引自"文革"之前的译本。因此译本各卷出版时间不同，而且版本只有一个，故引文似无须注出出版时间。本书之所以未使用"文革"后的新译本，是因为它们至今尚未全套译出。故此，本书仍采用旧译本，以求前后一致。

要的批判目标还是揭露罗马教皇和教会僧侣在生活上的腐败。被称为
"人文主义之父"的彼特拉克对亚威农教皇的丑行有一段淋漓尽致的
揭露：

> 这不虔诚的巴比伦，地球上的地狱，罪恶的渊薮，世界的阴
> 沟。在此既无信仰，也无仁爱，宗教对上帝之敬畏……世界上所有
> 的丑行和邪恶，荟萃于此……老年人热烈而轻率地沉溺于维纳斯的
> 手臂中（按：意即沉湎于声色中），忘其年龄、尊严和权力，他们
> 对羞愧之事，趋之若鹜，好像他们的荣耀不在耶稣的十字架，而在
> 宴乐、酗酒、不贞……教皇游戏之猥亵和逸乐，乃是和奸、血族相
> 奸、强奸和通奸。①

这段言辞，也许不无过激之词，教廷的教皇和教士不见得人皆如
此，但教会生活腐败的基本情况是大致不差的。因为当时此类谴责之词
充斥于各种书籍之中，甚至连圣·凯瑟琳和马丁·路德都对罗马教廷的
荒淫无耻进行过愤激的攻击，言辞之激烈，比之彼特拉克犹有过之。

16 世纪宗教改革运动所引起的长期而激烈的教派冲突、血腥残酷
的宗教战争，以及新旧各派教会为了突显本派对上帝和《圣经》的忠诚
而表演出的迫害"异端"和自由思想家的竞赛，引发了欧洲基督教世界
的分裂和社会政治秩序的破坏以及社会基本伦理的沦丧，更激发起社会
大众，特别是思想界知识精英关于传统基督教对社会历史到底起了何种
作用的思考，越来越深化了对基督教及其教会以至对一切宗教的怀疑和
否定。文艺复兴时期以来的各时期的启蒙思想家差不多都对宗教及其教
会的社会罪行进行了深刻而又尖锐的揭露，这种反宗教的批判在 17、
18 世纪的法国达到高潮。蒙田、培尔的著作尚以冷嘲热讽的文学语调
表现出来，伏尔泰、狄德罗、霍尔巴赫、爱尔维修、拉美特利等人则以
战斗的姿态，对宗教的社会罪行发起集团军式的猛烈冲锋。下层平民的
思想代表让·梅叶把宗教与封建君主专制联系起来，从启蒙无神论发展
为社会政治思想上的社会主义。他尖锐地指出，宗教是统治者奴役人民

---

① 转引自威尔·杜兰《世界文明史》第 14 卷，幼狮文化事业公司，第 82 页。

的精神支柱。宗教支持最坏的政府，而政府也同样庇护最荒谬、最愚蠢的宗教。他号召人民起来进行反对贵族和国王的残暴统治和教会神甫的宗教欺骗的斗争，甚至主张用这些披着袈裟的刽子手们的肠子来绞死他们。观点之严峻，主张之激烈，在西方和世界历史上可谓空前。至于狄德罗、爱尔维修、霍尔巴赫等百科全书派在揭露宗教的社会功能时，调子要温和得多，但理论上却更深刻、更精细。

狄德罗痛恨封建专制制度，更痛恨它的帮凶——僧侣政治。他认为，僧侣不过是一群好吃懒做、骗取民财之徒；更可恶者，僧侣们总是宣扬迷信、反对理性、憎恶知识、仇恨科学。宗教迷信是僧侣们用以束缚人民的自由思想，压制智慧和科学自由发展的工具。只有打破宗教对人类理性的束缚，才能为建立公正的社会、仁慈的政府打下思想基础。

爱尔维修认为，人人生而在智慧和道德上平等，差异在于后天的环境和教育上的不同。要消除这种不平等的状况，根本途径是为人们提供平等的教育，改造不公正的社会环境。法国的教育制度历来为基督教会严密控制，扼杀了人们精神中的思想、灵魂中的美德，造成了人们的无知和盲目迷信，而无知则是罪恶的种子。为此，必须重建法国的教育制度，使之摆脱教会的控制，从属于国家与社会。

在道德问题上，爱尔维修认为生命的目标乃是此生之幸福；而所谓幸福不过是快乐的感受及其延续。所有的快乐本质上都是感官的、生理的；而精神的快乐与知识的追求则是最能令人长久满足的快乐。宗教提倡的禁欲和苦行是反人性之自然的，也是愚蠢的行为。性的快乐，如果不伤害别人，是完全合法的。美德的真义不在对上帝律令的服从，而是给予最大多数人以最大的快乐。公众利益是所有人类美德的崇高原则，同时也是一切立法的基础。只有国家建立了为公众利益服务的法律和政府，对人民进行最好的教育，人民才能培养起美好的道德，社会才会有淳良的风俗。所以，人类的道德和幸福，并非来自他们宗教的神圣，而是来自法律的智慧。

霍尔巴赫认为世界上广泛传播的上帝观念和普遍流行的宗教，实际上不过是人类的一个普遍的错误。它在人类社会的政治、道德方面产生了恶劣的作用。综上所述合起来，主要有如下几个方面：

一　上帝不是道德的榜样

《自然的体系》写道：

> 所有的宗教似乎都一致向我们宣扬一个专横、嫉妒、好复仇和利己的上帝。它不认识任何原则，在一切方面都顺从一时的私欲；爱恶去取全凭自己的幻想。它喜爱屠杀、抢劫和犯罪；玩弄自己弱小的属下，用幼稚的命令去使他们疲惫不堪，向他们不断地张开陷阱，严禁他们请教自己的理性。[①]

犹太人的耶和华是一个多疑、嗜血、谋害、屠杀的上帝；罗马人的丘比特是一个淫秽的怪物；腓尼基人的摩罗克是一个吃人肉的家伙；基督教徒的上帝要人们为缓解他的愤怒而扼杀他的亲生儿子；墨西哥人的神则要求杀戮成千的人作为献祭的牺牲才能消除其对于血的饥渴……这样的神或上帝怎能成为人类美德的模型！

二　宗教信仰造成不同信仰民族之间的仇恨

> 宗教不但没有使人联合起来，反而把他们分裂了；人们不但没有互相亲爱、彼此帮助，反而时常为了一些同样没有道理的意见而互相争执、互相轻视、互相仇恨、互相迫害、互相残杀。他们在宗教观念中的一点点分歧，就使他们彼此成为敌人，在利害关系上把他们分开，使他们处于不断地争吵之中。为了神学上的臆说，一些民族和另一些民族便势不两立；君主防范着自己的属下；公民们对自己的同胞兵戎相见；父辈厌弃自己的子女，子女则用利剑残杀自己的父兄；夫妇离异，亲属不相认；社会亲手把自己撕毁。可是就在这些吓人的混乱中，每个人却都硬说自己是符合于上帝的心愿的，而且对于为了上帝的缘故而犯的那些罪恶，谁也不肯对自己加以任何责备。[②]

---

① 霍尔巴赫：《自然的体系》下卷，商务印书馆 1964 年版，第 197—198 页。
② 同上书，第 200—201 页。

基督教宗教改革后新旧教两派的宗教纷争显然是这方面的典型。

三　宗教使政治败坏，使政治成为暴政

上帝的赏善罚恶不仅不能约束君王的暴行，反而使政治败坏，成为暴政。正是宗教的教士们，一方面把专制君主说成是上帝手中的剑，王权来自神授；另一方面又对轻信的民众说，他们的受苦受难是上帝的旨意。于是，这些君主王侯们便自认为神的代表而胡作非为，仿效上帝的榜样在地上推行最专断的专制主义。

对于一个神化的暴君，上帝的赏罚是无能为力的。特别是宗教的"赎罪"观念，更易于使他们放肆地犯罪。行为最放肆的人往往也是最迷恋于宗教的，因为宗教为他们提供了最廉价的"赎罪"方法。

四　迷信的民族必然变成腐败的民族

在被宗教败坏了的政府首领的统治下，宫廷成了不断产生恶行的污水坑，上行下效，败坏了整个民族。由于宗教神权的统治，缺乏合理的管理、公正的法律、有益的制度、合乎理性的教育，人民被专制君主和教士压制在无知与桎梏之中，必然变成迷信和腐败的民族。宗教的精神统治，使很多民族都只有一种祭司的和神学的道德，教士们用梦想去代替现实，用教规去代替德行，用盲目的迷信去代替理性，君主与教士结合起来对人民施行暴政，而人民的幸福与自由则屈从于上天的神和地上的神的联合起来的压力之下。牧师们编造着种种虚构的罪恶，以便掌握悔罪的垄断权；规定越来越多的用来束缚人民的教规，以便从奴隶的犯规中谋求利益。他们定下犯罪的抽税表；其中被认为最严重的犯罪，无非就是祭司们认为最有害于其私利的那些罪，如：不虔敬、渎神、异端、侮辱神灵之类。人民犯了这些"罪"，比之于与社会有关的真正的滔天大罪更使人感到惊恐。这样一来，人民的善恶、是非观念就被完全弄颠倒了，民族风尚被导向道德上的腐败。

霍尔巴赫进一步指出：人类社会的一切道德规范，不是从神的本性，而是从人的本性；不是从宗教，而是从人与人的关系引生出来的。基于人性的自然道德与基于神启的宗教道德是完全对立的：

自然叫人爱自己，保存自己，追求幸福，而宗教却命令人厌恶自己，专爱上帝；

自然要人以理性为向导，追求真理，而宗教却要人停留在无知之中，惧怕真理；

自然要人节制情欲，平衡情欲，而宗教则要人抛弃一切情欲，成为一块没有感觉的东西；

自然告诉人们要合群，爱自己的同类，要在人际关系中保持公正、和平、宽容、慈悲，使他们幸福，而宗教却劝人逃避社会，迫害以至屠杀在宗教信仰上的不同意见者；

自然把一些诚实刚毅的灵魂作为公民的楷模，而宗教却把狂信者、癫狂的悔罪者奉为圣徒；

自然要求夫妻相亲相爱，宗教却把柔情当做一桩罪恶；

自然要求道德败坏的人为自己所犯的罪羞惭，而宗教却说，只要他们拜倒于庙堂之前，俯伏于牧师的脚下，就可以使良心平静，在上帝眼中洗清罪行⋯⋯

正是这些违反人性、违背自然道德的宗教道德戕害了人的尊严，束缚了人的自由，有害于人的解放，阻碍了社会的进步。

一个具有健全理智的无神论者比一个迷信之徒更富于人性，而不会因为盲目迷信把道德原则忘得一干二净。即使他做了坏事，也不是由于无神论的理论，而且无神论者至少不会借口他对上帝的虔诚而把恶说成为善。健全的社会不是由于宗教，而是由于良好的法律和教育。

霍尔巴赫的结论是：一个由无神论者组成的社会不仅是可能的，而且是更为高尚和更为道德的。[1]

18 世纪的法国启蒙思想对传统宗教神学及其所维护的旧世界社会秩序的批判是非常全面、系统、深刻而又尖锐的。它不仅教育了法国人民，也影响和教育整整一代的欧洲人，促进了法国和欧洲各国社会和人民的革命化。

18 世纪的法国大革命实际上就是法国启蒙运动的产物。启蒙思想对宗教的批判是革命前的革命。恩格斯高度关注 18 世纪法国唯物主义

---

[1]　参见霍尔巴赫《自然的体系》下卷，第 319 页。

启蒙无神论哲学对于法国大革命的"巨大"影响：

　　在法国，唯物主义最初也完全是贵族的学说。但是不久，它的
革命性就呈现出来了。法国的唯物主义者没有把他们的批评局限于
宗教信仰问题；他们把批评扩大到他们所遇到的每一个科学传统或
政治设施；而为了证明他们的学说可以普遍适用，他们选择了最简
便的道路：在他们因以得名的巨著《百科全书》中，他们大胆地把
这一学说应用于所有的知识对象。这样，唯物主义就以其两种形式
的这种或那种形式——公开的唯物主义或自然神论，成了法国一切
有教养的青年的信条。它的影响是如此巨大，以致在大革命爆发
时，这个由英国保皇党孕育出来的学说，竟给了法国共和党人和恐
怖主义者一面理论旗帜，并且为《人权宣言》提供了底本。①

　　恩格斯的这段话，道出了 18 世纪法国以百科全书派为代表的启蒙
思潮和唯物主义哲学对法国社会所产生的革命性影响，这种影响事实上
远远超出了法国的国界。批判传统宗教的启蒙之风在 19 世纪德国找到
了它的继承人，那就是青年黑格尔派，马克思、恩格斯也身在其中，他
们通过青年黑格尔派发动的宗教批判运动，进一步在哲学上发展为历史
唯物主义，在社会政治方面发展为社会主义和共产主义。

---

① 《马克思恩格斯选集》第 3 卷，第 394—395 页。

第 二 章

19世纪德国青年黑格尔派发动的宗教批判运动和费尔巴哈的人本主义宗教观

——马克思主义宗教理论的历史背景之二

在法国百科全书派为代表的启蒙运动和法国大革命的影响下，19世纪德国也步其后尘，出现了激进的启蒙思潮和社会运动，其中最有代表性、也最为激进者，就是马克思、恩格斯身在其中的青年黑格尔派。青年黑格尔派之所以要在这时发动一场批判传统宗教的启蒙思想运动，也和在此以前欧洲启蒙运动先驱一样，是要把异化为神性的人性从众神那里夺取回来，使人成为掌握自己命运的真正的人，实现人的解放和社会的解放。

正是由于这个崇高的社会目标，把青年时代的马克思、恩格斯吸引到青年黑格尔派之中。当然，德国在19世纪的社会情况有其时代的特征，这也就决定青年黑格尔派在选择宗教批判的突破口时具有自己的特殊性。在这一点上，恩格斯有精辟中肯的说明：

> 黑格尔的整个学说，如我们所看到的，给各种极不相同的实践的党派观点都留下了广阔的活动场所；而在当时的理论的德国，有实践意义的首先是两种东西：宗教和政治。特别重视黑格尔的体系的人，在两个领域中都可以成为相当保守的；认为辩证方法是主要

的东西的人，在政治上和宗教上都可以属于最极端的反对派。……
到三十年代末，他的学派内的分裂愈来愈明显了。左翼，即所谓青
年黑格尔派，在反对正统的虔诚派教徒和封建反动派的斗争中一点
一点地放弃了在哲学上对当前的紧迫问题所采取的超然态度，由于
这种态度，他们的学说在此之前曾经得到了政府的容忍，甚至保
护；到了1840年，正统教派的伪善和封建专制的反动随着弗里德
里希－威廉四世登上了王座，这时人们就不可避免地要公开站在这
方面或那方面了。斗争依旧是用哲学的武器进行的，但已经不再是
为了抽象的哲学目的；问题已经直接是消灭传统的宗教和现存的国
家了。……

　　但是，政治在当时是一个荆棘丛生的领域，所以主要的斗争就
转为反宗教的斗争；这一斗争，特别是从1840年起，间接地也是
政治斗争。①

　　为了比较清晰地了解恩格斯这段论述的历史文化背景，我们有必要
对黑格尔哲学发展和分化的情况作一些概括的叙述。

第一节　黑格尔的宗教哲学

　　黑格尔是欧洲和世界历史上最伟大的哲学家之一，他建立了一个包
罗万象、规模宏大的唯心主义哲学体系；在宗教领域，他也提出了独具
特色而又系统完整的宗教哲学。他是一个彻底的理性主义者，没有一个
哲学家像他那样把理性的权威推崇到无以复加的程度和至高无上的地
位。在他的哲学体系中，人类理性不仅是万能的、认识一切的东西，而
且变成了脱离人而客观存在的、创造一切、认识一切的绝对精神，实际
上也就是基督教的上帝和创造主。世界上的一切事物都变成了绝对精神
的自我发展和异化，人类理性思维和各种意识形态则成了绝对精神的自
我意识。

---

①　恩格斯：《路德维希·费尔巴哈和德国古典哲学的终结》，《马克思恩格斯选集》第4
卷，第216—217页。

黑格尔的彻底的理性主义一方面反对和批判盲目信仰的传统基督教及其神学，把它们视为束缚人的理性和思想自由的精神枷锁，另一方面也批判当时出现于德国和欧洲的非理性和反理性的宗教观。不仅反对名噪当时的新教神学家施莱尔马赫之类的浪漫主义神学，也反对声名显赫的哲学家康德对理论神学的怀疑，用他的绝对理性主义为上帝存在及其可以认识提供理性证明。大体上，前一方面体现了黑格尔继承了文艺复兴时期以来欧洲启蒙思潮的优秀传统，这在黑格尔的青年时代表现得尤为突出；后一方面则更多地体现了黑格尔唯心主义哲学的保守方面，在黑格尔哲学成为德国国家哲学之后表现了它与宗教势力的妥协。

青年时代的黑格尔曾热情欢呼法国革命。他步法国启蒙思想家的后尘，追求政治上的自由和民主，并把当时的宗教视为封建专制主义政治的"一丘之貉"。1795 年他在致谢林的一封书信中写道：

> 宗教和政治是一丘之貉，宗教所教导的就是专制主义所向往的。这就是，蔑视人类，不让人类改善自己的处境，不让它凭自己的力量完成其自身。[①]

青年时代的黑格尔对基督教采取了激烈批判的态度。当然，我们注意到一个事实：他们批判的不是基督教本身，而是它的传统和现状；不是关于人格神的宗教本质，而是基督教会的组织与体制。

黑格尔把犹太教和基督教称为"天启宗教"，意指它不过是一种倚仗权威的命令和传统的势力迫使人们不得不信仰的宗教。他还把这种"天启宗教"与他所谓的古代希腊罗马时代的"民众宗教"对立起来。黑格尔把古代希腊罗马共和国体制理想化，把它说成是一个由自由民组织起来的社会；个人都是自由的，个人与国家处于和谐的统一之中。国家观念在当时乃是个人为之工作的终极目的；当时的宗教则是表现了人类的尊严和自由人的自由的"民众宗教"。但是，随着罗马帝国取代了共和国制，古代的民主制度走向没落。人民逐渐丧失了原有的自由：

---

① 《黑格尔通信百封》，苗力田译，上海人民出版社 1981 年版，第 43 页。

　　罗马皇帝的专制把人们的精神从地上驱逐到天上去了，剥夺了
人们的自由，迫使他们的永恒的、绝对的东西逃避到神那里去求庇
护。剥夺自由带来的广泛苦难迫使他们在天国里去寻求和仰望幸
福。相信神的客观存在是和人的腐化与奴役以同样步伐进行的，前
者只不过是这个时代精神的一种启示，一种现象罢了。①

　　这就是说，黑格尔认为，只是在这种剥夺了人的自由的专制时代，
人民才从天国和上帝那里去寻求幸福，基督教才趁势得以传播开来。基
督教是与剥夺人的自由的罗马专制制度同步发展起来的。因此，宗教与
专制政治是"一丘之貉"。

　　黑格尔把历史上的基督教分为三个阶段和三种形态：一、基督教的
原始教义；二、有组织的基督教；三、成为国教的基督教。基督教的这
个演变过程是它日趋僵化的过程，是应用天启的神圣权威来建立信仰体
制的过程。他认为，早在基督传道时代，它就通过人们对它是上帝之子
的启示的神圣权威来破除犹太教；后来基督教成为罗马帝国的国教之
后，更是利用外在的力量把基督教的信条体系从外面强加于人，用政治
权力的权威强使人民奉之为真理，听从于他的权威；它的所谓的"真
理"是使用威权的力量人为地来维持的，不管它是否得到传统或理性的
验证，都要求人们无条件地信奉和服从。它完全剥夺了人们在道德上的
自主性和意志上的自由选择，使人丧失了独立行使理性能力的权力，扼
杀了人们的理性自由，践踏了人的尊严，无视了人们的价值。黑格尔尖
锐地斥责基督教乃是专制制度用来"秘密地毒害"人民的工具，是专制
主义罪行的辩护士：

　　在罗马皇帝的时代，基督教不能阻止任何德行的腐败，不能阻
止对罗马人的自由与权利的压迫，不能阻止君主的专制和残暴，不
能阻止创造精神和一切美妙艺术、一切基本科学的衰败，不可能再
以生命赋予消沉下去的勇气，赋予民族德行和民族幸福的任何一个
枯萎的部门，而是让这些部门受这种普遍的瘟疫的浸染与毒害，并

_____

① 《黑格尔早期神学著作》，贺麟译，商务印书馆 1988 年版，第 269 页。

在这种歪曲的形象中，用它们奴仆的身份，去充当专制主义的工具。基督教使艺术和科学的衰败，使在践踏人性、人道、自由的每一个美丽的花朵时的痛苦的忍耐，使对君主的服从，都成为制度，它充当了专制主义的最可怕的罪行的辩护士和最激烈的颂扬者，而且，更令人愤慨的是专制主义有这样一些罪行：吞噬人的一切生命力，通过缓慢的秘密的毒害来进行破坏。①

黑格尔对基督教会的批判也很尖锐：

归根到底教会的整个体系的根本错误在于无视了人心中每一个能力所应有的权利，特别是其中最主要的一个，即理性的权利。只要教会体系无视理性，它除了只是一个轻蔑人的体系之外再也不能是别的东西。②

这些批判何其激烈，何其深刻，与伏尔泰、狄德罗、霍尔巴赫、爱尔维修等启蒙大师的言论又何其相似，难怪他直接成为青年黑格尔派（包括马克思、恩格斯在内）进行宗教批判的理论上的导师。布鲁诺·鲍威尔的一些主要的宗教批判著作都把黑格尔理性哲学直接说成是无神论体系，假黑格尔之名以进行反宗教批判。

随着黑格尔唯心主义哲学体系的完成，并上升为封建帝制德国的国家哲学，在此保守体系的重压之下，黑格尔青年时代的启蒙思想的光辉逐渐趋于暗淡。不过，也要看到这种光辉也并未彻底消失。尽管他不否认上帝的存在，但他不仅反对把宗教置于理性之外的纯信仰领域，而且进一步把宗教和哲学的内容和对象视为一体，反对把宗教置于非理性和反理性的基础之上。他所理解的"上帝"，就是作为黑格尔哲学之本体的"绝对精神"、"绝对观念"、"绝对理念"或"永恒的自我意识"。这种"绝对物"，实质上不过是形而上学改装了的、脱离了人的理性或意识而客观化了的人的自我意识。正如费尔巴哈所指出的那样，"在黑格

---

① 《黑格尔早期神学著作》，第 424—425 页。
② 同上书，第 249 页。

尔哲学中，上帝的本质事实上不是别的，就是思维的本质，或从'自我'，从思维的人抽象出来的思维。因此黑格尔哲学是将思维，亦即将那被思想作为无主体的，异于主体的主观本质，当成了神圣的，绝对的本质"[1]。

黑格尔把宗教和哲学统一起来，认之为绝对精神发展的不同阶段，它们都是绝对精神在人的精神中对自身的自我意识。所不同者，宗教是以感性表象的形式来展现绝对精神，哲学则是以概念的形式来展现绝对精神。宗教在人类历史上相继展现为自然宗教——→精神个别性的宗教或自由的主观的宗教——→绝对宗教。此绝对宗教就是基督教，它是"绝对而完善的宗教"。

但作为绝对宗教的基督教并不是绝对精神自我认识的最后完成，精神虽然在绝对宗教体现了它的真实形态，但仍是以一种感性表象的形式表现出来，不能完全体现绝对精神作为纯理性的本质，因而精神继续发展，过渡到概念，以便在概念中完全消除其感性形式。而用概念来把握绝对精神者即为哲学，故哲学高于宗教。黑格尔常常把宗教和哲学相提并论。他在其《宗教与哲学》一书中宣称：哲学与宗教的内容、要求和利益都是相同的：

> 宗教的对象和哲学的对象一样，是客观存在的永恒真理本身，是神，除了神和对神的解释以外，再也没有任何其他东西了……所以，哲学在解释宗教时，也就是在解释自己；而在解释自己时，也就是在解释宗教……这样，宗教和哲学便合而为一了；哲学本身实际上就是神灵礼拜……因此，哲学和宗教是同一的，它们的差别就在于它们的活动方式不同……它们按研究神的方式的不同而有所区别。[2]

二者的区别和联系，主要表现于宗教是通过表象和象征来揭示哲学概念的理性内容。故其地位较哲学为低，尽管宗教在这里也被哲学化

---

① 《费尔巴哈哲学著作选集》上卷，生活·读书·新知三联书店1959年版，第152页。
② 《黑格尔全集》第1卷，斯图加特，1928年，第37—38页。

了。黑格尔既把宗教哲学化，他也就不得不从宗教中排除许多神秘主义的东西，抛弃纯粹的教义学和神迹信仰，把宗教的教条变成哲学的象征。正是这一事实，一方面激怒了正统的神学家，他们因此而批判黑格尔宗教哲学的理性主义；另一方面，促使黑格尔的那些政治上比较激进的弟子们（青年黑格尔派）进一步发展黑格尔宗教哲学中的理性主义精神，对传统的宗教神学进行激烈的批判，并发展到理论上倾向于无神论，政治上走向激进的民主主义。

第二节　青年黑格尔派的宗教批判运动
——从施特劳斯到布鲁诺·鲍威尔

19 世纪 30 年代中期，作为德国国家哲学的黑格尔学派解体了，分裂为青年黑格尔派和老年黑格尔派。这种分裂，既有黑格尔学派本身所固有的内部根源，也有德国社会政治发展的外部导因。黑格尔哲学的辩证法思想使他把一切事物视为不断发展永无终结的过程，可他的唯心主义哲学又要求他把自己建立的体系视为绝对真理的最后发展，表现在政治上，他竟然宣布普鲁士国家和基督教就是绝对理性的体现。但是，普鲁士这样一个仍在实行封建君主专制制度的国家，在经历了 17 世纪英国资产阶级革命和 18 世纪法国大革命之后，已经在进步知识界眼里越来越不符合于历史的趋向和时代的精神了。随着资本主义自由经济的成长，新兴资产阶级势必要求更多的政治自由；自然科学的蓬勃发展和启蒙思想的深入人心，思想界和有教养的人们日益不满足于基督教信仰主义的精神统治。社会政治方面的外部导因加剧了黑格尔学派原有的内在矛盾。激进的左派利用黑格尔哲学中具有革命意义的辩证法来批判保守的社会政治体系，保守的右派则反其道而行之。

大卫·施特劳斯的《耶稣传》（1835）的出版可以说是导致黑格尔学派分裂的直接因素。该书的理论、方法和结论都超出了黑格尔哲学的规范，在黑格尔学派中引发了地震式的震动。分裂为拥护施特劳斯的激进的青年黑格尔派和反对他的保守的老年黑格尔派。就此而言，虽然施特劳斯本人并不是青年黑格尔派的成员，但他却是青年黑格尔派得以形成的先导。

从《耶稣传》的本质内容看，它和文艺复兴时期以来的启蒙著作一样，着眼于批判和否定基督教《新约圣经》中所记叙的超自然神迹，以此来剥夺基督教的神圣性。但过去的启蒙著作（斯宾诺莎的《神学政治论》除外）多侧重于从哲学和自然科学的角度来否定超自然神迹的可能性，这在理论上无疑是正确的，但实证史实的根据则难免流于空泛。以黑格尔为例，他主张在研究基督教时，可以不去注意《圣经》福音故事的历史事实，而只要考虑它们的象征意义就够了。施特劳斯却对此不以为然。他认为构成基督教的实质的正是这些故事。这些故事，并不是什么哲学象征，而是神话。它们是否具有真实性，不能依靠哲学概念的分析，而必须通过历史事实的考证。《耶稣传》的特点则是他应用从斯宾诺莎的《神学政治论》到德国图平根学派（鲍尔①）的历史考证方法来考证新约福音神话故事的真实性。它通过对四部福音书的历史考证和比较研究，证明围绕耶稣的一切超自然的神迹都不过是人为编造的神话故事，而不是真实发生过的历史事实。这样一来，启蒙思潮对超自然神迹的否定，就不再只是哲学家的主观性的概念推理，而是历史学家考证得来的历史真实。

施特劳斯认为，以往用于解释《圣经》的方法有两种，一是超自然主义的，一是理性主义的。前者承认耶稣生平就是一种超自然的历史，后者否认这一点，但却认为福音书新记载的都是"自然的历史"，他们试图对超自然事件作出自然的、合乎理性的解释，把它解释成可以承认的历史事实。施特劳斯对这两种方法都予以否定。他的基本原则是：根本没有超自然事件的存在。超自然事件与真实的历史有着无法调和的矛盾。因此，不仅超自然主义是错误的，而且用"理性主义"的解释合理化福音书中的超自然情节，使之成为自然的历史也是错误的：

> 只要福音书或其中一本还被当作完全真实的历史看待，则超自然的记述和历史方面唯一可资利用的自然因素之间的矛盾就无法调

---

①　斐迪南·克里斯提安·鲍尔本是一位神学家，他的学术贡献主要是于1831年第一次在德国试图用历史考证的方法准确地确定《旧约》的历史内容，大卫·施特劳斯由此受到启发，继续用鲍尔的历史考证方法来考证《新约》所载之耶稣故事的历史可靠性。就此而论，施特劳斯的《耶稣传》实际上是鲍尔学术思想的继承和发展。

和。只是因为它们含有超自然主义这个简单的理由，它们就不可能是完全真实的历史；迄今所写的耶稣传仅仅是消除这个超自然主义或者赋予它们以某种自然主义外表的不同尝试而已。①

施特劳斯《耶稣传》大体上使用两种方法来考订耶稣生平故事的真假是非。一是根据因果自然律指出一切超自然神迹的不可能。因为一切与自然规律、因果关系不符合的神迹记载都不可能具有历史的真实性，而只能是神话。如所谓耶稣的母亲玛利亚本是处女，她是感受圣灵而怀孕的；耶稣死后复活；赶鬼治病，起死回生；用五块饼两条鱼使五千人吃饱……之类故事均属之。二是通过对四福音书在记载上的互相矛盾之处进行比较分析，特别是找出福音书故事的逻辑矛盾来证明此类记载不是可信的历史事实。他的结论是：

> 我刚才……所提出的方法，曾在我的耶稣传中试图予以实行，而其结果对四部福音书都是否定的。这就是说，这些故事从头到尾都应该认为不是目睹见证人的叙述，而只是生活于离发生事件时期很远的人们的零碎记录，尽管他们也记下了许多真实的资料和言论，但同时也收集了各式各样荒诞的传闻，而且还部分地利用他们自己的虚构加以粉饰。②

施特劳斯就这样粉碎了四部福音书关于耶稣故事记载的历史真实性。那么，福音书关于耶稣的那一系列令人眼花缭乱的超自然神迹又是怎样编造出来，并得到人们的广泛信仰呢？《耶稣传》对此进行了深刻分析，并提出"神话说"对此问题作出了自己的回答：

> 我提出了神话的观念作为打开福音书中神迹故事和另外一些反历史观点的钥匙。我曾说过，象指引东方博士的星，山上变像和以饼饱众之类的故事，试图把它们想象为自然事件是徒劳无益的；既

---

① 施特劳斯：《耶稣传》第一卷，吴永泉译，商务印书馆1981年版，下同，第51页。
② 同上书，第138—139页。

然不可能想象这类不自然的事真的会发生，我们就应当把所有这类故事当作传奇来看待。如果问，在我们所谈到的福音书著作时代，为什么人们会编造出关于耶稣的这类传奇来，我曾指明，这首先是由于当时流行着一种期待弥赛亚降世的思想。我曾说，当首先少数人，接着越来越多的人，认为耶稣就是弥赛亚的时候，他们会认为，凡是根据旧约的预言、预表和他们流行的解释，可能期望于弥赛亚的事情，在耶稣身上一定都与之符合一致。虽然全国远近都知道耶稣来自拿撒勒，但作为弥赛亚，作为大卫的后裔，他一定得降生在伯利恒，因为弥迦曾经这样预言过……"那时（即弥赛亚降生的时候），瞎子的眼必睁开，聋子的耳必开通；那时瘸子必跳跃象鹿，哑巴的舌头必能歌唱"（见《旧约·以赛亚书》第35章第5、6节——引者注）。因而，耶稣作为弥赛亚所必然行过的神迹，就已经详细地被人们知道了。就这样，在最古教会的记载中，神迹就产生了；其实，它们不可能不被编造出来，而且那些编造它们的人，很可能并未意识到自己是在编造。①

这段话大体上就是施特劳斯《耶稣传》基本思想的一个总结。这就是说，诸福音书围绕耶稣所记载的那些超自然神迹，乃是耶稣的犹太信徒们由于深信耶稣是《旧约圣经》中弥迦、以赛亚之类"先知"所预言过的"弥赛亚"，因而应该有许多神迹，特别是应该如同《旧约》所预言的那样发生在耶稣身上。于是，他们就按照救世主观念所要求的那样编造了一系列神话故事。这些故事辗转相传，日趋神奇。基督神话产生和发展的过程，是"弥赛亚"（基督）观念自然发生的结果。早期的基督教信仰和基督教会就是随着"基督"观念以及相应的神话故事及其寓言而逐步形成起来的。这样一来，福音书塑造的耶稣形象，实际上不过是人为的编造。尽管编造者可能是无意识而为之，并不是故意捏造以便进行欺骗。但不管是无意还是故意，编造总是编造，已没有任何的历史真实性了。施特劳斯的宗教观不仅摧毁了传统的基督教神学，也突破了黑格尔的宗教哲学体系。

---

① 施特劳斯：《耶稣传》第一卷，第210—211页。

施特劳斯对福音书的历史批判研究和对耶稣生平的历史观察，对他说来，并不是无所谓而为，也不是纯粹的为学术而学术。他有一个自觉的政治目标。在1864年版的《耶稣传》中，他特地回答过社会上流行一时的这样一种观点：你们这些学究研究教义，进行唯理主义和超自然主义的争论没有什么意义，我们这个时代的正当任务乃是实现理想的教会生活。施特劳斯不同意这种说法。因为他认为教会生活的体制不过是表现一定的基督教实质的工具和形式，如果你要知道并实现最合理、最恰当的教会体制的形式，你就必须好好地考虑你的基督教的性质是什么。它是自然的呢，还是超自然的？因为一种神秘的、表征圣恩的超自然宗教，必然要带来一个高出于全体教徒之上的僧侣阶级。凡想把僧侣阶级从教会里驱逐出去的人必须首先把神迹从宗教中驱逐出去。施特劳斯明确指出，这是德国人在"政治上的自由"，"精神上、道德上和宗教上的自我解放"，"解决政治问题的最安全、最有效的办法"：

> 在我号召德国人民投身于这一事业的时候，我决不是要他们脱离政治，而仅是指出了解决政治问题的最安全、最有效的办法。因为由于德国人民的特殊性格而产生的宗教改革已经在他们身上留下了永远的烙印，任何一种和宗教改革没有联系——不是实质上由人民的理智和道德修养中产生的人民事业，决不会有成功的希望。我们德国人在政治上的自由，只能随着我们在精神上、道德上和宗教上的自我解放而增长。①

正是由于《耶稣传》不仅追求实现人的精神解放，而且追求实现人的政治自由，所以，它的问世立即在当时德国的思想界、宗教界以至整个社会引发了巨大的震动。保守的政治势力和宗教势力、正统派神学家自然而然地视之为洪水猛兽，群起而攻之。他们为了维护宗教的神圣权威，否认科学从历史和哲学方面批判宗教和神圣经典的权利。柏林大学神学教授亨格施坦堡是这一势力的带头人，他在《福音派教会报》上激烈批判施特劳斯的观点是无神论。他还进一步激烈批判黑格尔哲学，批

---

① 施特劳斯：《耶稣传》第一卷，第14页。

评它把基督教变成了一种泛神论，正如人们在《耶稣传》中所表现的那样，泛神论必然导致无神论。

在保守势力的进攻面前，黑格尔学派分裂了。其右翼为了对付亨格施坦堡的批判，开始与施特劳斯划清界限，责备他歪曲了黑格尔的思想；左翼自由派则支持施特劳斯。他们不仅捍卫科学和哲学批判宗教的权利，而且试图通过宗教批判反对传统的教会和封建专制的国家制度。黑格尔学派的左右两翼也就是所谓老年黑格尔派和青年黑格尔派。马克思、恩格斯都是青年黑格尔派的成员。恩格斯当时还是个中学生，他在施特劳斯《耶稣传》的直接影响下一下子从宗教之梦惊醒过来，以一种极其兴奋的情绪转变为施特劳斯主义者。马克思则更多地通过布鲁诺·鲍威尔的影响与他共同战斗，把施特劳斯开辟的宗教批判推向新的高潮。青年黑格尔派有众多的代表人物，但对马克思影响最大，关系最深的则是布鲁诺·鲍威尔。我们有必要对他作些比较具体的论述。

在施特劳斯的影响下，青年黑格尔派进一步发展了他的批判，力图使黑格尔哲学适合于当时的自由主义思潮。其着力点主要在于消除黑格尔的保守体系和辩证法之间的矛盾，使黑格尔所谓的观念发展运动不仅适合于过去的历史，而且在现存和未来的德国社会也不会停止其继续发展。他们极力使哲学成为向反动势力作斗争和改变国家制度的武器。但是，正如恩格斯所说，现实的社会政治问题，仍是一个荆棘丛生的危险领域，所以，青年黑格尔派的批判武器首先选择了对宗教的批判，以此为突破口，然后旁及社会政治领域的批判。在这方面，如果说，施特劳斯的《耶稣传》是开路先锋，那么，布鲁诺·鲍威尔则是把宗教批判推向前进，并走向激进民主主义的主将。

在《耶稣传》的思想冲击波面前，布鲁诺·鲍威尔最早是跟着保守的正统神学家的脚步反对施特劳斯的。但其后不久，鲍威尔在批判《耶稣传》神话说的同时，却以一种比施特劳斯更为激进的观点对基督教和国家制度进行批判。

恩格斯在《布鲁诺·鲍威尔和早期基督教》一文中说，在研究早期基督教的历史起源问题上，"布鲁诺·鲍威尔的贡献比任何人大得多……按照施特劳斯含糊的神话论，人人都可以任意地把福音书的记述当做历史的记述，鲍威尔彻底揭露了这种理论的非科学性。既然福音书的全部内容，几乎绝对没有一件事情是历史事实，那就可以说明连耶稣基督在历史上是否实有其人也成问题……"① 布鲁诺·鲍威尔在其《约翰福音史批判》（1840）、《对观福音书和约翰福音史批判》（1842）中对施特劳斯同正统教义神学的决裂是肯定的，认之为是一种不可磨灭的功绩；但他认为施特劳斯把福音神话说成是早期信徒因相信耶稣是救世主而无意识地创作了这些神话的观点予以严厉的批判。其批判主要有三：一是认为《耶稣传》所假定的一些历史事实不能成立；二是认为施特劳斯作为神话创作的思想依据的"救世主"观念在古犹太世界中流传得并不像施氏所想的那样广泛，在早期基督教社团中也没有非常完备的"救世主"观念；三是反对施特劳斯所谓福音神话的产生为无意识的编造说。鲍威尔从哲学上反对这种观点。他从对黑格尔哲学的了解出发，承认"救世主"观念对于基督教，或者一般说来，"观念"乃是历史发展的主体，但"观念"要起作用则必须通过意识到"观念"的个别人物的有意识活动，即通过个人的"自我意识"作为中介才能实现。《马可福音》是最早写成的福音书，它的作者也正是第一个有意识地编造耶稣神话故事的人。福音书的作者并不是仅仅把有关耶稣的传说记载下来的记录者，而实即这些福音故事的创造者。因此，基督教福音书的起源应归功于《马可福音》作者的天才，是作者创造的艺术作品。就任何一件艺术作品而言，其作者不仅影响作品的内容，而且创造它的内容。早期基督教的信徒和团体希望详细了解耶稣的生平，于是，福音书的作者就适应这种需要编造了这些故事，提供有关细节。除《马可福音》之外，《路加福音》、《马太福音》的作者又根据新的需要编造了新的情节。鲍威尔进一步认为，即使历来被承认为"真实"之作的使徒书也并非真实，它们或者是后人所作，或者不过是过去一些不知名作者对古代一些著作加工制作而成。

鲍威尔与施特劳斯的分歧，主要的并不在于福音故事的真假，而是在于编造它们的方式：究竟"救世主"观念是在古代信徒的流传过程中无意识地表现出来的呢？还是福音书作者的"自我意识"的有意识的编造呢？二人都是在黑格尔哲学体系中高谈阔论，不过施氏强调"观念"

---

① 《马克思恩格斯全集》第19卷，第328页。

的客观发展，鲍氏则强调"观念"的主观意识。从施氏观点出发，救世主观念在古代信徒中自发地表现为神话故事，有可能具有某些历史真实性，而非蓄意虚构；而从后者出发，那些救世主神话则完全是神话创作者的文学虚构，没有任何历史真实性可言。1841 年 11 月 1 日发行的《德意志年鉴》中的《布鲁诺·鲍威尔初探。对观福音史批判》对施、鲍二人有这样一段比较性的评语：

> 柏林人问：鲍威尔的著作与施特劳斯的著作有什么不同？一句话，施特劳斯还相信许多东西是耶稣生平的真实历史见证，认为许多重要之点具有历史的内核，并且认为关于教团的传说是所谓神话故事的萌芽；而鲍威尔却致力于证明，在福音书中没有丝毫实际的可靠性；无宁说，它里面所包含的完全是福音书的文学创作……和施特劳斯的实证的前提相对立，鲍威尔提出人类的自我意识作为神圣历史的全能创造者——这种自我意识，照费尔巴哈的说法，就是某些教义的创造者。①

布鲁诺·鲍威尔在否认福音书的历史真实性的基础上，直接把福音书作者称之为"世界上最大的骗子手"。1849 年初，他在致卢格的信中写道："（我）已确实无疑地证明第四部福音书的作者是世界上最大的骗子手。迄今人们尚不明白他究竟怎么取得成功的……一旦揭露了这位好出风头的骗子手的真面目，基督教就一定会衰落。"②

鲍威尔还在《复类福音作者批判》中否认耶稣的历史真实性，把这说成是"基督教徒的幻想"：

> 对耶稣是否是一个真实的历史人物的问题，我们的回答是：有关历史记载的耶稣的一切，即我们所知道的关于耶稣的一切，都是指的幻想世界，更确切地说，指的是基督教徒的幻想。它同生活在

---

① 参见科尔纽《马克思恩格斯传》第一卷，生活·读书·新知三联书店 1963 年版，第 70 页。

② 转引自兹维·罗森《布鲁诺·鲍威尔和卡尔·马克思》，王谨等译，中国人民大学出版社 1984 年版，第 59 页。

现实世界中的人没有任何联系。因此，解决这一问题的最好办法就是从此打消这一念头。①

既然如此，基督教又是如何产生于罗马帝国时代呢？鲍威尔为此对基督教产生的社会背景和历史条件作了颇有价值的分析。按照马克思的说法，鲍威尔在这方面的全部工作，实际上是对黑格尔的"苦恼意识"说的注释。

鲍威尔认为，在古代，人与自然的关系以及人与种族的关系，都使当时的人类在精神生活和社会生活上处于受奴役的地位。但随着人的觉醒而强化的自我意识则必然反对这种奴役。罗马时代流行的哲学思潮伊壁鸠鲁主义、斯多葛主义和怀疑论向人揭示了人的内在性，要求给人以摆脱奴役状态的权利，这就使人意识到自我意识的原则。要实现这些原则，必将要求人与现存制度作斗争，并消灭这些制度；还要求人们摆脱根深蒂固的习惯，把人视为衡量一切现实事物的标准。由于罗马帝国建立了世界范围的统治，它切断了旧的家庭和种族的联系，消灭了昔日"天然的"各种公共机构，建立了万能的专制统治。与此同时，却也导入了与传统相对立的、要求摆脱传统限制的个性原则。罗马及其哲学与帝国内的世界性统治就成了摆脱种种限制的一种普遍性的力量。但当时，宗教已成为一种普遍力量。这就决定追求个性原则的自我意识的解放不可能在宗教之外。这种新的宗教就是基督教，它使人摆脱了自然和种族的统治，反复向人灌输内在性、主观性和无限性的原则。尽管如此，"异化"对人的折磨并未因此而减弱，相反，基督教加剧了异化的程度并使它成为一种绝对的东西。鲍威尔在《复类福音作者批判》中写道："如果解放成为人类的基本目标，即异化不再是包括人类生活的绝对的东西，那末就必须在自我异化的精神领域内消灭现存的束缚精神生活的种种限制。"② 这样一来，自然和隐蔽的各种异化就瓦解了。在瓦解了的异化中，人对其创造物就没有什么依附感，创造世界的动力也转

---

① 布·鲍威尔：《复类福音作者批判》第 3 卷，转引自兹维·罗森《布鲁诺·鲍威尔与卡尔·马克思》，第 65 页。

② 参见兹维·罗森《布鲁诺·鲍威尔和卡尔·马克思》，第 105—106 页。

到了自我，但这种自我不是人本身，即不是构成人类的众人，而是在上帝面前体现整个人类和作为人类代表的唯一的"我"——耶稣基督。鲍威尔有一段著名的论断：

> 当花朵在历史的进程中消逝时，当罗马政权砸碎锁链时，神的概念这个吸血鬼就结束了自己的生命，它从人类那里吸取了全部的精髓、生命直至最后的一滴血；自然和艺术、家庭、种族和国家，所有这些只剩了一些幻影；在垂死的世界的废墟上栖息的只是精疲力竭的、被榨干了的、孤独的自我，不过这个自我却是唯一的力量。在遭到巨大的失败之后，自我不可能在它力所不及的和普通的范围内创造业已失去的生活方式——自然和艺术的、种族和国家的生活方式——至少不可能立即创造出来。对自我来说，唯一重要的事就是吸收所有那些曾在旧世界中存在过的事物。自我现在成了一切，但又完全是空虚的；它成了一种普遍力量，也就是说，它依然属于宗教精神范畴，而且通过发挥它那种与自然相对立的普遍力量的作用来完成异化，把普遍力量看作是要以恐慌来对待的生疏的、异己的力量，以使它们能为自己的存在和赎罪起作用。自我把耶稣看作这种存在的保证，因为耶稣代表了实际上是自我本身所具有的那些属性，认为普遍的力量是这样一种力量，它不仅包含一切自然观，而且对道德精神、大众精神、国家生活和各种艺术见解也能从道义上进行区分。①

在这种社会心理和宗教心理状况下，人由于摆脱了对自然界和自然秩序的依赖，成了他自己通过想象、思想概念和情感创造出来的概念力量的奴隶。人把这个想象的世界异化为基督教的天国，并把他对和平、安全、宁静、繁荣的希望都寄托在这个空想的天国，他自己则成了宗教（基督教）支配下的奴隶。也就是说，由于罗马帝国的专制统治，古代那些曾把各个个人联系在一起的社会纽带趋于瓦解。个人一旦脱离社会

---

① 布·鲍威尔：《复类福音作者批判》，参见兹维·罗森《布鲁诺·鲍威尔和卡尔·马克思》，第106—107页。

联系，便会对孤立的个人自己丧失信心，不可能在普遍的社会生活范围创造业已丧失的生活方式（自然的和艺术的、种族和国家的生活方式）。这就在人们心中产生不幸的和苦恼的意识，促使人们希望远离这个世界，以便保持自己内心的自由。他们把这种希望幻想为作为救世主的耶稣，认为耶稣是能使自我个人获得幸福的保证。正是这种心态为基督教对社会的普遍统治铺平了道路。基督教便是这种社会心态的普遍表达，是对罗马帝国时代的政治关系和市民关系趋于瓦解的一种奇妙的反映。它表现了古代人对自己的不幸以及古代人由于其自由的艺术、科学和政治制度的瓦解而产生的恐惧感。

鲍威尔对基督教在罗马帝国产生之原因的分析，完全是在人的自我意识对罗马与帝国的苦恼感、恐惧感的范围内进行的。他把基督教的产生看成是自我意识的一种表现，一种发展。他和黑格尔一样，把基督教的产生视为普遍的自我意识发展的新阶段，同时也承认基督教在改造古代世界方面有过重大的功绩。这种分析方法表现了黑格尔哲学的辩证法方面。但鲍威尔更强调黑格尔辩证法的不断发展思想，并不像黑格尔晚年那样，赋予基督教以绝对而又完善的价值，他更强调"自我意识"的进一步发展，否认任何实体和任何历史形态有权被认为是普遍自我意识的最终体现和绝对完成。他只是把基督教看成是普遍自我意识的一种受时间制约的、暂时的、历史性的形式，而不是永恒的、绝对的形式。他尖锐地指出，由于基督教把人变成了自己创造出的神的客体，并且使人受到教义信仰的束缚，现时的基督教已成了普遍的自我意识进一步发展的障碍了。鲍威尔呼吁人类现在应该摆脱基督教的精神束缚，达到真正的自我意识。人类当前最伟大的任务就是要对基督教以及浸透了基督教信仰的国家进行彻底的批判，摆脱基督教的精神压迫，获得人类的精神解放。

在上文分析鲍威尔关于罗马帝国时代的苦恼意识的时候，我们已经注意到他不断使用"异化"这个概念。"异化"和"宗教异化"是鲍威尔宗教哲学中一个非常重要的思想，也是他在这一领域内一大学术贡献。

鲍威尔的宗教哲学认为，宗教本质上是意识的一种分裂，自我意识把自己变成一个对象，一个想象的独立存在，一个与意识相对立的独立力量，甚至觉得自己在那个独立力量面前微不足道而对之崇拜，这就是宗教意识。宗教意识是自我意识分裂的结果，是人把人自己的属性剥夺掉，然后把它们放到天国里去的结果。他明确指出，人所崇拜的神或上帝，是他们自己幻想的、膨胀的、歪曲的反映；上帝是人创造出来的，然而是一个非人性的神。走到这一步，就达到了青年黑格尔派宗教批判运动的根本结论：宗教是人性的自我异化，神是人的创造。鲍威尔为此提出了"自我异化"（德文，Selbstentfrem-dung；英文 Self-alienation）这个概念，在青年黑格尔派中立即流行开来，至今仍成为许多学者进行宗教分析和社会分析时一种常用的理论范畴。

鲍威尔还从"宗教异化"的宗教哲学出发提出和建立了他关于人类历史两阶段论的历史哲学。他明确地把历史分为两个时期。第一个时期是"史前期"；第二个则是"真正的人的历史时期"。从古代到鲍威尔时代为第一个时期，这是人类处于异化状态的时期。在此阶段，人在精神上和政治上都受到压制人的制度的压迫和奴役，其代表就是宗教和政治上的暴政统治（法国大革命和那些与宗教和暴政对立，或孕育新时代的社会状态不包括在内）。鲍威尔把这个历史阶段称之为"准备史"的阶段。在这漫长的历史阶段内，通过逐渐的积聚，为形成以鲍威尔为代表、为他所开创的第二个历史阶段创造了条件。当然，为了达到这个历史阶段需要进行启蒙运动和批判，使之达到尽善尽美的程度，这要经过许多年的奋斗。鲍威尔认为黑格尔哲学的出发点是革命，它反对一切现存的制度，反对现存的宗教、国家和法，他把自己看成是黑格尔哲学的合法继承人。他自认为他已为世界带来了拯救的启示。他在其《西奥多·克利福思的基督教引论》中写道：

> 历史本身能奋斗吗？自私、弱点、恐惧、屈从精神可以为所欲为，它们还在抗争，如果人们采取适当的措施，它们甚至会进行压制；但这时受自我意识指导并把自己看作是普遍力量的人类又有什么关系呢？人类已进入一个新的时代，在认识到它的一切力量都是它本身的创造之后，人类已第一次了解了自己。现在人类正向新的方向发展，而这一切只有人类自己才可以控制。①

---

① 兹维·罗森：《布鲁诺·鲍威尔和卡尔·马克思》，第128页。

鲍威尔指出，消除受基督教控制和奴役的国家制度，将有利于自我意识的自由发展，从而有利于批判、科学和哲学，而这种批判、科学和哲学的代言人，就是鲍威尔本人。他本人正在为人类的幸福、为自由战胜奴役、真理战胜荒谬而斗争。他的哲学的目的就是反对人的"异化"，反对造成这种"异化"的所有条件。他进行的这场反对宗教异化的斗争是这场斗争的最后阶段。他高声呼喊："我们必须同人类的最后敌人作斗争。"①

鲍威尔的宗教异化历史观有一个中心思想：基督教的原则已发展到了顶点，因此，现在可以取消它以解放人类。基督教的教义已经使人类遭受了 1500 年的苦难。人类在当时受其诱惑而不得不遭受这种苦难。但人类也只有在遭受这样的苦难和折磨之后才会采取下一步重大步骤，因为人类在这种奴役制度中受到了教育，从而为争取自由准备了条件。鲍威尔在当时致马克思的一封信中也表达了上述思想：

> 即将发生的事情是肯定无疑的了，以致不允许人们有片刻的动摇……敌对的势力现在已经剑拔弩张，一场厮杀即将决定胜负。……灾难将是可怕的、深重的。我几乎可以说，它比基督教在世界上出现所引起的那一次灾难更大、更猛烈。②

鲍威尔的历史哲学不仅论证了消除基督教的历史必然性，也预测了这场斗争的激烈性和残酷性。他俨然以一种"救世主"自居的笔调把他自己描写为发动和指导这场斗争的统帅，反对基督教和基督教国家的战斗精神跃然纸上。

鲍威尔所反对的"异化"，不仅针对宗教异化，也包括社会异化和政治异化。因此，他对基督教的批判必然发展到对基督教国家的批判，从宗教启蒙思想发展到政治上的激进主义。

---

① 布·鲍威尔：《自由的正义事业和我们的事业》，参见兹维·罗森《布鲁诺·鲍威尔和卡尔·马克思》，第 129 页。

② 转引自兹维·罗森《布鲁诺·鲍威尔和卡尔·马克思》，第 129—130 页。

鲍威尔对普鲁士国家的看法与态度有一个过程。他曾一度把普鲁士视为一个理性的国家，希望它能在哲学和宗教、科学和宗教教条之间的斗争中站在科学和批判哲学这一方。1840 年，普鲁士国王威廉三世去世，青年黑格尔派和自由派人士寄希望于继位的威廉四世。但是这种不切实际的希望很快就变为失望。新国王比他的父亲更保守、更反动。他即位不久就对一切形式的自由主义进行压制和打击，青年黑格尔派则成了第一批牺牲者。鲍威尔从大学讲台上被赶了下来，并被逐出柏林。青年黑格尔派关于普鲁士是理性国家的信念动摇了，开始认识到国家与宗教在维护旧制度的结盟是一种普遍的现象，宗教的批判必须发展为政治的批判。鲍威尔在被免职的一个月后，写出了《对黑格尔、无神论者和反基督教者的末日的宣告》。他指出，由于黑格尔哲学把神归结为绝对观念，宗教就失去了一切教条主义性质，必然走向无神论。鲍威尔把"绝对观念"解释为"普遍的自我意识"。黑格尔的神无非就是绝对精神的自我意识，而绝对精神是通过它所异化的现象达到对自身的认识，即达到自我意识。但鲍威尔不同于黑格尔的是：自我意识在其发展中不会停顿，当精神、自我意识一旦把自己异化为某一固定的实体或形式，这固定的实体和形式就会变成自我意识进一步发展的障碍，自我意识的进一步发展就不得不摧毁它，以便越过它继续前进。这意味着，普遍的自我意识在其发展过程中所展现的一切特定的形式，如宗教、政治、哲学和社会形式，都只有在特定的时间过程中才是合理的。随着时间的逝去，历史的前进，它们就会变得不合理，被新的形式所代替。这种变革是通过批判而发生的。只有通过批判，才会消除现存事物中不合理的东西，促使自我意识不断发展。显然，鲍威尔继承并发展了黑格尔辩证法的批判精神，把它变成了消除不合理事物的革命武器：

> 哲学是对现存事物的批判……必须区分现存的东西和应有的东西。只有应有的东西才是真实的和合理的，它应当被重视，应该转而采取行动，采取实际的反对立场。反对立场应该是严肃的、尖锐的、深入的、无情的，并应以推翻现存事物为目标……所以，哲学应该也在政治方面起作用，如果现存关系同哲学的自我意识有矛

盾，就应该直接向现存关系进攻并且动摇它们。①

在这里，鲍威尔从哲学的高度，即从"自我意识"不断发展的辩证法思想的高度，直接发展出关于"应该直接向现存关系进攻并且动摇它们"的激进政治主义。这种哲学思想是很有价值的，值得肯定的。他对当时德国现存政治制度的批判绝不是偶然的。

如果我们进一步研究鲍威尔的全部思想，特别是他的宗教哲学，当会对他在对待宗教与政治国家的关系问题上之所以持激烈否定的态度有更深入的了解。

鲍威尔信奉并继承了18世纪法国启蒙无神论对宗教与政治的批判路线。恩格斯在青年黑格尔派时期的一篇作品中，把他和马克思等称之为"雅各宾党"。鲍威尔继承18世纪法国启蒙无神论的观点，也把宗教产生和存在的根源，说成是由于人缺乏知识、反对科学和愚昧无知。但鲍威尔更进一步，认为人们之所以走向宗教崇拜还有社会原因。因为人们还经常对家庭和个人的灾难提心吊胆，对死亡感到恐惧，同时现实社会还给人带来各种苦难……所有这些都迫使人们去相信来世的报应和期待未来有一个较好的命运。在这种情况下，宗教便对其信徒许诺一个幸福的天国，以此来欺骗他们安于悲惨的现实。在这个意义上，鲍威尔早在马克思之前就把宗教比喻为使人"迷惑"并使人处于"麻木不仁状态"的"鸦片"：

> 在对尘世的一切高贵的、美好的东西进行诋毁之后，它［宗教］又以鸦片似的迷惑力描绘出一幅未来世界的图景，它完全不同于现实的世界，因为一切事物都改变了，都变成新的了。②

纯粹的基督教国家是神话法则占统治地位的国家。当这种法则通过与鸦片类似的作用使全体人类处于麻木不仁状态时，它就达到真正权力

---

① 布鲁诺·鲍威尔：《对黑格尔、无神论者和反基督教者的末日的宣告》，德文版，第63—64页。

② 布·鲍威尔：《自由的正义事业和我们的事业》，参见兹维·罗森《布鲁诺·鲍威尔和卡尔·马克思》，第108页。

或绝对权力的地步，如果某些人偶尔醒悟的话，那么他们就会犯使尚未成为基督教徒或业已抛弃基督教制度的人感到恐惧的罪行。[①]

我们在这里应该注意到一个具有重要意义的事实：当鲍威尔对宗教使用"鸦片"这个词来形容的时候，他赋予"鸦片"一词的意义是非常明确的：第一，宗教诋毁了现实世界一切高贵的、美好的东西之后，为人描绘了一幅关于未来世界（宗教的天堂之类）的图案，因而宗教具有"鸦片似的迷惑力"。第二，宗教（特别是基督教）使神学法则在国家中占据了统治地位，"通过与鸦片类似的作用使全体人类处于麻木不仁的状态"，从而使这些神学法则和国家拥有了"绝对权力"，而这种"绝对权力"使人产生恐惧感，把抛弃或违反宗教制度视为一种"罪行"。当鲍威尔写这些话的时候，马克思与他同处于青年黑格尔派宗教批判战线的同一条战壕之中，他的宗教哲学对那时的马克思有深刻的影响。

在近些年的中国宗教学界对马克思所说的"宗教是人民的鸦片"这一论断有各种不同的理解的时候，我们是否应该思考一下马克思与鲍威尔在青年黑格尔派中的关系，把鲍威尔的"鸦片论"作为马克思的"鸦片论"的理论背景呢？

鲍威尔对宗教意识与现存社会关系的结合，特别是基督教与基督教国家制度的结合持严厉的批判态度，并从批判宗教进一步发展为批判宗教所维护的国家制度。在他看来，从总的方向说，宗教意识与客观世界的关系是双重的：一方面，宗教把它的各种特性移植到自身之外，即移植到客观世界，因此，它是分裂的、异化的，创造了一个具有类似特点的世界；另一方面，宗教又是对现存关系的缺点和弊端的孤立的体现和鼓励。它是一切关系和趋势的总的本质，不过这却是一个被歪曲了的本质，是一个脱离了这些关系和趋势的本质。因此，宗教作为一种被歪曲了的本质，它是没有本质的反映，是歪曲的反映。为了摆脱这种歪曲的反映，也为了拯救人类，并给人类带来了自由，我们必须像改变已被宗教歪曲了的人的意识那样，来改变这个已被宗教歪曲了的世界。鲍威尔

---

① 布·鲍威尔：《基督教国家和现代生活》，见兹维·罗森《布鲁诺·鲍威尔和卡尔·马克思》，第 109 页。

进一步指出，这个世界之所以是歪曲的，是因为世界的许多方面已在宗教的影响下背离了国家理性所应有的合理方式，而把人变成了权力的奴隶，特别是变成了教会和宗教生活的奴隶。人受到警察和反动势力的迫害，出版和写作受到严格的审查，当局不让公民有发表言论的自由以及其他自由。因此，本来具有丰富个性的人，不能按自己的意愿主动行事，更不能决定自己的命运。生活在这种社会和国家的人只能是被动的、悲惨的、可怜的。这种社会意识形态上的特点实质上是宗教造成的。这是因为，一方面宗教捍卫现存的社会政治制度，为它辩护并使其合法化；另一方面又把它自己的缺陷同非人的世俗社会联系在一起。为了使人得到精神上的解放和自由，必须批判宗教，消除宗教对现存社会政治制度的辩护。但是，鲍威尔也清醒地认识到，他生活于其中的基督教国家是不会容忍这种宗教变革和社会变革的。基督教国家已经调动了一切宗教的镇压手段，并正在继续利用宗教来捍卫它本身的存在。他希望对这种政治现实进行彻底的变革和改变，使国家和个人摆脱基督教的统治而获得自由。一旦宗教失去对国家和社会的统治地位，宗教信仰就变成个人的选择，人也就成了自由的人。

鲍威尔这一系列关于宗教（特别是基督教）之本质、特性、作用及其与现存国家和社会制度的关系的理论，是非常深刻、很有学术价值的。即使从我们时代的时代精神来分析，它也具有无可否认的合理价值。他从一般宗教的批判发展到对现存国家的批判，从提倡"改良"到呼吁"革命"的政治主张也是极具革命民主精神，富有理论勇气和政治勇气的。鲍威尔作为青年黑格尔派宗教批判运动的主将，他在历史上的地位和价值是相当重要的，我们应该以历史唯物主义的态度作出实事求是的肯定评价。尤其值得我们注意的，是他对马克思的影响。他与马克思的关系在当时是非常密切的，既是"师生"，又是朋友，对青年马克思的宗教观、政治观和世界观的形成有着深刻的影响。当我们现在研读马克思早期讨论宗教问题最有代表性的著作《〈黑格尔法哲学批判〉导言》时，我们不难发现这篇著名的论文从思想到文字都闪烁着鲍威尔"宗教异化论"、"宗教鸦片论"、"歪曲反映论"……的影子，鲍威尔与马克思在宗教哲学上的历史联系，是不容我们视而不见的。在我们对鲍威尔作出历史的肯定评价的时候，也不能不注意到鲍威尔在哲学上和政治上的历史局限性。他的宗教批判的哲学基础是黑格尔唯心主义和辩证法，他把一切宗教视为绝对精神在人的自我意识中的表现，这就限制了他的视野，不能全面深入地理解宗教意识与社会存在的关系。这就使得鲍威尔基本上把人的宗教解放放在首要地位，相信什么只要彻底进行宗教批判，实现人的宗教解放，就能实现人的政治解放和社会解放。在政治问题上，他所谓反对现存的社会国家制度，也只是限于实现资产阶级的民主共和国，他反对当时已在德国先进思想界逐渐流行起来的共产主义思潮。鲍威尔的上述这些主张，正是马克思理论思想成熟以后致力克服的东西。马克思很快就越过鲍威尔这座思想之山，从鲍威尔的黑格尔唯心主义哲学（经过费尔巴哈的人本学唯物主义）走向他和恩格斯共同创建的历史唯物主义；从鲍威尔的民主主义发展到走向社会主义和共产主义，在历史的辩证法中，鲍威尔在一定程度上成就了马克思，但最终被马克思主义超越和否定。

第三节　费尔巴哈的人本主义宗教哲学

在观察马克思、恩格斯创建马克思主义宗教理论的历史背景和理论背景的时候，我们概要地说明了施特劳斯和鲍威尔为代表的青年黑格尔派发动的宗教批判运动对他二人的直接影响。施特劳斯和鲍威尔的宗教批判理论上各有自己的成就和贡献，但他们的成就和贡献集中到一点，这就是他们都是从自己的宗教哲学出发证明了一个宗教学上的伟大真理：是"人创造了宗教，而不是宗教创造了人"（马克思语）。这一真理是施特劳斯和鲍威尔留给马、恩，并成为马、恩继续前进，创建马克思主义宗教理论之新起点的重要理论财富。问题在于施特劳斯和鲍威尔心目中那个"创造宗教"的"人"，究竟是一种什么性质的存在？按照施特劳斯的说法，那就是客观存在的人关于"救世主"的观念；鲍威尔的说法不同，认为那是人的主观的"自我意识"。但无论是施氏的客观存在的观念实体，还是鲍氏的主观性的"自我意识"，都不过是黑格尔哲学所谓的"绝对精神"、"绝对理念"的体现，这种"创造宗教"的"人"，终究不是作为自然存在物之一的真正的"人"。这样一来，尽管口头上承认人创造宗教，但实质上仍不过是"绝对精神"本身展现为宗教，而"绝对精神"在黑格尔哲学体系中不过就是"上帝"本身。施特劳斯、鲍威尔的宗教批判运动在绕了一个大圈子之后，岂不又回到"上帝创造宗教"的神学呓语了么？这真是一出辛辣而又辛酸的哲学讽刺剧！显而易见，要把宗教批判进行到底，就得实行一次哲学上的"哥伯尼转向"，对黑格尔的唯心主义哲学进行批判，把青年黑格尔派的宗教批判运动的哲学基础从唯心主义转向唯物主义，在此基础上，对"创造宗教"的"人"作真实的唯物主义的了解。开创这一哲学变革的哲学家就是费尔巴哈，他建立了人本主义的唯物论哲学，把 19 世纪德国的宗教批判运动推向新的阶段。

费尔巴哈从 1830 年匿名出版《论死与不死》起，就开始了批判基督教的斗争，因为这部论著主要内容就是批判基督教关于灵魂不死的信仰。由于此，他立即遭受到宗教势力的指责和迫害，被赶下大学的讲坛。但这种迫害却更加坚定了他的反宗教立场。他终身退隐乡村生活，回到大自然的怀抱，以保持思想的自由，坚持其反宗教的哲学思想和理论著述。在当时条件下，费尔巴哈本来也参加了青年黑格尔派的宗教批判队伍，与布鲁诺·鲍威尔、卡尔·马克思等一起进行共同的斗争，他们三人甚至一度想创办一家公开研究无神论问题的刊物（未果）。随着宗教批判运动的发展，费尔巴哈很快就觉察到黑格尔唯心主义哲学与宗教神学有着内在的联系，要从根本上否定宗教，必须同时否定唯心主义哲学。他承认，近代的思辨唯心主义哲学曾经是人类理性对宗教统治的一种抗辩，是恢复人类理性权威的一种形式，因为它把人类理性神圣化，确立了理性的尊严和价值。但是，由于唯心主义哲学与宗教有其内在的共同性，它不可能真正克服宗教，甚至还会把宗教理性化为神圣的桎梏；而唯心主义哲学则成了宗教神学的理性加工品。用费尔巴哈的话说，宗教是"天上的、想象的唯心主义"，唯心主义哲学则是"地上的、理性的宗教"。黑格尔哲学是近代思辨唯心主义的完成，因此，要否定唯心主义就必须否定黑格尔哲学：

　　谁不扬弃黑格尔哲学，谁就不扬弃神学。黑格尔关于自然、实在为理念所建立的学说，只是用理性的说法来表达自然为上帝所创造、物质实体的非物质的、亦即抽象的实体所创造的神学学说。①

在费尔巴哈看来，"黑格尔哲学是神学最后的避难所和最后的理性支柱"②。黑格尔关于思维与存在的同一性的学说，把纯粹的存在概念作为整个体系的出发点。但这种没有任何规定性的"纯存在"在现实中根本不存在，而只是一种纯思维的想象。黑格尔所谓的存在与思维的同一，只不过是思维与其自身的同一。在他那里，思维就是存在；思维是主体，存在是宾词。这种纯思维的存在，不可能"外化"出自然界来。费尔巴哈嘲讽黑格尔这种观念，实质上"等于处女不与男人交媾仅仅凭借圣灵而生出救世主，等于从水里做出酒，等于用语言呼风唤雨，用语言移动山岳，用语言使瞎子复明"③。费尔巴哈把黑格尔弄颠倒了的存在与思维的关系进行"哥伯尼式的转向"，把它再颠倒过来：

> 思维与存在的关系只是这样的：存在是主体，思维是宾词。思维是从存在来的，然而存在并不来自思维。④

作为存在的本质，就是自然的本质。自然是与存在没有区别的实体。我们绝不能像黑格尔那样，把脱离了人的"绝对精神"、"绝对理念"作为思维与存在同一性的基础。精神、思维、理性都是人脑的活动，不能脱离了人而独立存在。因此，只能把"人"作为这种基础，作为全部哲学的出发点："思维与存在的统一，只有在将人理解为这个统一的基础和主体的时候，才有意义，才有真理。"⑤

在对"人"的看法上，费尔巴哈则与黑格尔和一切唯心主义完全对立。他指出，人是自然的一部分，依赖于自然界而存在，自然界是人赖

---

① 《费尔巴哈哲学著作选集》上卷，王太庆等译，生活·读书·新知三联书店 1959 年版，第 114 页。

② 同上书，第 115 页。

③ 《费尔巴哈哲学著作选集》下卷，王太庆等译，生活·读书·新知三联书店 1959 年版，第 447 页。

④ 《费尔巴哈哲学著作选集》上卷，第 115 页。

⑤ 同上书，第 181 页。

以存在的基础。人的思维、精神活动作为身体和大脑的机能，也是自然的产物，不可能独立于物质的身体、独立于自然界而存在，更不能转变为自然界的创造主。

人不仅不能脱离自然界，也不能脱离其他的人。人是以"你"为基础的"我"和"你"的物质统一体；人只能是人类的一分子，没有人类也就没有"我"。世界上根本不存在唯心主义哲学所谓的那种超于人类之上的、孤独的、不受任何限制的"自我"或"主体"。费尔巴哈在哲学上断然否定超自然、超人的一切精神性实体的存在，而把自然界和作为自然界之一部分的"人"作为哲学的基础和出发点。他把自己的新哲学叫做人本主义，这种性质的人本主义无疑是一种纯粹的唯物主义。

费尔巴哈一再宣称：他毕生只追求一个目的，把一切活动都集中在这个目的上面，这就是宗教批判。他之所以否定黑格尔的思辨唯心主义，他之所以建立自己的新哲学——人本学唯物主义，也是为了服务于宗教批判这个唯一的目的。当他的人本主义哲学否定了一个脱离了自然和人而独立存在的精神实体之后，他也就超出施特劳斯和鲍威尔的局限性，从崭新的角度和立场重新审视德国青年黑格尔派发动的宗教批判运动。施特劳斯和鲍威尔通过宗教批判已经得出了宗教哲学上的一条伟大真理：是人创造了神和宗教，而不是神和宗教创造了人。可问题在于笔者在上文所分析的那样，无论是施特劳斯，还是鲍威尔，他们所说的"人"，本质上并非作为自然存在物的"真正的人"，而是黑格尔哲学所谓有的"绝对精神"的体现者。可是在黑格尔哲学中，这个"绝对精神"就是"上帝"。这样一来，青年黑格尔派在黑格尔唯心主义哲学基础上进行的宗教批判运动必然在理论上不彻底，重新回到了神学，为宗教留下了新的基础。费尔巴哈否定并抛弃了这种哲学唯心主义，把"人"从抽象的、非感性的精神世界中迎接回来，还原为世俗的、感性的、有血有肉的、自然的人。于是，创造神和宗教的"人"，不再是虚无缥缈、不可捉摸的"精神"或普遍性的"自我意识"，而是你、我、他这样的活生生的自然人；而施特劳斯的"观念"、"实体"，鲍威尔的"自我意识"，则变成了这个活生生的自然人的一种思维活动。青年黑格尔派那种用头站在地上来进行的宗教批判，被费尔巴哈颠倒了过来。人现在是脚踏实地、头顶蓝天来进行宗教批判了。

既然宗教和神是现实的、自然的人的创造，那么人又为何创造宗教和神呢？费尔巴哈从人本主义哲学的人性出发对此作了细微的分析。他指出，宗教虽是虚无，是荒谬，但宗教从其上帝或神那里给出的规定，却有其人性的内容。[①] 宗教是人类精神之梦。但是，即使在梦中，我们也不是处身于虚无或天空之中，而是仍旧在地上，仍旧在现实世界之中。[②] 宗教的本质内容是神或上帝，而神或上帝的本质是人的本质。有无宗教信仰，是人与动物的一个本质区别。动物没有宗教，只有人才有宗教。因此，我们只有在人性中才能找到宗教的本质和根源。人之异于禽兽的本质区别，在于人有"意识"，严格地说，在于人具有将自己的"类"、自己的本质当成对象的那种"意识"。一般动物也有"自我感"，将个体当成对象，但却不能将"类"当成对象。宗教的神是具有无限性的存在，故宗教是对于无限的东西的意识。一般动物的个体意识是不能产生对无限者的意识，即宗教意识的。人具有"类"的意识，它超出了个体的界限，故不是有限的、有止境的，而是具有无限性的。所以，人的这种异于动物的本质就构成了宗教的基础和对象："宗教是、而且只能是人对自己的本质的意识。"[③] 宗教的神或上帝，本质上就是人类所特有的无限性的自我意识的投射和异化。只要我们具体分析宗教对象（神、上帝）的一切属性和规定，当可发现，它们无非就是人自己的属性和规定。人的自我意识的性质和内容如何，它异化出的神或上帝便具有相同的性质和内容：

> 人之对象，不外就是他的成为对象的本质。人怎样思维、怎样主张，他的上帝也就怎样思维和主张；人有多大的价值，他的上帝就也有这么大的价值，决不会再多一些。上帝之意识，就是人之自我意识；上帝之认识，就是人之自我认识。你可以从人的上帝认识人，反过来，也可以从人认识人的上帝；两者都是一样的。人认为上帝的，其实就是他自己的精神、灵魂，而人的精神、灵魂、心，其实就是他的上帝：上帝是人之公开的内心，是人之坦白的自我；

---

① 费尔巴哈：《基督教的本质·1843 年第二版序言》，见《费尔巴哈哲学著作选集》下卷，第 17 页。

② 同上书，第 17—18 页。

③ 《费尔巴哈哲学著作选集》下卷，第 27 页。

宗教是人的隐秘的宝藏的庄严揭幕，是人最内在的思想的自白，是对自己的爱情秘密的公开供认。①

人的自我意识的本质内容，无非有三个方面：理性（思维、认识）、意志（愿望）、心（爱）。真正的存在者，是思维着的、爱着的、愿望着的存在者。因此，由自我意识异化出来的神或上帝，其全部属性和规定，也无非上述三方面的内容。你相信爱是上帝的属性，那是因为你自己也在爱；你相信上帝是一个智慧的、仁慈的存在者，那是因为就你自己来说，再也不知道有什么比仁慈和智慧更好的了；你相信上帝实存着，相信它是主体或本质，那是因为你自己生存着，你自己是本质；你把爱、善良和智慧看做是人的最高的善美，因此，你也把上帝看做一个智慧的、福乐的、仁慈的存在者。神的性质即是人的性质，神的本质即是人的本质。只不过人把自己的性质和本质异化为神的性质和本质时，突破了个体的、属肉体的人的局限，把它理想化，超出有限个体的限制，对象化为一个不同于有限个体的独自的本质，并对之崇拜：

> 宗教——至少是基督教——，就是人对自身的关系，或者，说得更确切一些，就是人对自己的本质的关系，不过他是把自己的本质当作一个另外的本质来对待的。属神的本质不是别的，正就是属人的本质，或者，说得更好一些，正就是人的本质，而这个本质，突破了个体的、现实的、属肉体的人的局限，被对象化为一个另外的、不同于它的、独自的本质，并作为这样的本质而受到仰望和敬拜。因而，属神的本质之一切规定，都是属人的本质之规定。②

这就是说，宗教的神或上帝无非是人把自己的本质理想化后自我异化或对象化为一个异己的对象而对之表示信仰和予以崇拜。所以，宗教是一种人与自己本质的分裂，是人的自我异化。通过这一系列宗教哲学的分析，费尔巴哈得出了与施特劳斯和鲍威尔一样的结论，宗教和神实

---

① 《费尔巴哈哲学著作选集》下卷，第 38 页。
② 同上书，第 39 页。

质上是人的自我异化，不是宗教和神创造了人，而是人按照自己的"人性"（理想、需要、愿望）创造了宗教和神。所不同者，施特劳斯和鲍威尔笔下那个创造宗教和神的"人"不过是黑格尔哲学中的"绝对精神"的体现，而费尔巴哈人本主义哲学所理解的那个创造宗教和神的"人"，则是现实生活中有血有肉的、感性的、自然的、真实的人。费尔巴哈把德国宗教批判运动所达到最高成果从其唯心主义哲学基础转换到人本学唯物主义哲学基础之上。应该承认，这是宗教学说和哲学上一次具有里程碑意义的进步，产生了深刻的影响；而对马克思、恩格斯的影响尤为重要。费尔巴哈的人本主义唯物论构成了马克思、恩格斯从黑格尔主义演变为马克思主义的桥梁。恩格斯明确地承认，费尔巴哈宗教哲学的代表作《基督教的本质》一书对他本人和马克思的思想发展起了"解放作用"：

> 这时，费尔巴哈的《基督教的本质》出版了。它一下子就消除了这个矛盾（这里指的是德国宗教批判斗争对于唯物主义自然观的需要与黑格尔唯心主义哲学体系的矛盾——引者注），它直截了当地使唯物主义重新登上王座。自然界是不依赖任何哲学而存在的；它是我们人类即自然界的产物本身赖以生长的基础；在自然界和人以外不存在任何东西，我们的宗教幻想所创造出来的最高存在物只是我们所固有的本质的虚幻反映。魔法被解除了；"体系"被炸开了，而且被抛在一旁，矛盾既然仅仅是存在于想象之中，也就解决了。——这部书的解放作用，只有亲身体验过的人才能想象得到。那时大家都很兴奋；我们一时都成为费尔巴哈派了。马克思曾经怎样热烈地欢迎这种新观点，而这种新观点又是如何强烈地影响了他（尽管还有批判性的保留意见），这可以从《神圣家族》中看出来。①

马克思在1849年1月所写的一篇文章《路德是施特劳斯和费尔巴哈的仲裁人》中，也曾高度地赞扬费尔巴哈的历史贡献，认为"只有通

---

① 恩格斯：《路德维希·费尔巴哈和德国古典哲学的终结》，见《马克思恩格斯选集》第4卷，人民出版社1972年版，第218页。

过费尔巴哈才能走向真理和自由":

> 我劝你们，思辨神学家和哲学家们，假如你们愿意明白事物存
> 在的真相，即明白真理，你们就应该从先前的思辨哲学的概念和偏
> 见中解放出来。你们只有通过火流（原书关于"火流"一词的译者
> 注：双关语：德文 Feuerbach 字面的意思是"火流"，而音译是"费
> 尔巴哈"。）才能走向真理和自由，其他的路是没有的。费尔巴哈，
> 这才是我们时代的涤罪所。①

马克思把费尔巴哈人本主义唯物论哲学誉之为"从先前的思辨哲学
的概念和偏见中解放出来"，"走向真理和自由"的唯一道路，这个评价
是非常高的。事实上，马克思和恩格斯也是通过费尔巴哈才从黑格尔思
辨哲学的概念和偏见中解放出来的。当我们研究和探讨马克思主义的宗
教理论（甚至马克思主义整个哲学）的历史背景和理论来源的时候，我
们有必要牢记恩格斯和马克思二人在上述引文中对费尔巴哈的崇高评
价，充分认识费尔巴哈对马克思、恩格斯的影响和作用。

当然，我们也注意到，正如恩格斯所说，在"热烈地欢迎"费尔巴
哈的"新观点"的时候，也有"批判性的保留意见"。在马克思看来，
费尔巴哈的人本主义宗教哲学的基本局限性在于：尽管他把创造宗教和
神的"人"作了唯物主义的理解，但他仅只是把人理解为自然存在物的
自然人，而没有认识到人除了是依赖于自然界的自然人之外，还是依赖
于"国家、社会"的社会中人。这样的"人"仍然是"抽象的栖息在世
界以外的东西"②。马克思指出："人就是人的世界，就是国家、社
会。"③因此，德国宗教批判运动在费尔巴哈用一般唯物主义哲学达到
是"人创造了宗教，而不是宗教创造了人"之后，还是很不够的。既然
人就是国家和社会，那么，所谓"人创造了宗教"就应该进一步理解
为，从根本上说，是国家和社会产生了宗教。宗教本质上是一种"颠倒

---

① 《马克思恩格斯全集》第1卷，第33—34页。
② 马克思：《〈黑格尔法哲学批判〉导言》，《马克思恩格斯选集》第1卷，第1页。
③ 同上。

了的世界观",那是因为产生了它的国家和社会本身就是"颠倒了的世界"。因此,施特劳斯、鲍威尔和费尔巴哈所进行的宗教批判尽管有其巨大的历史功勋,但这绝不是批判的终点。对天国的批判应该变成对尘世的批判,对宗教的批判应该变成对法的批判,对神学的批判应该变成对政治的批判。这就是说,对宗教的哲学批判应该进一步发展为社会政治革命。正是在这里,一方面表现了马克思、恩格斯的宗教理论与青年黑格尔派和费尔巴哈人本主义的历史继承性,另一方面也体现出了它与后者的区别。马克思、恩格斯通过青年黑格尔派和费尔巴哈的宗教哲学逐渐确立起了历史唯物主义宗教理论,从哲学上对"颠倒世界观"的批判发展为推翻"颠倒的世界"的社会政治革命,最后发展为关于共产主义革命的马克思主义思想体系。

第 三 章

马克思、恩格斯参加青年黑格尔派
宗教批判运动时期的宗教观

第一节　从传统信仰走向宗教批判

马克思、恩格斯从青年时代起就非常关心和重视宗教问题，积极参加当时德国以青年黑格尔派为代表的先进思想界发起的宗教批判运动。根据马、恩创建的马克思主义的整个思想体系的历史发展事实，我们有理由说，对宗教理论的研究乃是马、恩全部理论活动的起点，对宗教神学的批判构成他们对社会、政治、法律……批判的前提，理论上的人道主义的启蒙宗教观成了他们创建共产主义学说的开端。

不过，马克思、恩格斯与普通人一样，并不是天生的无神论者。实际情况是：他们对宗教的态度和认识，经历了一个从信仰传统宗教的有神论转变为无神论、从哲学上的唯心论转变为唯物论、从理性主义的启蒙宗教观转变为辩证唯物主义和历史唯物主义的宗教观的发展过程，随着这种转变，马克思和恩格斯在政治上从激进的革命民主主义者转变为领导无产阶级和被压迫人民进行推翻旧世界的共产主义革命家。马、恩在宗教观上的转变在他们作为革命思想家的伟大一生中起着重要的作用，这也正是本书观察他们的宗教理论的着眼点。

马克思、恩格斯生长和生活的德国，是一个长期信仰基督教的封建制国家，宗教信仰的传统从小就在他们的心上打上了宗教的烙印。当他们立志改变旧世界、走上革命之路的时候，都曾不得不首先为摆脱这种他们视之为"精神枷锁"的束缚而斗争。

　　马克思的父系祖辈和母系祖辈都出身于犹太律法学家的家庭，既受到过一定的文化教育，也秉承了传统的犹太教信仰。马克思的父亲希尔舍·马克思是在 1782 年出生的。18 世纪的西欧，按照《世界文明史》的作者威尔·杜兰的称呼，是"伏尔泰时代"。反宗教的启蒙思想以及追求自由、民主、科学的时代精神大行其道，最后导致了 1789 年的法国大革命。出生于这个时代的希尔舍·马克思深受这种时代精神的影响，阅读伏尔泰、卢梭、莱辛等人的著作。据卡尔·马克思女儿爱琳娜的回忆："摩尔（马克思）的父亲是道地的 18 世纪的法国人，能够背诵伏尔泰和卢梭的作品。"① 在伏尔泰启蒙精神的影响下，希尔舍·马克思逐渐摆脱传统犹太教信仰的狭隘教义和森严律法的束缚，甚至不惜与他那精通犹太律学的父亲和家庭决裂。他通过自己的艰苦努力，后来成了特利尔一名受人尊敬的律师，当选为当地的律师公会的主席。卡尔·马克思的内弟埃德加尔·冯·威斯特华伦把希尔舍·马克思视为一个像康德那样把信仰与理性结合在最高道德之内的开明绅士。这句评价卡尔·马克思的父亲的赞词几乎完全适合于中学时代的卡尔·马克思，这说明马克思父亲的精神素质从小就烙刻在马克思的灵魂中。作为马克思主义创建者的卡尔·马克思毕竟不是生来就超凡脱俗的神圣，而是在他的父亲教养之下长大成人的。有这样一位具有启蒙精神的父亲是卡尔·马克思的幸运。

　　在 18 世纪的德国犹太人中曾出现了不少富有教养和充满时代启蒙精神的思想家，其中之最著名者当数摩西·门德尔松。他被认为是在当时把犹太民族从传统犹太教的禁锢中带入近代思想的第一人。犹太人把他称为"摩西第三"（12 世纪西班牙的犹太律法学家、神学家和哲学家麦蒙尼地［Maimonides，1135—1204］被称为"摩西第二"），莱辛则尊称他为"斯宾诺莎第二"。门德尔松为了打破传统犹太教的精神禁锢和西方基督教对犹太人的歧视，曾努力倡导把犹太教与欧洲基督教文化协调起来；要求犹太教拉比（神父）们放弃过去那种随意革除别人教籍的教权，呼吁犹太人走出他们沿袭已久的生活圈子，参加到基督教影响之下的西方文化中来。由于门德尔松的影响，许多犹太青年陆续走出传统犹太教禁制下的狭小的

---

① 转引自科尔纽《马克思恩格斯传》第一卷，生活·读书·新知三联书店 1963 年版，第85 页。

生活圈子，改宗基督教，很快地在文学、科学、哲学上崭露头角，使得傲慢的西方人不能不对犹太知识分子刮目相看。实际上，马克思的父亲及其一家就是深受门德尔松精神感召出现的新一代犹太文化人。1816 年，马克思的父亲改宗了当时德国人信奉的基督新教，而且还把自己的名字希尔舍改为一个基督教的名字"亨利希"。1822 年，他那比较保守的母亲去世后，他的孩子和妻子也分别在 1824 年和 1825 年改宗受洗。他们参加了特利尔的一个新教团体，并受到了它的欢迎。当时最杰出的开明的犹太人，如爱德华·甘斯（卡尔·马克思后来在柏林大学读书时的老师）和伟大的诗人、思想家亨利希·海涅都改宗了基督新教。按照海涅的说法，这次受洗是使他们这些犹太人进入基督教文化圈的通行证。这个说法对于马克思也具有同样的意义。从犹太教改宗基督教，虽然仍不过是在宗教信仰范围内绕圈子的一件事，但对当时的犹太人来说，却是启蒙思想家门德尔松所倡导的把犹太人从僵硬的犹太教传统引向从文艺复兴以来已被启蒙思想渗透的基督教新信仰，这应该是一件颇有意义的大事了。马克思的父亲是一个在宗教上和政治上都具有自由主义思想的开明之士，他带领全家改宗受洗，无疑是这种自由主义的表现。这对幼年马克思今后的宗教之路和政治上的成长，有着不可低估的意义。

从 1830 年到 1835 年，马克思在特利尔中学读书。特利尔中学也和特利尔地区一样，当时盛行着一种从先进的法国和英国传来的自由主义启蒙精神，马克思的一些老师都是这种启蒙精神的信仰者。校长维登巴赫教授历史和哲学，是个坚定的康德哲学的信徒，他努力把学校的教学建立在理性主义的原则之上。希伯来语教师施涅曼因唱革命歌曲、数学教师施泰宁格尔因信仰唯物主义和无神论而被警察局问罪，受到严厉的申斥。

人是传统和环境的产物。18 世纪犹太启蒙思想家门德尔松倡导启蒙思想传统使马克思一家摆脱了古老僵硬的犹太教传统；马克思的父亲和特利尔（特别是中学教师）的自由主义的家庭环境和社会环境又潜移默化地把尚未成年的马克思导向了启蒙思想和自由主义之路。马克思恩格斯的传记作者科尔纽对此有一段我认为颇为中肯的评论："马克思的父亲和他的几位老师所参加的这种政治活动，对中学时代最后几年里的青年马克思发生了深刻的影响，虽然没有任何证据说明他本人参加过这一活动，但我们仍然可以认为，这种活动是大大有助于确立他最初的政治方向的。"①

马克思中学时代似乎并未把他最新确立的政治方向变为实际的政治行动。在现今我们所能看到的文献中，马克思在思想之路上所留下的最新足迹大体上也只见于他当时写下的两篇命题作文。幸运的是，其中一篇竟是有关宗教问题的文章。这使我们这些从事马克思宗教理论研究的学者有机会看到马克思在宗教理论上是如何迈出他的第一步的。这篇命题作文的题目是《根据〈约翰福音〉第15章第1至14节论信徒和基督的结合，这种结合的本质、绝对必要及其影响》。题目的本意一目了然，意在使基督徒认识到与基督结合的"绝对必要性"，充满了人神相结合的神秘主义和信仰主义精神。在19世纪的初期，在那个仍以基督教为至高无上的意识形态的封建专制下的普鲁士国家，一个尚未成年的中学生，在这样一个讨论基督教神学的宗教问题面前，是很难不按宗教牧师的意图被导向宗教信仰主义来解读的。可马克思毕竟是马克思，他在自己的作文中竟出乎意料地表现出了自己在宗教问题上的独特思考。他认为，人神结合的原因在于人的本质，因为人永远是力图用不断提高道德的办法使自己上升到神的地位。古代最杰出的人物，首先是柏拉图，力求做到这种与神结合。只有通过表现在基督身上的神的启示，通过基督教才第一次成为可能，因为基督教使人能够获得真正的、基督教的道德，这种道德比斯多葛学派的道德更近情理、更温和，比伊壁鸠鲁更纯净、更深刻。② 实事求是地说，作为中学生的马克思在这篇作文中仍然是以基督教信仰者的口吻讲话，他仍把基督教的道德奉为美德的典范，而且也仍在按照传统信仰和作文命题教师的引导在文中讨论"人神结合"的神学问题。可是马克思的答案却完全背离了正统派神学和教义学的教导。传统的宗教神学家特别是神秘主义教派从来把人与神的结合说成是基督教信徒应予追求的终极境界，至于达到这种"结合"的本质和途径则被说成是对基督教上帝和基督的虔诚信仰和至真的爱，此即基督新教所标榜的"因信称义"。这种牧师的宣教老调，马克思自然从小就被反复灌输、耳熟能

① 科尔纽：《马克思恩格斯传》第一卷，生活·读书·新知三联书店1963年版（下同），第92页。
② 马克思的这些思想，笔者手头上没有现存的资料可资利用。这段文字是从科尔纽的《马克思恩格斯传》转述过来的。

详。可这位中学生却把这些老生常谈撇在一旁。把这个神秘主义的神学问题变成一个世俗性的问题。认为人如要达到与神的结合，其本质和途径在于人不断提高自己的道德水平。这个答案实际上就是文艺复兴时期以来启蒙思想家、特别是 17、18 世纪以来自然神论和自然宗教论者们的主张。英国自然神论的代表人物之一马太·丁达尔（Matthew Tindal 1657—1733）就曾呼吁应把基督教建立在自然法则和人类理性之上，成为自然宗教；宗教的任务不是救赎人于罪恶之中，进入死后与神同在的天堂，而是保障人类的幸福，是纯道德的宗教。德国的康德哲学实际上也否定在理论理性建立基础上宗教的可能性，把道德说成是宗教的基础。马克思作文的基本思想实质上是对这些启蒙宗教观的一种继承和发挥（在这方面，具有启蒙思想倾向的马克思的父亲，无疑会对他发生特殊的影响）。他所理解的"人神结合"是背离正统的教义和神学的。这一点，评阅其作文的教师也看出来了。他的评语是"思想丰富，叙述精彩有力，值得赞许，不过文内所涉及的结合本质未加说明，结合的原因也只从一方面接触到，而它的必然性论述得也不够充分"[①]。评阅者并未否定马克思从道德方面来谈人神结合的基础，但他认为这种观点从教义上看是不正确的。从现存有关马克思宗教理论的资料看，这篇作文是马克思从中学时代开始从传统宗教信仰走向启蒙宗教观的最初表现。

直到 1836 年 10 月，马克思就学于柏林大学之前，马克思在中学时期（毕业于 1835 年 8 月）和波恩大学时期（1835 年到 1836 年）是否还留下除上文以外有关宗教问题的其他文字，我们就不得而知了，《马克思传》的著名作者梅林和科尔纽都未曾提及。但是这两位著名的研究马克思的作家都特别赞许马克思在特利尔中学时的另一篇作文：《青年选择职业的考虑》。马克思在文中提出了一个很有特点的思想作为论述的出发点：人与动物虽然都生活在相同的自然条件之中，但对此自然生活条件的态度却完全不同，动物完全依赖于这些条件，人却总是力图借助于自由活动来驾驭这些条件。人的自由活动特别表现在职业的选择上。不过这种选择又不是完全自由的；它不仅仅依赖于我们的希望和志愿，而且也预先为各种社会关系所决定："……我们并不是能够选择我

① 参见科尔纽《马克思恩格斯传》第一卷，第 94 页的脚注。

们自认为适合的职业；我们在社会上的关系，还在我们能够对它们发生决定性的影响之前，就已经在某种程度上被规定了。"① 人对职业的选择自由为先在的社会关系所规定，这无疑是一个富有哲理的深刻思想，这包含和预示着作为"马克思主义"之标志的历史唯物论的某些因素。梅林在《马克思传》中非常重视这一点。他说：这个观念自然不过是像夏日的闪电一样，初现在这位少年的心中，但这观念在后来的发展和完成，便是马克思的不朽贡献。②

值得我们特别注意的是，马克思还在这篇文章中把人对职业的选择与献身于整个人类的幸福联系在一起，主张为追求实现一切人的理想和幸福而牺牲个人的有限的、利己主义的快乐："历史把那些为一个共同目标奋斗，并使自己变得更加高尚的人们看成伟大的人物；经验则把造福于人类最大多数的人称颂为最幸福的人；宗教本身教给我们，一切人所赞美的那个典范为人类牺牲了自己……如果我们选择了使我们能最大限度地服务于人类的职业，那末我们就不应该屈服在它的重负之下，因为这是为一切人而作的牺牲；那时，我们所体会到的就不是无谓的、有限的、利己主义的快乐，我们的幸福将属于亿万的人，我们的事业虽是默默无闻的，但永远具有积极的意义，高尚的人们将在我们的墓前洒下热泪。"③ 这段震撼人心的文字闪烁着崇高的伦理人道主义的光辉。当然，马克思在中学时代写下的为人类的幸福而牺牲自己这句誓言时，对于什么是人类的幸福及其实现之道，并未有真正的、切合实际的理解，它成了马克思一生为之探索的问题；只是在他创建了共产主义思想体系——马克思主义之后，才找到了他自己的答案。伦理人道主义虽然不是共产主义，但其间并没有不可逾越的鸿沟。马克思、恩格斯后来曾不只一次说过，欧洲的社会主义、共产主义思想正是从历史上的伦理人道主义、特别是无神论人道主义发展而来。这需要一个艰苦探索的发展过程，需要一次思想上的革命性的飞跃。我们不可能指望一个尚未成年的中学生一次性地跳起就能越过这个高度。而且我们还注意到，作为中学

---

① 《马克思恩格斯早期著作选》，1956 年俄文版，第 3 页。

② 梅林：《马克思传》，生活·读书·新知三联书店 1956 年版，第 6 页。

③ 《马克思恩格斯早期著作选》，1956 年俄文版，第 5 页。

生的马克思当时还把伦理人道主义的美好道德与基督教联系起来。但这种联系毕竟不符合于历史的真实，真正的伦理人道主义从科学理性的立场上讲绝不能建立在宗教的基础之上。马克思在进入柏林大学之后，很快就认识到，如要实现人类的幸福，在当时的德国，首先要做的事，就是要使人摆脱传统宗教的精神束缚。他参加了青年黑格尔派发动的宗教批判运动，实现了从传统信仰到启蒙无神论的转变。这实际上是马克思一生思想发展进程的第一次飞跃；中学时代伦理人道主义的思想火花则正是马克思实现这第一次飞跃的内在动因。

　　恩格斯生活在一个虔诚派基督教徒的家庭，从小就受到浓厚的宗教教育的熏染。中学校长在他的学生证明书上称赞他心地纯洁，性格温和，具有笃信宗教的感情。从恩格斯 16 岁行坚信礼时所写的一首诗里，我们看到，他当时还温顺地拜倒上帝的神座之前，把自己对人间生活的依恋视为罪恶，向上帝忏悔，祈求上帝和基督拯救他的灵魂。[①] 在坚信礼上，有人送给他一句《新约圣经·腓立比书》上的生活格言："我只

---

① 这首诗大概写于 1837 年：

(1) 我主耶稣基督，上帝之子，
　　啊，请你走下宝座
　　来拯救我的灵魂！
　　带着你的恩荣，
　　你那父亲的神圣光辉，
　　让我在你面前膜拜！
　　在我们颂赞救世主的时候，
　　欢乐是充满了爱的，
　　是光荣神圣的，
　　没有忧愁的。
(2) 啊，当我在你慈爱的怀抱里，
　　摆脱了死亡的时候，
　　欢乐的时刻就到来了。
　　上帝啊，我看到，还是由于你，
　　我才可以永久拥抱
　　所有我的亲人！
　　永久，永久，永久地活着，
　　并站在你面前！
　　只要看到你——我的生命的花朵就会重新开放。
参见科尔纽《马克思恩格斯传》第一卷，第 137 页。

有一件事，就是忘记背后努力面前的，向着标杆直跑，要得上帝基督耶稣从上面召我来得的奖赏。"这句《圣经》格言不久以后在恩格斯那里就有了一种非宗教的意义：向着未来的崇高目标前进。但这崇高目标不是幻想的天国，而是人类的解放。

在当时德国的知识界中，自由主义和民主主义思潮和反宗教的启蒙思潮日益发展。由于这些进步思潮的影响，恩格斯参加了以反封建争自由为目标的"大学生协会"和"青年德意志"运动。自由民主思想的影响加快了他摆脱传统宗教的进程。从 1839 年恩格斯的通信中可以看到他在对待宗教信仰问题上进行着严肃认真的思想斗争：

> 这些时代观念……奠基在每个人的自然权利之上，并且涉及现代关系下和这种权利相矛盾的一切事物。例如，和这些观念有关的，首先有人民参加国家管理问题，即宪政问题；其次则有犹太人解放问题，取消一切宗教强制，一切世袭贵族问题等等。对于这些，谁又能提出什么理由来加以反对呢？……
>
> ……由于这一切时代观念，我夜里睡不着觉；当我站在邮车上，望着普鲁士国徽时，我就感到自己浸沉在自由精神里。每当我翻阅一本什么杂志时，我都注意寻求自由事业的进展情况。①

恩格斯从反对封建专制制度的自由主义立场主张"取消一切宗教强制"。在同一封信中，他还表示：

> 让我告诉你，弗里茨，既然你就要成为牧师了，你可以随心所欲地去做一个正统派教徒，可是，如果你成了一个虔诚主义者，咒骂"青年德意志"，并且把《福音派教会报》奉为神谕，那末，小心点，你可得和我打交道了……不，我从来就不是一个虔诚主义者。我过去一度是个神秘主义者，但这是过去的事情了；现在我是一个正直的、对别人十分宽容的超自然主义者。②

---

① 《马克思恩格斯早期著作选》，1956 年俄文版，第 280—281 页。
② 同上书，第 281 页。

恩格斯在超自然主义的阶段上停留的时间也非常之短暂。在这封信之后不久的另一封通信中，他表示他正在为甩掉信仰上帝的负担而进行着沉重的思想斗争：

> 当然，你可以像躺在暖床上那样舒舒服服地躺在你的信仰上面，一点也体会不到当我们这些人要断定上帝真的是上帝、还是并非上帝时，所经历的是一种什么样的斗争。你也体会不到当第一次感到怀疑时，旧信仰给人带来的负担（当人们对旧信仰必须决定赞成还是反对，必须决定取舍时就是一种负担）是多么沉重。[①]

这些信清楚地说明恩格斯在信仰转变时期的思想斗争是多么的激烈，从一个虔诚主义者、神秘主义者转变到超自然主义者，一直到怀疑上帝的存在，幼年时代的宗教梦要做到头了。

正当恩格斯从传统信仰的宗教梦中觉醒过来的时候，德国思想界围绕施特劳斯的《耶稣传》而引起的论争日益尖锐起来，恩格斯和马克思一起被卷进到这场批判宗教神学、反对封建制度的启蒙思潮的激流之中。

第二节　参加青年黑格尔派宗教批判
运动的马克思和恩格斯

1835 年 8 月，马克思在特利尔中学业毕业之后，曾在波恩大学学习了一年的时光。在这一年，除接受了当时流行一时的浪漫主义文学思潮，参加过德国"大学生协会"中比较激进的一派"青年作家协会"的活动以外，似乎再没有什么东西对他后来思想的成长产生过什么影响。马克思和他的父亲对波恩大学都感到失望，决心离开这里，于 1836 年 10 月从特利尔到了柏林，就读于柏林大学。与波恩大学不同，当时在

---

① 恩格斯 1839 年 7 月 12—27 日致弗里德里希·格雷培的信，见海·格姆科夫《恩格斯传》，生活·读书·新知三联书店 1980 年版，第 26 页。

柏林大学授课的教授差不多都是著名的学者。更值得一提者，柏林大学是当时德国研究黑格尔哲学的中心。在这种学术环境的影响下，马克思的兴趣逐渐从法学转到了哲学①。在哲学研究上，他开始是有些厌倦黑格尔哲学的，但他对费希特和康德哲学的兴趣也只是短暂的，随后就转向黑格尔哲学寻求精神的发展。当时黑格尔学派围绕施特劳斯《耶稣传》出现了对立两派的争论，分裂为青年黑格尔派和老年黑格尔派。老年黑格尔派坚持僵硬的黑格尔哲学体系，把普鲁士君主专制国家美化为绝对精神的体现，并使哲学从属于神圣的传统宗教。青年黑格尔派则发展黑格尔哲学中关于世界和人类历史不断发展的辩证法思想，由此来论证政治民主发展的合理性；而对传统基督教的历史批判则成为掩护其政治批判的方便的突破口。马克思自然而然地选择了青年黑格尔派，而且很快就成了此派的核心组织"博士俱乐部"的成员。当时"博士俱乐部"的主要成员有阿道夫·鲁滕堡、卡尔·弗里德里希·科本和布鲁诺·鲍威尔。俱乐部的精神领袖是柏林大学神学讲师布鲁诺·鲍威尔，他对青年马克思这一时期的精神发展产生了很大的影响。马克思当时还只是个大学生，在俱乐部成员中年龄最小，与其他成员的平均年龄30岁比要小10岁。可是他那天赋的才华和对学问的深刻理解，确如中国古语所说的那样，"锥处囊中，其末立见"，很快就赢得青年黑格尔派那群才情横溢、意气风发的同道们的普遍尊敬。布鲁诺·鲍威尔在被迫离开柏林大学到波恩大学任教时，因不满于该校那种毫无生气的学术环境，不时回忆他在柏林青年黑格尔派博士俱乐部时生动活泼的精神生活。1839年12月11日，他给马克思写了一封信，说当时那种快乐欢愉的生活，主要是马克思带给他的，他为此感念不已！"博士俱乐部"中另一位主要成员科本在1841年6月3日给马克思的信中，更把马克思誉之为"一座思想的仓库、制造厂，或者按照柏林的说法，思想的牛首"②。从这些信看，马克思在青年黑格尔派中所起的影响和作用是重

---

① 1837年11月10日，他在给他父亲的一封信中写道："我研究的专业原来是法律，但是我把它排在哲学与历史之次，当作辅助的学科来研究。"见马克思《政治经济学批判》，人民出版社1955年版，第1页。

② 这里引述的鲍威尔和科本给马克思的信，均转引自科尔纽《马克思恩格斯传》第一卷，第218—219页。

要的，以至此派的精神领袖布鲁诺·鲍威尔以及科本（马克思听过他俩的课程）均给予其高度的赞扬和肯定。但是，现存的资料很少，我们至今仍说不清马克思在青年黑格尔派运动初期，在创立该派的批判哲学方面，到底起了些什么样的具体作用。

施特劳斯、鲍威尔关于《圣经》的批判研究著作，以及他们之间的争论无疑对马克思的宗教观和哲学理念产生了启蒙性的影响，把他导向了宗教批判之路。马克思那天赋的才思、深邃的洞见以及他特有的人格魅力无疑也在青年黑格尔派（特别是博士俱乐部）的集会讨论中发挥了自己的独特影响。如果不是这样，像科本这样的学者绝不会把马克思誉之为"一座思想的仓库"、"思想的牛首"。尽管我们至今尚未发现马克思在青年黑格尔派发动的宗教批判运动中写过类似于布鲁诺·鲍威尔和费尔巴哈所写的那种专门批判宗教的著作，但却可以肯定，马克思当时对批判传统宗教、参与启蒙运动的激情是很高的。1841 年 3 月，马克思曾与鲍威尔、费尔巴哈、克利斯提安森等青年黑格尔派的核心人物联合起来，积极筹办一份战斗性的启蒙无神论的学术创物，并拟定名为《无神论文库》，其宗旨定为"必须为真正理论的恐怖主义提供一块净土"（见鲍威尔 1841 年 3 月 28 日给马克思的信）。这个"无神论恐怖主义"的计划，即使是在青年黑格尔派的战友中也引起了强烈的反响，甚至产生了令人震撼的"恐怖"。1841 年 10 月 18 日，荣克在其致卢格的信中写下了这样一段话：

　　马克思博士、鲍威尔博士和费尔巴哈要联合起来出版一个神学—哲学杂志，那时候让所有的天使都围绕着老上帝并且让老上帝自己可怜自己吧，因为这三位势必把他从天上赶走，而且还要告他一状；至少马克思是把基督教称做最不道德的东西之一的。[1]

无神论思想无疑是青年黑格尔派宗教批判的实质与核心，但当时无论是在施特劳斯的《耶稣传》，还是在布鲁诺·鲍威尔的几本福音书批判著作中，这个实质和核心还是包藏在黑格尔哲学的晦涩难明的哲学术

---

[1]　转引自科尔纽《马克思恩格斯传》第一卷，第 324 页的脚注。

语和福音故事的历史考证之中，用各种巧妙的伪装把无神论的实质与核心包藏起来。要公开打出"无神论"的大旗，出版发行《无神论文库》，这个计划在当时德国的政治—宗教环境下，必将遇到的政治风险是难以突破的。所以，它还没有出世就流产了。布鲁诺·鲍威尔改而匿名写作了《对黑格尔、无神论者和反基督教者的末日宣告》一书（以下简称《末日的宣告》）。在这部书中，鲍威尔伪装成一个正统基督徒的口吻，把黑格尔哲学说成是无神论和反基督教者而加以揭露和批判。其用意至为明显，批判黑格尔为假，用黑格尔哲学的权威来宣告其实质是"无神论和反基督教者"为真。如此一来，黑格尔哲学的真正继承者便不是一般所认为的老年黑格尔派，而是发动宗教批判运动、宣扬启蒙无神论的青年黑格尔派了。

《末日的宣告》取得了巨大的成功。当时青年黑格尔派的另一著名的代表人物卢格评论说，由于这本书把黑格尔哲学说成是反基督教的无神论，势将造成哲学同宗教的彻底决裂，并把哲学变成无神论。青年黑格尔派的其他同道当时一般认为这部书是鲍威尔与马克思二人合作写成的，格奥尔格·荣克在致卢格的一封信中说："您读过《末日的宣告》没有？如果您不知道，那末我秘密地告诉您，这本书是马克思和鲍威尔写的。我在读它的时候，不由得发出会心的笑声。"[①] 不过，据科尔纽的研究，马克思实际上只是鲍威尔写作本书时的一位"默默的合作者"，并未实际参加它的写作。不过，既为合作者，那么想必鲍威尔在写作过程中也接纳了马克思的思想和意见。

《末日的宣告》的成功使鲍威尔和马克思很受鼓舞。他俩计划沿着这个方向真正合作写一本关于黑格尔艺术哲学的书，其宗旨意在说明黑格尔艺术哲学也和他的宗教哲学一样，具有反基督教的性质：所谓基督教艺术，其实充满了反基督教的因素。这部书分为两部于 1842 年 6 月 1 日出版。第一部《从信仰的观点驳斥黑格尔关于宗教与艺术的学说》，由鲍威尔独力写成。第二部《黑格尔对圣史和圣史书的神圣艺术的憎恨》，鲍威尔在其序言中申言本书是由两人合作写成的。因此人们认定其合作者必为马克思。但实际情况却是马克思虽然曾写作了一部分，但

---

①　转引自科尔纽《马克思恩格斯传》第一卷，第 331 页。

未完成全部工作。后因对继续《末日的宣告》那种叙述文风不再满意，决意改写。因此这第二部批判基督教艺术的书，实际上仍是鲍威尔个人的作品，马克思并非真正的合作者。鲍威尔之所以在本书序言中暗示是他与马克思二人合作写作，可能只不过是他采用了马克思未完书稿中的某些东西。这次合作的失败，实际上标志着马克思与鲍威尔在青年黑格尔派宗教批判运动中亲密的合作关系的终结。自此之后，马克思的学术兴趣逐渐从宗教和艺术问题转移到政治问题方面。这也说明马克思开始与青年黑格尔派的宗教批判运动拉开距离，逐渐走上了他终身以之的政治革命的道路。

当我们比较深入具体地研究马克思在青年黑格尔派宗教批判运动时期的活动和论著时，会情不自禁地想起一个问题：马克思作为被布鲁诺·鲍威尔和其他同道者视为最有才华、思想最为深邃的人和"博士俱乐部"的核心成员，为什么他在那个时期没有留下什么有分量、有影响的宗教批判著作？可能的原因或许有两点：第一，马克思当时还是个大学生，他的知识兴趣太广泛了，在法律、政治、哲学、宗教、艺术等诸多领域，广泛地选课听讲，博览群书，他实际上仍处在哲学世界观的形成时期。在当时德国的政治环境下，他选择了代表激进民主新思潮的青年黑格尔派，成了鲍威尔最为重视的支持者。但作为天才的思想家，尽管马克思在宗教哲学上深受鲍威尔的影响，但一个思想家的天赋本性却使他不可能盲目跟在鲍威尔的后面，亦步亦趋；他会从更新、更高的角度来思考和判断鲍威尔和他所领导的青年黑格尔派的宗教批判。显而易见，这需要一个发育的过程。这就使得马克思在这阶段尽管有一些与鲍威尔合作写作的计划，但也最终因他那永不满足其真理求索的天性、发现合作计划不能满足其真理求索的标准而放弃了。第二，在此期间，马克思的兴趣最后选择了哲学，他想在获得哲学博士学位之后，能当上大学的哲学教授。于是他把自己的时间和精力集中在博士论文的写作上。他那永不满足的天性，使他把博士论文的写作过程拖得相当之长，以致鲍威尔不断埋怨他耽误了他俩的合作计划，催促他迅速结束博士论文，然后共同在一起推动和领导他们视之为政治民主改革之前提的宗教批判运动。但草率为文有违于马克思的秉性，他没有按照鲍威尔的要求办事，他总是不断地自我批判、自我否定，把论文完成的时间拖得很长。

所以，马克思在青年黑格尔派宗教批判运动时期，一些原定的写作计划基本上都未实现。大体上，除了博士论文以外，就是一篇肯定费尔巴哈论宗教奇迹的短文：《路德是施特劳斯和费尔巴哈的仲裁人》。

博士论文《论德谟克里特的自然哲学与伊壁鸠鲁的自然哲学的差别》（写作于 1839 年初，完成于 1841 年 3 月）。马克思之所以选择这个论题，显然是接受了布鲁诺·鲍威尔宗教哲学的影响。鲍威尔把古希腊衰落时期的伊壁鸠鲁哲学、斯多葛哲学和怀疑论哲学视之为自我意识的哲学，并探讨了三者与基督教的关系。他认为，这三种学说是在古典时代人们普遍感受到社会对精神的压迫时希望保持人的内心自由的哲学表达。三者大体上都企图在人类精神和心灵的安宁和宁静中寻找自己的真正幸福。伊壁鸠鲁哲学从抽象的、孤立的人类意识出发，把个人变成世界的中心，认为人的最高幸福就是在对事物的因果具有明智认识的基础上得到灵魂的宁静和幸福。至于斯多葛哲学则是从非个人的普遍的人类意识出发，把起源于正确认识的德行当做人生的目的。达到这种认识和德行境界的人（实际上就是少数哲学家）就能在明智的恬淡寡欲的生活习惯中得到个人的内在独立性。怀疑论哲学则力图通过对认识能力和知识确定性的怀疑，要求人们摆脱追求知识和真理的空想，以求获得精神的宁静。因此，在鲍威尔看来，上述三种哲学体系都是关于人的自我意识的哲学表现。马克思在鲍威尔的影响下，非常重视这三种哲学的意义及其在希腊哲学中的地位。原本想在博士论文中对它们进行一次完整系统的研究，但马克思并未实现这一更为宏大的计划，只是把自己的研究集中在伊壁鸠鲁与德谟克里特在自然哲学上的比较以及差异。[①] 德谟克里特是古代希腊集唯物主义自然哲学之大成的最伟大的哲学家，他用原子在形状、大小、组织为物质的结构的不同及其在虚空中的运动来说明整个世界万事万物的起源和产生，完全否定了传统的宗教神话世界观；用理论的推理和对不同民族地区的宗教之神的神性的差异，提出了宗教和神起源于人的创造的宗教无神论学说。伊壁鸠鲁无论在自然哲学方

---

① 马克思在《博士论文》的"序"中写道："必须把这篇论文只看作一种较大著作的先导，在那一著作里，我将详细地就与整个希腊思辨的联系来阐述伊壁鸠鲁、斯多葛和怀疑论这三派哲学的相互关系。"参见马克思《博士论文》，人民出版社 1973 年版，第 1 页。

面，还是在宗教理论方面，实质上都是对德谟克里特的继承和发扬。伊壁鸠鲁的自然哲学与他的伦理学是联系在一起的。在伦理学上，他认为只有使人快乐和幸福者才是最高的善；而哲学则应该是使人生快乐和幸福的手段和工具。但要实现人生的快乐和幸福，就必须消除一切使人感到不安和恐惧的因素。在人的生活过程中，人们最感恐惧的东西有二：一是恐惧神的惩罚；二是害怕死亡。这两种恐惧感，都是宗教迷信造成的。宗教和迷信破坏了心灵的宁静，是人生不幸的根源。伊壁鸠鲁并不否定神的存在。但他认为神并非如宗教所说是什么自然和人生的主宰、天上的间谍，用无情的愤怒和惩罚监督着世人的生活。诸神生活在遥远的太空或星辰之间的空隙，享受不朽的生命和永恒的宁静，绝不为人间的俗事操心。对于人，神既不能帮助，也不会伤害。他们不监视人，不审判人，更不能将人投入地狱。如果人们认识到这一些，灵魂中的不安和恐惧就不会产生了："我们如果注意到这些，我们就会正确地找到我们心理上的不安与恐惧之所以发生的原因，并且，由于学习了天象以及其他一切经常发生的事件的真正原因，我们就会摆脱一切使其余的人发生极端恐惧的东西。"[①]

为了解除人类对死亡和死后地狱的恐惧，伊壁鸠鲁坚决反对灵魂不死的宗教教义。人类是自然的产物，身体由原子组合而成，灵魂也是原子，不过是一种更精细、更有活力的原子。灵魂原子散布于人的全身，凭借身体去感觉和行动，也随身体的死亡而消散，成为没有感觉的物质。因此，人对死亡后的一切都不可能有任何感觉；所谓死亡，实际上不过是感觉的消失。一切善恶、吉凶、祸福、不幸都是人的不同感觉。既然人的死亡是感觉的丧失，那么，所谓死后的祸福与人生毫无关系。"所以一切恶中最可怕的——死亡——对于我们是无足轻重的，因为当我们存在时，死亡对于我们还没有来；而当死亡时，我们已经不存在了。因此死对于生者和死者都不相干；因为对于生者来说，死是不存在的，而死者本身根本就不存在了。"[②] 人如要免除对神灵的惩罚和死亡

---

① 伊壁鸠鲁：《致赫鲁多德的信》。参见《古希腊罗马哲学》，生活·读书·新知三联书店 1956 年版，第 364 页。

② 同上书，第 366 页。

的恐惧，只有依靠智慧。智慧才能使人理解神的本性、死亡的实质和自然的秘密，智慧才是使人脱胎换骨使人免于恐惧的解救者。当然，伊壁鸠鲁所说的"智慧"也就是他倡导的哲学。可以肯定地说，伊壁鸠鲁全部哲学思想实质就是使人摆脱传统宗教陷人于恐惧、从而使人获得精神宁静、生活快乐的启蒙宗教观。马克思作为青年黑格尔派宗教批判运动的核心成员，他之所以选择伊壁鸠鲁自然哲学作为博士论文的选题，无疑是因为他把伊壁鸠鲁哲学看做是启蒙宗教思想家的先驱，对他情有独钟有关。他在《博士论文》中把伊壁鸠鲁尊崇为"最伟大的希腊启蒙思想家"。马克思还在论文的结尾处，特别摘引了卢克莱修在《物性论》中用崇敬的词句对伊壁鸠鲁的颂诗：

> 当人类在大地上到处悲惨地呻吟，
> 人所共见地在宗教的重压底下，
> 而她则在天际昂然露出头来
> 用凶恶的面孔怒视人们的时候——
> 是一个希腊人首先敢于
> 抬起凡人的眼睛抗拒那个恐怖；
> 没有什么神灵的威名或雷电的轰击
> 或天空吓人的雷霆能使他畏惧
> ……
> 由于这样，宗教现在就被打倒，
> 用他的胜利就把我们凌霄举起。

　　马克思引用卢克莱修这段诗句，说明他完全赞同卢克莱修对伊壁鸠鲁的评价，从哲学的高度肯定伊壁鸠鲁哲学否定了神灵的权威和宗教的恐怖，打倒宗教，把人类精神从宗教的重压底下解放出来。马克思的博士论文之所以选择伊壁鸠鲁的自然哲学作为研究的主题，其基本意图显然是为了发挥伊壁鸠鲁自然哲学的启蒙无神论意义，以此来参与和强化当时德国青年黑格尔派所发动的宗教批判运动。马克思在肯定伊壁鸠鲁是"最伟大的希腊启蒙思想家"的同时，也就表明马克思本人当时站在伊壁鸠鲁自然哲学的同一水平线上，说明马克思本人就是19世纪40年代新时期德国的"启蒙思想家"。从哲学上看，对任何事物的"肯定"，也就是对它的"限定"。这个道理同样适用于马克思本人，马克思当时在哲学上尚没有超出青年黑格尔派（特别是布鲁诺·鲍威尔）对黑格尔哲学的理解水平。因此，他虽然肯定了伊壁鸠鲁的自然哲学，但他当时尚不是作为一个唯物主义者，而只是从布鲁诺·鲍威尔关于"自我意识"的哲学概念去做这种"肯定"。本来，德谟克里特的原子唯物主义中的原子和运动及其在冲撞中结合为自然万物的哲学思想，完全是在物理学范围内做出自己的解释的。17—18 世纪，以伽利略、牛顿、波义耳为代表的近代科学就是在重新复兴并发展古希腊的原子唯物主义哲学的基础上发展起来，取得了辉煌的成果。时至今日，当代自然科学事实上仍未脱离这个基础。伊壁鸠鲁是德谟克里特的哲学继承人，就其哲学的整体和基本性质、基本内容而言，与德谟克里特原子唯物主义是一致的。如果说有什么不同之处的话，主要就是一点：德谟克里特认为原子在虚空的运动是直线下落的，而伊壁鸠鲁则认为原子的运动可以自动偏斜原来的轨道。按伊壁鸠鲁的本意是想借此解释，如果不承认原子的自动偏斜，则宇宙中的原子必然将平行下落，而不会形成互相之间的冲撞和接触，那就不能说明原子何以能彼此结合为物。至于原子何以能自动偏斜？其物理的动因何在？伊壁鸠鲁本人并没做什么物理学的和哲学的解释，这是其哲学思维的一大漏洞。古代希腊罗马的一些哲学家早就有所非议，近现代自然科学也不会承认这种独断论的奇想，而是用万有引力之类科学概念来说明宇宙万物的运动、原子之间的结合和万物的生成。可是马克思的《博士论文》却独出心裁地高度赞扬伊壁鸠鲁关于"原子偏斜"的说法，特别是他还使用布鲁诺·鲍威尔的"自我意识"哲学（鲍威尔的"自我意识"实质上就是黑格尔哲学所谓的"绝对精神"或"绝对理念"）来为伊壁鸠鲁的"原子偏斜"学说辩解，把原子在空中可自动偏离直线的偏斜运动理解为原子具有精神性的"自由意志"和"自我意识"的表现。在我国哲学界，研究马克思哲学思想的学者们大多对马克思的上述理论作了肯定的评价，认为它摆脱了德谟克里特原子唯物主义的机械论。我认为这种评价不是实事求是的，甚至是非科学的。马克思当时只不过是一位年仅二十出头的大学生，是以布鲁诺·鲍威尔为代表的青年黑格尔派的一个成员，在哲学上深受布鲁诺·

鲍威尔所解释的黑格尔哲学的影响。他对原子具有"自我意识"或"自由意志"而进行"偏斜"运动的说法，显然是他当时还沉浸在鲍威尔自我意识哲学的阴影之下的表现，与当时自然科学（特别是物理学）已经达到的水平和作出的结论是违背的。用精神性的"自由"和"自我意识"去解释物理现象，从任何角度看都是非科学的。我们今天绝不能因为这种说法是马克思说的就曲为之辩。博士论文的题目是《论德谟克里特的自然哲学与伊壁鸠鲁的自然哲学的差别》，而古希腊原子唯物主义学派两大哲学家的主要"差别"就集中表现在前者否认原子的偏斜运动而后者承认它。就此而论，马克思《博士论文》的立论是失之偏颇的，这只不过表明他在哲学上尚未成熟。但我们在今天回顾马克思的《博士论文》时，对他对伊壁鸠鲁哲学的辩解也需要更多的同情和更全面的理解。马克思之所以用布鲁诺·鲍威尔的自我意识哲学为伊壁鸠鲁的原子偏斜运动作辩护，那是因为鲍威尔的自我意识哲学在当时青年黑格尔派的宗教批判运动中，把基督教圣经记载的一切福音神话解释为神话编造者的一种"自我意识"的虚构，这就瓦解了耶稣其人和耶稣创造神迹的神话故事的历史真实性，从而从根本上破坏了基督教的基础。鲍威尔的自我意识哲学成了当时宗教批判运动获得胜利的理论旗帜。马克思作为青年黑格尔派宗教批判运动的主要成员，接受了鲍威尔的"自我意识"概念，并以之来解释伊壁鸠鲁的自然哲学，是当时的思想条件所决定的，是历史的产物，我们今天应作历史的理解。

《博士论文》的"附录"更以一种直接的形式，反驳古罗马时代的希腊思想家普罗塔克关于灵魂不灭的神学思想和对神灵存在的论证，以此来捍卫伊壁鸠鲁的反宗教的启蒙哲学。按照普罗塔克的说法，由于伊壁鸠鲁把破除神的惩罚和对死后地狱的恐惧，从而达到精神的宁静、自由和快乐联系起来，将会导致社会大众轻视社会的美德，不去作有利于社会的有价值的积极活动，甚至会使人产生更深的恐惧。他认为，"庸众虽说也害怕死后的生活，却被神话激起对于不朽的希望和对于生存的热情的渴望，这种在一切形式中最古老的和最有力的爱充满了一种欢乐和兴奋，以至压制住了这种幼稚的恐惧。那些丧亡了儿女、夫妇和朋友的人们总宁愿他们的亲人存在或居留在某个地方即使在苦难中间，而不是完全死灭、被消灭和变为乌有。因此当一谈到死者的时候，他们总乐意听到，死者移居到另外一个世界，或者改变了自己的住处，以及其他类似的说话。根据这些说法，死亡被表明不是消灭而是灵魂改变其居住的住所。……当他们听说死者：'死灭了'、'消灭了'、'完全没有了'时，他们便恐惧起来。这种恐惧更会加剧，如果有人说：'我们，人，只生一次，任何人也不能生两次'……于是他们便认为现世生活和永恒比较起来只有很小的意义，或者更正确点说，认为现世生活没有任何意义，他们苟且偷安，不好好地生活下去；由于自己的胆小，他们轻视美德和积极的活动，并且轻视他们自己，认为自己的生命是短促的，不稳固的，不能够作出什么有价值的事情的"[①]。马克思卑视这种仅仅诉诸庸众的感情而毫无哲学理性的说辞。认为这不过是"用情感的假象在它周围投射下一圈高华的光彩"[②]。更进一步，这种"感情的假象"也不符合于"经验"事实，而只不过是存在于人意愿中的主观"意识"而已。马克思指出：

> 这样（意指普罗塔克的说法），谁若是失去了老婆和孩子，总是愿意他们仍旧在一个什么地方，不管那地方多坏，也不愿意他们就完全终止存在。假如光是谈到爱的话，那末个人的老婆和孩子就最纯洁地保留在他们的心里，这是一种比经验的存在高得多的存在。但是事情却不同，既然个人本身只是经验的存在，那末属于个人的老婆和孩子也仅仅是在经验中存在的老婆和孩子。他宁愿知道他们在感情空间中任何地方存在着，尽管这地方很坏，也不情愿什么地方也不存在，这也不过是说个人愿意有他自己经验存在的意识而已。[③]

马克思的意思是说，人当然希望自己和亲人存在，但这种人所希望的存在必须是"经验的存在"，即存在于一个"感性空间"之中，而普罗塔克所谓的死后灵魂的永恒存在，却完全是不可感知、不能经验的虚

---

① 马克思：《博士论文》，人民出版社 1973 年版，第 56 页。
② 同上书，第 51 页。
③ 同上。

无，不过是个人"感情的假象"，是主观的"意识"形式，实际上是没有客观存在的"非存在"。

普罗塔克把人的道德意识和道德行为建立在对神的敬畏感的基础之上："因为敬畏他［神］，把他当作一个以善意对待善人，而对恶人取严厉态度的统治者。由于对神有了这样一种畏惧，就使他们摆脱许多忧虑，拒绝作不公正的事；［并相信］他们的罪恶可以逐渐得到制裁，因此他们感到的精神痛苦要少于那些放纵情欲又敢于［作出残暴罪行］，后来则因受到良心的责难感到恐惧和悔恨的人。"① 这种神学的老生常谈，正是伊壁鸠鲁哲学强烈反对的主题。把人的道德行为与对神的敬畏和对神灵制裁的恐怖感联系在一起，在伊壁鸠鲁看来，这会使人终日陷于恐怖之中，这实际是最不道德的。马克思引用了霍尔巴赫《自然的体系》的论述对普罗塔克进行了有力的批判：

> 关于这些如此强大的力量的观念［神］永远是和恐惧的观念相联合的；这些强大力量名字永远令人回想起他们自己的灾难或者他们的祖先的灾难。在它们面前，我们发抖，因为千百年以前我们的祖先曾经发抖。神的观念总是在我们这里引起悲惨的想法。……就是现在每当我们一听到神的名字时，恐惧和忧郁的思想就立即涌上心来。②

> 把道德建筑在神的很小的道德特性上，不把神同行为的始终不渝区别开，人再也不知道应该作什么——无论在他对于神的义务的问题上，在他自己对自己的义务的问题上，在他对于他人的义务的问题上。因此最危险不过的事情莫过于去劝人，说存在着一种超人的力量，在这个力量面前，人们应该让理性停止活动，并且，如果你想要获得幸福的话，为了这个力量就必须牺牲现在地上的一切东西。③

---

① 转引自马克思《博士论文》，第92页。
② 同上书，第91页。
③ 同上。

　　马克思把霍尔巴赫的论述摘引在《博士论文》的"附录"中，并与普罗塔克的论述直接对立起来。这是理性的哲学分析与非理性的神学呓语的对立。在伊壁鸠鲁、霍尔巴赫的哲学分析面前，普罗塔克的神学呓语是不值一提的。马克思在《博士论文》中除引用了双方的论述外，自己未置一词，实际上他也无须多说什么了。

　　在《博士论文·附录》的最后，马克思分析了传统基督教神学的"本体论证明"。他一针见血地指出：上帝存在的证明或者不外是空洞的同语反复。比如，本体论证明不外是说："凡是我真实地表象的东西，对于我就是一个真实的表象。"上帝的证明或者不外是对于本质的人的自我意识的存在的证明，自我意识的存在的逻辑说明。例如，本体论的证明。试问：当我们思索它的时候，什么存在是直接的，回答只能说：自我意识。在这个意义下，一切对于上帝存在的证明都是证明上帝的不存在，都是对一切关于上帝的观念的驳斥。

　　在西方宗教学说史上，自从安瑟伦提出关于上帝存在的"本体论证明"以来，神学家对它的辩护或提出的新的论证，无神论哲学家和启蒙思想家对神学的批判，已经反复多次了。马克思在这个问题上有自己的特点：他从逻辑上把本体论证明归结为"同语反复"，从哲学上把宗教家关于神的表象归结为他们的"自我意识"，并在最终得出了他的结论："一切对于上帝存在的证明，都是证明上帝的不存在。"

　　在马克思当时的哲学观念里，已把宗教视为哲学的对立物，哲学是绝对自由的，而宗教则是上帝的奴仆。因此，哲学"反对一切天上和地下的神灵"：

　　　　哲学，只要它还有一滴血在它征服世界的、绝对自由的心脏中跳动着，它将永远像伊壁鸠鲁那样向着反对者叫道："那摈弃群氓的神灵的人，不是不诚实的，反之，那同意群氓关于神灵的意见的人才是不诚实的。"哲学并不掩藏这一点。普罗米修斯自己承认道：说句真话，我痛恨所有的神灵。这是他的自由，他自己的格言，借以表示他反对一切天上的和地下的神灵，因为这些神灵不承认人的自我意识，因为这些神灵不承认人的自我意识具有最高的神性，不应该有任何神灵同人的自我意识并列。①

　　马克思要求哲学应该发扬普罗米修斯的殉道者精神，宁肯被缚在岩石上，也不愿作宙斯（泛指众神和宗教）的忠顺奴仆。这段写在《博士论文》序言中的话，集中体现了马克思在青年黑格尔派宗教批判运动时代强烈反对一切宗教的战斗精神，体现了马克思《博士论文》的基本意图。严格说来，启蒙无神论的"战斗性"并不完全等同于它在理论上的"科学性"。马克思当时的局限性主要在于他在哲学世界观上尚处于成长时期。在他的学生时代，黑格尔哲学已被认之为国家哲学。黑格尔奉之为神圣的"绝对理性"、"绝对精神"，事实上成为马克思进行哲学思考、判断是非的准则。马克思参加青年黑格尔派宗教批判运动时又深受布鲁诺·鲍威尔"自我意识"哲学的影响，这就使他的《博士论文》使用了"自我意识"、"自由"这类黑格尔—鲍威尔哲学概念来解释伊壁鸠鲁的原子偏斜运动。马克思反对宗教和迷信，这是因为他认为这些东西违反了人的理性；他反对一切神灵，这是因为他当时还认为人的"自我意识"（黑格尔"绝对理性"的表现）才是最高的"神性"，在"自我意识"之外，没有任何神灵可与之并列。绝对理性主义的启蒙无神论抬高了理性的权威，但如果不把"理性"建立在唯物主义基础之上，就会不可避免地把这种权威用之过度，把"理性"变成了神圣物。这会在哲学上为宗教留下生存的空间。反对一切宗教和一切神灵的战斗无神论口号，无论喊得多么激越高亢，也不能弥补哲学上的漏隙。对于青年时代的马克思也不例外。只是由于费尔巴哈《基督教的本质》的问世，在费尔巴哈人本主义唯物论的启发之下，才使马克思抛弃黑格尔—鲍威尔的唯心主义哲学，逐步发展为作为马克思主义哲学的辩证唯物主义和历史唯物主义，青年时代的理性主义启蒙宗教观才建立在新的哲学基础上，走向新的境界。
　　在青年黑格尔派时期，恩格斯更是以一个革命青年所特有的激情参加批判宗教神学的斗争。马克思从青年时代起就表现出大思想家的特点。他的思想和文字总是展现为深邃的思想、冷静的理性、严峻的评

――――――――
　　①　马克思：《博士论文》，第 2—3 页。

论、严谨的格言式的文风。与马克思比起来，恩格斯作为大思想家有着属于自己的思想特色，他性格活泼、热情洋溢、思想敏锐，在深刻的理性思想的基础上有引人入胜的激情。这种不同的思想风格，在他们于青年黑格尔派时期写下的文字中就可清楚地体会到。恩格斯这一时期有关宗教问题的文章主要是：《乌培河谷来信》(1839)。

《乌培河谷来信》于 1839 年 3—4 月发表在《德意志电讯》上。此文对该地区工人群众的悲惨生活作了深刻的描述，清晰地表明恩格斯已对当时的社会采取了批判的态度。值得我们注意的是，恩格斯把这种社会的不幸与宗教虔诚主义对工人的毒害紧紧地联系起来。他已看到，正是对宗教的虔诚信仰使工厂主放心大胆地去压榨工人的血汗，使工人在精神上麻木不仁，看不到自己身遭不幸的根源，从而加强了工厂主对工人的压迫和剥削："特别是乌培河谷的工厂工人，普遍处于可怕的贫困境地；梅毒和肺部疾病蔓延到难以置信的地步；光是爱北斐特一个地方，2500 个学龄儿童就有 1200 人不能上学，而是在工厂里长大的——这只是便于厂主雇用童工而不再拿双倍的钱来雇用被童工代替的成年工人。但是大腹便便的厂主们的良心是轻松愉快的，虔诚派教徒的灵魂还不致因为一个儿童如何衰弱而下地狱，假如这个灵魂每个礼拜日到教堂去上两次，那就更没有事了。因为我们知道，厂主中间对待工人最坏的就是虔诚派教徒。他们千方百计降低工人的工资"，"在下层等级中间，神秘主义主要是流行在手艺人中间……当你在街上看到一个人驼着背，穿着过长的上衣，留着虔诚派流行式样的分发，你会感到这是一幅多么悲惨的景象……一个师傅坐在那里，右边摆着一本圣经，左边——至少经常是——放着一瓶烧酒。在那里，工作是不会妨碍他的。他几乎总是在念圣经，时而喝上一盅，偶而也跟帮工一起唱圣歌……"① 这篇文章在巴门和爱北斐特引起了很大注意，被刺痛的旧势力维护者们对之大声谴责。恩格斯则予以答辩。从宗教理论方面来看，这篇文章的特殊意义就在于恩格斯当时就已经敏锐地把传统宗教视为维护剥削制度的工具。这一观点在恩格斯 1839 年 10 月 29 日致友人格雷培的一封信里说得更为清楚："金钱贵族靠牺牲贫民而享有免税特权，力求建立一成不变的

---

① 《马克思恩格斯全集》第 1 卷，第 498—499 页。

专制统治；而达到这个目的的手段则是：政治机构的镇压，使大多数人民处于愚昧无知的状态，利用宗教……"① 在恩格斯看来，宗教和政治机构一样，都是金钱贵族用来维护专制统治的武器。可以认为，青年恩格斯对于后来发展而出的历史唯物论关于阶级与阶级斗争的学说有一种非常早熟的觉悟。正是如此，他才在几年后成了马克思终身的战友，共同创建了历史唯物论和科学社会主义。

①　转引自科尔纽《马克思恩格斯传》第一卷，第 231 页。

第 四 章

马克思主义历史唯物主义宗教观的形成

马克思和恩格斯虽然积极热情地参加了青年黑格尔派的宗教批判运动，并留下自己的一些论著，但他们停留在青年黑格尔派的哲学—宗教理论水平上的时间都相当短暂。他们是极富创造性理论思维的青年，是哲学上罕见的天才。

黑格尔哲学内在的局限性和政治上的保守方面（鲍威尔代表的青年黑格尔派哲学在内）并不能满足马克思、恩格斯这种具有革命家气质的天才人物的精神追求，更不能限制和窒息他们对哲学和宗教问题上的进一步探索。如果说，青年黑格尔派的哲学和宗教批判理论是一只啼破愚昧信仰、唤醒启蒙黎明的德意志雄鸡，那么，马克思和恩格斯则是虽然暂时与雄鸡为伍，但却随时准备展翅翱翔天空的"苍鹰"。当时的德国处于社会急剧变化，启蒙思潮不断升华的时代，新的思想、新的哲学体系不断推陈出新，马克思、恩格斯这两只思想之鹰展翅高飞的时机很快就降临到他们的面前。

1841年，费尔巴哈第一个从黑格尔唯心主义哲学体系中冲决出来，发表了他的惊世之作《基督教的本质》。这在欧洲和德国的思想史（特别是宗教学说史）上，应该算是一件具有重大历史意义的事件。它标志着德国青年黑格尔派发动的宗教批判运动已从黑格尔唯心主义哲学转到唯物主义哲学的基础之上。其最为特殊的影响和意义就在于它对马克思和恩格斯在哲学和宗教观方面所起的思想解放作用，构成他们从黑格尔唯心主义哲学转向唯物主义的桥梁。恩格斯后来以一种充满激情的语调承认这一历史事实："这部书的解放作用，只有亲身体验过的人才能想象得到。那时大家都很兴奋：我们一时都成为费尔巴哈派了。马克思曾经怎样热烈地欢迎这种新观点，而这种新观点又是如何强烈地影响了他（尽管还有批判性的保留意见），这可以从《神圣家族》中看出来。"① 马克思在《基督教的本质》出版之后（1841 年 7 月）就对它进行了认真的阅读和研究，并计划在开始写作的一篇题为《论宗教与艺术》的论文中对费尔巴哈的宗教哲学作出自己的评论。他当时在写给青年黑格尔派中另一位骨干成员卢格的一封信中谈到了他对费尔巴哈的基本态度："在这篇论文里，我不免要谈到宗教的一般本质。在这个问题上，我同费尔巴哈有些争论，这个争论不涉及原则，而是涉及对它的理解。不管怎样，宗教是不会从这里占到什么便宜的。"② 可见当时的马克思虽然在宗教本质问题上与费尔巴哈有不同的理解，但在"原则"上是一致的，是接受费尔巴哈的基本观念的。

那么，费尔巴哈《基督教的本质》所蕴含和表达的基本观念究竟是什么？马克思申明与之一致的"原则"，其基本意义在马克思心中是如何理解的呢？毫无疑义，这就是费尔巴哈所阐发的人本学唯物主义。费尔巴哈人本学唯物主义的基本原则就是认为黑格尔唯心主义哲学所谓的创造一切的"绝对理念"或"绝对精神"、施特劳斯所谓的创造基督教救世主救世神话的"观念"或"实体"以及鲍威尔所谓的编造此类救世神话故事的"自我意识"，其实都不是独立于人之外的客观实体。一切观念、自我意识、绝对理念都只能是人的观念或意识，没有人就没有人的观念或人的意识。人是主体、主词，观念或意识则是宾词。而人，就是与一切自然之物一样的自然物，是平凡的世俗之人。黑格尔哲学和施特劳斯、鲍威尔的根本错误就是他们把人与观念（意识）的关系弄颠倒了。因此，基督教福音书中所载的一切救世主福音神话故事的创造者，既不是施特劳斯的"观念"或"实体"，也不是鲍威尔所谓的"自我意识"，总之，不是黑格尔唯心主义哲学所谓的"绝对观念"，而是具有观念和自我意识的人。这样一来，被黑格尔、施特劳斯、鲍威尔等人弄颠

---

① 恩格斯：《路德维希·费尔巴哈和德国古典哲学的终结》，见《马克思恩格斯选集》第 4 卷，第 218 页。

② 《马克思恩格斯早期著作选》，1956 年俄文版，第 244 页。转引自科尔纽《马克思恩格斯传》，生活·读书·新知三联书店 1963 年版，第 340 页。

倒了的人与观念的关系便被费尔巴哈再颠倒了过来。不是客观的精神实
体或主观的自我意识创造宗教，而是作为自然之物的人创造宗教。由于
这种哲学上的颠倒，青年黑格尔派所发动的宗教批判运动便从黑格尔唯
心主义的轨道上转向到费尔巴哈的人本学唯物主义的道路上来。马克思
所说的他与费尔巴哈在"原则"是一致的那个"原则"，应该说指的就
是费尔巴哈关于人与观念的关系的唯物主义原则。正是这个原则把马克
思和恩格斯在哲学世界观上，从黑格尔哲学唯心主义转向唯物主义。这
种哲学的转向，使马、恩重新审视他们与青年黑格尔派及其所发动的宗
教批判运动的关系。他们不仅用唯物主义的哲学世界观重新审视宗教世
界的本质，还用它来审视费尔巴哈人本主义哲学推崇为创造宗教的
"人"和由人组成的社会及其历史的本质。马克思、恩格斯通过费尔巴
哈的人本学唯物主义大踏步前进，创建了标志马克思主义整个思想体系
之基础的哲学世界观——辩证唯物主义和历史唯物主义。他们思想批判
之剑的指向，也就是从宗教批判转向到人类社会的批判，从对神的批判
转向到对"人"的批判，从对天国的批判转向到对社会的、政治的、法
的批判。由于这种"转向"，马克思、恩格斯在政治上也就从激进的民
主主义转变为社会主义和共产主义。这个转变和发展过程大体上是发生
在 1841 年到 1847 年间。为了比较清晰地说明这一发展过程的情况，笔
者认为可以划分为两个阶段。

　　第一阶段：从 1841 年到 1844 年，以马克思在《莱茵报》和《德法
年鉴》中发表的论著与恩格斯的《乌培河谷来信》和在英国考察社会状
况时所写的论著为标志，可称为马、恩世界观的转变时期（本书第四
章）；

　　第二阶段：从 1844 年到 1847 年，以马、恩合写的《神圣家族》、
《德意志意识形态》、《共产党宣言》为标志，可称为马克思主义思想体
系（包括宗教观）的基本完成阶段（本书第五章）。

　　本书的主题不是全面论述整个马克思主义思想体系的形成，只打算
探索马、恩的宗教观在这两个阶段的形成和发展过程，并力图说明马、
恩宗教观的发展在整个马克思主义思想体系形成和发展中的作用与
意义。

第一节　《莱茵报》时期的马克思

在费尔巴哈人本学唯物主义的影响下，马克思逐渐与青年黑格尔派的思辨哲学拉开距离，从纯思辨性的宗教批判逐步转向社会政治的批判。当然，我们必须也要看到一个事实：在普鲁士德国，自威廉四世即位以来，他就开始封堵过去曾给知识界某些自由主义幻想的道路，日益走向剥夺言论自由的专制主义。他杀向自由主义思潮的第一刀就是指向青年黑格尔派。施特劳斯、鲍威尔、费尔巴哈都先后被剥夺大学的教职，从大学的讲坛上赶下台来。这种政治上的迫害迫使青年黑格尔派的思想领袖们加强自己的反抗，并在政治上日益走向激进化。其中，布鲁诺·鲍威尔的反抗更为激进。他的批判之剑不仅攻击基督教，认为基督教应对普鲁士国家不愿采取自由主义方针负责，而且更进一步批判日益反动的基督教国家本身。马克思也走向了从宗教批判到社会政治批判之路。

由于马克思立志从思辨性的宗教批判转向社会政治批判，大约从1842年4月中旬起，他开始与《莱茵报》合作。那时，鲍威尔一度担负起了该报的领导责任。青年黑格尔派的主要成员布·鲍威尔、马克思、恩格斯、赫斯、梅因、鲁登堡、布尔、施蒂纳、科本、瑙威尔克、普罗茨等人都成了《莱茵报》的撰稿人，对政府的反动倾向进行斗争。马克思以很高的政治激情撰写论文参加到这场斗争中来。当时，马克思的主要注意力已逐渐转向社会政治问题。他撰写的政论文章，主要内容是反对普鲁士专制制度，争取人民的民主权利和言论自由。但是，由于普鲁士专制制度的精神支柱乃是传统的基督教，马克思当时的政论文章也不可避免地涉及宗教问题。

1841年12月，普鲁士政府颁布了书报检查制度，其中的一项重要的内容就是："凡与宗教的一般原则相违背的事物一概不许存在，不管个别宗教党派和国内允许存在的宗教党派的见解和教义如何。"① 检查令还对此作了进一步的限制性解释："凡以轻佻的、敌对的方式反对一

---

①　参见《马克思恩格斯全集》第 1 卷，第 11 页。

般的基督教或某一教理的行为，均不应容忍。"① 这实际上是根本反对针对宗教的任何批判。马克思在 1842 年 1—2 月写了《评普鲁士最近的书报检查令》一文。② 马克思尖锐地指出，检查令这一规定的实质在于："对于宗教，既不能用敌对的方式去攻击，也不能用轻佻的方式去攻击，既不能一般地去攻击，也不能个别地去攻击，也就是说，根本不许可去攻击。"③ 这道法令的基本精神乃是把国家的政治法律原则和基督教的宗教原则混在一起，"这就是说，要宣布宗教信条的独特内容是国家的决定因素，也就是说，要使**宗教的特殊本质**成为**国家的准则**"④。法律制定者的目的是企图把普鲁士建成为 "一个基督教国家"，把基督教视为对他们 "自己的专横和对政治的英明的崇拜"。⑤ 在马克思看来，政治原则与宗教原则是不能混为一谈的。"国家应该是政治和法的理性的实现"⑥，不能建立在任何宗教原则之上。

马克思在这篇论文中，除了把宗教与政治和国家严格区分之外，还反对把道德视为宗教的一种附属物。论文中有一段精辟的论述：

> 道地的基督教立法者**不能承认道德**是一种本身神圣的独立范畴，因为他们把道德的内在的普遍本质说成是宗教的一种附属物。独立的道德要侮辱宗教的普遍原则，宗教的特殊概念则和道德相抵触。道德只承认自己普遍的和理性的宗教，宗教则只承认自己特殊的和现实的道德。因此，根据这一检查令，书报检查应该排斥像康德、费希特和斯宾诺莎这样一些道德领域内的思想巨人，因为他们不信仰宗教，并且要侮辱礼仪、习尚和外表礼貌。所有这些道德家都是从道德与宗教之间的根本矛盾出发的，因为**道德**的基础是人类精神的**自律**，而**宗教**的基础则是人类精神的**他律**。书报检查制度所

---

① 参见《马克思恩格斯全集》第 1 卷，第 12 页。

② 这篇文章虽然写作于马克思在《莱茵报》时期，但当时并未在德国发表，而是直到 1843 年 2 月马克思已辞去《莱茵报》主编之职后，才在瑞士发表的。载于卢格主编的《德国现代哲学和政论界轶文集》中。

③ 《马克思恩格斯全集》第 1 卷，第 13 页。

④ 同上。

⑤ 同上书，第 15 页。

⑥ 同上书，第 14 页。

进行的令人讨厌的革新，一方面表现为它的道德良心的减弱，另一
方面则表现为它的宗教良心异常严峻和强化……①

　　马克思这段文字的重要之点，在于它从哲理上分析了宗教与道德的
本质与基础，从而从根本上对宗教与道德作出严格的区分。这集中体现
在马克思的如下论断上："道德的基础是人类精神的自律，而宗教的基
础则是人类精神的他律。"这就是说，所谓"道德"，乃是人类的道德良
心对于自身的行为作出的自我规范，是人类精神对自身行为是否符合于
道德准则作出道德判断，在此基础上付之于道德实践；宗教则不同，其
基础在于它信仰和崇拜一个（或诸个）外在于人类精神的"上帝"或
"诸神"，神的天命和启示成了人类行为是非善恶的准则，人类是否实践
道德准则，不是出于道德良心的"自律"，而是出于对神命的敬畏，因
此，宗教不但不是道德的"基础"，反倒造成了人类的道德良心的减弱
和衰颓。
　　马克思的《评普鲁士最近的书报检查令》本是一篇讨论社会政治问
题的政治性文章，并不是专论宗教问题的论文。但它涉及两个重要的宗
教问题：一是宗教与国家和政治的关系问题；二是宗教与道德的关系问
题。在第一个问题上，马克思尖锐地指出，"国家应该是政治和法的理
性的表现"，决不能把宗教的特殊本质视为国家的准则；反对把普鲁士
变成为"基督教国家"；在第二个问题上，马克思认为，道德与宗教各
有自己的不同的基础与本质，决不能把道德视为宗教的附属物，把道德
建立在宗教的基础之上，只会削弱人类的道德良心对自身行为的"自
律"，造成人类道德良心的衰颓。当我们审读马克思的这些论述时，我
们不会不注意到，所谓"国家应该是政治和法的理性的表现"，实质上
是黑格尔唯心主义的法哲学观念；所谓"道德是人类精神的自律"，则
是康德道德哲学的理念，这说明，马克思在 1842 年写这篇文章时，他
的哲学世界观仍然停留在康德、黑格尔唯心主义的哲学基础之上。但
是，尽管如此，康德的道德哲学和黑格尔的法哲学仍然是富有深意的，
具有反传统宗教、反封建专制主义的进步意义。马克思把它们用之对普

---

　　① 《马克思恩格斯全集》第 1 卷，第 15 页。

鲁士书报检查令的批判，说明马克思已开始从青年黑格尔派的思辨性的宗教批判走向对现实政治法律制度的批判。这是马克思在理论上和实践上的演变和发展。马克思已开始探寻自己今后应走的道路。

1842 年 10 月至 1843 年 3 月，马克思担任了《莱茵报》的主编。在当时的德国，《莱茵报》是一家代表资产阶级自由派的报纸。报纸的性质决定马克思作为主编有机会广泛地接触社会生活的各个方面：政治问题、社会问题、民生问题、经济问题……相比之下，马克思和青年黑格尔过去最为关心的宗教批判问题越来越显得次要了。马克思很想把《莱茵报》办成一家反对普鲁士德国的封建专制社会的自由派言论阵地，批判封建专制制度统治下社会政治生活在各个方面的不合理性，以期把德国变成为一个"合乎理性"的国家。这段时期，马克思发表的政论文章都集中在这些方面。

尽管如此，在马克思的这些政论文章中仍然渗透着他关于宗教的观点和理论，而且我们可从这些宗教理论中看到马克思观察宗教问题的新的视角，以此探索马克思宗教观的发展轨迹。1842 年，有一个拥护普鲁士反动政府的书报检查令、反对言论自由的反动政论家海尔梅斯担任了《科伦日报》的政治编辑。他在此报上发表了一些猛烈攻击马克思主编的《莱茵报》的社论。其中，充满了对"莱茵报"所发表的充满青年黑格尔派的哲学思想和宗教批判思想精神的文章的仇恨。用马克思的话讲，那实质上是向普鲁士政府呈奉的对青年黑格尔派的宗教哲学的"政治告密信"。马克思被激怒了，写出了《第 179 号"科伦日报"社论》一文，发表在《莱茵报》上对海尔梅斯予以反击。论文的主旨就是捍卫人民有思想和言论的自由，报纸有发表哲学思想、进行宗教批判的权利。马克思一针见血地揭露说，海尔梅斯的"社论"的目的无非是"要在有关宗教的方面重新加强书报检查，要采取新的警察措施来对付刚刚能自由呼吸的刊物"[①]。因为海尔梅斯竟然责难普鲁士的书报检查官，说什么"据我们看来，国家应该受到责备的地方，倒不是它过分严格，而是过于软弱"。他还说："这种软弱的一贯表现是：无论是在报纸上或是其他非专供少数学者所用的出版物上，都允许最新哲学派别无理地攻

---

① 马克思：《第 179 号"科伦日报"社论》，《马克思恩格斯全集》第 1 卷，第 110 页。

击基督教。"① 这不是要求政府的书报检查官对马克思主编的《莱茵报》
采取更严厉的警察措施又是什么？海尔梅斯不允许"最新哲学派别无理
地攻击基督教"，其攻击的对象显然是针对青年黑格尔派的宗教批判运
动。因此，马克思的反击文章，除了揭露海尔梅斯充当了反动政府的
"政治告密者"的无耻角色以外，也不能不对海尔梅斯本人的"宗教哲
学"谬论进行理论上的评论。在评论上，马克思阐发了他自己对一些具
有重要理论意义的观点。集中起来主要有三：

第一，宗教不是国家和历史的动因。

按照海尔梅斯的说法，

> 宗教是国家的基础，是任何非只为达到外部目的而组成的社会
> 团体所最必要的条件。

> 凡具有高度历史意义的民族，其人民生活的兴盛时期是随其宗
> 教意识高度发展的时期而来的，其威力衰落的时期是随其宗教生活
> 衰落的时期而来的。②

如此说来，宗教的盛衰是国家和民族的内在原因。要想使德意志民
族和德国兴盛发达起来，便只有使基督教兴旺发达，而不是像青年黑格
尔派那样搞什么宗教批判运动了。对这种荒唐的言论，马克思除了在政
治上给予鄙视以外，更着重于在理论上和历史事实上予以驳斥。马克思
指出，海尔梅斯的论调"完全颠倒历史"。希腊和罗马恰巧就是古代世
界多民族中历史发展程度最高的国家。古希腊内部极盛时期是伯利克里
时代，外部极盛时期是亚历山大时代。在伯利克里时代，论辩学派（智
者派）、称得上哲学之化身的苏格拉底、艺术以及修辞学等排斥了宗教。
而亚历山大时代就是既否认"个人"精神的永恒不灭，又否认当代各种
宗教之神的亚里士多德的时代。罗马的情形则更是如此。伊壁鸠鲁、斯
多葛派或者怀疑论者的哲学学说，正是在罗马的极盛时期才成为有教养
的罗马人的信仰的。这些客观存在的历史事实告诉我们：

---

① 马克思：《第179号"科伦日报"社论》，《马克思恩格斯全集》第1卷，第110页。
② 见《马克思恩格斯全集》第1卷，第112、113页。

　　古代国家的宗教随着古代国家的灭亡而消亡，这用不着特别的说明，因为古代国家的"真正宗教"就是崇拜它们自己的"民族"，它们的"国家"。不是古代宗教的毁灭引起古代国家的毁灭，相反地，正是古代国家的毁灭才引起了古代宗教的毁灭。①

　　研究马克思宗教理论的学者们应该从上述论述中注意到马克思这段理论论述的一个重要论点：他在把被海尔梅斯弄颠倒的"宗教与国家（民族）"的关系颠倒了过来的时候，表达了一个新的观念：世俗的东西（国家或民族）才是神圣的东西（宗教）的基础，而不是相反。马克思已经把宗教的基础视为世俗的存在。这是在宗教基础问题上，从唯心史观向唯物史观前进了一大步。当然这还不是他后来发展而出的真正的唯物史观。因为无论是国家，还是民族，都还有其存在的社会基础，那就是社会的经济关系。而马克思在批判海尔梅斯时还没有走到这一步。他还把"国家"视为"理性"的体现，仍停留在黑格尔理性唯心主义的旧哲学的圈子里打转。如何突破黑格尔唯心主义哲学的束缚，分析国家和民族赖以形成的经济基础和阶级构成，最终揭示宗教的社会本质和发展的真正动因，已成为马克思哲学世界观和宗教观的进一步前进的任务。
　　第二，科学、哲学与宗教是对立的。
　　海尔梅斯企图使科学服务于宗教，把哲学变成神学的婢女的观点，尤其使马克思不能容忍。按照海尔梅斯的说法："科学研究最大的结果一向都只为证实基督教的真理而服务。"② 而且，一切哲学都应该为论证基督教的真理服务。他武断地断言，一切科学和哲学的研究，只要"弄清了它所取得的成果的内容，那它就决不会同基督教的真理发生矛盾"③。马克思尖锐地讽刺道，海尔梅斯对"基督教真理"的这种坚信似乎并不像他口头上说的那么强硬，那么自信，因为他并不"轻视警察的帮助"。这种宗教理性的"真理"显然与科学理性和哲学理性的真理

---

① 《马克思恩格斯全集》第 1 卷，第 114 页。
② 同上。
③ 同上书，第 115 页。

不是一回事。他指出，哲学与宗教，神学研究的世俗理性与宗教理性的对立，这甚至是新教神学家也不能不承认的历史事实。除了强使科学融化于宗教，没有任何别的办法来证明科学结论和宗教结论的一致性。基督教只有信赖强制手段，依靠警察的帮助才能维持信仰的地位。哲学是理性的，宗教则是非理性的；宗教不仅仅是反对哲学的一定体系，而且是根本反对一切体系的哲学。因此，二者在各方面都是对立的：

> 哲学谈论宗教问题和哲学问题和你们（指海尔梅斯之流）不一样。你们没有经过研究就谈论这些问题，而哲学是在研究之后才谈论的；你们求助于感觉，哲学则求助于理性；你们是在咒骂，哲学是在教导；你们许诺人们天堂和人间，哲学只许诺真理；你们要求人们信仰你们的信仰，哲学并不要求人们信仰它的结论，而只要求检验疑团；你们在恐吓，哲学在安慰。的确，哲学非常懂得生活，它知道，自己的结论无论对天堂的或人间的贪求享受和利己主义，都不会纵容姑息。而为了真理和知识而热爱真理和知识的公众，是善于同那些不学无术、卑躬屈节、毫无节操和卖身求荣的文丐来较量智力和德行的。①

在这里，马克思站在理性主义启蒙思想的立场对无神论哲学作了热情的歌颂，对宗教信仰主义、蒙昧主义进行了尖锐的谴责。这段话的真意实际上是对德国哲学、特别是对青年黑格尔们的宗教批判的热情肯定，以反击反动官方对它的围剿。

第三，反对宗教与国家的结合，反对建立"基督教国家"。

从中世纪到 19 世纪的普鲁士，官方和教会都坚持任何权力都是来源于上帝，主张君权神授。马克思当时作为一个歌颂理性、向往自由的革命民主派反对这种封建专制主义的神权政治，认为国家的权力和形式不应从基督教而应从人类社会的本质中引伸出来，把国家建立在自由理性的基础之上："基督徒生活在政治制度各不相同的国家里：有的在共和政体的国家，有的在君主专制的国家，有的在君主立宪的国家。基督

---

① 《马克思恩格斯全集》第 1 卷，第 123 页。

教并不评定国家形式的**价值**，因为它不懂得它们之间的差别，它像宗教
应该教导人们那样教导说：你们要服从权力，因为**任何权力**都是上帝赐
予的。因此，你们就不应该从基督教中，而应该从国家的本性、从国家
本身的实质中，也就是说，不是从基督教社会的本质，而是从人类社会
的本质中引伸出各种国家形式的法。"①

　　马克思尖锐批判海尔梅斯之流企图建立基督教国家，用国家的形式
联合基督徒实现教义的反动观点。他指出这种国家观念根本不符合现代
国家的精神。现代国家不是教徒的联合，而是自由人的联合；国家的任
务不是实现宗教教义，而是实现人的自由。马克思对海尔梅斯的上述批
判超出了宗教的范围而具有政治的意义，目的在于反对封建专制主义、
为实现民主主义而斗争。

　　马克思这两篇论文的宗教观着眼于从社会政治方面来批判宗教，这
是马克思的独到之处和深刻之点。但是总的说来，他这时的宗教观仍停
留在理性启蒙思想的水平。他要求发扬哲学的自由精神，但他的哲学仍
是属于黑格尔的唯心主义；他反对反动的"基督教国家"，而他所理解
的国家仍不过是自由理性的体现。历史观的唯心论明显地妨碍着马克思
的宗教观和整个世界观的继续发展，而这正是马克思思想进一步发展所
必须解决的课题。

　　马克思主编《莱茵报》（1842—1843），使他广泛地接触到社会政治
生活和经济生活的各个方面，促使他对社会政治生活的本质进行进一步
的思考和分析。例如，当时莱茵省议会关于林木盗窃问题和摩塞尔农民
状况的辩论，实际上都涉及不同阶级的物质利益。马克思作为报纸主编
必须对这些问题作出自己的回答。他站在革命民主主义的立场为"备受
压迫的贫苦群众"辩护。他从"林木盗窃法"把贫苦农民捡枯树枝的行
为也视为林木盗窃，看到了林木占有者与贫苦百姓的利益的根本对立，
认识到标榜普遍理性的国家和法律并不代表贫苦农民的利益。由于黑格
尔哲学把国家和法视为普遍理性和整个社会利益的体现，明显地与冷酷
的社会现实不相符合，这就引起马克思对黑格尔哲学（特别是法哲学）
的怀疑，促使他去研究经济。这是引导马克思逐步走向历史唯物主义的

―――――――――

①　《马克思恩格斯全集》第 1 卷，第 127 页。

"最新动因"。后来，马克思在他的重要著作《政治经济学批判》的《序言》中曾对这一重大的哲学思想转变过程作出了这样一段回忆性论述：

> 1842—1843 年间，我作为《莱茵报》的主编，第一次遇到要对所谓物质利益发表意见的难事。莱茵省议会关于林木盗窃和地产析分的讨论，当时的莱茵省总督冯·沙培尔先生就摩塞尔农民状况同《莱茵报》展开的官方论战，最后，关于自由贸易和保护关税的辩论，是促使我去研究经济问题的最初动因。①

恩格斯后来也在其回忆往事中，谈及马克思为何因此从纯政治研究转向经济研究，从而走向社会主义："我曾不止一次地听到马克思说，正是他对林木盗窃法和摩塞尔河地区农民处境的研究，推动他由纯政治转向研究经济关系，并从而走向社会主义。"②

随着对社会经济问题的研究，马克思的唯物史观开始萌芽并逐渐成型。在此基础上，马克思的宗教观的哲学基础也随之发生演变，他越来越自觉地从物质生产关系和社会阶级关系来分析研究宗教问题和其他社会政治问题。这种演变在他为卢格主编的《德法年鉴》所写的几篇论文中得到清楚而明确的表现。

马克思在主编《莱茵报》期间，由于他越来越重视社会经济和社会政治问题，他对过去青年黑格尔派时期那种热衷于宗教批判和无神论宣传的热情逐渐地趋于淡化。这样一来，他昔日那一批青年黑格尔派的战友们便对马克思的编报方针大为不满。由意见分歧发展为路线冲突，最终导致马克思和他们的决裂。这些自称为"自由人"的青年黑格尔派们力图趁马克思主编《莱茵报》之机把《莱茵报》办成为一个宣传无神论、进行宗教批判的阵地。因此他们不断寄来此类稿件，要求马克思予以发表。马克思则认为这类文章只会给书报检查官以口实，据此查封《莱茵报》。同时，马克思认为，由于青年黑格尔派的宗教批判已经得出了应有的结论，今后的方向应该着重社会政治批判。他在致友人的一封

---

① 《马克思恩格斯选集》第 2 卷，第 81—82 页。
② 《马克思恩格斯全集》第 39 卷，第 446 页。

信中写道：

> 我主张少发空论，少用好听的词句。少说自己的谀词，而要更具体地、更切实地处理现实问题，阐明那些问题的实际意义。……我也请求他们与其在宗教批判中来批判政治状况，不如在政治状况中来批判宗教，这是较适合于报纸的性质和教育大众的需要的，因为宗教本身是虚空的，它是产生于人间，并不是从天而降，它是那颠倒了的现实的理论表现，这种现实一旦解体，它本身就要消失无踪。最后，我告诉他们，倘若他们要讨论哲学，他们应该少卖弄些无神主义的观念（这使人想到故意高声大嚷不怕妖怪的孩子们），而多使人认识无神主义的意义。①

但是，"自由人"既不理解马克思力图维持《莱茵报》的苦心，也不理解马克思关于"与其在宗教批判中来批判政治，不如在政治状况中来批判宗教"、"少卖弄些无神主义"的理念，反而"傲慢地"教训马克思（这封批评马克思的信是"自由人"梅勇写的），要求他的《莱茵报》停止"模棱两可"，必须为"自由人"而承担起遭受政府压迫的责任。马克思不能忍受这种政治上十分幼稚而又傲气十足的责难，不得已而与"自由人"决裂，决定不再在《莱茵报》上发表他们的稿件。他在致卢格的一封信中表达了这种气愤而又无奈的心情："这一切都显示虚荣到可怕的程度。他们完全不能理解我们为要保存一个政治机关报才决定放弃那些除了自己人们闹着玩而外毫无用处的柏林气球……我们每天都必须忍受检查吏的挑剔，大臣们的信件，省长的牢骚，议会的怨言，股东的抗议，等等，而我必须坚守我的地位，不过因为我觉得尽其可能地打退那些暴君们的雄图是我的义务而已。你大概可以想像到那封信是激怒了我的；我曾经发了一封十分尖锐的信给梅勇。"②

尽管如此，普鲁士专制政府仍不能容忍马克思主持的《莱茵报》那种坚持言论自由、反对书报检查的民主自由主义，变本加厉地进行政治

---

① 弗·梅林：《马克思传》，生活·读书·新知三联书店1956年版，第52页。
② 同上书，第53页。

迫害。在查禁和取缔《莱茵报》的政治威胁下，马克思辞去了《莱茵报》总编的职务。

第二节　作为柏林大学旁听生的恩格斯

在马克思编《莱茵报》时期，恩格斯尚未结识这位未来的战友。1841 年 9 月，恩格斯再度离开他的故乡巴门，到柏林去服兵役，他在柏林所看到的是一种与他那政治上令人窒息的故乡完全不同的政治生活气息。这里有一种相对说来很有生气的精神生活，在某种意义上是各种进步团体和维护封建专制制度的党派直接对立和公开进行斗争的战场。特别是青年黑格尔派发动的宗教批判运动与传统宗教神学的斗争，更吸引了青年恩格斯的注意力。天性富有的思想激情和政治激情一下子就跃动起来，更趋激进。他很快就参加到青年黑格尔派战斗行列，成为其中最有战斗激情的战士。恩格斯经常到柏林大学听课。他在自己写的《一个大学旁听生的日记》中把当时的柏林大学称之为"思想斗争的战场"[①]。柏林大学的教师包括各种思想派别的代表人物，彼此之间经常进行激烈的思想论争。1841 年 4 月，哲学家谢林接受普鲁士政府的委托到柏林大学任教，他的任务就是反对当时在思想界占据支配地位的黑格尔哲学。直白地说，就是反对当时直接利用黑格尔哲学的积极方面来进行宗教批判的青年黑格尔派，用其为基督教神学服务的"启示哲学"反对青年黑格尔派的无神论宗教哲学。但是，谢林的讲学却遭受到惨重的失败。除了正统的神学家支持他以外，黑格尔哲学的两大派都对谢林嗤之以鼻。保守的老年黑格尔派认为他的启示哲学是非理性的、神秘主义的。青年黑格尔派则公开与谢林的启示哲学宣战，因为他们认为谢林不仅把基督教神秘化，为基督教辩护，而且否认历史进步的合理性和必要性。恩格斯站在青年黑格尔派反击谢林启示哲学的前列，在谢林登上柏林大学讲坛不过四个礼拜之后，恩格斯就于 1841 年 12 月发表了反对谢林的第一篇文章，题名为《谢林论黑格尔》。1842 年春，恩格斯又连

---

① 参见海因里希·格姆科夫《恩格斯传》，生活·读书·新知三联书店 1980 年版，第 43 页，下同。

续写作了《谢林与启示》和《谢林——基督的哲学家》两本小册子。

对于谢林对黑格尔和黑格尔哲学的攻击,恩格斯满怀愤怒的战斗激情予以批判。谢林公开反对黑格尔哲学的理性主义,企图以上帝启示神圣化的信仰主义来代替理性主义。他认为,对神的研究属于比理性更高的领域,即天启或启示领域。所以,谢林的"启示哲学"实质上就是神秘主义。恩格斯揭露谢林的哲学不过是企图把哲学再度贬低为"神学的奴婢",是打算把基督教宣布为终极的、绝对的真理,这是哲学上的一种堕落。

恩格斯讽刺性地把谢林称之为"基督的哲学家",因为他把哲学变成宗教,改造为神的智慧,贬低了理性的权威而把理性降格为神的奴仆。这时的恩格斯当然仍是站在黑格尔唯心主义哲学的立场,把理性或精神看成是历史的动力。他承认,在复辟时期的政治重压之下,黑格尔哲学不敢忠于自己的原则,这应该受到批判。但他认为,黑格尔哲学并不像谢林哲学那样用理性去说明信仰。黑格尔的原则是好的,青年黑格尔的功绩就在于保存了这些原则,批判了精神自由发展的最大障碍——基督教,从而使精神摆脱了宗教的监护而为人类开辟了一个新的时代:"因此,'黑格尔党徒'现在毫不隐瞒这样一个情况,即他们不能,也不想再把基督教看成是自己的界限。基督教的一切基本原则以及过去一般称为宗教的一切,都在理性的无情批判下崩溃了;绝对观念要求成为新时代的奠基者。伟大的变革——上一世纪的法国哲学家只是这一变革的先驱——在思想的王国获得了完成,实现了它的自我创造。笛卡尔创造的新教哲学完成了自己的发展;新的时代到来了,凡是和自我发展的精神一同前进的人,他们的神圣义务就是使民族认识到这一巨大的成果,并把它变成德意志的生活原则。"[①] 恩格斯在这里已把理性主义反对信仰主义、哲学反对宗教的批判,当成是实现社会变革的先导。恩格斯把青年黑格尔派当成"新时代的奠基者",把他们的宗教批判视为 18 世纪法国启蒙思潮的继续和发展,自觉地为变革德国的现实斗争服务。

1842 年,为了反击反动的普鲁士国家为打击自由思潮而对布鲁诺·鲍威尔进行的政治迫害(撤销了他在柏林大学的讲师职务),恩格

---

① 《马克思恩格斯早期著作选》,1956 年俄文版,第 398—399 页。

斯写了讽刺作品《基督教英雄叙事诗》，批判迫害自由思想的基督教国家。它形象生动地描绘了"自由人"（由鲍威尔、马克思、恩格斯、费尔巴哈、施蒂纳、科本和布尔等人组成的无神论集团），与由虔诚的宗教神学家利奥·亨格施坦堡和克鲁马赫尔等人组成的集团之间进行的激烈战斗。《叙事诗》说，"自由人"在败军之际，突然得到丹东、马拉、伏尔泰、罗伯斯比尔和黑格尔等人从地狱前来的支援，声势大振，直逼敌军。圣徒和天使纷纷落荒而逃。虔诚信徒败退天宫，"自由人"眼看就要大获全胜。可是，就在这即将凯旋的时刻，普鲁士国家突然发出免去鲍威尔职务的通告。形势逆转直下，自由人在天使的追击下逃回人间。宗教于是得救、信仰因而获胜。这出笑剧生动地表现了恩格斯当时对宗教与政治问题的全部观点。他把青年黑格尔派和18世纪法国大革命的英勇斗士的目标和命运紧紧地联系在一起，他本人则以高昂的革命激情参加到这场批判基督教和基督教国家的战斗。青年恩格斯也和青年马克思一样，开始从变革社会的角度来考虑宗教批判，这说明即使他们在理论上、世界观上还处在启蒙无神论的阶段，也正在突破旧无神论者和启蒙思想家的局限性。当然，18世纪的法国启蒙无神论对宗教神学、信仰主义、蒙昧主义的批判，也曾为18世纪法国大革命作了思想上的准备，起了革命先导的作用，但是，当时的思想家们主要还是从理论的角度，从尊重理性、提倡科学的立场来进行这场批判。他们希望通过启蒙教育来克服人民的愚昧无知，以摆脱迷信宗教的蒙昧状态。他们是思想家，而不是革命家。19世纪40年代德国的青年黑格尔派基本上也属于这个范畴，他们对所谓基督教国家的批判，本质上仍是一种思想上的批判。但恩格斯在当时已开始注意到传统的宗教信仰与资本主义剥削制度和工人阶级的悲惨处境的联系，把宗教批判和社会革命联系起来。在这方面，当时的恩格斯在理论上和实践上都得出了与马克思颇为一致的结论，站在向他们共同创建的历史唯物主义宗教观发起进军的同一起跑线上，尽管在此之前他俩还没有见上一面。但是，就在马克思主编《莱茵报》与"自由人"发生冲突而导致最后决裂的时候，恩格斯也几乎同时因在柏林服兵役期满而脱离了柏林的青年黑格尔派"自由人"集团。恩格斯奉其父之命去英国经商。他在赴英国途中特意去《莱茵报》编辑部拜访马克思博士。他打算与《莱茵报》和马克思建立联系，从英国为

《莱茵报》撰写描写英国状况的通讯稿。这是两个思想巨人的第一次见面，本应该成为大的历史性事件。可是，这次见面并未结出理想之果。马克思竟把恩格斯视之为他已与之决裂了的"自由人"集团派来的人，因此对这位未来的战友给予了"十分冷淡"的接待；而恩格斯也因在柏林时与"自由人"集团交往的影响，对马克思也"抱着怀疑态度"。1895 年 4 月，恩格斯在给梅林的信中是这样来忆及这个第一次会面情况的：

> 11 月底我在赴英途中再访编辑部的时候，我在那里遇到了马克思，这就是我们的十分冷淡的第一次会面。马克思那时正在反对鲍威尔，也就是说，反对使《莱茵报》主要地只是宣传神学问题、无神论等等，而不去服务于政治讨论和行动。他还反对埃德加尔•鲍威尔那种单纯"最极端的"表现的、空谈的共产主义，而这种共产主义在埃德加尔那里随后又很快地被貌似激进的其他空谈所代替。由于我和鲍威尔有通信的联系，当然也就可以说是他们同盟者，而正是由于他们的缘故，那时我对马克思是抱着怀疑态度的。①

但是，时间之流很快就冲刷掉 1842 年 11 月马克思和恩格斯彼此心中的互不信任的误会。共同的理想、共同的理论、共同的事业把这两位思想巨人紧紧地结合在一起，成为为共产主义事业而奋斗终生的亲密战友，谱写出了共产主义运动史上垂范千古的佳话。当然，他们二人共同奋斗的理想和事业，也包括本书集中论述的宗教理论。

第三节　《德法年鉴》时期的马克思

由于马克思主编《莱茵报》时展现出了反对普鲁士政府书报检查制度的民主主义倾向，普鲁士内阁于 1843 年 1 月 21 日召开的御前会议决定封闭这家报纸。这个决定激起了莱茵地带人民的反对，数以千计的人签名向柏林请愿，请求收回查封令。但马克思已经意识到在那种"奴役

---

① 引自科尔纽《马克思恩格斯传》第一卷，第 445 页。

状态"的环境实在不能施展他与旧制度斗争的战斗意志，愤而决定辞职，脱离《莱茵报》。新任的书报检查官也因马克思的辞职而向柏林当局提出报告，建议《莱茵报》继续发行。马克思在给卢格的一封信中发出了他当时的愤懑之情："我并不惊奇。你是知道我自始就把检查令当作怎样一回事的。现在的遭遇我以为不过是当然的结果。我把压制《莱茵报》看作政治意识进步的一种表征，所以我辞职了。总而言之，环境对于我是太过难堪的。纵然是为了自由的缘故，在奴役状态下工作，战斗不能用刀剑而只是用针刺，这是一种坏事。我厌恶了伪善、愚蠢、权势者的蛮横，以及我们的屈从、驯服、含糊和委琐，现在政府已还我自由……在德国我所能作的不过如此。在此地人降低了自己。"① 马克思信中难以掩盖的愤怒之情，是他在《莱茵报》时"不能用刀剑而只是用针刺"来进行反对旧制度的斗争的表现。当然，马克思所憧憬的战斗，主要是指反对普鲁士封建制度下的社会、政治、经济问题，但其中也包含反对基督教的精神统治。他在《莱茵报》发表的几篇文章都展现出了他在宗教问题上的真知灼见。

《莱茵报》一度被普鲁士政府查封的事件，对于当时的马克思来说，也是一种有益的提示。这意味着他此前所信奉的黑格尔唯心主义哲学所谓的国家是宇宙精神或自由理性的体现的说法不过是一种虚幻的梦境。黑格尔的法哲学和国家哲学在马克思心中一下子破灭了，这促使他去探寻新的哲学之路。在这时期，由于《莱茵报》被查封，青年黑格尔派运动陷于完全的分裂。大部分青年黑格尔派分子，因人民不支持他们通过宗教批判反对普鲁士国家的斗争而悲观失望，于是越来越离开现实的社会政治运动，在布鲁诺·鲍威尔兄弟和施蒂纳的带领下倒退到个人主义、自由主义和无政府主义，并且宣称要抛弃一切与个人的绝对自由相矛盾的东西（包括宗教、社会和国家）。与他们不同，一部分坚持进步的青年黑格尔派，如卢格、赫斯、马克思和恩格斯，则通过费尔巴哈的人本主义或人道主义哲学，走向更为激进的民主主义，更进一步走向共产主义。为了建立自己的斗争阵地，马克思与卢格合作创办了《德法年鉴》杂志。这份刊物于 1844 年发行一、二两期的合刊号。它是宣告创

---

① 　转引自梅林《马克思传》，生活·读书·新知三联书店 1956 年版，第 58 页。

刊的首刊号，也是宣布结束的末刊号。刊物的名称是马克思提出来的，其本意是要通过这份刊物创建和宣传一种德法合流的思想精神。它应该是法国的心脏、德国的头脑；头脑必须改造而心脏必须革命化。这也意味着这份刊物要把法兰西的政治原理与德意志的黑格尔哲学结合起来，以此为德国哲学的政治道路和法国人的哲学发展提供一种正确的指南针。按照刊物创办人兼投资人卢格的本来设想，他想把当时法国活跃于政治思想界的人物拉马丁（Lamartine）、拉曼纳斯（Lamennais）、路易·勃朗（Louis Blanc）、勒鲁和普鲁东，与德国新一代进步思想家的代表人物海涅、赫尔维格、约翰·甲可布、赫斯、费尔巴哈、恩格斯、马克思，以及俄国的巴枯宁，等等，组成一个阵容强大的青年思想家集团，把他们的论著集中到《德法年鉴》之中，使这份新的刊物像一枚绽放新思想的礼花一样，照亮以德国、法国为代表的西方世界的思想天空。马克思在发表于《德法年鉴》的致卢格的一封信中谈及了他关于办刊方针的设想：

　　　　我很高兴，您已经下定决心，不再留恋过去，而着意于未来，着意于新的事业（指创办《德法年鉴》——引者注）。那末，到巴黎去吧，到这个古老的哲学大学……和新世界的新首府去吧！……
　　……

　　　　在德国一切都受到了强力的压制，真正的思想混乱的时代来到了，极端愚蠢笼罩了一切，连苏黎世也要服从柏林来的指示了。所以事情愈来愈明显，必须为真正独立思考的人们寻找一个新的集合地点。……

　　　　……虽然对于"从何处来"这个问题没有什么疑问，但是对于"往何处去"这个问题却很糊涂。姑且不谈普遍存在于各种改革家的观念中的那种混乱状态，就是他们中间的每一个人，也都不得不承认他对未来没有明确的概念。然而，新思潮的优点就恰恰在于我们不想教条式地预料未来，而只是希望在批判旧世界中发现新世界。……如果我们的任务不是推断未来和宣布一些适合将来任何时候的一劳永逸的决定，那末我们便会更明确地知道，我们现在应该做些什么，我指的就是**要对现存的一切进行无情的批判**，所谓无情，意义有二，即这种批判不怕自己所作的结论，临到触犯当权者时也不退缩。①

马克思当时实际上是承认他自己尚未有、也不打算宣布任何"适合将来任何时候的一劳永逸的决定"，而只是想继续使哲学思想本身卷入火热的斗争之中，"在批判旧世界中发现新世界"。显然，马克思为《德法年鉴》提出的任务，已经远不是布鲁诺·鲍威尔为代表的青年黑格尔派发动的那种抽象的、思辨的宗教批判，而是力图在批判"旧世界"的过程中思考和探索建设"新世界"的理想道路。但是，通向未来理想的道路总是从当下的立脚点出发，而此当下的立脚点却又是从过去走过的路而达到的。因此，要发现新世界就得回顾旧世界；要超越此前青年黑格尔派的抽象的、思辨性的宗教批判，就不能不时常回溯自己也亲身参与其中的宗教批判运动。由于"现世界"的社会政治政况与宗教之间存在着固有的千丝万缕的联系，马克思为要批判"现世界"，发动社会批判、政治批判，也不能不继续对与现实社会政治状况紧密相连的传统宗教信仰进行批判。就在马克思致卢格的这封信中，马克思指出："我们要希望影响我们同时代的人，而且是我们同时代的德国人，那末请问，这该怎么着手呢？有两种情况是毋庸怀疑的。首先是宗教，其次是政治；这两者目前在德国正引起极大的兴趣。不管这两个对象怎样，我们应当把它们作为出发点……"② 所以，马克思在《德法年鉴》中以及在这一时期所写作的其他著作中，仍然继续进行他自己的宗教批判，并把这种批判发展到政治批判。事实上，马克思一生中关于宗教问题的理论和见解，最集中地体现在他在《德法年鉴》时期的论著之中。唯其如此，本书关于马克思主义宗教理论的研究，对这一时期内马克思的论著也最为关切。马克思在此期间写了四部论著：《黑格尔法哲学批判》及其《导言》、《论犹太人问题》、《经济学—哲学手稿》（但是，《黑格尔法哲学批判》和《经济学—哲学手稿》当时并未在《德法年鉴》发表）。如果我们试图对马克思这一时期思想发展的基本倾向作一个总括性的说

---

① 《马克思恩格斯全集》第 1 卷，第 415—416 页。
② 同上书，第 416—417 页。

明，笔者的意思是：马克思在哲学世界观上正逐步从黑格尔唯心主义转向唯物主义，在政治上由革命民主主义转向共产主义。随着哲学世界观和社会政治观的这种发展，他的宗教理论也由理性主义的启蒙无神论逐步走向历史唯物主义的宗教观。笔者认为，只有我们准确地理解马克思在《德法年鉴》时期的所写论著的历史文化背景，也才能对他这一时期的宗教理论有一个比较准确的理解。

一　《黑格尔法哲学批判》：从宗教批判转向对政治国家的批判

马克思于 1843 年夏写作的《黑格尔法哲学批判》并不是一本讨论宗教批判问题的著作，而是对黑格尔的《法哲学原理》一书的第 261—313 页进行了系统全面的分析和批判。这说明这时马克思的注意力，正按照他走出青年黑格尔派之后的思路，开始从宗教批判转向政治、法和国家问题的批判。马克思这本书稿的基本论点（也是其法哲学的基本特点）就是：把黑格尔法哲学弄颠倒了的国家与市民生活的关系再颠倒过来。按照黑格尔的唯心主义哲学，家庭和市民社会乃是国家理念从自我分离出来的产物，是国家理念的一种表现形式。马克思通过对此唯心主义哲学的批判分析，得出了新的结论。马克思指出，黑格尔的说法实质上是把现实社会的因果关系弄颠倒了。实际上，"国家是作为家庭和市民社会的成员而存在的这种群体中产生出来的"[①]。私有财产对政治国家起着支配作用，是社会的物质生活关系决定国家，而不是国家决定社会的物质生活关系。由此可以看到，作为马克思主义之基本标志的唯物史观已开始冲击黑格尔的唯心主义法哲学体系，破土欲出了。恩格斯后来（1869）写的《卡尔·马克思》一文中，对马克思在《黑格尔法哲学批判》中分析批判黑格尔法哲学所作的结论是这样评述的："马克思从黑格尔的法哲学出发，结果得出了这样一种见解，要获得理解人类历史发展过程的锁钥，不应当到被黑格尔描绘成'整个大厦的栋梁'的国家中去寻找，而应当到黑格尔所轻蔑的'市民社会'中去寻找。"恩格斯肯定了马克思在该书所阐发的新的历史观：要用社会的物质生活去说明国家的性质，而不要从国家的理念去说明市民社会的物质生活。这无疑

[①]　《马克思恩格斯全集》第 1 卷，第 252 页。

意味着马克思已开始用正在萌芽的唯物主义历史观去代替黑格尔的唯心主义历史观。马克思在其《黑格尔法哲学批判》书稿中没有专门讨论宗教问题；但只要我们把"宗教"视为与"国家"一样性质的上层建筑，那么，关于社会物质生活关系对于国家之类起决定作用的历史观引导马克思在其后对宗教的批判分析中，根据宗教之社会本质和社会历史作用做出更为科学的分析。这正是马克思在《德法年鉴》时期所写的其他三部著作中致力解决的课题。

二　《论犹太人问题》

《论犹太人问题》是马克思发表于《德法年鉴》中的两篇论文中的第一篇。这是充满雄辩精神的论战之作。论战的对手就是马克思在青年黑格尔派时期亦师亦友的布鲁诺·鲍威尔。这场论战标志着马克思与鲍威尔在《莱茵报》时期公开决裂之后，马克思第一次发起了直接针对鲍威尔的公开论战。论战的主题集中于德国犹太人的政治解放与宗教解放的关系问题。这本来是一个社会政治问题，而不是什么穷幽极玄的思辨哲学问题，应该可以使用简单明了的概念给人以简单明了的解答。可是在这两位出自黑格尔思辨哲学系统的思辨家的笔下，简单的问题被复杂化，社会政治问题被哲学化。常见的概念被这两位思辨哲学大师像玩魔术似的弄得变幻莫测。当今中国的读者如果有兴趣欣赏这场语言上的魔术表演，难免会有瞠目结舌、莫明其妙之感。限于本书的主题，笔者不打算亦步亦趋地跟随这篇论文的概念魔术进行猜谜式的分析，而是集中注意力于两个比较单纯的问题上，第一，马克思如何理解犹太人的解放问题（宗教解放与政治解放）？第二，马克思在解决上述问题上的理论与方法的特殊意义。在展开我们的论述之前，得简单地回顾一下德国犹太人问题的来龙去脉以及布鲁诺·鲍威尔的解决之道。

犹太人自称"上帝的选民"，但他们的遭遇却多灾多难。在历史上，犹太人不断遭受亡国毁家之祸，流放为奴之难。公元前 6 世纪"巴比伦之囚"结束犹太人返国之后，却于公元前 3 世纪为马其顿希腊所征服。公元前 1 世纪，又被罗马帝国征服，耶路撒冷圣殿也被摧毁。犹太人于是再一次丧失了自己的家园和祖国，流散于世界各地和西方各国。历史留给犹太人的遗产只有一样东西，那就是传统信仰的犹太教，这成了散居世界各地的犹太人民族认同的唯一纽带。

在西方世界，由于基督教与犹太教的历史宿怨，加上犹太人与欧洲人的世俗利益冲突，信仰犹太教的犹太人普遍受到信仰基督教的欧洲人的鄙视与敌视，更遭受到政治上的压迫。各国政府几乎都明令犹太人不得进入政府担任公职。普鲁士政府还在 1816 年 5 月 4 日发布了犹太人不得担任公职的法令，坚决拒绝犹太人享有与基督教徒一样的平等权利。政治上的压迫和不平等地位，迫使犹太人普遍进入商业领域（经商、放债，为基督徒银行家们铸造假钱以及其他各种可疑的财政活动）寻找自己的出路。犹太人在这个领域获得了极大的成功，造就了一批犹太富豪。但是，也正是由于这一领域的成功，使犹太人成为欧洲人（特别是资产阶级）更为嫉妒、仇恨和政治压迫的对象。

布鲁诺·鲍威尔作为德国激进民主主义的犹太裔思想家无疑是同情犹太人的不幸遭遇的，也希望犹太人获得政治上的平等。他于 1842 年、1843 年先后发表了题名为《犹太人问题》的两篇论文专门讨论犹太人的解放问题。鲍威尔的基本观点是：犹太人与欧洲基督徒处于对立关系，这种对立本质上是宗教的对立。犹太教相比于基督教，不过是人类精神普遍发展的较低阶段，犹太教只把犹太人视为上帝的选民。这就使它只能是犹太民族的宗教，因而具有民族的狭隘性。基督新教则因其提出了"因信称义"（即不管何人何族，只要皈信基督教就能得到上帝和耶稣基督的拯救）的教义，从而超越了犹太民族主义的民族狭隘性，具有了超民族、超国家的普遍性。基督教是人类精神的高级阶段。犹太教既与基督教处于宗教对立的地位，这就使得基督教国家的宗教本质决定它不能解放犹太人，而犹太人的宗教狭隘性和民族狭隘性也决定犹太人不能获得解放。按照鲍威尔的说法，由于犹太人坚持其民族狭隘性的犹太教，因而就使他们与人类精神的更高发展和进步对立起来，并把自己排除于普遍性的人类社会之外。因此，阻碍犹太人解放的，与其说是基督教徒在宗教上对他们的仇视，毋宁说是他们自己那种作为上帝选民的特权种族的利己主义和自高自大。既然犹太人把自己从人类社会的其他民族分隔开来而自我孤立，那么他们也就不应抱怨他们在欧洲被排除于基督教社会，不能抱怨他们未能享有与基督教政治上平等的权利：

　　问题在于，像那种自认为由于自己的真正本质而必须永久过脱离其他人的孤立生活的犹太人，是否能够获得一般人的权利并且承认其他人有这种权利。

　　他们的宗教和生活方式决定着他们的永久的孤立，因为这种宗教和生活方式就是他们的本质。他们的本质不是使他们成为人，而是成为犹太人。①

　　犹太人的解放必须结束这种宗教的自我孤立状态，不能再把自己视作为自外于基督教徒的"异己者"：

　　　　犹太人，只有当他们不是作为犹太人，亦即不是作为把基督徒总是看成异己者的存在物而得到解放，并且不再以虚假的界限把自己同其他人分离开来的时候，他们才能得到彻底的、成功的和确实的解放。②

　　犹太人的宗教狭隘性，或者犹太教的民族狭隘性，使得犹太人不能成为普遍性的"人"，不能得到人的普遍性权利，不能促进人类的进步。倒是基督教由于处于人类精神发展的更高阶段，因而基督徒（特别是新教徒）更接近于人类的普遍解放：

　　　　基督教要比犹太教高超得多，基督徒要比犹太人高超得多，而基督教获得自由的能力也比犹太人大得多，因为人类站在基督教的立场上已经接近通过激进的革命来消灭宗教所产生的一切缺陷的地步……犹太人所站的立场要比这低得多，因为犹太教本身对历史没有任何意义，而且也不能参加世界历史。③

----

　　① 布·鲍威尔：《犹太人问题》，布伦瑞克，1843 年版，第 19 页。见科尔纽《马克思恩格斯传》第一卷，第 594 页。
　　② 同上书，第 60 页。
　　③ 布·鲍威尔：《现代犹太人和基督徒获得自由的能力》，引自科尔纽《马克思恩格斯传》第一卷，第 595 页。

照此说来，犹太人如要获得解放，是否就应当像 18 世纪时的德国犹太人哲学家门德尔松所指出的那样，先放弃民族狭隘性的犹太教，而改宗基督教呢？鲍威尔作为一个启蒙的无神论者对此是否定的。在他看来，基督徒和犹太人一样都是宗教的信仰者，因而都是与人类的真正解放之路背道而驰的。要消除犹太人与基督徒、犹太教和基督教的对立，就必须使这种对立不可能产生，这就必须彻底废除宗教；谁不放弃一切宗教，谁就不能成为真正的自由人。

那末，怎样废除宗教呢？鲍威尔把宗教的废除归结为宗教在政治上的废除，此即实行所谓的政教分离；消除宗教在国家政治生活上的特权。宗教信仰上的特权和歧视在政治上的废除，也就是宗教的完全废除。

总的说来，布鲁诺·鲍威尔事实上是把宗教说成是社会不平等的根源；犹太人被压迫的原因则被归结为犹太教的民族狭隘性。因此，废除宗教被鲍威尔当成是社会解放的根本途径。

对于鲍威尔的上述观点，马克思在发表于《德法年鉴》上的《论犹太人问题》给予了深入的分析和批判，阐发了一系列有关宗教桎梏与世俗桎梏、宗教解放、政治解放、人类解放以及犹太人解放等具有现实普遍性的理论问题。

马克思的《论犹太人问题》一开始就指出，鲍威尔对"解放问题"的理解是错误的。因为他把政治解放与人类解放混为一谈，只是抽象地议论政治解放与宗教解放的关系，而没有考察不同的政治国家对宗教实际上有不同的立场。同时，鲍威尔也没有关注和考察政治解放与人类解放的关系问题。"依据犹太人居住的国家的不同，犹太人问题也有不同的提法。"① 在像德国这样政治尚不发达的基督教国家，犹太人的解放是一个神学问题，"因为犹太人和把基督教作为自己基础的国家处于宗教的对立状态。……在这里，批判就是对神学的批判，双关的批判——既是对基督教神学的批判，又是对犹太教神学的批判。……在立宪国家的法国，犹太人问题是个宪政问题，是个**政治解放不彻底**的问题。"因为犹太人与国家的关系仍然存在宗教对立现象。只有在美国，既无国

---

① 《马克思恩格斯全集》第 1 卷，第 424 页。

教，又无大多数选民公认的宗教，也没有一个教派对另一个教派的优先地位，国家站在一切教派之外，因此，在这里，犹太人问题才失去了神学的意义，成了真正的世俗问题。"一旦国家不再从**神学的角度**对待宗教，而从国家即从**政治的角度**对待宗教，对这种关系的批判就不再是对神学的批判了。那时，批判就成了对**政治国家的批判**。"① 可是，即使在像美国这样的现代国家，即使已经完成了政治解放的国家，即使在这个国家里，已经结束了一个宗教或教派对另一个宗教和教派的优先地位的国家里，宗教不仅依然存在，而且表现了生命力和力量。这就证明，宗教的存在和国家的完备并不矛盾。但是由于宗教的存在是一个有缺陷的存在，那么这个缺陷的根源只应该到国家自身的本质中去寻找。国家才是宗教存在的根源，而不是相反。马克思由此得到了一个著名的对宗教问题具有认识论和方法论意义的论断：

> 在我们看来，宗教已经不是世俗狭隘性的**原因**，而只是它的**表现**。因此，我们用自由公民的世俗桎梏来说明他们的宗教桎梏。我们并不认为：公民要消灭他们的世俗桎梏，必须首先克服他们的宗教狭隘性。我们认为，他们只有消灭了世俗桎梏，才能克服宗教狭隘性。我们不把世俗问题化为**神学**问题。我们要把神学问题化为世俗问题。相当长的时期以来，人们一直用迷信来说明历史，而我们现在是用历史来说明迷信。在我们看来，**政治解放和宗教的关系**问题已经成了**政治解放与人类解放的关系**问题。②

马克思的这段著名的论断，蕴含着宗教问题上一个非常重要的思想，即宗教的存在有其社会（国家）的根源。宗教对于人的精神压迫（"宗教桎梏"）根源于社会对于人的物质压迫（"世俗桎梏"）。宗教的本质不能化为神学问题而得到解释，而必须化为世俗问题，从社会历史的发展出发去说明它。在这里，虽还没有"社会存在和社会意识"、"经济基础和上层建筑"之类唯物史观所特有的概念，但唯物史观的种子和幼

---

① 《马克思恩格斯全集》第 1 卷，第 424 页。
② 同上书，第 425 页。

芽已蕴含其中，待时而发了。马克思与鲍威尔在犹太人解放问题上的理论上的分歧与对立，其根本之点即在于此。这不是如何实现犹太人解放的方法或策略之争，而是从理论基础上的唯物史观和唯心史观的历史观或世界观上的根本分歧。

　　既然社会不平的根源不在宗教，而在社会的现实关系之中，因此，如果要想实现人的社会平等和自由，并非就像鲍威尔所说的那样，首先去废除宗教，而是要消除产生宗教的社会桎梏本身。宗教在政治上的解放并不等于人类本身的社会解放。因为所谓"政治解放"，无非是要求废除基督教的国教化，实现国家与宗教的分离和信仰宗教的自由。马克思承认这样的"政治解放当然是一大进步；尽管它不是一般人类解放的最后形式"①。马克思进一步指出：人在政治上从宗教中解放出来，就是把宗教从公法范围内驱逐出去，转到私法范围。宗教不再是国家的精神，而成为个人可以自由选择的信仰。它被赶到其他一切私人利益的领域中去，被驱赶出政治共同体。人被分为"公人"和"私人"的这种二重化。宗教从国家向私人社会的转移，这就是人在宗教信仰上实现"政治解放"的基本意义。这种"政治解放"只是实现了宗教信仰问题上个人作为"私人"有选择宗教的自由而已！因此，政治解放并没有消灭人的实际的宗教观念，而且它也不想消灭这种观念。马克思对所谓宗教从政治上解放出来的问题，做出了自己的结论：

　　　　在政治上从宗教解放出来，宗教依然存在，虽然不是作为特权宗教存在。任何一种特殊宗教的信徒和自己作为公民的矛盾，只是一般**世俗矛盾**即**政治国家**和**市民社会**的矛盾的**一部分**。基督教国家的完成就是认为自己是国家和脱离开自己成员信奉的宗教的国家。国家从宗教得到解放并不等于现实的人从宗教得到解放。

　　　　因此，我们不像鲍威尔那样向犹太人说，你们不先从犹太教彻底解放出来，就不能在政治上得到解放。相反地，我们对他们说，既然你们不必完全和无条件地放弃犹太教，也可以在政治上获得解放，那就说明，**政治解放**本身还不是**人类解放**。如果你们犹太人还

---

　　① 《马克思恩格斯全集》第1卷，第429页。

没有得到人类解放便要求政治解放，那末这种不彻底性和矛盾就不仅在你们，而且在政治解放的**本质**和**范畴本身**。如果你们局限在这个范畴之内，那你们也就具有普遍的局限性。①

这就是说，如果犹太人只是先放弃犹太教，就意味着得到政治解放，那么，这种政治解放是不彻底的，有局限性的。即使得到了这种意义上的政治解放，也还没有得到真正的解放，即没有得到具有普遍性的"人类解放"。马克思心目中的"人类解放"，绝不仅止于人作为个体化的"私人"在选择宗教信仰上的平等权利，因为那只不过是个人选择宗教信仰的自由。但人作为"类"的人类并没有摆脱"宗教桎梏"，仍在受着宗教对人的"精神压迫"。既然这种"宗教桎梏"的根源在于"世俗桎梏"，那么，要废除"宗教桎梏"的精神压迫，根本之道便只能是必须废除"世俗桎梏"的物质压迫。马克思这时已经认识到，宗教桎梏、世俗桎梏的根源就是私有财产制度。即使在已经取得政治解放的"市民社会"（资本主义社会）里，"人并没有从宗教中解放出来，他反而取得了宗教自由。他并没有从财产中解放出来，反而取得了财产自由。他并没有从行业的利己主义中解放出来，反而取得了行业自由"②。反过来说也许更能理解马克思的本意：通过"政治解放"而得到的"宗教自由"，"人并没有从宗教中解放出来"；"财产自由""并没有〔使人〕从财产中解放出来"；"行业自由""并没有〔使人〕从行业的利己主义中解放出来"。人类要实现真正的"宗教解放"，就必须"废除宗教、消灭宗教"；要实现真正的"财产解放"，就必须"废除私有财产"。马克思还明确地指出：只有通过废除私有财产，才能达到废除宗教。而要做到这一点，必须通过国家的暴力手段：

> ……而**正是政治解放**，是使自己摆脱宗教的**政治**解放。当然，在政治国家通过暴力从市民社会内部作为政治国家出现的时期，在人类自我解放竭力采取政治自我解放的形式的时期，国家是能够而

---

① 《马克思恩格斯全集》第1卷，第435页。
② 同上书，第442页。

且一定会达到**废除宗教、消灭**宗教的地步的。但这一步，它只有通过那种达到废除私有财产、限定财产最高额、没收财产、实行累进税的办法，通过那种达到消灭生命，走向**断头台**的办法，才能做到。当政治生活特别强烈地感觉到自己力量的时候，它就竭力压制它的前提——市民社会及其因素，使自己成为人的真实的、没有矛盾的类生活。但它只有同自己的生活条件发生**暴力**矛盾，宣布革命是**不停顿的**，才能做到这一点……①

马克思的这个论断真是震天动地、惊世骇俗的一声惊雷，是他从以"废除宗教"为目的的宗教批判运动（青年黑格尔派）发展为以废除宗教之根源——"废除私有财产制度"的共产主义革命的第一次表现。这一思想实际上是马克思主义整个革命思想体系的前奏曲。马克思通过《论犹太人问题》对布鲁诺·鲍威尔的批判，表明他已完全脱离布鲁诺·鲍威尔的宗教批判运动的轨道，探寻着属于马克思自己的从宗教解放到政治解放，再到人类解放的革命道路。

《论犹太人问题》的第二部分（也就是最后一个部分）专门探讨了犹太人的解放之路问题。

布鲁诺·鲍威尔也谈犹太人的解放问题，但他始终把这个问题局限在宗教信仰的范围之内。因为他把信仰犹太教看成是犹太人的本质。因此，只要犹太人抛弃了犹太教，改信了基督教，最终则"信奉整个都消灭了的宗教"，即"消灭了的基督教"②，则所谓"犹太人问题"也就随之解决了。在马克思看来，鲍威尔的错误就在于他只从宗教信仰上去看犹太人的秘密本质，而不是从世俗生活上去看犹太人的秘密本质。因此，在方法上我们应该反其道而行之："现在我们来观察一下现实的世俗犹太人，但不是像鲍威尔那样，观察**安息日的犹太人**，而是观察**平素的犹太人**。"③ 他进一步使用其萌芽状态的唯物史观指出了观察犹太人之秘密的方法论问题：

---

① 《马克思恩格斯全集》第 1 卷，第 430—431 页。
② 同上书，第 445 页。
③ 同上。

我们不是到犹太人的宗教里去寻找犹太人的秘密，而是到现实的犹太人里去寻找犹太教的秘密。①

认识论和方法论的革命性变化，就使马克思得出了关于犹太人解放问题的革命性结论。马克思写道：

犹太人的世俗基础是什么呢？**实际**需要，**自私自利**。

犹太人世俗偶像是什么呢？**做生意**。他们的世俗上帝是什么呢？**金钱**。

既然这样，那末从**做生意**和**金钱**中获得解放——因而也是从实际的、现实的犹太人中获得解放——也就是现代的自我解放。

一种社会组织如果能够消除做生意的前提，从而能够消除做生意的可能性，那末这种社会组织也就能使犹太人不可能产生。他的宗教意识就会像烟雾一样，在社会的现实的、蓬勃的空气当中自行消失。另一方面，假如犹太人承认了自己这个实际本质毫无价值，因而尽力消除它，那他就会摆脱自己以前发展的范围，直接从事于**人类解放**，为反对人类自我异化的**极端实际**表现而奋斗。

……

犹太人的解放，就其终极意义来说，就是人类从**犹太**②中获得解放。③

马克思进一步指出，在现实世俗生活中，金钱是犹太人的妒忌之神，在他面前，一切神都要退位。金钱是人异化出来的人的劳动和存在的本质，是一种独立的东西。因此它剥夺了整个世界——人类世界和自然界——本身的价值。金钱是从人异化出来的人的劳动和存在的本质；

① 《马克思恩格斯全集》第 1 卷，第 446 页。

② 《马克思恩格斯全集》编者注："马克思指的是人类从做生意、从金钱势力下解放出来。马克思这里所用的'犹太'（Judentum）一字意味着做生意。因为德文的'Jude'除了'犹太人'、'犹太教徒'这个基本含意而外，还有'高利贷者'、'商人'的意思。"见《马克思恩格斯全集》第 1 卷第 446 页的脚注。

③ 同上书，第 446 页。

这个外在本质却统治了人，人却向他膜拜。犹太人的神成了世俗的神，世界的神。因此，要想使犹太人得到解放，那就不仅仅是废除犹太教所信仰的那个耶和华上帝，而是进一步废除使犹太人成为犹太人的那个特殊的世俗性的本质，即"金钱"这个普遍性的上帝。消除了把人的劳动异化为金钱上帝的世俗的现实社会——即现实的市民社会（资本主义社会），也就消除了整个人类自我异化的社会基础。这就不仅意味着犹太人的解放，也意味着社会的解放，意味着人类的解放。马克思在《论犹太人问题》一文的结尾处，写下了一句意义深刻的话：

犹太人的**社会**解放就是**社会从犹太中获得解放**。①

马克思所谓的"社会从犹太中获得解放"，其真正的含意就是当整个社会消除了市民社会的金钱关系或经济关系，消除了对金钱这个世俗上帝的崇拜，消除了人的劳动的异化，人类也就消灭了一切宗教之神赖以产生的社会根源；到那时，不仅犹太人得到了解放，整个人类社会也从而得到真正的解放。马克思《论犹太人问题》所追逐的理想境界即在于此。在当代社会，当我们的学者和读者读这篇马克思青年时代所写的论文时，也许对论文中的具体论点会持这样那样的不同意见，但如果他们有一颗追求社会改革的真理求索之心，相信就会对马克思当时所追求的人类解放的崇高精神境界表示崇高的景仰之情。

三　《〈黑格尔法哲学批判〉导言》

马克思发表在《德法年鉴》上的第二篇论文是《〈黑格尔法哲学批判〉导言》。与《论犹太人问题》比起来，这部论文在论文的全局和主题上具有更高的理念和更为重要的意义；《论犹太人问题》主要是讨论犹太人的解放问题，而《〈黑格尔法哲学批判〉导言》则主要探讨了整个德国的革命问题。前文主要是理论上的批判，后文则要求理论批判与实践行动的结合，其最后结论则是无产阶级作为革命理论的承担者在实践上对旧德国进行"武器的批判"，实行共产主义革命。

---

① 《马克思恩格斯全集》第 1 卷，第 451 页。

就本书所关注的宗教理论方面而言，两篇论文也各有自己的特点。《论犹太人问题》主要探讨了犹太人的宗教桎梏与世俗桎梏、宗教解放与政治解放以及人类解放问题，论文的基点着重于宗教桎梏的社会根源（世俗桎梏）以及废除宗教实现人类解放的根本途径（废除私有财产制度及其基础上产生的金钱统治）；《导言》则是对马克思当时正在形成的整个宗教理论的全面宣告，几乎包含了后来发展而出的马克思主义宗教理论的全部基本原理。在文风上，《论犹太人问题》的特色是哲理上的概念分析辅以经验事实的论证，《导言》则以高度概括的格言式语言，对自己的整个宗教理论进行极为简练的"宣言"式的宣告。我们有理由说，《导言》论及宗教问题的文字，篇幅虽然只有短短两三页，却包含了后来发展为马克思主义全部宗教理论的基础。如果我们想对马克思主义宗教理论有一个基本了解，《导言》就是升堂入奥的"导游"。

《导言》对宗教问题的"宣言"式论述，其主要内容可归纳为如下三点：

第一，总结了德国哲学（主要是指青年黑格尔派）对宗教的批判，肯定了它的历史意义。

《导言》开宗明义第一句就说："就德国来说，对宗教的批判实际上已经结束，而对宗教的批判是其他一切批判的前提。"这句话实际上是马克思为结束德国哲学的宗教批判而作的总结。他在这里对宗教批判在德国革命事业发展过程中所起的作用及其历史意义作了高度的评价。马克思把对宗教的批判和他其他一切问题（政治、法、国家、社会）的批判紧紧地联系在一起，把前一种批判当成后一种批判的前提，把后一种批判当成前一种批判的目的。在马克思看来，对宗教的批判并不单纯是一个对宗教的认识问题，即不单纯是一个纯理论的学术问题，而是富有社会政治意义的斗争，是为德国的政治革命和社会革命开辟道路，准备条件，创造前提。

为什么"对宗教的批判是其他一切批判的前提"？《导言》对此作了扼要的说明。这是因为宗教是对人间谬误的天国申辩，它用神的名义为现实的苦难世界加上一道神圣的灵光圈，如果不首先驳倒这种天国的辩护，人间的谬误就不可能裸露在世人的面前；而"谬误在天国的申辩一经驳倒，它在人间的存在就陷入了窘境"，苦难世界就失去了它存在的根据。"因此对宗教的批判就是对苦难世界——宗教是它的灵光圈——的批判的胚胎。"①

对于马克思和恩格斯，"对宗教的批判是其他一切批判的前提"这句话，既是理论的原则，又是行动的纲领。他们都积极热情地参加了19世纪40年代前后由青年黑格尔派发起的批判宗教的斗争。按照恩格斯的说法，这场斗争的目的，"是要消灭传统的宗教和现存的国家"②。斗争起了极大的思想解放作用。政治上，暴露了基督教作为德国封建专制政权的精神支柱的反动性；理论上，揭示了宗教神灵作为人的幻想创造物的荒谬性，最后发展为费尔巴哈的人本主义唯物论和无神论。在马克思看来，这场斗争已经取得了应有的成果，达到了自己的目的，因此，"就德国而言，对宗教的批判实际上已经结束"。下一步的任务应该是沿着宗教批判所创造的前提，进行"对其他一切的批判"。事实上，马克思在《导言》之后就把主要精力集中于"对其他一切的批判"之上，即社会主义革命的理论和实践之上，很少专门从事宗教批判的著述了。

第二，论述了宗教的社会本质及其产生的社会根源。

关于宗教的社会本质及其产生的社会根源，是宗教理论的一个根本问题，也是德国哲学、特别是青年黑格尔们和费尔巴哈着力解决的问题。施特劳斯和鲍威尔尽管彼此说法不同，但实质上却是把宗教归结为人类的创造。施特劳斯把创造宗教的"人"说成是精神性的客观"实体"，鲍威尔则说成是人主观的"自我意识"。这样，在他们那里，人并不是真正的人，而只是作为黑格尔绝对观念之表现或外化的人。费尔巴哈对黑格尔唯心主义哲学进行了有力的批判，把他们弄颠倒了的观念与人的关系颠倒了过来。"观念"变成了人的观念，是人对世界的反映，而不是世界的本体。费尔巴哈用这种唯物主义世界观来说明宗教的本质和起源。他指出，宗教中关于上帝的一切属性和本质都是人类把自己的属性和本质加以异化的结果，不是上帝创造了人，而是人按照自己的形象创造了上帝。这种人本主义的唯物论和无神论彻底否定了宗教和上帝

---

① 《马克思恩格斯全集》第1卷，第2页。

② 《马克思恩格斯选集》第4卷，第217页。

的神圣的来源，把它还原为它的世俗基础。

马克思总结了他们关于宗教的本质就是人的本质以及人创造宗教的思想，把这看成是自己宗教批判的理论根据："反宗教的批判的根据就是：人创造了宗教，而不是宗教创造了人。"① 他赞成和接受了费尔巴哈关于宗教的本质就是人的本质的异化的观点，进一步指出："宗教是那些还没有获得自己或是再度丧失了自己的人的自我意识和自我感觉"，"是把人的本质变成了幻想的现实性"。这就是说，宗教本质上是人把自己的本质用幻想的方式加以异化的结果，体现于神灵中的属性，实际上是人的本质的异化，也就是人性的丧失。

但是，《导言》并没有停留在费尔巴哈人本主义的水平，而仅仅是把它作为继续前进的出发点。马克思在继承他的优秀成果的同时，立即着手克服他的局限性。

《导言》指出费尔巴哈的主要局限就是他把人从生活于其中的社会孤立出来，看成是"抽象的栖息在世界以外的东西"，他还未进一步认识到人是社会的产物，不知道"人就是**人的世界**，就是国家、社会"②。因此，费尔巴哈的宗教批判在把宗教世界还原为人以后就停止了自己的研究，没有进一步批判人所生活的环境，即国家和社会。他在理论上没有更深一步地揭示宗教产生的社会根源，在政治上更没有得出革命的结论。

费尔巴哈止步不前的地方成了马克思《导言》所阐发的自己的新宗教观的起点。《导言》从人异化出宗教世界这一点出发进一步说明人之所以异化出宗教的社会基础。宗教关于上帝造人的说教，无疑是一种颠倒的世界观，但颠倒世界观之所以能够产生出来，根本原因在于它的后面有一个颠倒了的世界："国家、社会产生了宗教即颠倒了的世界观，因为它们本身就是颠倒了的世界。"③ 所谓"颠倒了的世界"，说的是人剥削人、人压迫人的社会，就当时的德国而言，指的是封建专制制度的国家。在这种颠倒的世界里，人民没有人的权利和地位，没有过真正的

---

① 《马克思恩格斯选集》第 1 卷，第 1 页。
② 同上。
③ 同上。

人的生活。于是，人就容易接受传统宗教观念的影响，把自己的本质异化为幻想的救世主，希望在一个幻想的天国里做一个符合于人的本质的真正的人。脱离宗教异化的社会基础就不可能了解宗教异化的根源，离开了"颠倒了的世界"就不可能说明"颠倒的世界观"的产生。既然宗教异化的根源是"颠倒的世界"，那么，单纯地揭露宗教异化现象是不足以消灭它的，只有进一步消灭"颠倒的世界"，即消灭那以剥削制度为基础的世俗社会和国家，才能提供这种可能性。《导言》已从理论上的无神论出发得出了一个政治上的结论："彼岸世界的真理消逝以后，历史上的任务就是确立此岸世界的真理。人的自我异化的神圣形象被揭穿以后，揭露非神圣形象中的自我异化，就成了为历史服务的哲学的迫切任务。于是对天国的批判就变成了对尘世的批判，对宗教的批判就变成了对法的批判，对神学的批判就变成了对政治的批判。"① 这就是说，在驳倒宗教神学（"彼岸世界的真理"）以后，我们的历史任务就是通过对社会、法和政治的批判，在人间建立真理和正义的社会（"确立此岸世界的真理"）。

　　值得注意的是，马克思这段话提出了两种"异化"：一种是人的本质自我异化为"神圣形象"，一种是它自我异化为"非神圣形象"，而且把后一种异化视为前一种异化的基础。由于布鲁诺·鲍威尔和费尔巴哈只是揭穿了前一种异化，所以马克思提出，"揭露非神圣形象中的自我异化，就成了为历史服务的哲学的迫切任务"。综合马克思当时所写的各论著看，这项"迫切任务"在很大程度上是马克思在紧接《导言》之后写的《1844年经济学—哲学手稿》中执行的。《手稿》把生产者的劳动过程看成是人性的异化过程。人通过劳动把自己的本质异化（对象化）为劳动产品。但是，在以私有制为基础的剥削社会里，劳动产品却不属于劳动者本人所有。于是劳动的现实化表现为劳动者的非现实化，劳动的对象化表现为对象的丧失并为对象所奴役。劳动产品变成资本家的资本，劳动者转而受到自己的异化物（即资本）的统治。为了克服这种人性的异化，无产阶级就必须通过社会革命粉碎剥削制度，使劳动产品归劳动者所有而不再成为与自己作对的异化力量，过去异化于劳动产

_____

① 《马克思恩格斯选集》第1卷，第2页。

品中的人性（人的本质）从而得以恢复，无产者于是就成了自己劳动的主人，成为一个真正的人。

劳动异化现象的消灭，也就是整个社会的解放。随着社会异化力量的消失，必然导致宗教异化的最后消亡。在这里，马克思把克服宗教异化的无神论和克服劳动异化的共产主义革命紧紧地联系起来。《手稿》中有一段重要的话：

> 宗教、家庭、国家、法、道德、科学、艺术等等，都不过是生产的一些**特殊的**方式，并且受生产的普遍规律的支配。因此，**私有财产**的积极的扬弃，作为对**人的**生命的占有，是一切异化的积极的扬弃，从而是人从宗教、家庭、国家等等向自己的**人的**即**社会的**存在的复归。宗教的异化本身只是发生在人内心深处的**意识**领域中，而经济的异化则是**现实生活**的异化，——因此异化的扬弃包括两个方面。不言而喻，在不同的民族那里，这一运动从哪个领域**开始**，这要看一个民族的真正的、**公认的**生活主要是在意识领域中还是在外部世界中进行，这种生活更多地是观念的生活还是现实的生活。共产主义从一开始就是无神论（**欧文**），而无神论最初还远不是**共产主义**；那种无神论无宁说还是一个抽象。所以，无神论的博爱最初还只是**哲学的**、抽象的博爱，而共产主义的博爱从一开始就是**现实的**和直接追求**实效的**。①

单纯的无神论只是一种抽象的哲学，只有扬弃私有财产制度和劳动异化，才能扬弃宗教异化。马克思克服了包括费尔巴哈在内的一切旧无神论的局限性，并从无神论继续前进，发展到共产主义学说。

第三，着重阐明了宗教的社会历史作用。

《导言》前几页集中阐发了马克思当时的宗教观的基本内容。这个基本内容总括而言，就是说明他关于宗教的社会本质，即宗教在历史上和现实社会生活能发挥的功能和作用的观点。由于《导言》的语言风格是高度概括的"格言式"文字，把马克思有关于此的全部观念压缩在为

---

① 《1844 年经济学—哲学手稿》，《马克思恩格斯全集》第 42 卷，第 121 页。

数不多的几段意蕴深远的哲学论述之中，这就给读者（特别是后学者）留下许多自我领悟和自我诠释以及自我想象的空间。中国改革开放以来，不少学者在自己的论著中对《导言》的这句语言那句话作过各种不同的诠释与解读。其中，得其真义者固然有之，而各取既需、随心所欲的臆想附会者亦复不少。那么我们今日究竟应该如何把握马克思在《导言》中有关论述的"真义"？笔者认为，这里首先必须解决一个"方法论"的问题。正确的解读方法，应该是要把理解和把握马克思这些论述的总的精神放在首位，而把其余的个别论断作为阐述其"总的精神"的不同论点。这些不同的论点与论断都是围绕这个"总的精神"而服务的，是从不同的方面为论证"总的精神"服务的，如果我们这些读者或后学者不是这样，而是脱离这个"总的精神"摘取这个论断或那个论断进行孤立的解读，那必然会导致随心所欲、各取所需的"误读"。任何事物都有局部和整体之分，局部是构成整体的"部件"，是按整体的本性而组合在一起的，这就好像一台机器和零件的关系一样，各种不同的零件是按照工程师的总体设计而设计出来并进行组装而成。不理解这台机器的"总体设计"，就不能理解其各个零件的性质和功用。这个浅显易明的道理可以推论为整体与部分之关系的哲学原理，笔者认为，这就是我们当下正确解读马克思在《导言》中阐发的宗教理论的"方法论"。除此以外，别无他法。那么，《导言》所阐述的马克思关于宗教的社会本质，即关于宗教的社会历史功能的基本内容和"总的精神"究竟应作如何理解呢？根据多年的研究并参照马克思在其他论著中的有关论述，笔者认为，贯穿在其中的"总的精神"应作如下的表述：宗教是为"颠倒的世界"提供神圣支撑的工具，是为人民提供幻想幸福的精神锁链，是麻醉人民精神的鸦片。概括马克思这方面的论述，《导言》认为宗教的社会功能及其在历史上所起的作用集中体现在以下三个方面：

其一，宗教是颠倒的世界借以得到安慰和辩护的普遍依据。它为颠倒的世界提供感情上的安慰，道德上的核准和理论上的辩护，用神或上帝的名义从各方面论证颠倒世界的合理性。《导言》指出："宗教是它（苦难世界或颠倒的世界）的灵光圈。"意思是宗教为苦难世界提供神学上的辩护，并把它完美化为天命的安排，使之在耀眼的灵光圈的保护下，具有神灵不可侵犯的性质。如果人民相信了宗教对苦难的世界的神学辩护，就不可能得知自己遭逢的苦难命运的真实根源，从而就不可能产生变革苦难世界的革命要求。

其二，宗教给人民以幻想的幸福，为人民身上的锁链装饰上虚幻的花朵。

人民本来生活在苦难之中，可宗教却说，只要安于苦难，就会进入来世的天堂；人民身上带着锁链，可宗教却在锁链上装饰上虚幻的花朵，使人民在精神上感到有所慰藉而不愿扔掉它。这就是宗教对人民的精神麻醉。所以，《导言》号召对宗教进行批判，使人民从鸦片麻醉中清醒过来，为砸碎锁链、争取现实幸福而斗争：

> 废除作为人民幻想的幸福的宗教，也就是要求实现人民的**现实的**幸福。要求抛弃关于自己处境的幻想，也就是要求抛弃那需要幻想的处境。因此对宗教的批判就是对**苦难世界**——宗教是它的**灵光圈**——的**批判**的**胚胎**。[①]

> 宗教批判摘去了装饰在锁链上的那些虚幻的花朵，但并不是要人依旧带上这些没有任何乐趣任何慰藉的锁链，而是要人扔掉它们，伸手摘取真实的花朵。宗教批判使人摆脱了幻想、使人能够作为摆脱了幻想、具有理性的人来思想，来行动，来建立自己的现实性；使他能够围绕着自身和自己现实的太阳旋转。[②]

马克思根据对宗教的社会本质和社会职能的科学认识，肯定了宗教批判的必要性。宗教批判的目的和意义，集中到一点，就是为了消除宗教对于人民精神上的束缚，使他们为改造旧世界、创建新社会而斗争。

其三，宗教是现实苦难的表现和抗议。

《导言》分析了苦难人民为什么易于信仰宗教的原因。在现实的苦难世界里，人们找不到摆脱苦难处境的实际道路，便容易相信宗教的说教，希望在来世天堂的幻想幸福里，寻求苦难的解脱。这种希望

---

① 《马克思恩格斯选集》第 1 卷，第 2 页。
② 同上。

包含了对现实苦难的不满。所以，"宗教里的苦难既是现实的苦难的**表现**，又是对这种现实的苦难的**抗议**"①。但是，这种抗议是消极的，对被抗议者有利无害，故《导言》接着指出："宗教是人民的鸦片。"在马克思看来，宗教表现了对现实苦难的抗议，也表现出它是麻醉人民的精神鸦片。

　　《导言》和《手稿》阐述的宗教观，其主要内容大致有如上述，它批判地总结和继承了历史上、特别是青年黑格尔派和费尔巴哈的启蒙无神论的宝贵遗产，对之作了根本性的改造，使无神论的宗教观发展出马克思所特有的从宗教批判转向社会批判的新的形态。马克思深刻地阐明了他自己的宗教理论的核心和基本问题，理论上的创造性和政治上的革命性水乳交融、浑然一体。它摆脱了传统的启蒙无神论在宗教问题上的唯心史观，克服了它的抽象性和思辨性，阐明了宗教的社会本质和社会根源，探索了克服宗教的正确途径，把无神论哲学与共产主义革命联系起来，使之变成了无产阶级改造旧世界的革命世界观，变成了马克思主义整个思想体系的一个重要的组成部分。

　　《导言》认为，既然德国青年黑格尔派发动的宗教批判运动在得出了"是人创造了宗教，而不是宗教创造了人"这个哲学结论之后，就应该到此为止，从对天国的批判变成对尘世的批判，对宗教的批判变成对法的批判，对神学的批判变成对政治的批判。反宗教的斗争应该直接转向反对宗教为之辩护的那个"颠倒的世界"的斗争。《导言》是这么说的，也是这么做的。在论述了宗教问题，概述了自己的宗教理论之后，《导言》便直奔主题，直接对德国的社会情况、政治情况进行了理论的分析，提出了今后进行德国革命的任务、方式和途径。《导言》尖锐地指出：虽然德国在当时的欧洲是一个在政治和社会方面仍然落后的国家，但它却由于自己的哲学而跻身于最发达的文明国家的行列。如果说，英国和法国是用政治批判和社会批判来消除缺陷的，那么德国则是用哲学批判，特别是黑格尔法哲学批判来做到这一点，因为黑格尔派哲学是和其他国家的当代现实处在同一水平之上的。然而这种批判只有通过实际的行动（实践）才能解决问题，因为

---

① 《马克思恩格斯选集》第1卷，第2页。

批判本身不能代替行动。如果说批判本身不能代替物质力量,那么当它变成彻底的批判并且掌握了群众的时候,它本身就可以成为物质的力量。那时候,它可以变成鼓舞人们去消灭不合理的、无人性的政治和社会制度的实际力量。

法国之所以能出现 1789 年的大革命,那是因为当时的法国已经形成了一个强大的革命的资产阶级。与之相比,德国的资产阶级是软弱的,不能进行这样的革命。在德国,只有完全被剥夺了财产权利的无产阶级才有可能进行这种社会革命:

> 哲学把无产阶级当成自己的**物质**武器,同样地,无产阶级也把哲学当成自己的**精神**武器;思想的闪电一旦真正射入这块没有触动过的人民园地,**德国人**就会解放为**人**。①

根据上述分析,马克思在《导言》中得出了最后的结论:

> 德国唯一**实际**可能的解放是从宣布人本身是人的最高本质**这个**理论出发的解放。在德国,只有同时从对中世纪的**部分**胜利解放出来,才能从**中世纪**得到解放。在德国,不消灭**一切**奴役制,**任何一**种奴役制都不可能消灭。**彻底**的德国不**从根本**上开始进行革命,就不可能完成革命。**德国人的解放**,就是**人的解放**。这个解放的**头脑**是**哲学**,它的**心脏**是**无产阶级**。哲学不消灭无产阶级,就不能成为现实;无产阶级不把哲学变成现实,就不可能消灭自己。
>
> 一切内在条件一旦成熟,德国的复活日就会由高卢雄鸡②的高鸣来宣布。③

我们应该注意到,马克思在这里以"高卢雄鸡"的革命高调宣布的重要结论:"德国唯一实际可能的解放是从宣布人本身是人的最高本质

---

① 《马克思恩格斯选集》第 1 卷,第 15 页。
② "高卢雄鸡"是法国在第一共和时代用在国旗上的图案,标志着当时法国人民的革命意识。
③ 《马克思恩格斯选集》第 1 卷,第 15 页。

这个理论出发的解放。"那就是说，所谓"解放"本质上不过就是"人的解放"；而所谓"人的解放"，本质上则是在未来的解放社会中，实现"人本身是人的最高本质"。只有在那样的社会中，人因实现了人的最高本质，才真正成为真实的人。这是马克思的《导言》追求人类解放的最高理想。为什么马克思这时能提出如此的革命性结论呢？显然与他对宗教的批判有必然性的逻辑关系。正是德国哲学的批判运动把一切宗教信仰归结为人的本质的异化，要求人把异化为神性的人的本质复归于人之自身。这个革命性的结论推动马克思进一步去探讨人的本质之所以异化为宗教之神的世俗基础，认识到一切异化的真正根源实质上就是私有财产制度。因此，反宗教的斗争必须进一步发展和转变为反对作为宗教之根源的以私有财产制度为基础的社会政治国家。这是一场彻底的人类解放的革命，只有无产阶级才有可能进行这种性质的革命。马克思就这样通过宗教批判运动走向无产阶级领导的共产主义革命。事实证明了马克思在《导言》中所说的第一句话："对宗教的批判是其他一切批判的前提。"我们对这句话也可以这样来解读：对宗教的批判，是马克思走向共产主义思想体系的第一步。

但是，马克思的宗教理论的发展并未到此止步。随着马克思、恩格斯的整个思想体系，特别是他们唯物史观日趋成熟，马克思主义的宗教理论也进一步系统化，趋于完善。

第四节　《德法年鉴》时期的恩格斯

费尔巴哈的《基督教的本质》推动恩格斯摆脱黑格尔和青年黑格尔派的唯心主义哲学走向属于他自己的新的世界观和宗教观。恩格斯在1842年3月所写的《谢林与启示》一文中热情地歌颂了费尔巴哈哲学对他所起的思想解放作用："新的一天已经破晓，我们从长期睡眠中觉醒了，压在我们脑上的梦一下子消失了。我们揉一揉眼睛，惊异地看一看我们周围的东西，一切全都变了样。"[①] 他抛弃了青年黑格尔派把言词与行动混为一谈，把思想批判视为世界历史之发展动力那一套唯心史

---

① 转引自海·格姆科夫《恩格斯传》，生活·读书·新知三联书店1980年版，第49页。

观，逐步走进真正的革命实践运动之中。他撰文直接批判普鲁士国家的封建专制制度，写了《普鲁士国王弗里德里希—威廉四世》一文，发表在《来自瑞士的二十一张》这本文集之上。而这部文集的政治倾向，按照反动当局的说法，它"完全赤裸裸地"鼓吹"把基督教和君主政体作为人民切齿痛恨的天上和尘世的暴君加以扫除"①。应该说，这个来自反动阵营的评价，完全符合恩格斯撰写此文的本意。恩格斯、马克思之所以参加青年黑格尔派的宗教批判运动，其目的就在于他们立志要消灭传统的基督教以及它为之神圣化的基督教国家。马、恩这时更从青年黑格尔派的启蒙无神论进一步发展到共产主义，从宗教批判的思想运动走向社会主义、共产主义的革命实践。

1842 年，恩格斯奉其父之命，去英国经商，这个行当完全不符合恩格斯作为思想家和革命家的天性。尽管父命不可不遵，但恩格斯只不过应付而已，他把主要的精力集中于考察英国工业革命后的资本主义社会的社会秩序、阶级结构、社会思潮、政治运动，更着重于考察英国工人阶级的处境和命运，了解和研究当时英国和欧洲大陆的各种社会主义思潮。同时他也关注传统基督教与资本主义社会的关系，更关注基督教与当时各种社会主义思潮的关系。

英国资本主义社会的种种弊端，以及无产阶级与资产阶级日趋激烈的阶级矛盾和阶级斗争，对于青年恩格斯的社会观和世界观的形成产生了深刻而又重大的影响。他这时已注意到，在资本主义社会中，决定人们一切思想和行动的轴心，实际上只不过是人们所处的经济地位和他们所关心的物质利益。这一事实激发起恩格斯科学探索的兴趣：那决定人类社会和历史发展的动力之源究竟是什么？是经济利益，还是思想原则？为了探究这个问题的秘密，恩格斯在英国和工人阶级广交朋友，进行社会调查，与工人运动和各种社会主义思潮流派建立联系，研究空想社会主义与古典经济学的著作……由此，恩格斯对自己探索的问题找到了自己的答案：

　　　我在曼彻斯特时异常清晰地观察到，迄今为止在历史著作中根

---

① 引自海·格姆科夫《恩格斯传》，第 50—51 页。

本不起作用或者只起极小作用的经济事实，至少在现代世界中是一个决定性的历史力量；这些经济事实形成了现代阶级对立所由产生的基础；这些阶级对立，在它们因大工业而得到充分发展的国家里，因而特别是在英国，又是政党形成的基础，党派斗争的基础，因而也是全部政治历史的基础。①

这是一种崭新的概念，是恩格斯的唯物主义的社会历史观和世界观正在形成的标志。恩格斯用它来观察和分析英国社会以及整个人类社会，后来又与马克思一道发展了这个概念，把社会主义学说从"空想"走向了他们以"科学"自许的"科学社会主义"。恩格斯这一时期论述社会主义问题和现实阶级斗争问题的论著都直接或间接地涉及宗教问题。当然，在恩格斯观察或分析宗教问题时，在理论和方法上都日益明确地应用了他正在形成的唯物史观。

作为一名社会主义者，恩格斯当时已开始强调社会主义社会乃是出于社会的要求和历史发展的必然，与《圣经》的词句或上帝的天启无关。为此，他明确反对当时已经出现于世的企图把宗教和共产主义学说结合起来的思潮。他果断地宣布：共产主义与宗教在世界观上是"截然对立"的。1843 年 10 月—11 月，恩格斯撰写了《大陆上社会改革运动的进展》一文。在评介法国的圣西门和傅立叶的社会主义思潮时，他斥责圣西门派的"全部学说都笼罩了一层不可理解的神秘主义的云雾，因此，起初也许还能引起人们的注意，可是最终便不能不使人大失所望"②。至于傅立叶的著作，恩格斯一方面承认有更多的"真正有价值的东西"，但另一方面也指出其中也存在"最荒唐的神秘主义色彩"。在恩格斯看来，把社会主义与宗教神秘主义混在一起，甚至说什么"基督教就是共产主义"，这是非批判的，不符合于哲学理性的。只要对基督教《圣经》有一个合乎理性的理解，当可知道，《圣经》的整个精神同共产主义是"截然对立"的：

①　恩格斯：《关于共产主义者同盟的历史》，《马克思恩格斯选集》第 4 卷，第 192 页。
②　《马克思恩格斯全集》第 1 卷，第 577 页。

可是有一点值得注意的是英国社会主义者一般都反对基督教，他们被迫忍受那些真正基督徒所具的种种宗教偏见，而属于一个以不信教著称的民族的法国共产主义者反倒是基督徒。他们最喜欢的一个公式就是：基督教就是共产主义（……）。他们竭力想用圣经，用最早的基督徒过的就是公社式的生活等话来证明这个公式。可是这一切只是说明了，这些善良的人们决不是最好的基督徒，尽管他们以此自居。因为他们如果真是最好的基督徒，那他们对圣经就会有更正确的理解，就会相信即使圣经里有些地方可以做有利于共产主义的解释，但是圣经的整个精神是同共产主义、同一切合理的创举截然对立的。[①]

至于为什么基督教及其《圣经》的整个精神同共产主义是"截然对立"的？恩格斯在这篇文章中并没有作更多的理解说明。大概在他看来，这是不言而喻的事，用不着多加解释。他和马克思已经经过了青年黑格尔派发动的宗教批判运动的战斗洗礼。施特劳斯和布鲁诺·鲍威尔早已通过对基督教圣经的批判研究证明了圣经故事不过是神话，是神话编造人无意识或有意识的一种编造。费尔巴哈还进一步指出：是人创造了神和宗教，而不是神和宗教创造了人。马克思、恩格斯都已经从启蒙无神论发展为更彻底的无神论，并从无神论的人道主义发展为共产主义。既然神和宗教已被从理论上彻底否定，那共产主义学说与基督教的圣经和上帝必然毫无相干，在此基础上，恩格斯宣称二者"截然对立"，无疑是哲学理性的必然结论。其后不久，马克思、恩格斯共同创建了马克思主义的整个思想体系。他们更从政治经济学和唯物史观出发来论证社会主义社会的胜利乃是全部人类社会发展史的历史必然性，他们更强烈地反对他们创建的"科学社会主义"学说与宗教有任何关联了。否则，"科学社会主义"就不再是什么"科学"了。

在卢格和马克思合作创办《德法年鉴》上，恩格斯也和马克思一样，提供了两篇论文。一是《政治经济学批判大纲》；二是《英国状况——评托玛斯·卡莱尔的"过去与现在"》。前一篇是用他已经形成的

---

① 《马克思恩格斯全集》第 1 卷，第 583 页。

唯物主义世界观去批判地研究资本主义经济制度的本质以及资产阶级的经济学。他企图论证资本主义私有制是资产阶级社会一切祸害的真正根源；人们可以从资本主义私有制找到阶级存在、劳动群众受剥削以及阶级斗争的真实基础。至于资产阶级学者的经济学则是"一门完整的发财致富的科学"①。恩格斯指出："因为工人要生活就得工作，而土地所有者可以靠地租过活，资本家可以靠利息过活，万不得已时，也可以靠资本或资本化了的土地来生活。因此，工人所得的仅仅是最必需的东西，仅仅是一些生活资料，而大部分产品则为资本和土地所瓜分。"② 这种种不合理的情况都是资本主义私有制所产生的结果，"都产生于资本和劳动的最初的分离和完成这一分离的人类分为资本家和工人的分裂。而这一分裂正日益加剧……它必然还会不断地加剧"③。根据这一社会分析，恩格斯强调说，这一切只有用"消灭私有制"的办法才能得到根本的解决。那么，究竟哪一个阶级才有可能完成这一历史使命呢？恩格斯在《英国状况——评托玛斯·卡莱尔的"过去与现在"》对此问题给予了回答：将来拯救英国的社会力量"只有大陆上不熟悉的那一部分英国人，只有工人"④。

恩格斯发表在《德法年鉴》上的这两篇文章中，第一篇《政治经济学批判大纲》并未论及宗教问题，只有在第二篇《英国状况——评托玛斯·卡莱尔的"过去与现在"》才相当集中地在批判卡莱尔的"宗教救世论"中阐明了自己的宗教观。但这两篇论文存在着有机的联系。前一篇在对资本主义的经济结构和经济关系中阐明了恩格斯的唯物主义世界观的历史观，它构成了打开宗教秘密之门的一把钥匙，为阐明宗教之本质、功能和根源等问题提供了认识论和方法论。恩格斯用来解决资本主义社会矛盾的最根本的手段——"消灭私有财产制度"，也成了恩格斯和马克思正在形成和完善的历史唯物主义宗教观最终消除宗教异化的根本途径。

1843 年写作的《英国状况——评托玛斯·卡莱尔的"过去与现

---

① 《马克思恩格斯全集》第 1 卷，第 596 页。
② 同上书，第 622 页。
③ 同上书，第 610 页。
④ 同上书，第 628 页。

在"》是恩格斯这一时期讨论宗教问题的最重要的著作。这部著作从对宗教的基本性质和社会功能的分析出发得出了自己的结论：宗教决不能作为救世良药，只有社会主义（而不是宗教）才能解决资本主义社会的种种弊端和社会危机。

卡莱尔所写的《过去和现在》一书对当时英国的资本主义社会的金钱统治和资产阶级的贪婪残暴以及劳动人民的苦难生活进行了非常关键的揭露和极有深度的批判。在卡莱尔笔下的英国社会是一种极其丑恶的社会：金钱至上、世风败坏、政治腐败、道德沦丧、人类的普遍利益彻底崩溃、个人利益至上泛滥成灾、传统宗教被破坏、社会秩序被瓦解，人们普遍贪求金钱利润，走向利己主义和无神论。对于卡莱尔对英国资本主义社会的批判和揭露，恩格斯是充分肯定的。他在该文中大量摘录了卡莱尔的这些文字。按照恩格斯的概括，卡莱尔描写的英国状况是这样一种状况：

> 寄生的土地贵族"安分守己都没有学会，至少还没有学会不做坏事"；实业贵族沉溺于崇拜玛门，他们与其说是一群劳动的领导者和"工业司令官"，不如说只是一伙工业强盗和工业海盗；议会是贿选产生的；单纯直观和无所作为的处世哲学，听之任之的政策；宗教被破坏并日益瓦解，一切人类利益彻底崩溃，对真理和人类普遍失望，因此，人们普遍分为孤立的、"彼此完全隔离的个体"，一切生活关系一团混乱、纠缠不清，一切人反对一切人的战争，普遍的精神沮丧，缺乏"灵魂"即缺乏真正的人的意识；人数众多的工人阶级忍受着难以忍受的压迫和贫困，异常不满和痛恨旧的社会制度，因此，威风凛凛的民主主义不可阻挡地向前推进；到处是紊乱不堪，没有秩序，无政府状态，旧的社会联系瓦解，到处是精神空虚，没有思想和实力衰退，——英国的状况就是这样。①

恩格斯说，我们完全可以同意他的描述。卡莱尔是整个"有身份

---

① 《马克思恩格斯全集》第 1 卷，第 641 页。

的"阶级中唯一的一个，至少没有闭眼不看事实，他至少正确地理解了
当前的现状，这对一个"有教养的"英国人来说，的确是一件很了不起
的事情。到此为止，恩格斯对卡莱尔的评价是相当之高的。但是，再往
前走一步，谈到如何解决英国资本主义社会中暴露的这种种弊端，对于
卡莱尔开出的"救世"医方，恩格斯就大大地不以为然了。

在卡莱尔看来，上述这种种社会弊端都起源于人类失去了灵魂，失
去了精神，丧失了古代社会因信仰宗教而产生的自我牺牲精神，古代真
理和古代的英雄气概。换句话说，来自于英国过去二百年盛行的"无神
论"。为此，卡莱尔主张，未来社会应当在政治上依赖于所谓不以金钱
利润、而以人类普遍幸福为目标的"真正的贵族"，确立英雄崇拜；在
精神上则应当重新恢复宗教信仰，建立一种以德国唯心主义哲学为基础
的，以"泛神论"为表现形式的新宗教：

> 近年来，在我们满目凄凉、四分五裂的欧洲，不也常常听到
> 一些宗教捍卫者，在宣扬一种人人信服的新的同时又是最老的宗
> 教吗？我认识一些人，他们既不认为自己是预言家，也不这样自
> 命。但是这些人的身上确实再次发出了自然界的永恒心脏的宏亮
> 声音，这是永远应当受到有灵魂的人的崇拜的灵魂。法国革命是
> 一种现象；作为它的补充和精神体现的诗人歌德和德国文学，我
> 看也是一种现象。让旧的世俗世界或务实世界化为灰烬吧，难道
> 这不就是产生新的更高尚更广阔的务实世界的新的精神世界的曙
> 光吗？充满古代自我牺牲精神、古代真理和古代英雄气魄的生活
> 又可能重新出现，成为现代人真正可以看到的东西；这是其他任
> 何一种现象在完全静止的状态中都不能与之相比的现象！在这里
> 我们再次透过一片行话和所谓文学的噪音，听到了新的天上的赞
> 美诗的回音。[①]

对于卡莱尔这里开出的救世方案，恩格斯坚决反对。恩格斯指出，
要想使英国和整个欧洲得救，决不应该回到宗教去，而是应该通过无神

---

① 《马克思恩格斯全集》第 1 卷，第 643—644 页。

论达到社会主义，恢复人类在宗教异化中丧失的人性或人的本质，使人成为一个真正的人。为了说明这个问题，恩格斯对宗教的本质及其消极的社会作用，作了深入的分析。

恩格斯指出，卡莱尔控诉时代的空虚和社会制度的腐败是正当的，但单纯的控诉无济于事。要消除弊端，就得找出产生弊端的原因。如果卡莱尔这样做了，他就会发现，这种腐败和空虚正是由宗教本身造成的。人的精神之所以空虚，正是宗教观念的影响。因为宗教的本质，就在于它把人的本质和大自然的全部内容转化为彼岸之神的幻影。既然人在宗教中把自己的本质异化，变成另一种本质而对之崇拜，他的精神和本质也就由于被异化出去而丧失了。人们当然就会感到空虚和失望。空虚早已存在，因为宗教就是人的自我空虚的行为。因此，宗教非但不是医治人们精神空虚的良药，而恰恰正是这种精神空虚现象的病根。

卡莱尔谴责当代的道德败坏，谴责盛行于世的伪善和谎言，并企图用提倡宗教崇拜来解决。恩格斯指出，要进行反对伪善和谎言的斗争，只有依靠哲学和科学，而不能求助于宗教。因为，伪善源于宗教，宗教就是谎言：

> 我们也反对现代基督教世界秩序的伪善；我们唯一迫切的任务归根到底就是同它进行斗争，使我们和世界摆脱这种伪善；但由于我们是随着哲学的发展来认识这种伪善，是在科学的基础上来进行斗争的，因此，这种伪善的本质对我们说来，就不像卡莱尔设想的那样不可捉摸，不可理解。我们把这种伪善也归咎于宗教，因为宗教的第一句话就是谎话；宗教一开头向我们说明某种人的事物的时候，不就把这种事物说成某种超人的、神的事物吗？但我们知道，所有这些谎话和不道德的现象都来源于宗教，宗教伪善、神学又是其他一切谎话和伪善的蓝本，所以我们就有理由像费尔巴哈和布·鲍威尔破例做的那样，把当代一切谎话和伪善都叫做神学。①

---

① 《马克思恩格斯全集》第 1 卷，第 648—649 页。

从哲学和科学角度看，宗教神学本质上是一种虚伪的世界观，它本身就是一堆谎话，怎么可能通过宗教来建立真正的道德伦理生活呢？卡莱尔创立新宗教以消除道德伪善的方案，显然是错误的。在恩格斯看来，只有通过无神论，彻底克服宗教和宗教观念，才能使人消除虚伪，成为一个有灵魂、有理性、有道德的人，成为掌握了自己命运的真正的人：

> 我们要把宗教夺去的内容——人的内容，不是什么神的内容——归还给人，所谓归还，就是唤起他的自觉。我们消除一切自命为超自然和超人的事物，从而消除虚伪，因为人和大自然的事物妄想成为超人和超自然的野心就是一切虚伪和谎话的根源。正因为如此，我们才永远向宗教和宗教观念宣战，毫不顾及别人会给我们扣上什么无神论或者别的帽子。①

只有在人们放弃了宗教，认识到自己的真正本质并且按照这一本质的要求建设社会之后，人类才能得到解放。我们相信历史的启示，但历史的启示不是神的启示，而是人的启示。为了相信人的事物的伟大，没有必要给真正的人的事物打上"神的"烙印。历史的"有神性"越大，它的非人性和牲畜性也就越大；不管怎么说，"有神的"中世纪确实使人彻底兽化，产生出农奴制和初夜权。卡莱尔大为不满的现代的无神性恰好正是现代的有神性。这就足以解开人类命运之谜。人绝不能把自己的命运交给神，因为神就是人。人只须了解自己本身，使自己成为衡量一切生活关系的尺度，按照自己的本质去估价这些关系，真正依照人的方式，根据自己本性的需要来安排生活，他就会猜中现代之谜了。因此，不应当使世界和人依附于神的恩典，不应当到虚幻的彼岸，到时间空间以外，到似乎置身于世界的深处或与世界对立的什么"神"那里去找真理，而应当到人那里去找。人所固有的本质比臆想出来的各种各样的"神"的本质要伟大得多，高尚得多，因为，神只是人本身的相当模

---

① 《马克思恩格斯全集》第1卷，第649页。

糊和歪曲了的反映。恩格斯的结论是：人在宗教中丧失了自己的本质，失去了自己的人性，现在由于历史的进步，宗教动摇了，于是他才发觉自己的空虚和不稳定。但是他只有彻底克服一切宗教理念，坚决地诚心地回到自己本身，而不是回到"神"那里去，才能重新获得自己的人性，自己的本质。①

在恩格斯看来，人类解救的根本道路，既不是卡莱尔的泛神论新宗教，更不是他设计的以"真正贵族"为中心的"英雄崇拜"，而是通过无神论来恢复人的本质和尊严，通过"一概否定私有制"来否定卡莱尔所指斥的金钱统治的根源，实现人类利益的一致。这种人重新获得了自己的人性，实现了人的本质的社会，就是社会主义。

恩格斯就这样在评论卡莱尔著作的时候，坚持了彻底的无神论，并通过无神论而发展到社会主义学说。在这里，恩格斯得出了马克思在《论犹太人问题》、《导言》中所阐述的有关无神论理论与社会主义学说之关系的相同结论。他们两人此时尚未有过真正的精神交流，尚处在彼此不同的社会环境下进行着自己的探索与思考。但令人惊奇的是，他们在不同的环境下，在论述不同理论问题的情况下，竟得出了相同的结论，这不能不使人想起中国古代哲人的一句话："百虑而一致，殊途而同归"，也使我们想起了唐代诗人李商隐那句著句的诗："身无彩凤双飞翼，心有灵犀一点通。"正是这种"心有灵犀一点通"，马克思、恩格斯不久之后就再次见面，通过思想交流，两人在精神上、理论认识上达成了高度的一致。从此以后，两位思想巨人紧密地结为一体，共同创建了我们称之为"马克思主义"的思想体系，为无产阶级革命、为共产主义事业而共同奋斗。这真是人类思想史上的一大奇迹，至今犹为人们发自肺腑地赞美和歌颂。

第五节　马克思主义历史唯物论宗教观的完成

从 1844 年马克思恩格斯第二次见面以后，他们俩发现彼此在理论目标和实践途径上完全一致，从此他们便决定建立历史上传为美谈的伟

---

① 见《马克思恩格斯全集》第 1 卷，第 651 页。

大友谊和思想理论上的伟大同盟。他们俩首次合作写作《神圣家族》和《德意志意识形态》，由此开始，直到 1847 年合写《共产党宣言》，这段时间，是马克思和恩格斯共同创建马克思主义整个思想理论体系完善和完成的时期。由于马克思、恩格斯在哲学上确立了辩证唯物主义和历史唯物主义的世界观，便使他们在前一阶段业已奠定基础的唯物史观宗教理论获得了更完善、更准确的概念表述形式，使马克思主义的唯物史观宗教理论得以完成。

在马克思、恩格斯参与编辑《德法年鉴》并撰写相关论文的时候，布鲁诺·鲍威尔及其同伴出版了一个与《德法年鉴》唱对台戏的杂志——《文学总汇报》。它在哲学上继续宣扬"自我意识"这种黑格尔唯心主义的精神实体的万能创造性，并提倡个人主义、无政府主义以公开反对社会主义和共产主义思潮的传播。对于已经走上社会主义和共产主义革命之路的马克思和恩格斯来说，这是不能容忍的。他们感到有必要回击鲍威尔等人的挑战，于是便合作写了《神圣家族》一书。这部专门为清算鲍威尔思想而写的著作，标志着马克思、恩格斯最终脱离了青年黑格尔派的影响。这是一本以批判布鲁诺·鲍威尔的唯心主义思辨哲学为主要内容的哲学著作，基本上未直接涉及宗教问题。但由于马、恩在本书中不仅辩证地解决了思维与存在、精神与自然、主体与客体、理论与实践的关系，奠定了辩证唯物主义哲学世界观的基础，而且还制定了历史唯物主义的基本原则，提出了关于社会历史发展的决定力量不是思想或任何人的"自我意识"而是社会的物质生产方式的原理，这就为宗教理论奠定了认识论和方法论的新基础。当这部著作应用新的世界观和历史观去观察和分析唯心主义哲学和唯物主义哲学各自在历史中与宗教的关系的时候，便有了更深一层的新的意义和新的说明。

马克思、恩格斯对他们自己也参与其中的青年黑格尔派的宗教批判运动历来是肯定的，甚至认之为"无神论"。但当马、恩写作《神圣家族》，从过去的唯心主义彻底转到自己创建的辩证唯物主义和历史唯物主义哲学世界观之后，便进一步看清了鲍威尔发动的宗教批判运动与其唯心主义哲学本质上存在着对立和矛盾，看到了鲍威尔唯心主义哲学本质上也是一种"神学"的实质。《神圣家族》的"序言"写道：

在德国，对**真正的人道主义**说来，没有比**唯灵论**即**思辨唯心主义**更危险的敌人了，它用"**自我意识**"即"**精神**"代替**现实的个体的人**，并且同福音传播者一道教诲说："精神创造众生，肉体则软弱无能。"显而易见，这种超脱肉体的精神只是在自己的想像中才具有精神力量。**鲍威尔**的批判中为我们所驳斥的东西，正是以**漫画的形式**再现出来的**思辨**。我们认为这种思辨是**基督教德意志**原则的最完备的表现，这种原则的最终目的就是要通过变"**批判**"本身为某种超经验的力量使自己得以确立。①

这就是说，在马、恩看来，即使是像青年黑格尔派这样性质的唯心主义哲学，尽管它们曾对基督教及其神学进行过激烈而且尖锐的批判，但它并不能真正地彻底地战胜宗教神学，它有可能在逻辑上转化为对宗教神学的论证，甚至其本身就是一种新的神学。例如，布鲁诺·鲍威尔高调推崇的那种普遍的"自我意识"，本质上即是基督教创世说的复活并且最终归宿于神学。因为，那毫无内容的、同自然和社会相隔绝的、只为自己而存在的"自我意识"，在脱离了世界以后，就变成了神圣的精神，并作为神圣的精神而过着神圣的生活。作为它的化身，鲍威尔等人所高唱的《批判的批判》本身也加入到神灵的行列。《批判的批判》的最光辉的代表像上帝一样，在抽象概念中过着离群索居的生活，并且像在末日的审判一样，对罪恶的群众做出了严厉的判决。马克思、恩格斯因此而把鲍威尔讽刺性地称之为"神学家"，把他们一伙称之为"神圣家族"。这半是文学性的幽默，半是着眼于对"自我意识"这种纯精神性的、神秘性的"神圣物"的哲学分析。在已经从黑格尔唯心主义体系的推重者脱胎换骨为辩证唯物主义和历史唯物主义哲学的创建者的马克思、恩格斯看来，一切唯心主义哲学与宗教学之间有着本质上的一致，并没有不可逾越的鸿沟。鲍威尔为代表的"神圣家族"既然如此鄙视和脱离现实社会和苦难大众，像上帝和神灵一样高高地踞坐在天上，那他们便不能不远离群众反抗旧社会体制的革命实践，反对走向社会主义和共产主义革命之路。这是两条根本不同的哲学路线和政治路线。布

———————————

① 《马克思恩格斯全集》第 2 卷，第 7 页。

鲁诺·鲍威尔及其"神圣家族"由于把自己的"自我意识"神圣化，便从唯心主义的哲学路线走向反对社会主义和共产主义的政治路线；马克思、恩格斯把他们弄颠倒了的思维与存在、精神与自然的关系再颠倒了过来，建立了自己的辩证唯物主义和历史唯物主义哲学世界观，更由此而走上社会主义和共产主义。马、恩的《神圣家族》之所以批判布鲁诺·鲍威尔为代表的"神圣家族"，其哲学的出发点和政治的落脚点即在于此。

既然一切唯心主义思辨哲学与宗教神学有着内在的不解之缘，那么，一个显而易见的哲学结论就是：只有唯物主义哲学才能对宗教神学进行真正彻底的批判，为人类指出宗教解放和政治解放的真理之路。《神圣家族》一书为此对文艺复兴以来启蒙思潮的发展历史进程进行了集中概括的考察。

《神圣家族》指出：18世纪的法国启蒙运动，特别是法国唯物主义，不仅是反对现存政治制度的斗争，同时是反对现存宗教和神学的斗争，而且是反对17世纪的形而上学和反对一切形而上学的公开而鲜明的斗争，正像费尔巴哈在他向黑格尔作第一次坚决进攻时以清醒的哲学来对抗醉醺醺的思辨一样。

法国唯物主义有两个派别，一派起源于笛卡尔，一派起源于洛克。起源于洛克哲学的这一派主要是法国有教养的分子，它直接导向社会主义。起源于笛卡尔的一派，则成为机械唯物主义，成了真正的法国自然科学的财产。

洛克发展了培根和霍布斯的哲学原则，系统地论证人类知识起源于感觉，建立了"健全理智的哲学"，他证明"哲学要是不同于健全人的感觉和以这种感觉为依据的理智，是不可能存在的"[1]。法国哲学家孔狄亚克继承了洛克的哲学原则，他在其《关于人类知识的起源的经验》中证明说："**经验和习惯**的事情不仅是灵魂，而且是感觉，不仅是创造观念的艺术，而且是感性知觉的艺术。因此，人的全部发展都取决于**教育**和**外部环境**。"[2]

---

[1]　《马克思恩格斯全集》第2卷，第165页。

[2]　同上。

爱尔维修也是以洛克哲学为出发点的。他随即把他从洛克那里继承过来的唯物主义运用到社会生活方面，认为感性的印象和自私的欲望、享乐和正确理解的个人利益，是整个道德的基础。人类智力的天然平等、理性的进步和工业的进步的一致，人的天性的善良和教育的万能，这些结论可以说是爱尔维修哲学的几个主要因素。马克思、恩格斯在《神圣家族》中据此深刻认识到了从唯物主义哲学导致社会主义的途径，并肯定法国唯物主义哲学"直接成了社会主义和共产主义的财产"：

> 并不需要多大的聪明就可以看出，关于人性本善和人们智力平等，关于经验、习惯、教育的万能，关于外部环境对人的影响，关于工业的重大意义，关于享乐的合理性等等的唯物主义学说，同共产主义和社会主义之间有着必然的联系。既然人是从感性世界和感性世界中的经验中汲取自己的一切知识、感觉等等，那就必须这样安排周围的世界，使人在其中能认识和领会真正合乎人性的东西，使他能认识到自己是人。既然正确理解的利益是整个道德的基础，那就必须使个别人的私人利益符合全人类的利益。既然从唯物主义意义上来说人是不自由的，就是说，既然人不是由于有逃避某种事物的消极力量，而是由于有表现本身的真正个性的积极力量才得到自由，那就不应当惩罚个别人的犯罪行为，而应当消灭犯罪行为的反社会的根源，并使每个人都有必要的社会活动场所来显露他的重要的生命力。既然人的性格是由环境造成的，那就必须使环境成为合乎人性的环境。既然人天生就是社会的生物，那他就只有在社会中才能发展自己的真正的天性，而对于他的天性的力量的判断，也不应当以单个个人的力量为准绳，而应当以整个社会的力量为准绳。①

《神圣家族》关于从洛克到 18 世纪法国唯物主义哲学的历史发展和理论分析，具有重要的意义。它不仅肯定东西方启蒙思想的发展史上，只有唯物主义哲学（而不是唯心主义哲学）才有可能对基督教宗教学进

---

① 《马克思恩格斯全集》第 2 卷，第 166—167 页。

行真正彻底的批判，构成启蒙无神论思潮的正宗；而且马克思、恩格斯还进一步肯定洛克和 18 世纪唯物主义哲学是社会主义和共产主义思想体系的理论之源。这表明，马克思、恩格斯已经从理论渊源的历史探索中，与布鲁诺·鲍威尔为代表的青年黑格尔派唯心主义路线完全划清了界线，而且把他们自己的宗教理论和社会主义、共产主义思想说成是洛克和 18 世纪法国唯物主义哲学在新时代的发展，是整个唯物主义哲学发展史的合法的、正统的继承人。

《神圣家族》在其最后部分更自觉地应用唯物主义哲学世界观对鲍威尔关于犹太人解放问题的理论继续进行《德法年鉴·论犹太人问题》所开始的批判。它通过对法国大革命以后所产生的政治国家不过是资产阶级的统治工具这一客观事实，来证明资本主义社会的固有缺点，重申：单纯的政治解放不能使人从他的自我异化下得到解放，必须实行人类的解放。而人类解放的实现，则要求消灭私有财产制度，即通过共产主义革命实现社会的变革。只有到那时，才有可能最终克服宗教异化。

1845 年，马克思写了《关于费尔巴哈的提纲》，批判费尔巴哈人本主义的局限性，进一步完善了辩证唯物主义和历史唯物主义的世界观。这是一份计划中的写作提纲，但恩格斯给予了高度的评价，认为它"作为包含着新世界观的天才萌芽的第一个文件，是非常宝贵的"[1]。由于费尔巴哈哲学的核心内容是一套人本主义的宗教观，故马克思对费尔巴哈宗教观的分析和批判便成了《提纲》的重要内容。《提纲》所阐发的宗教观主要是进一步发挥《〈黑格尔法哲学批判〉导言》的宗教理论。但是，由于马克思这时的辩证唯物主义和历史唯物主义世界观已经成熟，因此，《提纲》的宗教观比之《导言》的相应部分就有了更坚实的哲学基础，在概念表述上也有了更科学的形态。

费尔巴哈从宗教上的自我异化，从世界被二重化为宗教的、想象的世界和现实的世界这一事实出发，致力于把宗教世界归结于它的世俗基础。他深刻地阐明了神的本质和属性就是人的本质和属性的自我异化；宗教有其世俗基础，那就是人；是人创造宗教，而不是宗教创造人。这是费尔巴哈对哲学和宗教学说所作的最有价值的贡献，它对马克思主义

---

[1]　《马克思恩格斯选集》第 4 卷，第 208—209 页。

的世界观和宗教观的形成有着不可磨灭的历史功勋。正是由于费尔巴哈的影响，马克思、恩格斯才从黑格尔派的唯心主义转到唯物主义。马、恩对此从来是肯定的。但是，马克思、恩格斯只是把费尔巴哈哲学和宗教观的成就当做新的起点，而不是视为可以停步不前的顶峰。《提纲》指出，费尔巴哈的主要缺陷恰恰正在于此："他（费尔巴哈）没有注意到，在做完这一工作之后，主要的事情还没有做哪。"① 费尔巴哈只是着眼于把宗教还原为它的世俗基础，却没有进一步分析这世俗基础何以会"二重化"，异化出宗教世界来。由于他没有真正找到宗教之所以产生和存在的社会基础，也就不可能找到克服宗教异化的真正途径。马克思认为，宗教的自我异化只能用世俗基础的自我异化才能得到说明，只能通过这个世俗世界的自我分裂和自我矛盾才可以得到理解。因此，要想克服宗教上的自我异化，首先便必须克服世俗基础的自我矛盾。这种社会矛盾只能用革命的实践才能得到解决，单纯的思想批判是不行的。既然费尔巴哈已经发现了神圣家族（宗教）的秘密存在于世俗家庭（社会）之中，那么，我们的批判便必须从对神圣家族（宗教）的批判转向对世俗家庭（社会）的批判，并通过革命实践去改造这个社会。马克思通过《提纲》发展了《〈黑格尔法哲学批判〉导言》的思想，从对宗教的批判进到对社会（政治、法、国家等）的批判，从理论的批判进到革命的实践，从无神论的哲学理论发展到社会主义和共产主义的革命运动。这是马克思科学宗教观与费尔巴哈人本主义宗教观以及一切旧的启蒙无神论根本区别之所在。

马克思进一步指出，费尔巴哈之所以产生上述缺陷，原因在于他不懂得人的社会性。费尔巴哈虽然正确地把宗教的本质归结为人的本质，但却对人的本质作了错误的理解。费尔巴哈所了解的人的本质就是人之所以为人，亦即人之所以能自成一类的、一切人所共同具有的东西，即把人和其他动物区别开来的东西。在他看来，这种东西就是人的理性、爱和意志。由于费尔巴哈不了解人的社会性，把人从社会关系中游离出来变成了抽象、孤立的个体，变成了只具生物特性的人，他所谓作为人之本质的理性、爱、意志之类，也就成了丧失了具体社会内容的抽象

---

① 《马克思恩格斯选集》第 1 卷，第 17 页。

物。这样一来，由这种本质异化或对象化而成的宗教，也因之而丧失了社会内容，脱离了与社会的联系。既然看不到宗教的社会基础，也就找不到克服宗教异化的道路。《提纲》一方面批判费尔巴哈是"撇开了历史进程"来了解人的本质，从而把人的本质理解为"把许多个人纯粹自然地联系起来的共同性"，同时，马克思又正面提出了人的本质"是一切社会关系的总和"的著名论断。所谓"社会关系的总和"，当然包括社会中人与人的一切关系，主要是人与人在物质生产中的关系以及由此决定的政治关系、阶级关系、社会伦理关系、思想关系等等。这意味着应该以人的社会关系为基础来分析人的理性、爱、意志，分析宗教思想和宗教感情。据此，《提纲》的第六、七条着重批判了费尔巴哈关于"宗教感情"的说法。在马克思看来，"宗教感情"绝不是脱离具体历史条件和人类社会的历史进程的个人所有物。既然人是社会关系的总和，人的"宗教感情"也就只能是"社会的产物"。在不同的历史环境下有不同的宗教感情；不同的个人，由于处于不同的社会关系之中，也有不同的宗教感情。费尔巴哈把爱、依赖感、利己心、恐惧感之类，普遍化为与社会关系无关的人性，这是完全错误的。至于他把这些感情宗教化，说成是永恒的宗教感情，并企图在它之上建立某种新的宗教，那就更错误了。《提纲》对费尔巴哈人本主义宗教观的局限性的批判，实际上也是对欧洲文艺复兴时期以来一切启蒙无神论的批判，因为这些宗教学说中都具有抽象人性论的特征。只有克服了抽象的人性论，才能认识到宗教感情中的社会实质（阶级性），从而才有可能用阶级斗争的观点和阶级分析的方法，对宗教问题进行科学的分析。

但是，《提纲》毕竟只是一份简要的工作草图，对于许多重大的问题，如人的社会关系和阶级性的具体内容，作为社会产物的"宗教感情"与"社会关系"的关系……均未作出具体的说明，有待进一步的发挥。在紧接《提纲》之后写成的《德意志意识形态》（1845—1846）和《共产党宣言》（1847），对这些历史唯物主义的基本原则作出了经典性的表述，并赋予马克思主义的宗教理论以更新的表现形态。

《德意志意识形态》是一部哲学著作。它主要是批判了费尔巴哈唯物主义的直观性和唯心史观，对青年黑格尔派则进行了更彻底的清算，并在批判过程中论证了马克思主义哲学特别是唯物史观的一系列根本原理。《共产党宣言》则是马克思主义科学体系的集中体现。这两部伟大著作的主题都不是宗教问题，但它们制定的哲学世界观（特别是历史唯物论）的基本原理，对于分析宗教问题，则具有认识论和方法论的意义，为马克思主义的历史唯物主义宗教观奠定了理论基础，提供了思想指导原则。例如，这两部著作提出并表述了生产关系（《德意志意识形态》是用"交互关系"来表述这一概念）一定要适应生产力性质；上层建筑一定要适应经济基础；全部文明史都是阶级斗争的历史；社会意识由社会存在决定；意识形态是人们的生产关系和所有制关系的产物，它们随着人们的生活条件、人们的社会关系、人们的社会存在的改变而改变；社会意识的改变是由于物质生活条件改变的合乎规律的过程……这一系列历史唯物主义的原理，对于我们正确地认识宗教的本质和社会历史作用，揭示宗教的社会根源，发现宗教发生、发展和消亡的规律……乃是不可或缺的理论与方法。马克思和恩格斯这两部著作中就不时用历史唯物主义的基本原理，对宗教的各个方面为我们做出了典范性的分析。《德意志意识形态》在论及社会物质生产形式决定社会意识的时候，就指出：

> 道德、宗教、形而上学和其他意识形态，以及与它们相适应的意识形式便失去独立性的外观……那些发展着自己的物质生产和物质交往的人们，在改变自己的这个现实的同时，也改变着自己的思维和思维的产物。不是意识决定生活，而是生活决定意识。[1]

这就告诉我们，在分析宗教问题时，不要把宗教视为独立自足的东西，它是由社会的物质生产关系所决定的，由它们的需要而产生，随它们的变化而改变的。

由于马克思、恩格斯发现"到目前为止的一切社会的历史都是阶级斗争的历史"[2]，他们便更清楚地指出，宗教的变化和发展是受阶级斗争所制约的，宗教内部的斗争是社会阶级斗争的反映：

---

① 《马克思恩格斯全集》第 3 卷，第 30 页。
② 《马克思恩格斯选集》第 1 卷，第 250 页。

思想的历史除了证明精神生产随着物质生产的改造而改造，还证明了什么呢？任何一个时代的统治思想始终都不过是统治阶级的思想。

当人们谈到使整个社会革命化的思想时，他们只是表明了一个事实：在旧社会内部已经形成了新社会的因素，旧思想的瓦解是同旧生活条件的瓦解步调一致的。

当古代世界走向灭亡的时候，古代的各种宗教就被基督教战胜了。当基督教思想在十八世纪被启蒙思想击败的时候，封建社会正在同当时革命的资产阶级进行殊死的斗争。信仰自由和宗教自由的思想，不过表明自由竞争在信仰的领域里占统治地位罢了。①

《共产党宣言》批判了所谓宗教只改变形式，但宗教本身永恒存在的谬论：宗教（以及一切社会意识形式）在形式上的改变和运动，无非是社会阶级对立的反映。阶级斗争的需要决定它们的存在，随着阶级对立和阶级斗争的完全消失，它们也就会完全消失。基于这一条历史规律，马克思、恩格斯庄严宣告：

共产主义革命是同传统的所有制关系实行最彻底的决裂；毫不奇怪，它在自己的发展进程中要同传统的观念实行最彻底的决裂。②

这就是《共产党宣言》对待宗教和其他一切传统观念的态度。马、恩代表共产党人对那些指责共产党人要消灭宗教的大人先生们响亮地回答道：宗教的消亡一定会随着私有制和阶级的消亡而发生，这是一条不依任何个人意志为转移的客观规律。马克思主义者和共产党人的宗教观无非只是忠实地反映了这条历史规律的客观趋势而已。这也就是说，马、恩认为，宗教的消亡，并不是共产党人的主观意识，而是社会发展的必然趋势。

---

① 《马克思恩格斯选集》第 1 卷，第 270—271 页。

② 同上书，第 271—272 页。

从《德意志意识形态》和《共产党宣言》这两部伟大著作可以看到，马克思主义思想理论体系最终完成了。随着这一发展过程，宗教问题的各个基本方面都在历史唯物主义基础上得到了论证和说明，马克思主义的历史唯物主义宗教观从而取得了比较完整和准确的概念表述。今后的问题主要是应用历史唯物主义的社会历史观和宗教观进一步分析和认识宗教问题，对之作具体的发挥，全面的发展了。

第 五 章

《共产党宣言》之后的历史唯物主义宗教观

第一节　论著概况

马克思、恩格斯在世界观的转变和整个共产主义思想体系的形成时期，对宗教问题的关心，在他们的全部理论活动和实践活动中占有相当突出和重要的地位。这有两方面的原因：从客观形势上看，传统宗教是德国封建专制制度的精神支柱，不首先批判宗教就不能有效地批判旧的制度；按照马克思的说法，宗教批判是其他一切批判的前提。马克思和恩格斯的革命实践都是从参加青年黑格尔派发动的宗教批判开始，然后逐步进入德国社会革命的激流之中的。从主观方面看，马克思、恩格斯如要创立自己的哲学世界观和整个思想理论体系，就必须既要抛弃传统宗教信仰的精神束缚，又要清算黑格尔唯心主义哲学对他们的影响。理论上的无神论是他们发展出辩证唯物主义和历史唯物主义哲学世界观的出发点，是他们创建的整个共产主义思想体系的第一步。

然而，随着《共产党宣言》等著作的问世，马克思主义哲学世界观和共产主义思想体系最终形成了。马克思主义的思想体系已不再是书斋中的抽象理论，而是已经和国际工人运动结合起来，形成了无产阶级手中的革命武器。马克思和恩格斯作为国际共产主义运动的导师和领袖，他们的主要精力不能不有所转移。正像马克思在《〈黑格尔法哲学批判〉导言》中所说的那样，彼岸的真理消逝以后，历史的任务就应该是确立此岸世界的真理；人的自我异化的神圣形象被揭穿以后，揭露非神圣形象中的自我异化，就成了为历史服务的哲学的迫切任务。于是，对天国的批判就变成对尘世的批判，对宗教的批判就变成对法的批判，对神学的批判就变成对政治的批判。1844 年说的这段话，规划了马克思和恩格斯此后革命一生的道路。从那以后，他们为了确立此岸世界的真理，集中全部精力和智慧从理论和实践上进行对尘世、法和政治的批判。在理论方面，则着重建立和完善马克思主义的哲学、政治经济学和社会主义学说。只是国际共产主义运动在理论和实践上的需要涉及宗教问题的时候，他们才再次进入宗教领域，继续展开并在实践中应用其历史唯物主义的宗教观。由于以马克思主义为旗帜的无产阶级革命政党的建立，党在实际的政治斗争中，会碰到各种各样的社会的、政治的、经济的以及文化和宗教上的问题，党都必须拿出自己的应对方案，形成党的纲领、路线和政策的重要组成部分。宗教信仰问题涉及广大众多的信教群众，如何对待和处理这个问题，常常是非常敏感的，当然也是关系全局的重要问题。共产国际各地区的实际领导人不能不对实际碰到的宗教问题有所表态，喊出一些口号，甚至直接提出自己的解决方案。这些口号和方案，难免有些就不那么符合马克思、恩格斯关于宗教问题的基本原理，在政治上就会出现"左"的或右的偏差。作为国际共产主义运动的导师和领袖，马克思和恩格斯只能亲自站出来，走上宗教问题的第一线，按照他们已经建立并已经成熟化了的历史唯物主义宗教理论，作出马克思主义的解答。其主要内容涉及两个方面，一是在实践层面上，纠正那些"左"的或右的偏差，为无产阶级政党应对现实的宗教问题指明正确的路线与方针；二是在理论层面上，比较系统明确地阐明历史唯物主义宗教观在宗教问题上的基本理论，如宗教的性质、本质、功能、发生与发展的历史道路，以及宗教在未来走向消亡的途径。显而易见，基本理论的阐述，其目的是为党制定正确的实践政策提供理论依据。大体说来，《共产党宣言》之后，马克思、恩格斯在宗教问题上提出的论说和论著，其基本性质和主要内容就是如此。

马克思在《共产党宣言》之后，其精力几乎全部集中于指导国际共产主义运动的实践问题。与此同时，在理论方面则全力以赴地把创建的马克思主义整个理论体系系统化，力图把它建成为一个严整的逻辑体系。因此，他把自己的理论创造活动几乎全部集中于《资本论》的写作之上。他似乎很少关注宗教理论的进一步研究和写作。我们不难发现，直到逝世之前，他这方面的论说寥寥可数，而且其中多是在讨论其他问题时顺便提及一下宗教问题。略加清点，大概有这样几篇。他和恩格斯一起在 1846 年共同写了《反克利盖的通告》，批判克利盖把共产主义与基督教混为一谈的言论；1847 年，马克思在其短篇论文《"莱茵观察家"的共产主义》中严厉地批判了基督教一千八百年来的社会原则；1855 年，马克思在其社评式的论文《反教会运动——海德公园的示威》揭露了教会与英国寡头政治、垄断资本互相勾结进行反对下层阶级的阴谋活动；1867 年，马克思在《资本论》第一卷中用最为概括、也最为深刻的语言，论及了宗教与社会的人和自然的关系，以此为理论基础，指出了宗教消亡的条件和途径；1875 年，马克思在《哥达纲领批判》中指出，工人党不应只满足和停留在"信仰自由"的简单口号之上，而应致力于"把信仰从宗教妖术中解放出来"；同年与马克思、恩格斯合写《流亡者文献》，批判工人党内的布朗基主义者和巴枯宁主义者关于用行政和法令的强制手段来"取缔"宗教信仰的"左"倾主张。除此之外，还有一些零散的议论。总之，《共产党宣言》之后的马克思，关于宗教问题的论说，大多侧重于工人党在处理宗教问题的实践方面，几乎没有系统集中的、专门性的宗教论著。尽管其中的有些论说很深刻、很重要，值得研究者认真探索。但总的说来，马克思确实已淡化了青年时代和早期对宗教的专注，逐渐把注意力转移到其他更重要的方面。用他自己的话讲，他已经从对天国的批判转向对尘世的批判。

恩格斯与马克思相比起来，情况大有不同，在《共产党宣言》之后，恩格斯关于宗教问题论著不仅数量比马克思要多，而且还有一些专门性的论文。从论著内容看，除了涉及工人政党处理宗教问题的实践方面，还涉及若干专业性的宗教理论问题。如：1876—1878 年，恩格斯在其全面系统地阐述马克思主义思想体系三大组成部分（哲学、政治经济学、科学社会主义）的巨著《反杜林论》中，在批判杜林关于使用警察手段"禁止宗教"的"左"倾主张的时候，用相当的篇幅，集中而又系统地阐发了马克思关于宗教的性质及其发生、发展的历史轨迹，以及"静待宗教……自然地死掉"的理论；在 1882—1894 年间，恩格斯撰写了专门研究早期基督教的三篇论文（《布鲁诺·鲍威尔和早期基督教》[1882]、《启示录》[1883] 和《论早期基督教的历史》[1894]）。其特点是一方面肯定了布鲁诺·鲍威尔在研究早期基督教史的学术贡献和政治上的进步意义，另一方面则用唯物史观的理论和方法研究了早期基督教的阶级特性和历史特点，对早期基督教在历史发展中的作用给予了某些肯定性的评价。特别值得注意的是，恩格斯在其《德国农民战争》(1850)、《路德维希·费尔巴哈和德国古典哲学的终结》(1886)、《社会主义从空想到科学的发展·英文版导言》(1892)中，更对基督教在欧洲三次早期资产阶级革命中所起的历史作用作出了新的肯定性评价。全部论述贯穿了唯物史观和阶级分析的理论和方法，根据欧洲资产阶级政治经济地位的变化说明了该阶级对待基督教的不同态度，从而也说明了基督教在不同历史阶段所起的不同作用。还有一点值得我们注意者，恩格斯晚年特别关注自然辩证法的研究。其中，他尤其关注自然科学的发展与宗教神学的关系。他特别指示，随着自然科学的发展，上帝的世袭领地一个接着一个地为自然科学所占领，上帝从自然界日趋隐退。以上所说，大体上可以反映马克思、恩格斯在这一时期有关宗教问题的论述的基本情况。考虑到这些论述比较分散，很多是散见于论述其他主题中的只言片语，笔者认为，本书以前部分针对马、恩的各篇宗教论著进行专门研究和概述的方法，似乎不再适用于这个时期的特点。我们对马克思、恩格斯在《共产党宣言》之后有关宗教问题的论述，在其性质和内容上有一个基本看法，那就是这些论述基本上都是马、恩应用其历史唯物主义的理论和方法，综合解决国际共产主义运动如何处理和对待宗教问题的实践方面和理论方面，这事实上涉及他们所建立的历史唯物主义宗教观所蕴含的主要内容。具体而言，大致可归纳为如下几个方面：

△ 论宗教的本质（宗教定义问题）；

△ 论宗教发展的历史进程及其社会形态；

△ 宗教消亡的社会条件和途径问题；

△ 论宗教的社会功能问题；

△ 对基督教史的历史研究问题；

△ 论自然科学与宗教神学的关系；

△ 论马克思主义政党对于宗教问题的态度。

马克思、恩格斯对上述这些问题的论述，构成历史唯物主义宗教观的基本理论。本书拟不拘泥于马、恩发表这些论述的先后年代顺序，而是围绕上述这些基本理论，进行综合性的研究和论述。我们希望，本书通过这种论述方式，能使读者对马克思、恩格斯所创建的历史唯物主义宗教理论有一个比较完整、比较系统的概念。[①] 在纯客观地概述马克思主义宗教观的这些基本内容的同时，笔者同时也考虑到百余年来（特别是中国改革开放 30 年以来）近现代比较宗教学各方面、各分支学科的迅猛发展，以及我国近 30 年来，马克思主义中国化和各种非马克思主义宗教学说所提供的学术成果（其中不少说法实质上是对马克思主义宗教观的某些内容的质疑和挑战），因此，本书这部分的内容在客观概述马克思主义的宗教理论的同时，也将提出笔者自己对有关问题的一些纯属个人性的思想，这些思想是学术性的探讨。我们主观上力图应用历史唯物主义的理论与方法，使马克思主义的宗教理论吸收新时代宗教学术研究成果的有益的合理的内容，与时俱进，不断有创新式的发展；与此同时，也对一些学者在宗教问题上对马克思主义宗教理论进行的若干质疑和挑战，作出我们自认为符合于马克思主义的基本原则的回应。这些回应，具有"论争"的性质。但我们认为这应是一种不同的学术见解之间的交流，应该有助于推动宗教学术研究的发展。我们希望这种主观意图能得到社会和学术界的理解。如果我们的探讨性思考出了错，欢迎大家批评，当然也希望得到宽容，理解万岁！是所望焉。

第二节　论宗教的本质（宗教定义问题）

马克思、恩格斯如何理解宗教的本质？在他们的心目中，宗教究竟是个什么样的存在？其本质的规定性究竟是什么？具体地说，马克思和恩格斯是否曾在自己的有关论著中对宗教这类事物或宗教这个概念作出过定义式的规定？这个问题，在我国的马克思主义宗教理论的

---

① 近年来，笔者看到了几本研究马克思主义宗教观的专著。其写作特点之一就是对马、恩有关宗教问题的论著和个别重要论断，按其发表年代，逐一展开剖析。这种注疏性的分析，有助于读者对原本的意旨求得具体的理解，我对这些专著的作者的努力，还是肯定的。但就笔者个人的学术志趣而论，说句心里话，我个人并不喜欢这种论述方式，因为，在笔者读完这些专著之后，感到对马克思主义的宗教理论的理解，仍然是支离破碎的，缺乏一种从整体上把握马克思主义在宗教问题上的基本理论的系统感。笔者认为，对个别的分析必须辅之以整体的综合。本书采用的就是系统综合的论述方式。这算是笔者个人的一种尝试吧！至于是非对错，非所计也，请读者裁之可也。

研究者中差不多都曾给予了肯定的回答。其中也包括笔者本人。现在看来，我们作出的这些肯定性回答都不符合事情的真实。马、恩在宗教理论上有独到的贡献，是这方面的思想家，但他更是革命家。他们一般都是联系当时思想批判和社会政治批判的实际需要来研究和谈论宗教理论问题。他们并不是企图写一本宗教学教科书的宗教专业学者。一般说来，他们没有必要先从一个宗教定义出发，从逻辑上推论出一套系统的宗教理论。我们这些当代的马克思主义宗教理论研究者在谈论宗教理论问题时，往往需要一个宗教定义，然后以此来规范宗教问题的讨论和研究。于是便从马克思、恩格斯、列宁的宗教论述中找根据。凡是在他们的著作中见到有"宗教是……"的论断时，往往就会认为这符合于宗教定义的逻辑形式。可是马、恩、列的有关论述中，"宗教是……"这类逻辑形式的判断相当之多，其内容又各个不同。这样一来，就形成这样一种状况：有些学者认为这个判断是马克思主义宗教理论关于宗教的定义；有些学者则认为另一个判断才是宗教的定义。然而，大家似乎都忘记了一个事实：马克思、恩格斯、列宁在其一生中曾以不同的内容和形式说过"宗教是这样一种东西"或"宗教是那样一种存在"的论断，但他们从来也不曾明确说过他们是在为宗教这类存在或概念下什么定义。这是一个我们不能忘记的基本事实。因此，所谓马克思主义的宗教定义也者，只是我们当代学者个人的理解，与马克思、恩格斯、列宁本人无关。那么，我们究竟怎样来判断当代学者在宗教定义问题上所做判断的是非对错呢？笔者认为，在这里我们要解决所谓"定义"的逻辑意义问题。在笔者看来，所谓对一类事物或概念下定义，也就是对这个概念所反映的那类事物的界限（内涵和外延）作出规定，揭示这类事物之所以是这类事物，而不是另类事物的质的规定性，即揭示其本质。定义是事物之本质在概念上的表现，定义如不表现事物之本质，必然不能把此类事物和他类事物清楚区别开来。内涵不清楚不准确，必然造成外延上的不周延或互相混淆。那定义就不成其为定义，必然是个错误的定义。我们应该用这个标准来衡量各个学者们所谓的马克思主义宗教定义的是非。

有个曾经很有名气而且很有地位的中国宗教学者（此人现已离开自己的祖国）曾经说：马克思在《〈黑格尔法哲学批判〉导言》中的

如下一段话，最能体现马克思关于宗教之本质（定义规定）的思想：

> 宗教是那些还没有获得自己或是再度丧失自己的人的自我意识和自我感觉。[①]

这句话相当费解。所谓"还没有获得自己或再度丧失自己的人"，可以解释为尚没有意识到自己的主体性或丧失了自己的主体性的人。这里的"主体性"意指自己命运的主宰性。如果这个解释可以成立，那么，马克思这句话可以理解为：宗教是那些尚没有掌握自己命运的人的自我意识，是这种意识的自我异化。不管我们的宗教学者们是否赞同这个思想，但应该说，这句话的内容并未说明宗教意识不同于其他社会意识的本质规定性。人的丧失主体性的自我意识并不一定表现为乞求神灵或追求来世的宗教意识，他们完全可能用文学艺术、哲学或政治伦理思想等世俗性文化形式予以表现。这里不妨以一个典型事件为例。魏晋大文人阮籍有一首《咏怀》诗写道：

> 嘉树下成蹊，东园桃与李。
> 秋风吹飞藿，零落从此始。
> 繁华有憔悴，堂上生荆杞。
> 驱马舍之去，去上西山趾。
> 一身不自保，何况恋妻子。
> 凝霜被野草，岁暮亦云已。

所谓"咏怀"，就是阮籍自我意识的宣泄、自我感觉的表白。这种人生无常、身不自保的感怀，岂不正是丧失了主体性或命运主人感的自我意识！但阮籍并未把这种悲观厌世的自我意识表现为对宗教的皈依，而是抒发为伤感悲凉的诗歌，实践为隐退山林的遁世行动。隐身遁世是世俗性的，与追求"超世"的宗教性行为有本质的不同。在封建宗法时代"君叫臣死，臣不得不死；父命子亡，子不得不亡"。臣、子在君、

_____

[①] 《马克思恩格斯选集》第 1 卷，第 1 页。

父面前，也是丧失了自己的人，但臣、子这种丧失主体性的自我意识也不是表现为宗教意识，而是体现为"事君以忠、事父以孝"的儒家伦理规范。在尼采的"超人哲学"中，平庸低能的普通大众也是"没有获得自己"的一群人，但尼采为他们安排的"救世主"并不是宗教的神灵和上帝（尼采宣布：上帝已死！），而是权力意志达于顶点，才能出类拔萃的"超人"。"超人"是人，不是神，"超人哲学"是哲学，并不是宗教。

我们大体上可以承认，各种宗教都是不能掌握自己命运的人的"自我意识"。这是宗教的"共性"。但这种"共性"并非宗教所特有，其他社会文化形式也可能具有这种性质。这个事实表明，它不是决定宗教之所以为宗教，把宗教与非宗教区别开来的本质规定性。只有当这种意识与对超人间、超自然力量（神）的敬畏、崇拜联系起来时，它才是具有宗教性的宗教意识。

许多研究马克思主义宗教理论的宗教学者还把马、恩的其他一些关于"宗教是……"的论断当做马克思主义宗教理论关于揭露宗教之本质的定义。我们不妨择其要者予以分析。

马克思在《〈黑格尔法哲学批判〉导言》中还有一段重要论断：

> 国家、社会产生了宗教即颠倒了的世界观，因为它们本身就是颠倒了的世界。宗教是这个世界的总的理论，是它的包罗万象的纲领，它的通俗逻辑，它的唯灵论的荣誉问题，它的热情，它的道德上的核准，它的庄严补充，它借以安慰和辩护的普遍根据。[①]

这一大段话显然讲的是宗教的社会基础和社会功能。其主旨说的是宗教作为"颠倒的世界观"，其社会基础是"颠倒了的世界"；其功能就是为这个"颠倒了的世界"提供总的理论上的辩护，感情上的安慰和道德上的核准。对于宗教之社会功能的揭示，马克思这段话用语精粹、寓意深邃。问题在于，诸如此类社会功能并非宗教所专有，其他具有"颠倒了的世界观"的形式和内容（例如为反动社会力量服务的社会意识形态，如某些唯心主义哲学之类）的社会文化形式，也有可能在社会生活

---

① 《马克思恩格斯选集》第1卷，第1页。

中发挥与宗教这种"颠倒了的世界观"同样的社会功能。从逻辑上看，宗教虽是"颠倒了的世界观"，但"颠倒了的世界观"并不局限于宗教，它有更大的外延。这个论断不能满足作为宗教定义的逻辑要求。

马克思还有一句更有名的论断：

宗教是人民的鸦片。[①]

由于后来列宁把马克思这句名言誉为"马克思主义在宗教问题上全部世界观的基石"，所以，我国从事宗教工作的人常把这句名言认作为集中揭示了宗教之本质的经典论断，其在马克思主义宗教理论中的地位与意义远远超过了宗教的定义。其实，这句话的内容讲的只是宗教的社会功能：对人民的精神麻醉。在我国自 20 世纪 80 年代改革开放以来，宗教学者的思想境界大为开放，确有相当多的学者对马克思的这句名言转而持否定的态度，他们的理由既有政治上、政策策略上的考虑（认为这个论断有伤宗教信仰者的宗教感情，不利于信教者与不信教者之间的团结和党与宗教界的统一战线关系），也有学术上的不同意见（有一些著名的宗教学者认为，马克思所谓的"宗教鸦片"，其本意并非说鸦片是精神麻醉剂。他们说在马克思时代的西方世界，鸦片是一种用作"止痛剂"的"宝贵的药品"。把鸦片视为"麻醉剂"，乃是中国人在输掉"鸦片战争"之后产生的一种对鸦片的误解，由此出发，便对马克思那句名言作出了文化上的误判）。这个问题很复杂，涉及政治和学术领域的许多方面，说来话长，我们将在适当的地方进行比较具体详细的研究，此处暂且打住。笔者在此只申明自己的主要观点。我认为，马克思所说的"宗教是人民的鸦片"，其本意就是认为宗教对人民的精神起了"麻醉剂"的作用。这种传统的理解并没有错。因为这既符合于历史和现实的事实，也符合于马克思全部宗教论著中所贯穿的对宗教之社会作用的一贯判断。但与此同时，笔者也要进一步申明两点：

第一，马克思所谓"宗教是人民的鸦片"，对人民起了精神麻醉剂作用，虽然是正确的，但这个论断仅指出了宗教在历史和现实社会的功

[①] 《马克思恩格斯选集》第 1 卷，第 2 页。

能和作用的一个方面，而不是全部。按照马克思自己的说法，宗教实质上是一个总的世界观（具体的说法是：宗教是颠倒了的世界的颠倒的世界观）。作为总的世界观，宗教包括有文化的各种因素和内容，如文学的、艺术的、伦理的、政治的、法律的、哲学的……这些方方面面的文化内容，有些是宗教神学性的，有些则是依存于其中的世俗性文化；但不管是前者，还是后者，只要对之进行历史唯物主义的具体分析，也就是说，如果我们对之进行科学的、全面性、实事求是的分析和评价，那么，应该承认，它们的社会功能和历史作用，并不完全是绝对消极的东西，也就是说，并不完全起鸦片烟似的精神麻醉作用。其中，也有在一定的历史阶段或一定的社会条件下发生积极性的社会历史作用。因此，我们只能说，宗教作为"人民的鸦片"所发生的精神麻醉作用，仅只是宗教的社会历史功能的一个方面（也许是重要的方面）。如果把这当做宗教的全部社会历史功能，那是片面的。根据上述分析，笔者认为，列宁的那个论断，把"马克思的这句名言"当成"马克思主义在宗教问题上全部世界观的基石"，说得未免过头了；把在某些方面是真理的局部性论断当成"马克思主义在宗教问题上全部世界观的基石"，这就使局部性的真理超出了其所适用的固有界限，转而走向真理的反面。如果我们这个分析有些道理，能够成立，那么我们就不能再重复改革开放年代之前长期坚持的名为坚持马列，实为固执片面性的错误，继续坚持把"宗教是人民的鸦片"当成集中揭示宗教之本质的绝对真理，有必要放弃列宁把马克思这句名言当成"马克思主义在宗教问题上全部世界观的基石"的论断。

第二，从哲学的普遍意义来判断，事物的功能乃是该类事物之本质的表现。功能绝不能与其本质等同起来。本质不同的异类事物可以表现出相似甚至相同的功能。火与电皆能表现出"热"的功能，但火是火，电是电，二者不同类，本质不相同。与此同理，对人民起鸦片麻醉作用者，不仅限于宗教。颓废无聊的靡靡之音、诲淫诲盗的黄色读物，实际上都是麻醉人民的精神鸦片。可见，"人民的鸦片"并不是把宗教和其他社会文化形式区别开来的本质规定性。

上引马、恩的几个论断是他们在 1844 年 1 月之前写的，这属于他们的历史唯物主义的世界观和宗教观的形成时期。这些论述从各个方面论及宗教的世俗基础、社会功能、历史作用以及他们所表现的宗教的社会性质，但都不是用定义形式来规定宗教之所以为宗教的本质。

1876—1878 年间，恩格斯写作《反杜林论》与那位自命为"社会主义者，并一时在工人政党中颇有影响"的杜林进行论战。杜林提出了一系列理论问题，涉及哲学、政治经济学、社会主义学说，其中也包括宗教问题。杜林主张在他的未来社会主义社会中将消灭一切宗教。消灭一切宗教的主张，本来是德国青年黑格尔派、费尔巴哈以及青年马克思、青年恩格斯的共同主张。但马克思、恩格斯在形成历史唯物主义的世界观、历史观和宗教观之后，已经把宗教问题放在整个革命事业中的次要地位；他们首先关注的是尘世问题，是对社会、政治和法的批判，是发动和组织广大无产阶级和被压迫人民进行革命以推翻整个旧制度。为了驳斥杜林在宗教问题上所表现出的"超级革命"的激烈观点，恩格斯觉得有必要对宗教的本质及其发生、发展以至消亡的历史进程作一番专门的论说。因为，他已注意到，只有对宗教的本质和发展的历史进程有一个客观的说法，才有可能对宗教在未来社会的消亡问题作出客观可信的、而不是主观臆断的说明。因此，《反杜林论·社会主义编》在论述宗教问题时，一开始就对"宗教是什么"问题作了回答：

> 一切宗教都不过是支配着人们日常生活的外部力量在人们头脑中的幻想的反映，在这种反映中，人间的力量采取了超人间的力量的形式。[①]

马克思主义宗教理论研究者长期以来一般都把恩格斯这段话视为马克思主义宗教理论关于宗教之本质的经典性规定，甚至认其为马克思主义关于宗教的定义规定。虽然恩格斯本人并没有明确地这样说，但从这个论断的内容和逻辑形式上看，他似乎是对宗教之所以为宗教、并与其他社会意识形式区别开来的本质规定性作了一个概括性很高的规定。它说明，宗教作为一种社会意识形式本质上是一种幻想的反映；而宗教幻想的内容和对象则是"支配着人们的日常生活的外部力量"，从而把宗

[①] 《马克思恩格斯选集》第 3 卷，第 354 页。

教崇拜的神圣对象还原为与人们日常生活有关的世俗力量。这个论断还阐明了宗教观念在表现形式上的特殊性：那就是把本来为"人间的力量"幻想地反映为"超人间的力量"的形式。同时，这个论断还说明了"人间的力量"之所以"超人间化"的原因，乃在于它"支配着人们的日常生活"，是一种异己的力量。无论人们站在何种学术立场，马克思主义立场也好，非马克思主义立场也好，大概都会承认这段话的内容是丰富的，它的确概括了宗教观念所应包含的重要内容，可以据此把宗教观念和非宗教观念区别开来。可能正是因为这个缘故，恩格斯以后的马克思主义的宗教研究者常常把这段话当成揭示了宗教之本质的宗教定义，是有其根据和道理的。笔者本人过去也曾接受这种看法。

但是，当我们进一步的思考和研究以后，发现这个常见的看法存在着经不起推敲的误区。恩格斯这个论断明显是把宗教作为一种存在于人的头脑之中的主观"观念"作出规定的。因为他说："一切宗教都不过是支配着人们日常生活的外部力量在人们头脑中的幻想的反映。"既是"幻想的反映"，当然只是存在于"人们头脑中"的主观性的虚假观念。恩格斯和马克思差不多在一切场合阐述他们的历史唯物主义的基本思想时，都是把宗教和哲学、道德、艺术、文学……放在一起，作为客观的"社会存在"所决定的主观的"意识形态"，把后者当成前者在人们头脑中的"反映"。而所谓"意识"，也就是存在于人们头脑中的主观"观念"。马、恩关于宗教的这个看法，从整体上看有其显而易见的局限性。因为宗教这个东西并不仅仅是存在于人们头脑中的意识形式或观念形态，而是客观存在于历史上和现实生活中一种看得见、摸得着的感性存在，是一种拥有众多信仰者，通过"教会"形式组织起来而形成的社会实体。宗教作为"社会实体"，它们各有自己的一套教义化的信仰体制、修行制度，把崇拜行为规范化的清规戒律和礼仪制度，以及把信教群众组织起来的教阶化的组织形态，这样一来，就在现实世界上形成一种强有力的社会力量。于是，在这里便给宗教学者提出了一个必须面对而又不能回避的重大学术问题：宗教究竟如何从人们头脑中产生的某种关于"神"或"神性物"观念的"幻想的反映"，演变或展现为一个如此强有力的"社会实体"和"社会力量"？只有我们在学理上解决了这个大问题，我们才有了能从根本上解决宗教之所以为宗教，并区别于其他社会意识形态和社会文化形式问题，全面而且准确地认识宗教的本质及其展现的全部面貌。我们必须认识到，如果只是把宗教整体上当做一种根本没有客观性存在的"幻想的反映"，那是不全面、也不客观的。一切宗教观念中最本质、最核心的东西，确然无疑的是宗教信仰中视为主宰自然万物和自己命运的崇拜对象——神灵或上帝。神灵或上帝在世界上根本不存在，即使宗教神学家也肯定地认为，神灵或上帝根本不能为人类的任何感官所感知；从科学和哲学上看，当然只能是人们头脑中的"幻想的反映"，没有什么任何客观实在性。但这种作为"幻想的反映"的纯粹主观性的神灵观念或上帝观念要想成为众多信仰者祈求崇拜的神圣对象，就不能始终局限在个人主观的幻想世界之中，而必须表现为信仰大众可以感知和体认的感性物。因此，各种宗教几乎都是把他们想象中的"神灵或上帝"客观化、物态化为具有感性形态的象征系统。有了这种物态化的感性象征，还必须为这种物态化的宗教象征物安排安息之所和供奉之地，为信仰大众提供宗教崇拜活动的场所，于是便发展出了神灵偶像、祭坛、神庙、教堂之类。这样一来，幻想中的神灵便具有了物质存在的形式，"幻想的反映"物态化了，也就客观化了，社会化了。

这种客观化、社会化的情况进一步体现在宗教信仰者的行为和活动之中。按照恩格斯的说法，在宗教幻想中，支配人们日常生活的力量采取了超人间力量的形式。但宗教的实际活动或宗教生活的实际情况并未到此为止。当人们把这种异己力量表象为超人间、超自然的力量的时候，也就同时伴生对这种超人间、超自然的力量的敬畏感、依赖感和神秘感。情动于中势必表现于外，发之为敬仰、爱慕、畏怖、祈求、祷告、忏悔之类的言辞，表现为相应的身体崇拜动作。各种宗教为了加强本教信仰者的认同感，还进一步通过一定的规范化的宗教仪式把这些原为自发而且分散的个人性的宗教崇拜行为和言辞规范化、程式化，并附加上神圣的意义。一切宗教都有自己的礼仪和仪式，而且都是规范化的，常常是有组织地集体进行的，具有鲜明的集体性和社会性。宗教的这种集体性和社会性更具体地表现为宗教组织的建立。宗教既然有了一定的组织形态，为了对外立异和对内认同的需要，便会相应地规定出与其教义相适应的教规与制度。一种宗教的众多信众必须共同遵守的教义、信条、教规和制度的建立，强化了宗教的社会性和组织化，把众多信仰者纳入于共同的组织，规范了他们的内在信仰和外在行为，影响以至决定了他们的全部社会生活，这就使宗教在现实社会中成为一种重要的社会力量。由此可见，宗教作为一种社会化的客观社会实体，大体上有四个方面的要素，一是宗教的观念（主要是神灵观念以及与神灵观念相关联的彼岸世界观念和来世观念），二是宗教感情（主要是对神灵的神秘感、敬畏感、依赖感，以及对彼岸神灵世界的向往和追求），三是宗教的行为（巫术、祈求、祷告、祭祀之类），四是宗教的体制（主要是宗教信仰者的组织化以及由此而形成的组织体制；宗教观念的教义化、信条化以及由此而形成的信仰体制；宗教感情和宗教体验的目标化以及由此而形成的修行体制；宗教崇拜行为的规范化以及由此而形成的礼仪制度）。这四个方面的要素构成了一个由内及外、由主观到客观，由内在到外在，由个人到社会的有层次结构和逻辑秩序的有机体系。历史上和现代世界上任何一种宗教，只要我们细加分析，就会发现它们都具有上述四种要素，都是这四要素的综合和统一。一个人的心中如果只有一个超人间、超自然力量的观念，甚至有一个明确的人格化的神灵观念，但如其只停留在主观的幻想世界之中，而未表现为对之进行祈求和崇拜的行为，那么，我们只能说此人是有神论者、超自然主义者或哲学上的唯心主义者，却不能说他就是一个"宗教徒"。恩格斯所谓的把支配着人们日常生活的外部力量幻想地反映为超人间力量的形式，其实际内容只是"神灵"观念，无论我们如何说它具有多么丰富的内容，立意多么深刻，但这句话所谈的内容只是揭露了"神灵"观念的本质，并未涉及宗教的其他组成要素。因此，恩格斯的这一论断，只是关于"神灵"观念的定义，而不是关于作为社会存在实体的宗教的定义。

为什么恩格斯把关于"神灵"观念的定义直接当成关于"宗教"的规定呢？这与整个 19 世纪及其之前的宗教理论研究的状况有关。在 19 世纪 40 年代，青年黑格尔派和费尔巴哈的宗教理论，大体上都满足于把宗教的神说成是人的创造，神所创造的神迹是人为的编造，把神的本质归结为人的本质的自我异化。他们以为只要揭露了这一点，也就揭露了宗教的本质。费尔巴哈就说过，宗教的本质无非就是神的本质。马克思和恩格斯对德国哲学的宗教批判所达到的这个结论很是满意，认为到此为止，德国的宗教批判可以宣告胜利结束，应该从对天国的批判转向对尘世的批判。正是由于这个缘故，马、恩的主要精力自此之后很少放在宗教的进一步研究之上。除了用他们创建的历史唯物主义对宗教的社会基础作出进一步的说明以外，对宗教体系的深层结构、宗教的本质和特性等问题几乎没有更多的深入探讨。恩格斯写作《反杜林论》的时候，是 19 世纪 70 年代末。这时，以麦克斯·缪勒为代表的近代比较宗教学刚刚兴起。他们的兴趣仍然集中在神灵观念的起源、演进及其本质，只不过发展了一套比较语言学、比较神话学和文化人类学的理论和方法，把他们的宗教学理论建立在可以经验材料予以实证的基础之上。从恩格斯这一时期的有些著作可以看到，他对新起的比较宗教学并不陌生。例如，在《反杜林论》论及宗教时，他在一条脚注中写道：

　　　　神的形象后来具有的这种两重性，是比较神话学（它片面地以为神只是自然力量的反映）所忽略的，使神话学以后陷入混乱的原因之一。这样，在若干日耳曼部落里，战神，按古代斯堪的那维亚语，称为提尔，按古代高地德意志语，称为齐奥，这就相当于希腊语里的宙斯，拉丁语里的"丘比特"（替代"迪斯比特"）；在其他日耳曼部落里，埃尔、埃奥尔相当于希腊语的亚力司、拉丁语的玛尔斯。[①]

　　显而易见，恩格斯在这里如果不是直接引用，至少也是参证了从图平根学派到麦克斯·缪勒的比较语言学和比较神话学的结论和资料。在恩格斯的《路德维希·费尔巴哈和德国古典哲学的终结》一书的第二章谈到了灵魂观念如何从梦境中产生以及宗教从自然力的人格化（神）到多神教、一神教的发展，这很可能参考了泰勒在《原始文化》中的"万物有灵论"（泰勒的《原始文化》出版于 1872 年，而恩格斯的《费尔巴

----

① 《马克思恩格斯选集》第 3 卷，第 355 页。

哈论》出版于 1886 年）。近代的比较宗教学比之于德国哲学的宗教批判运动，对于宗教研究要具体深入得多，切近于经验的实证，避免了德国哲学的抽象性与思辨性。但无论是麦克斯·缪勒，还是泰勒及其后继人，他们的宗教学著作的主旨仍集中于神灵观念的起源和本质（缪勒认为最早的宗教神灵观念起源于太阳神话，泰勒则认为宗教发端于误解梦幻、出神之类生理心理现象而产生的"灵魂"和"精灵"观念）。马克思、恩格斯是革命家，是共产主义的思想家，但并不是专业的宗教学家，他们没有对人类历史上各民族的民族宗教作过具体研究。所以，即使他们接触了缪勒和泰勒为代表的近代比较宗教学，也不可能填补其不足。在这种文化背景下，恩格斯自然而然地把神灵观念的本质当成一般宗教的本质，把对神的定义规定下意识地、不经意地认之为对宗教的定义规定。这种理论上的局限性是宗教学说的历史局限性造成的。一百多年前的恩格斯把他关于神灵观念的定义说成是一般宗教的规定，如果说并非完善的真理，那是可以理解的；但在一百多年以后的今天，我们那些自称"马克思主义者"的宗教学者们仍把恩格斯的这个论断当成马克思主义宗教理论的宗教定义，视为不可超越的"真理"，那只能怪我们自己太固步自封，仍停留在 1886 年时代没有长进了。不过，我们也不时看到另外一种情况：当代有些不知是信奉什么主义的"宗教学者"，他们在自己的宗教著作中，常常不经任何深入认真的探索和研究，就武断地、随心所欲地提出了各种五花八门的宗教定义，或直接照抄某些西方人表面新奇、实则空虚的说法，以此来吓唬我国的学人。口说无凭，举例为证。有一位中国学者的一篇专论中的第一节，标题就是"什么是宗教？"经过他的分析，他对这个他也认为是"任何一个宗教学家都难以回答"的问题作出了自己的回答：

> 我们可以将宗教定义为：
> 借助非现实的力量，或者用非现实的方式，解决现实问题的一种社会现象。①

---

① 此文系从互联网上下载援引的，此处恕隐作者之名。

专从这位学者对"宗教"所下之定义的文字和术语（概念）来看，读后真有一种如堕五里雾中，不知所云，更不知所从之感。笔者相信，任何一个学过形式逻辑稍有哲学知识的人都不会把这段定义文字与"宗教"概念以及它所反映的宗教这类"社会现象"扯上关系。它既没有丝毫涉及"宗教"的内涵，更不与"宗教"的外延相一致，完全不遵守逻辑学关于"定义"在逻辑形式上的起码要求。如果按照这位先生的"宗教定义"，那么，任何一种借助不切实际的、空想的力量和方式去解决生活实践问题的社会行为都可称是"宗教"了。古书中所说的"望梅止渴"（语出《世说新语·假谲》："魏武行役，失汲道，军皆渴，乃令曰：'前有大梅林，饶子，甘酸可以解渴。'士卒闻之，口皆出水，乘此得及前源。"）和"画饼充饥"（语出《三国志·魏书·卢毓传》："选举莫取有名，名如画地作饼，不可啖也。"又：唐朝冯用之《权论》："礼义有不可施之时，刑名有不可威之时，由是济之以权也。其或不可为而为，则礼义如画饼充饥矣！"）；大跃进时代，用"小土群"大炼钢铁，在最短时间内赶英超美；以深耕密植方式实现粮食亩产几万斤、几十万斤；实行公共食堂、吃大锅饭制度，实现共产主义……实质上也是"用非现实的方式，解决现实问题"之类社会现象，完全符合于上述"宗教定义"的规定。诸如此类例证，可以随手拈来，不可穷尽。如果我们较起真来，把这位先生给出的"宗教定义"应用到"诸如此类"事例之上，那人类的社会生活中岂不就此充斥着形形色色、花样百出的"宗教"！任何人在其从小到老，从生到死的生活过程中，谁不曾有过各种形式的"空想"，企图用非现实的力量和方法，去实现现实生活中的欲求？普天之下谁又能不被戴上信仰"非现实力量"宗教信徒的帽子？如此这般的宗教定义，不能说是严肃的宗教学术研究，而只能说是一种随心所欲的概念游戏。

当然，笔者也注意到，这位学者在对"宗教"下定义的时候，其前后还附加有一些限制性说明。例如，他在写下"我们可以将宗教定义为"之前，还说了一句话："宗教最基本的特征只有一个，那就是信仰神祇，并且祈求神祇帮助自己，解决那些自己所无法解决的问题。"在其"定义"之后，又说了一句解释性的话："所谓'非现实的力量'，就是'超自然的力量'，或称'超人间的力量'。人们所幻想的这一种存在，就是神祇。"应该承认，这两段写在正式"定义"之前和之后的限制性解释的文字，比他的"定义"本身更"接近"于对宗教的理解。令人难以理解的是，这位学者却在所下定义的正式文字中，不直接使用这两句更准确、更接近于"宗教"之真义的概念而偏偏选择包含更多歧义，几乎与宗教之真义拉不上边，搭不上界的所谓"非现实力量"之类术语来代替。尽管这位学者申明："所谓'非现实的力量'，就是'超自然的力量'，或称'超人间的力量'。……就是神祇"，但只要我们作一点概念分析，他的这段申明是不确切的。在"非现实力量"与"超自然的力量"、"超人间的力量"、"神祇"之间是不能直接画上等号的。所谓"非现实的力量"，是相对于"现实的力量"而言，其真实的内涵说的是包括各种各样的"幻想"在内的、一切在现实中达不到预定目的或不能实现的东西。这种东西，既可能是"超自然"、"超人间"的力量或"神祇"，也可以涵盖各种各样并非"超自然"、"超人间"的力量。它的内涵更空泛，外延更广大。其中道理，并无多少奥秘难懂之处，似乎没有再做解释的必要。不仅如此，即使在"超自然的力量"、"超人间的力量"、"神祇"这三个概念之间，是否可以直接画上等号，当做同义词使用，在近现代比较宗教学者之间，特别是专门研究原始宗教和宗教之起源和发展问题的宗教人类学者之间，曾发生过很多不同意见的争论，至今也难以作个谁是谁非的盖棺之论。这个话题相当复杂，说来话长，涉及近现代比较宗教学史上众多学派对人类最原始的宗教崇拜对象的性质的理解，以及他们对宗教考古学、宗教人类学、民族学以及诸多考古发现和经验事实的判断，此处难以尽说，就此打住。

这些年来，宗教学术界除了流行诸如此类随意性地给宗教下定义之风以外，输入和贩卖洋货的情况也颇为盛行。在一些宗教学者的心目中，洋人说的，似乎更新奇，更管用，至于其内容的是非真假，则不作批判分析，到处引用。在宗教定义问题上，最受青睐的"洋货"中，大概要算保罗·蒂利希的说法了。此人对"宗教"一词的定义式规定是：

　　　　宗教，就该词最宽泛、最基本的意义而论，就是终极的关怀。①

——————————

① 保罗·蒂利希：《文化神学》，英文本，第7—8页。

只要我们翻阅当代中国学者的宗教论著（甚至非宗教的论著），把宗教说成是人生的终极关怀者，触目皆是，简直成了不容置疑的真理。保罗·蒂利希在当代西方是一个颇有影响、具有革新精神的天主教神哲学家。但他说的这句话，作为宗教之定义，其"真理性"是经不起推敲，大可质疑的。按照蒂利希的本意，他认为，所谓宗教信仰无非就是某种人生终极关怀的存在状态，宗教信奉的神圣对象（一切宗教的神灵或上帝）不过就是这种终极关怀所指内容的名称。需要置疑的关键问题是：此种"终极关怀"是否即是宗教信仰？人类终极关怀的对象和内容是否就是宗教称之为"神"或"上帝"的那种终极存在？只要我们稍作一点哲学性的概念分析，就会清楚地明白，蒂利希的"终极关怀"与宗教信奉的神或上帝之间并无逻辑上的必然联系，更谈不上概念上的同一性。"终极关怀"的内涵是一个比宗教的"神"宽泛得多的模糊概念。它的基本含义说的是人们在生活中最根本的人生渴望和命运追求。实际上，人的这种人生渴望和命运追求总是与他所处的存在状态紧密相连的。所处的存在状态不同，他所关怀的基本内容也随之而易。饥寒交迫的苦难大众最基本的关切只能是衣食温饱，维持自身的生存；近两年美国金融危机爆发之后产生的众多的失业工人，他们当下最关切的东西是找到一份工作；苦恋中的贾宝玉和林黛玉的"终极关怀"是实现他俩的爱情与婚姻；鸦片战争以来处于民族生死存亡关头的中华民族以及代表他们的仁人志士的"终极关怀"是奋发图强，救亡图存；古代中国儒家的"终极关怀"是修身、齐家、治国、平天下，实现"大同社会"；而当代中国人民的"终极关怀"，则是建设一个消除一切腐败和社会不公现象、实现公平正义、人民享有高度民主和人格尊严的"和谐社会"；爱因斯坦的最高理想是探寻自然的规律和宇宙的奥秘……人的"终极关怀"，其内容和对象既有如此复杂多变的差异，我们怎能把所有这些"终极关怀"一股脑儿算在宗教的账上！蒂利希把世界上各色人等信奉的各种"主义"、各种各样的精神追求和世俗追求，都一包在内地称之为"终极关怀"。按照他的说法，一个爱国主义者就是把所爱的国家当成终极关怀；一个献身于共产主义事业的人就是把共产主义当成他的终极关怀；一个存在主义哲学家就是把实现人的存在和价值当成他的终极关怀；一个酷爱艺术或民主政治的人就是把艺术和民主政治当成他的终极关怀……在他看来，一切终极关怀的对象，不管其自身的具体内容如何，在其关怀者的心中，都因此而具有神圣的神性，成为事实上的宗教信仰的"神"。只要一个人有了自己的"终极关怀"，这种终极关怀就会支配着关怀者的全部精神活动，其性质和内容就是关怀者对其一切行为和精神活动所作的一种自我解释，以解答其人生的终极意义。无论何人，只要当他对其人生的终极意义有所理解，他就进入了宗教信仰的氛围和状态，因此，人的终极关怀就是人的宗教。蒂利希的"终极关怀论"，事实上可以把世界上各色人等一切具有根本性人生追求的理想、信念或"主义"，囊括无遗地包罗于他的宗教定义之中。至于这些人生追求的对象是世俗的还是超世俗的，自然的还是超自然的，宗教的还是非宗教、反宗教的……只要它们成了某个人的根本追求，它就成了这个人的宗教，成了他的上帝。于是，爱国主义、科学主义、道德主义、民主主义、爱情至上主义、甚至无神论宗教哲学……通通都是追求"终极关怀"的宗教。显而易见，这是一种把宗教与非宗教、反宗教的东西混为一谈，把一般信仰等同于宗教信仰的泛宗教论。这种泛宗教论在西方宗教学界（特别是在宗教社会学学派）中颇为流行。他们常常据此把中国的孔老夫子创建的儒家学说和马克思主义说成就是一种"宗教"。按照他们的说法，尽管孔子的儒家和马克思主义在宗教上都是"无神论"，但它们都是其信从者所追求的一种人生的"终极关怀"，与一切宗教在社会功能上是一致的，因而都是"宗教"。笔者相信，一切严肃认真的宗教学者（更不要说马克思主义的宗教学者）都不会把这种泛宗教论当成一种严格意义的宗教学术。对于严肃的宗教学术研究，宗教的东西与非宗教的、反宗教的东西之间，宗教的神及其神性与一般世俗性真善美之物的崇高性和神圣性之间本来就有一条清楚明白的界限，这条界限不仅在概念的实际应用上应做严肃认真的区分，而且在理论上这种区分也并非难以做到。古代西方人有句名谚：恺撒就是恺撒，上帝就是上帝。人们应该把属于恺撒的归于恺撒，把属于上帝的归于上帝。如果我们也像蒂利希那样，把一切艺术的、伦理的、政治的、哲学的、甚至庸俗的纵欲主义的人生追求都归之于宗教的"终极关怀"，那无异于事先在前提上把一切人生追求等同于宗教，这种论证方式实质上不过是形式逻辑所指斥的同语反复。还是马克思说得好，我们不应该把世俗问题化为神学问题，而应该把神学问题化为世俗问题。正是在这里，表现出了马克思与蒂利希的根本区别。蒂利希的逻辑就是用一个意义空泛而且含混不清的"终极关怀"，把一切世俗问题化为宗教神学问题。我们今天的任务就是按照马克思提示的方法，反蒂利希之道而行之，把它用"终极关怀"论宗教化了的世俗问题恢复其本来面目，还原为世俗问题本身，给宗教探寻一个经得起严格学理检查的定义。如果我们认识并做到了这一层，展现在我们面前的包括宗教在内的一切人类文化，将脱去蒂利希加于其身的清一色的宗教袈裟，而恢复其丰富多彩、绚丽多姿的本来面貌。

至于什么才算是真正揭示了宗教之本质内涵的科学的宗教定义，有待我们的宗教学者，特别是马克思主义的宗教学者继续进行严肃认真、深入细致的探讨。笔者曾在拙作《宗教学通论新编》中作过这种努力，并对宗教的本质规定性及其基本要素的内容和逻辑结构进行了逻辑的推理和历史事实的证明，在此基础上，对宗教之定义提出了自己的意见。这只是我个人的学术见解。是否能得到社会和学界的广泛认同，不取决于我个人的主观意愿，我期待着学术界的公议和历史实践的检验。在这里，我想说明一点，我那个意见在学术上有待讨论，但我的意见是在对宗教学术界各派宗教学者提出的各种宗教定义进行细致的比较研究之后，在对恩格斯在《反杜林论》中提出的那个著名的有关"宗教是什么"的著名论断进行深入分析，肯定并吸收了其中的科学内容，并对其作为宗教定义规定的不足之处有所发现，在此基础上发展出来的。我自认为我的意见是对恩格斯有关论断的继承和发展。其正确与否，我不敢独断地下结论，但至少可以说，我在进行这项研究时的学术态度上是严肃认真的，是经过深思熟虑的。

最后，在我们讨论马克思、恩格斯关于宗教的本质的见解时，我们不应该忘记他二人在这个问题上曾经提出过一个颇为特殊、引人注目的论断：就是认为"宗教本身既无本质也无王国"。这句话见于他俩合著的《德意志意识形态》中：

宗教**本身**既无本质也无王国。在宗教中，人们把自己的经验世界变成一种只是在思想中的、想像中的本质，这个本质作为某种异物与人们对立着。这决不是又可以用其他概念、用**"自我意识"**以及诸如此类的胡言乱语来解释的。这种生产与交往的方式也是不以纯粹概念为转移的，就像自动纺机的发明和铁路的使用不以黑格尔哲学为转移一样。如果他真的想谈宗教的**"本质"**即谈这一虚构的本质的物质基础，那末，他就应该既不在**"人的本质"**中，也不在上帝的宾词中去寻找这个本质，而只有到宗教的每个发展阶段的现存物质世界中去寻找这个本质……①

如果我们单纯从"宗教本身既无本质也无王国"这句话的字面意义去解释这个论断，是说不通，也读不懂的。因为，既然"宗教本身既无本质也无王国"，那岂不意味着"宗教"作为一类事物，并无其自身的质的规定性；既没有规定宗教之所以为宗教，并与其他事物（哲学、道德、政治、法、艺术……）区别开来的基本性质，那宗教既可名之曰"宗教"，也可称之为任何其他东西，我们的概念世界岂不变成真正的一团混沌了？当你讨论"宗教"的时候，如果在你的头脑中没有关于"宗教"的本质或对宗教有一个与其他事物清晰地区别开来的理解，那你的一切议论还是有关"宗教"的议论吗？这是个常识问题，我们不能把如此基本的常识错误加之于马克思和恩格斯。

当我们认真阅读，深入分析马、恩这段话的真正意义之后，应该不难明白，马、恩这段话驳斥的真正对象实际上是以布鲁诺·鲍威尔为代表的青年黑格尔派的宗教本质观。马、恩在《德意志意识形态》中曾讥讽地说："圣布鲁诺还极其认真地相信宗教有自己的一本质"，但他和他的追随者纯粹在黑格尔唯心主义哲学的框子里来理解宗教的本质，把宗教的一切说成是"自我意识"的表现，是自我意识的幻想或"幻影"。因此，尽管他们批判宗教，甚至企图消灭宗教，但既然宗教是"自我意识"产生的幻影，那"只要同意识的这些**幻想**进行斗争就行了"。马、恩对此进行了尖锐的批判：

既然青年黑格尔派认为观念、思想、概念，即被他们变为某种

---

① 马克思、恩格斯：《德意志意识形态》，《马克思恩格斯全集》第 3 卷，第 170 页。

独立东西的意识的一切产物，是人们的真正枷锁，就像老年黑格尔派把它们看作是人类社会的真正羁绊一样，所以不言而喻，青年黑格尔派只要同意识的这些幻想进行斗争就行了。既然根据青年黑格尔派的幻想，人们之间的关系、他们的一切举止行为、他们受到的束缚和限制，都是他们意识的产物，所以青年黑格尔派完全合乎逻辑地向人们提出一种道德要求，要他们用人的、批判的或利己的意识来代替他们现在的意识，从而消除束缚他们的限制。这种改变意识的要求，归根到底就是要求用另一种方式来解释现存的东西，也就是说，通过另外的解释来承认现存的东西。尽管青年黑格尔派思想家们满口讲的都是"震撼世界"的词句，而实际上他们是最大的保守分子。他们之中最年轻的人确切地表达了他们的活动，说他们仅仅是为反对**"词句"**而斗争，不过他们忘记了：他们只是用词句来反对这些词句，既然他们仅仅反对现存世界的词句，那末，他们就绝不是反对现实的、现存的世界。这种哲学批判所能达到的唯一结果，就是从宗教史上对基督教作一些说明，但就连这些说明也是片面的。至于他们的全部其他论断，只不过是进一步来粉饰他们的一种奢望，以为他们用这样一些微不足道的说明作出了仿佛具有世界历史意义的发现。

这些哲学家没有一个想到要提出关于德国哲学和德国现实之间的联系问题，关于他们所作的批判和他们自身的物质环境之间的联系问题。①

这段话，集中宣示了马克思、恩格斯此时在理论和实践上与以布鲁诺·鲍威尔为代表的青年黑格尔派的根本分歧。马、恩认为，如果像青年黑格尔派的宗教批判所作的那样，单纯从人的主观意识（"自我意识"）去理解宗教的本质，即仅仅把宗教理解为意识或思想的产物，而不知道人的意识和思想与产生这种思想意识的人的自身的"物质环境"的联系，不知道"德国哲学与德国现实之间的联系问题"，那么，这种性质的宗教批判运动，实质上不过"只是用词句来反对词句"，那么，

---

① 马克思、恩格斯：《德意志意识形态》，《马克思恩格斯全集》第 3 卷，第 22—23 页。

"他们就绝不是反对现存世界"。这种性质的词句上的斗争，貌似激进，"实际上他们是最大的保守分子"。

在《德意志意识形态》中，马克思、恩格斯已经形成了成熟的历史唯物主义的世界观和社会史观，提出并论证了人们的社会存在决定人们的社会意识的原理，并指出社会的生产方式在人们的社会生活中起着决定性的作用，社会思想、哲学和宗教等社会意识形态，属于社会的上层建筑，归根结底是由历史发展的每一阶段上所存在的经济关系所决定的。如果要想从根本上揭露一切上层建筑、社会意识形态的本质和秘密，只能从决定它们的社会经济关系中去探寻，单纯从思想本身是不能揭示其内在的秘密和本质的。正是在这个历史唯物主义的基本原理和基础上，马克思、恩格斯才从根基上批判青年黑格尔派把宗教视为"自我意识"的表现的唯心主义，提出了"宗教本身既无本质也无王国"的论断。马、恩的本意是说，宗教作为上层建筑和社会意识形态，它的深层本质是由社会的经济关系所决定的，社会经济关系（经济基础）才是宗教（包括其他一切意识形式）的本质所在。用马、恩的原话讲："如果他真的想谈宗教的'本质'即谈这一虚构的本质的物质基础，那末，他就应该既不在人的本质中，也不在上帝的宾词中去寻找这个本质，而只有到宗教的每个发展阶段的现存物质世界中去寻找这个本质……"① 因此，马、恩认为，彻底解决消除宗教的根本道路，不是纯思想领域的宗教批判，不是"以词句来反对词句"的词句斗争，而是反对和变革宗教赖以产生、并决定其内在本质的现存物质世界及其经济基础的斗争，对天国的批判应该转向对尘世的批判；而对尘世的批判的最终目标则是消灭现存世界赖以支撑的经济关系，说到底，是消灭私有财产制度。

在我们弄清楚了马克思、恩格斯关于"宗教本身既无本质也无王国"这一论断的思想背景之后，我们理所当然地就会明白，马、恩这句话是针对以布鲁诺·鲍威尔为代表的青年黑格尔派的唯心主义宗教本质论，而不是笼统地反对宗教学术研究对"宗教"这个概念所反映的宗教这类社会存在或社会现象的本质规定性作一个概念规定，借以说明宗教之所以为宗教、并区别于其他事物的本质，即对宗教作一个揭示其本质

① 《马克思恩格斯全集》第 3 卷，第 170 页。

的定义。至于这个宗教定义如何下，必然是见仁见智、人言人殊，这取决于学者个人的哲学世界观和宗教观。当然，从马克思主义宗教理论看来，只有从历史唯物主义的基本原理来看宗教，才有可能对宗教有科学的理解，作出准确的定义或规定。

第三节 论宗教发展的历史进程及其社会形态

在苏联、东欧的社会主义国家里，在我国，马克思主义的学者们总喜欢说，马克思、恩格斯发现了宗教发生和发展的规律。笔者自己在过去的一些论著中也曾使用过类似的说法。有些学者更直接使用定义式的概念把"马克思主义宗教观"定义为"揭示了宗教的本质及其发展规律的科学"，然后就把这个说法套用在马克思、恩格斯的这个论断或那个论断之上。在未做任何严格的理论论证和概念分析的情况下，就宣称马克思的这个论断"揭示了宗教的本质"，恩格斯的那个论断揭示了"宗教发展的规律"，这种学术作风是不太严肃的。我们今天如果要对马克思主义宗教理论进行客观、科学的研究就有必要对过去的那种学术作风进行认真而又严肃的反思。其实，所谓"马克思、恩格斯发现了宗教发生和发展的规律"这种说法不过是套用了所谓"马克思主义的唯物史观发现了人类社会发展的客观规律"这个更普遍的说法而已，并没有建立在实事求是的学术性研究的基础之上，没有充足的历史根据，也没有合乎理性的证明。马克思、恩格斯本人无疑承认社会历史的发展有其客观的规律，而且自认为他们通过创建的历史唯物主义已经发现了这个规律，并因此而把他们建立社会主义、共产主义思想体系视为与达尔文进化论一样的"科学"。恩格斯《在马克思墓前的讲话》说：

> 正像达尔文发现有机界的发展规律一样，马克思发现了人类历史的发展规律，即历来为繁茂芜杂的意识形态所掩盖着的一个简单事实：人们首先必须吃、喝、住、穿，然后才能从事政治、科学、艺术、宗教等等；所以，直接的物质的生活资料的生产，因而一个民族或一个时代的一定的经济发展阶段，便构成为基础，人们的国家制度、法的观点、艺术以至宗教观念，就是从这个基础上发展起

来的，因而，也必须由这个基础来解释，而不是象过去那样做得相反。

不仅如此。马克思还发现了现代资本主义生产方式和它所产生的资产阶级社会的特殊的运动规律。由于剩余价值的发现，这里就豁然开朗了，而先前无论资产阶级经济学家或者社会主义批评家所做的一切研究都只是在黑暗中摸索。①

但是，马、恩的论著中，我们尚没有发现他们已把这个总的说法移植到宗教学说领域。他们并没有提到或系统论述过宗教发生、发展的历史规律，更没有直接说他们已经发现了这种规律。有关这个问题的论述有一些，但并不很多，而且是散见于多篇论著之中。即使在个别著作中（如恩格斯《反杜林论》）在批判杜林企图使用警察手段消灭一切宗教的观点时，论及了宗教在不同历史阶段上的不同形态，但更多的是哲学性的、历史唯物主义的，而不是通过宗教史学的系统研究去揭示宗教发生、发展的规律。马克思、恩格斯是革命家，但更是非常严肃的理论家，他们是不会在自己未曾深入研究过的宗教史学专业领域，宣布发现了什么宗教发生发展的规律的。这种"宣布"是我们这些后来人出于某种原因的过甚其词，强加在马、恩身上的。

马克思、恩格斯在创立自己的历史唯物主义之后，曾力图把它的原理原则作为揭示宗教历史发展过程的理论和方法。例如，《德意志意识形态》提出过一个观点：宗教本身没有自己的历史，宗教的发展为客观的社会条件所决定。马克思在《政治经济学·序言》中说：宗教和法律、政治、艺术、哲学等社会意识一样，随着生产关系和经济基础的变更而变化。他们大体上认为，宗教的形式和形态是由社会的形态所决定的，也是随着社会形态的变化而变化的。社会形态变化和发展的历史也就是宗教形态（在历史上展现出的各种宗教体制）演变和变化的历史的社会基础。这是唯物主义历史观在宗教发展史研究中的一种应用。恩格斯应用这个原则来说明宗教的历史发展，非常概略地提到过三种发展图式：

_____

① 《马克思恩格斯选集》第 3 卷，第 574 页。

第一种：自然宗教→多神教→一神教。

恩格斯是在 1876—1878 年的《反杜林论》中提出来的，不过这个提法并非恩格斯的新发现。18 世纪的休谟、霍尔巴赫，19 世纪的费尔巴哈、孔德以及近代宗教学的奠基人麦克斯·缪勒、爱德华·泰勒先后都曾提出过类似的观点（请参见吕大吉《西方宗教学说史》有关篇章，此处不赘引）。恩格斯的特殊之点只是力图把唯物史观应用到这个图式中来。早在 1846 年，恩格斯在其致马克思的一封信中就提到了他的这个想法：

> 如果要想就自然宗教、多神教、一神教的陈旧论调（请读者注意：恩格斯把这个图式说成是"陈旧论调"——引者注）说些什么，那就必须用这些宗教形式的现实发展来对比，为此首先必须研究这些宗教形式。[①]

恩格斯虽然把"自然宗教、多神教、一神教"的图式说成"陈旧论调"，但并未抛弃它，而只是说他不愿意停留在宗教在形式上如何演变的空泛之谈上。他打算以与"现实发展"作对比来说明这些宗教形式的发展。他所谓的"现实发展"，即指社会历史条件的发展。他显然是主张用社会形态的变更决定宗教形式的变更这一唯物史观来重新解释"自然宗教→多神教→一神教"这一"陈旧论调"。恩格斯在《反杜林论》中是这样说的：

> 在历史的初期，首先是自然力量获得了这样的反映，而在进一步的发展中，在不同的民族那里又经历了极为不同和极为复杂的人格化。根据比较神话学，这一最初的过程，至少就印欧民族来看，可以一直追溯到它的起源——印度的吠陀经，以后更在印度人、波斯人、罗马人、日耳曼人中间，而且就材料所及的范围而言，也可以在克尔特人、立陶宛人和斯拉夫人中间得到详尽的证明。但是除自然力量外，不久社会力量也起了作用，这种力量和自然力量本身

---

① 《马克思恩格斯全集》第 27 卷，第 66—67 页。

一样，对人来说是异己的，最初也是不能解释的，它以同样的表面上的自然必然性支配着人。最初仅仅反映自然界的神秘力量的幻象，现在又获得了社会的属性，成为历史力量的代表者。在更进一步的发展阶段上，许多神的全部自然属性和社会属性都转移到**一个**万能的神身上，而这个神本身又是抽象的人的反映。这样就产生了一神教。①

在《路德维希·费尔巴哈和德国古典哲学的终结》一书中，恩格斯又一次提出这个图式：

> 由于自然力被人格化，最初的神产生了。随着宗教的向前发展，这些神愈来愈具有了超世界的形象，直到最后，由于智力发展中自然发生的抽象化过程——几乎可以说是蒸馏过程，在人们的头脑中，从或多或少有限的和互相限制的许多神中产生了一神教的唯一的神的观念。②

恩格斯对"自然宗教→多神教→一神教"的宗教进化论图式所做的唯物史观说明，主要有两点：一是用异己力量对人们日常生活的"支配"作用，来说明宗教之所以产生和存在的根据，这同时也就意味着这种"支配"状况的演变决定着宗教形式的演变；二是主张被宗教幻想"超人间化"的异己力量，除了自然力量以外，还有社会力量；宗教崇拜的神既有自然属性，也有社会属性。一旦当社会属性发生变化，神的神性形象和宗教形态也将随之变化。恩格斯的说明很有价值，可惜他始终停留在概括性的一般说明之上，没有（或者说来不及）发展为宗教史实的实证。同时，我们还要指出一点：这个从自然宗教发展为多神教、最后发展为一神教的宗教进化论图式只是一种"假说"，并未得到宗教学界的一致承认。这种"假说"在世界一些民族宗教的历史发展中，特别是在闪米特种族和雅利安种族的宗教发展中有一定的适用性，但对广

---

① 《马克思恩格斯选集》第 3 卷，第 354—355 页。
② 《马克思恩格斯选集》第 4 卷，第 220 页。

大世界的众多民族宗教的历史发展而言并不适合。宗教学者因此提出了各种不同的宗教发展模式，但各种模式都只具有一定的概然性，并无普遍有效的适用性，更谈不上发现了什么"普遍必然性"的历史规律。在这里，我们想特别强调一点，社会生活的各个方面，社会文化的各种形式，其内容和要素结构是非常复杂多变的，具有太多的不确定性和难以预计的变数。它们在历史上的演变进程，可能有多种不同的形式，有些模式的或然性大些，有些模式的或然性小些。严肃的学者一般只承认其中有些模式可能具有统计学意义上的"规律性"。马克思主义者在探索社会生活和社会文化的历史发展进程时（我们这里是专门探讨宗教的发展），一定要持一种严肃认真、实事求是的科学精神，有几分事实，说几分话，千万不能说"假大空"的大话，乱抛什么"放之四海而皆准"、"普遍必然性"、"历史必然性"、"历史发展规律"之类的大概念。一百多年来的近代宗教学和宗教史学研究一再证明，各民族宗教演变的历史进程形式是多种多样的，很难归结为单一的图式。有些民族（例如雅利安人和闪米特人）的宗教大体上是沿着自然宗教→多神教→一神教的系列演进的，但许多民族的宗教演变情况就不尽如此。亚、非、拉美、太平洋诸岛屿、澳大利亚的众多种族信仰的宗教直到近现代仍停留在古代的原始宗教类型，文明程度高度发展的中国、印度、波斯等文明古国普遍信仰多神教类型的多种宗教。中国三代时期就出现了"天"、"天帝"、"上帝"之类神灵，但那只是群神之上的"至上神"，道教的玉皇大帝也是如此。印度人信仰的主体宗教（从古代婆罗门教到后来的印度教），崇拜的是不可胜数的一大群三界（天界、空界、地界）诸神；古代波斯人的琐罗亚斯德教本质上是一种实为多神教的"二元神教"，阿胡拉·马兹达统率的善神集团和安格拉·曼纽统率的恶神集团各自拥有数量众多的善神或恶魔。顺便提一下，中国的道教、印度的印度教、波斯的琐罗亚斯德教都曾走出自己的国门，在不少国家和民族中找到了自己的信徒。在一定意义上，它们也是某种"世界性"宗教，至少也是一种"超国家"、"超民族"的宗教，但却绝非"一神教"。这说明，这种自然宗教→多神教→一神教的宗教演化图式不是唯一的，还有其他可能的各种演化图式。在我国，有不少学者把恩格斯借用过来的这个"陈旧论调"当成"马克思主义"宗教观放之四海而皆准的普遍真理，到处套用。这主要是因为几十年来学术、文化上的封闭性，不知道各民族宗教演进的复杂性，不了解近代比较宗教学和宗教史学的发展状况所致。这种无知状况将随着学术上的开放而逐步改观。

第二种："自发的宗教"→"人为的宗教"。

这个说法是在 1882 年的《布鲁诺·鲍威尔和早期基督教》中提出来的：

> 事情很清楚，自发的宗教，如黑人对偶像的膜拜或雅利安人共有的原始宗教，在它产生的时候，并没有欺骗的成分，但在以后的发展中，很快地免不了有僧侣的欺诈。至于人为的宗教，虽然充满着虔诚的狂热，但在其创立的时候便少不了欺骗和伪造历史，而基督教，正如鲍威尔在批判新约时所指出的，也一开始就在这方面表现出了可观的成绩。[1]

这段话的原意只是就宗教是否有"欺骗的成分"问题，把历史上的宗教区为分原始时代的"自发的宗教"和以后的"人为的宗教"，并没有把这种区分作为宗教历史发展的规律那样广大的用意，恩格斯也没有继续就此问题作必要的说明和更多的发挥。但是，后来的"马克思主义"宗教学者们越来越觉得恩格斯这段话有更深的意义和更广的适用范围。认为原始宗教之所以具有"自发"的性质，是为原始社会人际关系无须"人为"的欺诈所决定的；而以后的宗教之所以具有"人为"的欺诈，则是统治阶级为了维护统治秩序而利用宗教；宗教从"自发"到"人为"反映了人际关系的演变；如果从无阶级社会到阶级社会的发展是历史发展的规律，那么，从自发宗教到人为宗教，则是由上述规律所决定的宗教发展的规律。这个看法是从恩格斯的一段话中演绎出来的一种"推论"，绝非恩格斯的本意。用宗教是否有"欺诈"的成分作为宗教历史分类的标准，并将之上升为宗教发展的规律，这种解读未免过分得太多了一些，实在是小题大做，对研究宗教的发展其实也没有多大意义。同时，所谓"自发性"与"人为性"的区分只有相对的意义。原始宗教

---

① 《马克思恩格斯全集》第 19 卷，第 327—328 页。

是自发产生的，但在原始社会的末期，就不能绝对地排除任何人为的欺诈成分进入其中。对原始时代巫术的性质和巫师活动进行过开拓性、创造性研究的宗教人类学家弗雷泽在其巨著《金枝》中就曾在一方面肯定巫师在人类知识的早期发展中有其不可否认的历史贡献的同时，另一方面，也顺便指出："我们……可以正当地不接受巫师的过分自负，并谴责他们对人类的欺骗。"① 应该承认，弗雷泽的这一论断在理论上是全面的，在方法上也颇有辩证法的精神。统治阶级的国家宗教一般都具有"人为的"性质，但阶级社会中的一切宗教，是否就不具有任何"自发"的性质呢？这是不能绝对地否定的。看来，对于这个问题，合乎理性的结论应该是回到恩格斯本人的论述本身，抛弃由此而作的推论。"自发的宗教"、"人为的宗教"的提法，对于人们了解原始社会的宗教和阶级社会的宗教的一个方面的特性是有益的，但把它说成宗教历史发展的"规律"，那就未免夸大其词，言过其实了。

第三种：部落宗教→民族宗教→世界宗教。

这个宗教发展图式可以说是真正属于恩格斯的。1882 年和 1886 年，恩格斯在《布鲁诺·鲍威尔和早期基督教》和《路德维希·费尔巴哈和德国古典哲学的终结》中，根据社会结构的发展与宗教形态的演变之间的关系，提出了这个图式：

> 古代一切宗教都是自发的部落宗教和后来的民族宗教，它们从各民族的社会和政治条件中产生，并和它们一起生长。宗教的这些基础一旦遭到破坏，沿袭的社会形式、继承的政治结构和民族独立一旦遭到毁灭，那末与之相适应的宗教自然也就崩溃。本民族神可以容许异民族神和自己并立（这在古代是通常现象），但不能容许他们居于自己之上。东方的祭神仪式移植到罗马，只损害了罗马宗教，但不能阻止东方宗教的衰落。民族神一旦不能保护本民族的独立和自主，就会自取灭亡。②

---

① 詹·乔·弗雷泽：《金枝》上册，徐育新等译，中国民间文艺出版社 1987 年版，第 95 页。

② 《马克思恩格斯全集》第 19 卷，第 333 页。

这样在每一个民族中形成的神，都是民族的神，这些神的王国不越出它们所守护的民族领域，在这个界线以外，就由别的神无可争辩地统治了。只要这些民族存在，这些神也就继续活在人们的观念中；这些民族没落了，这些神也就随着灭亡。罗马世界帝国使得旧的民族没落了……旧的民族的神就灭亡了，甚至罗马的那些仅仅适合于罗马城的狭小圈子的神也灭亡了；罗马曾企图除本地的神以外还承认和供奉一切多少受崇敬的异教的神，这种企图清楚地表现了拿一种世界宗教来充实世界帝国的需要。但是一种新的世界宗教是不能这样用皇帝的敕令创造出来的。①

恩格斯的论述渗透着历史唯物主义精神：一切宗教都是从各民族的社会政治条件中产生，并随着这些条件的演变而演变。在以血缘关系为社会结构之纽带的古代社会里，最初的宗教观念是由每个有血缘关系的部落和民族所共有，故原始部落社会的宗教表现为自发的部落宗教。民族集团的神都是民族的保护神，神的存废决定于民族的盛衰。这样的宗教是民族宗教。随着世界性帝国的形成，为适应它的需要，便出现了取代民族宗教的世界宗教。如果我们从作为一个专业宗教学者的眼光来看恩格斯的这些论述，它们无疑过于概括和简略，哲学性的概论代替了宗教史的实证。但是，正因为恩格斯是位哲学家、思想家，才有可能省去历史的细节，从宏观上对宗教形态的历史演变做整体性的把握。这个图式体现了马克思主义唯物史观的精神，内容上比较深刻，形式上比较严整，适用范围也更广一些。当然，我们也绝不能说它放之四海而皆准。因为，事实上大多数民族的民族性宗教至今并未发展为世界性宗教，它们至今仍并存于世界宗教之林，在可以预见的将来，在很长的历史时期之内，它们也不可能被世界性宗教所取代。也许有那么一天出现一个大同世界和世界大同的宗教，但那一天毕竟太遥远了。科学不能建立在"也许"之上。尽管如此，现代世界上的三大世界宗教确是随着跨民族大国、世界性帝国的发展而形成的。在这个范围之内，恩格斯的这一图式还是适用的。

---

① 《马克思恩格斯选集》第 4 卷，第 250—251 页。

第四节　论宗教存在的根源和消亡的条件

一　马克思、恩格斯的基本论述

在马克思、恩格斯的宗教观中，关于宗教存在的根源和消亡的条件的理论最为深刻，很有特色，它形成于《德法年鉴》时期，后来又有新的发展。为保持这部分理论的完整性，本书将重新回到它的起点开始评述。

作为青年黑格尔派主要成员时代的马克思和恩格斯曾致力于消除宗教的迷雾。但是，当他们形成历史唯物主义世界观，成为社会主义运动的领袖之后，他们对宗教消亡的看法便有了很大的改变。他们认识到，宗教的消灭并不是消灭旧社会制度的条件。宗教作为颠倒的世界观，它的根源在于颠倒的世界。只有消灭颠倒的世界，才能除去宗教赖以产生和存在的基础，从而创造出宗教消亡的条件。颠倒的世界之所以颠倒，在于在私有财产制度上产生的一个阶级对另一个阶级的剥削和压迫；如果要把它颠倒过来，只有首先消灭私有财产制度，实行社会主义或共产主义。马克思是在批判鲍威尔和费尔巴哈时系统展开这一理论的。

在 1843 年的《论犹太人问题》中，马克思对布·鲍威尔把社会不平等归结为宗教信仰问题，把废除宗教视为社会解放的根本途径的理论，提出了不同的主张。他指出，宗教上的不平等并不是社会不平等的原因，而是它的结果：

　　但是由于宗教的存在是一个缺陷的存在，那末这个缺陷的根源只应该到国家自身的**本质**中去寻找。在我们看来，宗教已经不是世俗狭隘性的**原因**，而只是它的**表现**。因此，我们用自由公民的世俗桎梏来说明他们的宗教桎梏。我们并不认为：公民要消灭他们的世俗桎梏，必须首先克服他们的宗教狭隘性。我们认为：他们只有消灭了世俗桎梏，才能克服宗教狭隘性。我们不把世俗问题化为神学问题。我们要把神学问题化为世俗问题。相当长的时期以来，人们一直用迷信来说明历史，而我们现在是用历史来说明迷信。①

在当时的马克思的心中，既然宗教对于人的精神压迫（"宗教桎梏"）根源于社会对于人的物质压迫（"世俗桎梏"），那么，要想消灭社会的不平等，正确的途径便不是首先废除宗教，而是革新社会，进行废除私有制度的社会革命。

马克思在《1844年经济学—哲学手稿》中通过对宗教异化与劳动异化的关系的讨论，深入论述了只有通过消除劳动异化的社会主义革命才能消除宗教异化的理论。如前文所述，费尔巴哈通过对基督教的批判已经得出了一个重要的结论：上帝是人把自己的本质自我异化的产物。异化的结果造成了人与上帝的颠倒：创造上帝的人成了上帝的创造物，而被人创造的上帝反倒成了创造人的主体。宗教异化现象还把人从人类中分离出来，变成为脱离了与其他人交往的孤独的、利己主义的个体。只有消灭宗教，人才能重新跟人类统一起来，从而也才能够过上符合人的本质的、合乎理性的生活。那时候，人类之爱就代替人对上帝之爱，并成为人类生活的最高准则。这就是费尔巴哈通过宗教批判达到的"人道主义"或"人本主义"。马克思接受并改造了费尔巴哈的异化理论。他进一步认为，人的自我异化现象不仅存在于宗教之中，也存在于社会和国家之中；而且人之所以自我异化，其主要原因不是宗教，而是以私有制为基础的社会关系。人要消除自己本质的异化并且过上符合其本质的生活，就不能只是消灭宗教，而必须首先消灭以私有制为基础的资产阶级社会以及与之相适应的政治国家。以私有制为基础的资本主义社会必然产生异化劳动，而异化劳动的消灭必须以消灭私有制为条件。

马克思当时认为，人为了把自己确立为真正的人，必须自由地、自觉地活动；这种活动主要就表现在人把自己的生命力外化为劳动并自己占有劳动的产品。在劳动过程中，人为自己创造了一个自然界，这个自然界当作为人的活动的产物时，便失去了它的异于人的异己性和客观性，成为人化的自然。当人把自己的活动异化为劳动产品，又重新占有了自己的劳动产品时，人便在其中重新发现并确立自身。人异化出来的

---

① 《马克思恩格斯全集》第1卷，第425页。

劳动产品在回到劳动者手中以后，也就不再是一种异己的存在。可是，在资本主义社会，由于私有制的统治，劳动者的劳动产品不但不为劳动者所占有，反而变成了资本家的资本，变成了独立于劳动者之外的异己的对象，劳动者转而受到异化物（资本）的统治。由于劳动的异化，劳动者便不能通过自己的劳动产品重新发现自身、确立自身。人与人的社会关系便只有通过商品交换这种物化的形式来进行。人的生活本身变成了一种异化的生活。为了克服人性的异化，无产阶级就必须通过社会革命粉碎以私有制为基础的剥削制度，消除异化劳动，使劳动产品回复到劳动者手中，而不再成为与自己作对的力量；过去物化于劳动产品之中的人性或人的本质从而得以恢复，无产阶级于是就成了自己劳动的主人，成为一个真正的人。

劳动异化的消除，必将消除一切形式的异化，人将解决人与人之间和人与自然之间的矛盾。消除了异化的人将会解决个体与类、个人与他人的矛盾而成为社会化的人。同时，自然也将不再成为与人作对的异化对象，而成为人化了的自然界。"社会化的人"与"人化了的自然界"于是达到了自然的统一。劳动异化现象的消灭，也就是整个社会的解放。随着社会异己力量的消失，必将导致宗教异化现象的最后消失。在这里，马克思把克服宗教异化的无神论和克服劳动异化的共产主义革命紧紧地联系起来。无神论由于否定神而否定了人和自然界的非实在性，共产主义则由于废除了私有制而创立了人的真正存在。但是，单纯的无神论仅是一种抽象的哲学，只有扬弃私有财产制度才能扬弃宗教异化，使人在异化的对象世界中重新确立自身，实现人的本质的完全复归。马克思并不仅仅把自己的目光局限在"宗教异化"（"神圣的异化"）之上，而且看到了社会上还存在有另一种"异化现象"——"非神圣的异化"（此即包括：劳动异化和一切社会的、政治的、经济的异化）；他还把这两种异化现象联系起来，发现了它们的因果关系。认为只有在消除了一切"非神圣的异化"之后，才有可能促使"神圣的异化"（"宗教异化"）的消亡。这是何等深刻的见解。正是在这个理论的提出和发现以后，马克思在其后的一生中，才超出单纯的宗教批判的消除"神圣异化"的狭隘，而集中全部精力探索如何消除作为"神圣异化"之根基的"非神圣异化"（"社会异化"），走向社会主义和共产主义的革命之路。

1844 年以后，马克思的著作中使用"异化"概念日渐减少，基本上没有再讨论通过消除劳动异化来消除宗教异化问题。马、恩作为社会主义、共产主义运动的导师和领袖，当然没有改变他们对传统的、以导致阶级剥削和阶级压迫为特征的私有财产制度的否定态度。但在后来的著作中，对于未来社会的经济制度究竟应该是一种什么样的所有制形式，事实上，确也在根据资本主义社会的新发展，不断进行新的思维（后文将有具体说明）。而且，他们似乎也逐渐意识到，宗教存在的根源很是复杂，不能简单地归结为私有财产制度。虽然对此没有明确的论说，直接放弃早期的观点，但是，在后来的马、恩著作中，他们更具体地认为宗教存在的最深刻的根源是人与自然、人与人之关系不合理，从而使自然力量和社会力量对人成为盲目起作用的、异己的支配力量。只有当人与自然、人与人之间的关系变得明白而且合理，人在社会生活中成为自由的人，社会生产方式成为自由人自然结合的产物，物质生产过程处于有意识、有计划的控制之下时，宗教才将失去其存在的社会基础而趋于消亡。马克思在 1867 年 9 月出版的《资本论》第一卷中是这样论述这个问题的：

> 只有当实际生产的关系，在人们面前表现为人与人之间和人与自然之间极明白而合理的关系的时候，现实世界的宗教反映才会消失。只有当社会生活过程即物质生活过程的形态，作为自由结合的人的产物，处于人的有意识有计划的控制之下的时候，它才会把自己神秘的纱幕揭掉。但是，这需要有一定的社会物质基础或一系列物质生存条件，而这些条件本身又是长期的、痛苦的历史发展的自然产物。①

马克思的这段话论及宗教的根源和消亡的条件显然已不完全局限于私有财产制度问题。他提出了宗教消亡的两个条件：一是人与人的关系极为明白而且合理；二是人与自然的关系极为明白而且合理（逆向推理即可推知，他认为这两种关系不明白、不合理，即为宗教存在的基础和根

---

① 《马克思恩格斯全集》第 23 卷，第 96—97 页。

源）。要实现这两条，一是必须实现社会主义，使人与人之间的关系在社会生活和社会物质生产中是自由结合的关系。这当然意味着必须变革建立在传统形式的私有财产制度基础上的资本主义制度。二是必须"有一定的社会物质基础或一系列物质生存条件"。这就意味着社会的物质生产力高度发达，使人成为自然力的主人。这个条件并不是单纯消灭资本主义、消灭私有财产制度就能自动实现的事情。所以，马克思接着说："这些条件本身又是长期的、痛苦的历史发展的自然产物。"苏联搞了七十多年的社会主义革命，多次宣布已经彻底埋葬了资本主义制度，正在走向共产主义，可是，这个世界上第一个社会主义国家彻底失败了，垮台了。他们那里的宗教不仅一直未曾消灭，而且已经出现了重新燎原之势。这就充分证明，私有财产制度并不是宗教存在的独一无二的根源。私有财产制度的消灭，也不能自动地带来一个人与人的关系极明白而且合理，人与自然的关系也极明白而且合理的理想社会。如果用马克思这个论断去分析苏联社会宗教之所以继续存在的原因，那就必须承认，那个国家和社会的人与人的关系、人与自然的关系仍是"不明白"、"不合理"的。由于那里的"社会生活过程"并非是"作为自由结合的人的产物"；人际关系不明白、不合理，那里的人民并未成为掌握自己命运的主人；由于那里缺乏"一定的社会物质基础或一系列物质生存条件"，人民并未完全控制自然力、成为自然的主人，用马克思在《1844年经济学—哲学手稿》中的话说：那个社会中存在着"非神圣的异化"（即各种各样的社会的、政治的异化现象），即存在着"神圣异化"的社会根源。所以，正当苏联社会的各种宗教仍然继续健在的时候，立志要消灭它的社会主义国家体制倒先崩溃了。苏联人民用自己的亲身经历证实了马克思的预言：这是一个"长期的、痛苦的"历史过程。

在恩格斯生活的晚期，他集中讨论宗教的根源和消亡问题的著作是在1876—1878年间写作的《反杜林论》。他仍然坚持生产资料私人占有制对社会成员的奴役是宗教反映的根源，但与此同时，他又认为宗教的消亡，不仅必须实现生产资料的社会占有和有计划使用，而且只有在"谋事在人，成事也在人"的时候才能实现：

当社会通过占有和有计划地使用全部生产资料而使自己和一切

社会成员摆脱奴役状态的时候（现在，人们正被这些由他们自己所生产的、但作为不可抗拒的异己力量而同自己相对立的生产资料所奴役），当谋事在人，成事也在人的时候，现在还在宗教中反映出来的最后的异己力量才会消失，因而宗教反映本身也就随着消失。原因很简单，这就是那时再没有什么东西可以反映了。①

恩格斯这里提及的宗教异己力量消亡的条件至少有三条：一是消灭生产资料的私人占有制，实行社会占有制；二是社会对生产资料实行有计划的使用；三是谋事在人，成事也在人。除了第一条比较明确具体以外，后两条的内涵很抽象，很模糊，可以作弹性很大的多种解释。但是，无论如何，有一点还是可以比较清楚地看出来的，后两个条件并不等同于第一个条件，因而，即使实现了第一个条件，把生产资料的资本主义占有制改变为社会主义的占有制，并不就自动实现了社会对生产资料的有计划使用，更不等于实现了谋事在人、成事也在人。大体上，恩格斯的宗教观里，已经比较清楚地意识到，从私有财产制度产生出来的异己性的支配力量并不是社会中唯一的异己力量，因而也不是宗教产生和存在的唯一根源。即使在消灭了资本主义、把私有制改造为社会所有制之后，如果社会还不能有计划地使用生产资料，消除经济关系中支配人们日常生活的异己力量，使人成为自己命运的主人，宗教反映的根源仍将存在。苏联七十余年，中国数十年的社会主义实践一再证明，要实现社会对生产资料的有计划的使用，消除经济生活中的盲目性和异己力量，并不是消灭私有制之后自动实现的。再进一步说，根据我们中国和苏联—东欧诸实行社会主义的国家的实践证明，那种不顾整个社会条件，立即消灭一切私有制本身就是一种更大的盲目性，因为人民并未因此而成为经济关系和社会的主人。生产资料的实际占有权、使用权、特别是社会产品和社会财富的分配权并未直接为劳动生产者所掌控，而是集中到控制政权的行政当局手中。"全民所有制"中的"全民"实际上并未享有国有生产资料的"所有权"和"分配权"。在这种情况下，人的命运仍在很大程度上被各种异己力量所支配。人民仍将"长期地、痛苦地"

---

① 《马克思恩格斯选集》第3卷，第356页。

和各种异己力量作斗争，甚至在"痛苦"之余跑到宗教幻想的天国里去寻找精神上的安慰。

总而言之，从《资本论》和《反杜林论》的这两段论述中，我们可以看到，马克思、恩格斯已经意识到宗教的根源和消失问题的复杂性，逐渐认识到不能把私有制度当做宗教的唯一根源。他们已提到：人与人之间、人与自然之间的关系不明白、不合理；社会物质基础的不充分；社会未能实现有计划地使用生产资料；"谋事在人、成事也在人"的社会条件的缺乏……这些也可能构成宗教的根源，这些想法是颇有教益的。沿着这条思路，人们对一个未来的理想社会可以产生许多构想：究竟什么样的人与人、人与自然之间的关系才算是极为明白而且合理？什么样的社会生活形态才算是自由结合的人的产物？有计划地使用生产资料的准确含义是什么？在什么样的社会条件下，才有可能实现"谋事在人、成事也在人"？为什么这些条件未能实现的时候，宗教就不可能自然消亡？……这一切，已经远远超出了宗教观的范围，涉及马克思主义社会主义学说的根本。遗憾的是，马克思、恩格斯生前似乎并没有对这一系列问题作出非常具体准确的回答。他们的后继者常常从那些相对模糊的前提推出错误的结论。他们一般总是认为在消灭了资本主义所有制之后，颠倒的世界就颠倒过来了：无产阶级就因此而成了生产的主人、社会的主人、自己命运的主人；人与人之间的关系和人与自然的关系就因此而极为明白合理了；私有制的结束也就意味着生产无政府状态的结束，国民经济有计划、按比例发展的法则已经实现了；在社会主义社会，人已由必然王国进入自由王国，谋事在人、成事也在人了……于是，无论是在苏联、在东欧的社会主义国家，还是在我们中华人民共和国，几乎毫无例外地、前前后后不止一次地采取过用行政手段消灭宗教的措施。其结果也是众所周知的：毫不例外地以失败而告终。如果我们今天以一种客观的、理性的态度来分析这个问题，那么，应该说，马克思、恩格斯本人在1867年《资本论》第一卷出版之后有关宗教理论的发展中，除了主张通过消灭传统的资本主义生产资料私有制的途径来促使宗教的自然消亡以外，他们是反对用行政手段来消灭宗教的。在他们生活的后期，更意识到了宗教消亡的其他社会条件，他们不能承担其后继者在这个问题上所犯错误的责任。问题只是在于他们的有关论述有相当的模糊性，存在着错误解释的可能性。马克思主义宗教学者应该吸取的历史教训是绝对不能把马、恩有关宗教问题的个别论断当成绝对完善的绝对真理，而应该深入具体地研究现实生活中的宗教问题，把宗教研究推向前进。

二　毛泽东、周恩来、邓小平等中国领导人论宗教存在的长期性及其演变和发展

中国共产党领导的人民革命取得胜利，夺取政权，建立了新中国，迄今已经六十年。六十年来，共产党作为执政党，几代领导人在处理中国的宗教问题上，按照自己对国情的判断和对马克思主义、列宁主义的宗教理论的理解，制定并实践了一系列处理宗教问题的路线、方针和政策。其中，既有成功的经验，也有失败的教训。毛泽东发动的"大跃进"、"人民公社化"运动和"文化大革命"，曾先后两次实行过把宗教作为与共产主义意识形态截然对立的"四旧"（旧思想、旧文化、旧风俗、旧习惯），试图运用强力的行政手段和急风暴雨般的大规模群众运动，把宗教从中国大地上彻底消除。这样的理论和实践虽然是以"高举马列主义旗帜"为标榜，但实际上是不符合马克思、恩格斯关于"宗教自然消亡"的宗教理论的。这两次消灭宗教的运动带来后果是灾难性的，其教训是非常深刻的。唯其如此，它留给我们的教训，如果正确予以总结的话，那也是一笔极其宝贵的财富。"文化大革命"以后，邓小平发动并领导了改革开放运动，这是一场深刻的社会改革运动，也是一场"拨乱反正"（拨违反真正马克思主义之乱，返正确理解马克思主义之正）的思想解放运动。这场运动在宗教领域的三个方面（宗教事务管理部门、宗教信仰者、宗教学术界）都产生了深远的影响，特别是引发了对马克思主义、列宁主义、毛泽东思想关于宗教问题的理论进行再学习、再认识和新的思考。他们有关宗教存在之根源的理论以及宗教消亡的理论和实践成了近年来再认识和新反思的重点之一。在这个问题上，出现了如下重要认识：

再度肯定宗教存在的"长期性"并把这一认识定为党和国家处理宗教问题的最重要的理论根据。

　　新中国成立初期，50 年代出现过的一种说法，认为土地改革既已完成，农民分到了土地，地主阶级消灭了，土地所有制改变了，农民就不会再信宗教了。这个说法实质上具有"宗教消亡论"的因素。对这种幼稚的说法，周恩来当时就指出：

　　　　问题并不那么简单，别说分了地的农民就是进入了社会主义社会，也还有信教的。①
　　　　信仰宗教的人，不仅现在社会主义的国家里有，就是将来进入共产主义社会，是不是就完全没有了？现在还不能说得那么死。②

　　周恩来在这里不仅承认了宗教将在社会主义时期，甚至还将在未来的共产主义社会中也可能继续存在的长期性，他还说明了宗教长期性的理论根据：

　　　　宗教界的朋友们不必担心宗教能不能存在。按照唯物论的观点，当社会还没有发展到使宗教赖以存在的条件完全消失的时候，宗教是会存在的。③
　　　　只要人们还有一些不能从思想上解释和解决的问题，就难以避免会有宗教信仰现象。有的信仰具有宗教形式，有的信仰没有宗教形式。④

　　周恩来明确地反对"人为地消灭宗教"：

　　　　谁要企图人为地把宗教消灭，那是不可能的……如果我们不想要的东西就认为它不会存在，那是不符合客观实际的。⑤

---

① 《周恩来统一战线文选》，人民出版社 1984 年版，第 201 页。
② 同上书，第 383 页。
③ 同上书，第 384 页。
④ 同上。
⑤ 同上书，第 185 页。

　　消灭民族，消灭宗教，就是消灭人民了，就成了消灭自己了。[1]

　　在"大跃进"、"人民公社化"运动之前的50年代早期，毛泽东对宗教的"长期性"和宗教消灭的问题也是相当清醒的。1953年他在《给达赖喇嘛的信》中写道："只要人民还相信宗教，宗教就不应当也不能人为地加以消灭或破坏。"[2] 1957年，他在其著名的《关于正确处理人民内部矛盾的问题》一文中，还明确地说："企图用行政命令的方法，用强制的方法解决思想问题，是非问题，不但没有效力而且是有害的。我们不能用行政命令去消灭宗教，不能强制别人不信教。"[3]

　　除此以外，50年代初期，党和国家还总结了宗教的一些社会特性，提出了"宗教五性论"（长期性、群众性、民族性、国际性、复杂性）的认识，作为制定和执行宗教政策的依据。这些认识和政策，稳定了当时的宗教界，使宗教局势在一个时期保持了平和的局面，与苏联、东欧等社会主义国家在新中国成立初期与宗教界的那种非常紧张、甚至发生严重冲突的局面形成了鲜明的对比。时至今日，我国的一些宗教学者还完全不忌讳地肯定新中国初期党和国家提出和实施的那种符合中国国情的宗教理念和宗教政策，把它称之为"中国化的马克思主义宗教理论"。

　　既然如此，为什么在短短几年之后，就连续发生了"大跃进"、"人民公社化"、"文化大革命"运动，并在这个时期放弃了此前的"中国化的马克思主义宗教理论"，出现了大规模的群众运动，采用了暴力的行政命令手段，以《共产党宣言》中的"两个决裂"（与传统的所有制实行彻底的决裂，与传统的观念实行彻底的决裂）为口号把"包括传统宗教在内的一切传统文化"视为与共产主义意识形态截然对立的"四旧"予以扫除，彻底消灭的情况呢？这不能不引起我们深刻的反思。

　　新中国成立初期，毛泽东、周恩来等国家领导人提出的宗教将长期存在的观点以及"宗教五性论"无疑是正确的。问题在于这些正确的观点当时还只是停留在一种"政策宣示"的水平上，无论在他们的论说

────────────────

　　① 周恩来：《同班禅等的谈话》，见《党的文献》，人民出版社1994年版。

　　② 毛泽东：《毛泽东西藏工作文选》，中央文献出版社、中国藏学出版社2001年版，第93—94页。

　　③ 《毛泽东文选》第2卷，人民出版社1999年版，第209页。

中，还是在宗教学术界都没有展开过学术性、理论性的深入探讨。当我们今天回顾和检索那一时期的学术文献的时候，几乎找不到专门研究和讨论马克思主义宗教理论的较有分量的理论性文章。这种理论研究的贫乏，不能不造成理论界、学术界以至政界和社会对"马克思主义"宗教理论理解上的粗浅、误解以至无知。我国当时的"马克思主义"理论家也许只知道"宗教是麻醉人民的鸦片"、"宗教是精神上的劣质酒"、"宗教是反动统治阶级用来麻痹革命人民的工具"……之类的口头禅；再多一些，有些理论家大概也知道马克思、恩格斯早期关于私有制是宗教存在的经济基础，要消灭宗教，首先必须消灭私有财产制度，实行社会主义革命……的宗教论说。至于对马、恩后期关于"宗教自然消亡论"及其相关的社会条件的论述是否认真研究过就很难说了。这不是没有根据的妄评，而是对历史真实的客观描述。在这种只对马克思、恩格斯宗教理论的"只言片语"有所了解，而对其整个理论缺乏全面、系统、准确研究的理论氛围下，党和国家及其领导人的一些有关宗教问题的"政策宣示"，在社会大众心田中就不可能有深厚的理论基础，就很容易被马、恩的另一些论断（为通过消灭私有财产制度的社会主义革命来消灭宗教之类）所吸引，从而改变原来的"政策宣示"，推行不同于过去的新的宗教政策，把对待和处理宗教问题的理论与实践引向"左"倾的方向和道路。事实的发展也确是如此过来的。新中国成立后不久，随着社会经济的迅速恢复，社会秩序的稳定，政权的巩固，中国共产党的威信的空前提高，毛泽东立即发动以改变私有财产制度为社会主义所有制的社会主义改造运动，而且以"奇迹"般的速度取得了"成功"。三大社会主义改造进行得如此之顺利，获得了如此快速的胜利，是令人难以想象的。狂热的颂歌取代了政治家和"理论家"们的理智。他们的心目中，既然私有财产制度消灭了，那么，共产主义的理想社会岂不就在眼前。在宗教问题上，私有财产制度的消灭，岂不意味着马克思、恩格斯早期所教示的那样，传统宗教赖以存在的社会经济基础已被打碎，那今后的任务就是在跑步进入共产主义社会的"大跃进"、"人民公社化"、"文化大革命"的政治进程中扫除传统宗教这种"反动统治阶级"的意识形态。新中国初期周恩来等人所主张的宗教长期性理论，在那狂热的时候，被人打入"冷宫"，甚至随着"破四旧"，消灭宗教运动的进展而一起被"消灭"了。如果我们现在想在中国推动马克思主义宗教理论中国化，使马克思主义宗教理论更加符合于中国的国情，我们就有必要面对"文化大革命"之前那一段冷酷的历史真实。

严格说来，我国从学术层面对马克思主义宗教理论进行比较全面系统的研究，并把这种研究的成果用之于宗教事务管理的政策实践之上，是在邓小平提倡并发动的思想解放运动和改革开放运动之后才开始的。改革开放三十年，我国宗教学术界和宗教实践工作者对马克思主义宗教理论的研究取得了前所未有的进展，产生了很多、也很有影响的成果。这些论著不仅从各个方面对马克思主义宗教理论进行了比较深入系统的探讨，而且结合中国国情，特别是根据中国共产党从过去为了夺取政权而展开革命斗争的"革命党"转变为领导全国人民进行社会主义建设的"执政党"之后这种地位的大变化，对马、恩、列当时作为革命领袖而发表的宗教理论和为工人政党制定的处理宗教问题的路线和政策进行了多方面、多角度的思考，对马克思主义宗教理论的理解更深刻，更符合中国国情了。这种马克思主义宗教理论中国化的理论进展不能不对党和国家的宗教实践工作产生影响，这反映在领导人和负责宗教事务部门的有关讲话和政策文件之中。对比"大跃进"、"人民公社化"运动和"文化大革命"时期与改革开放三十年来在宗教理论和宗教实践的情况，前后的差别是十分明显的。如果说，"大跃进"、"文化大革命"时期强调的是"破除四旧"、"消灭宗教"，那么，新时期则用最强音的高调强调宗教存在的"长期性"；如果说过去是使用行政手段，剥夺信教群众的信教自由，新时期则强调宗教的"群众性"，把宗教信仰自由视为公民的权利；如果说过去是把宗教事务看成是可用"一声令下"的方式，简单粗暴随心所欲地作出这样那样的处理，新时期则强调宗教的"复杂性"、"民族性"与"国际性"，不仅有关人民群众的和谐、民族的团结、国家的统一，以及国际关系的和平或争斗。新中国初期周恩来等党和国家领导人所倡导的宗教长期存在的理论（当时概括为"宗教五性论"）重新回归到新时期党和国家的宗教理论和宗教实践之中，并得到新的发展，使马克思主义宗教理论中国化进入到一个新的高度。这一时期，中央领导人极为重视宗教问题，发表的讲话和政策性宣示很多。本书因篇幅所限，不能一一引述。我国长期担任国家宗教事务局局长的叶小文博士对此作了这样的概括:"中央领导集体运用邓小平理论观察思考宗教问题,对宗教存在的长期性,宗教问题的群众性和特殊复杂性进行了深刻透彻的分析,制定了'全面贯彻党的宗教信仰自由政策,依法管理宗教事务,积极引导宗教与社会主义社会相适应,坚持独立自主自办的原则'的宗教工作指导方针。"① 按照叶小文博士的理解,根本是长期性,关键是群众性和特殊的复杂性。这"三性"相互联系,相辅相成。根本是"长期性",所以要"积极引导宗教与社会主义社会相适应";关键是"群众性",所以要"全面贯彻党的宗教信仰自由政策";特殊的"复杂性",所以要"依法管理宗教事务","坚持独立自主自办的原则"。现阶段中国共产党和中国政策制定的基本宗教政策是与中国共产党人根据中国的国情、中国宗教的社会特性,应用马克思主义的理论制定出来的。这个中国化的马克思主义的宗教理论和宗教政策在改革开放三十年来逐步形成和完善,并在实践中逐渐落到实处,见到实效,使当代中国的各种宗教与当代中国社会越来越适应,发挥了多方面的积极作用。"大跃进"时代,"文革"时代给宗教领域带来的灾难性影响得到了比较彻底的解决,中国当代的各种宗教也得到比较健康的发展。

三 挑战、质疑与我们的回应

在论述马克思、恩格斯、毛泽东、周恩来、邓小平等人的"宗教自然消亡论"、"宗教存在长期性"这一重大宗教理论的同时,我们也要冷静清醒地注意到事情的另一面。尽管我国近年来党和国家在马克思主义宗教理论中国化的理论方面和实践方面都取得了很大的进展,但"大跃进"、"人民公社化"和"文化大革命"时期发动的"消灭宗教"运动的灾难性后果所引起的反弹,以及西方各种宗教思潮随着国门的打开而大量涌进,各种不同形式的质疑以至否定马克思主义宗教理论的声音,也在宗教界和宗教学术界得到相当广泛的流传,并发挥着不同程度的社会影响。这些"质疑以至否定"的声音有些是国内人士"自创"的,但大

---

① 叶小文:《社会主义的宗教论》,原载于《求是》2003 年第 9 期,转引自吕大吉、龚学增主编的"当代中国宗教研究丛书"之《马克思主义宗教观与当代中国宗教卷》,民族出版社2008 年版,第 164 页。

多是从西方贩运过来的。在我们这里讨论的宗教存在的"长期性"及其根源这一重要问题上,有些学者实际上是在宣扬各种形式的"宗教永恒论"。既然我国党和国家倡导的"中国化马克思主义宗教观"把"宗教存在的长期性"视为理论上和政策上的"根本",那就有必要对上述种种挑战性的论调作出在理论上、学术上有说服力的回答。本书作者借此机会发表一些自己的思考和意见。

如果把近年来流传于世的种种内生的和外来的各种"宗教永恒论"作一番梳理,大体上可以概括为三种类型。

第一种类型:宗教神学的"宗教永恒论"。

在宗教领袖、宗教信仰者和宗教神学家以及附和他们的哲学家的心目中,他们信仰和崇拜的神或神性物都是具有超自然特性的神性实在。所谓"神性",即是不受自然法则所限制的超自然性。而神性物则为超自然律、超时空的无限者。佛教所谓泛在的佛性、基督教的上帝、印度婆罗门教和新印度教的"梵"、中国道教的"道"、伊斯兰教的真主,皆被各教神学家说成是无所不在、无时不在的"全在"。"全在"在空间上就是无限,时间上即为"永恒"。既然神性和神灵永恒,信仰和崇拜神灵和神性的宗教当然也就永恒了。神性永恒、宗教永恒,是教义神学中天经地义的绝对信条。

可是,这个"绝对信条"却受到近现代自然科学和理性主义宗教启蒙哲学的挑战和质疑。从伽利略以来,自然科学通过实验和实证把宗教神学宣布为"超自然"的一切存在置于自然律的统治之下,否定任何"超自然"的存在,也就从根本上否定任何神和神性物的存在。理性主义的启蒙哲学则从哲学推理上证明宗教神学对于神的存在的一切理论证明,都不过是经不起理性推敲的概念游戏。神的存在和信神的宗教日益成为令人怀疑的对象,哲学家尼采则公然宣称"上帝已死"。这一宣告使宗教失去了存在的根基。存在主义的无神论哲学家萨特曾尖锐地指出:"上帝不存在是一件极端尴尬的事情,因为随着上帝的消失,一切能在理性天堂内找到价值的可能性都消失了。"[1]"理想天堂"没有了,

---

[1]　让-保罗·萨特:《存在主义是一种人道主义》,周煦良、汤永宽译,上海译文出版社1988年版,第12页。

宗教失去的，就不仅仅是神圣的永恒价值，而更是自身存在的权利。

第二种类型：宗教性为人类天赋之性的宗教永恒论。

近年来，国内一些研究宗教的学者在其论著中宣扬一种理论，说什么宗教的最终根基不在于社会的经济基础，而是根于人类内在的天性，此即人性中天赋而有的"宗教性"。

一种最常见的说法是：人是生命有限的生物，生而具有对死的恐惧，从而会自发地产生对永生的渴望，这就是宗教与生俱来、赖以永存的深层精神根据。

还有一种更新奇，也更神秘的说法，认为人的精神除了生而赋有感性和理性之外，还先天赋有某种"灵性"。感性和理性是人类自然而有认知的能力，"灵性"则是可与神灵或神性相通、可以直接感悟神性的"灵悟"能力。通过人的感性认识能力和理性认识能力，可以获得一般的小知识，而通过"灵性"则可直接体认神灵，这种天赋"灵性"论赋予宗教永恒论更为引人入胜、也更为神圣的神秘主义色彩。这种"神秘主义"的人类天赋灵性说，既无任何经验实证根据，又直接违背人类的良知与理性，是反经验、反理性的神学呓语。古今中外一切严肃的哲学家和科学家几乎从来对诸如此类的说法都是懒得一顾的。这些高唱"天赋灵性说"的学者们不可避免地要面对这样一个问题：既然人类天赋即有"灵悟"，神灵不可避免地要面对这样一个世界的"灵性"，并可由此而获得所谓超越科学的宗教大智慧，那么，在古往今来恒河沙数的人类中，究竟谁可挑选出来，当此荣誉呢？也许在李洪志之类的书中，他有过此类的大吹大擂，把他拥有的宗教灵性大智慧吹嘘得天花乱坠，淋漓尽致，但他不过是个地地道道的宗教骗子。历史上各种宗教都曾出现过一批又一批的"高僧"、"高道"、"圣徒"……他们应该是最有资格被认为具有最高"灵性"的"大智慧者"了吧！可千万年来，他们的"灵性大智慧"为什么始终没有实现在拯斯民于水火，救世界于苦难的现实社会之中，而据称天赋即具灵性的宗教信仰者却经常挣扎于受苦受难的社会生活，用各种世俗之极的祈求方式拜倒本来与他们天赋灵性相通的神之前，苦苦哀求神灵的拯救？所有这些高级僧侣和虔敬信徒的"灵性""大智慧"都在最需要展现自己的时候，却不知何故躲藏在"乌何有之乡"去了。"诗仙"李太白应该算是"灵悟"之性冠绝古今之士吧，可他的"灵悟"只是体现在超凡脱俗的诗歌之中，而他一生追求的飞升成仙却终成水中之月。禅宗六祖慧能的"灵性"淋漓尽致地表现在他吟诵的"菩提本无树，明镜亦非台，本来无一物，何处惹尘埃"之类表现禅宗"大智慧"的偈语之中，但千百年来又有多少禅宗信徒能达到《坛经》大智慧的灵悟，真实而非虚假地"顿悟成佛"呢？"人类天赋灵性说"的主张者们能够给我们提供几个典型的实例吗？

我们那些主张人类天赋"宗教性"或"灵性"的貌似时髦而又新奇动情的"宗教学者"们，必须考虑一个考古学和人类学上不可撼动的事实：如果人类天赋即有诸如此类神秘的天性，那么，自地球上出现人类那一天起，即应当相应而伴生人类（最早应是"类猿人"）对宗教的信仰和崇拜。可19世纪才发展起来的考古学和人类学（以生物进化论为科学基础的体质人类学和文化人类学）却以铁一般的科学事实告诉我们，最原始的宗教萌芽是人类文化（"旧石器文化"）发展到一定的历史阶段的产物，即发端于智人时代，距今至多七万年左右。在此之前的原始人是没有宗教观念和崇拜活动的。而从类猿人到智人，人类已走过了三百万年、五百万年甚至更长久的发展历程。在那如此漫长的岁月里所谓人类天赋的"宗教性"或"灵性"到哪里去了？

如果人类真有某种宗教的"天性"，那么，无论何时何地，凡为人者均应赋有先天而有的宗教信仰不应有任何例外。可是，从人类进入文明时代以来，就逐渐出现了一批又一批的哲学家和科学家，他们中许多都不相信超自然、超人性的神，也不信仰宗教，甚至还违背自己的天性，提出各种批判和否定宗教神学的无神论理论。这是我们那些宗教天性论者绝对无法解释的。

第三种类型：宗教为社会必需论。

宗教永恒论还有一种常见的理由，就是认为宗教是社会赖以维持其自身而必不可少的需要。没有宗教的维持，社会就不可能正常地运转。只要社会存在，宗教就必须存在。这种说法，不仅今天有，古代就有；不仅中国有，外国也有，甚至古今中外相当一批卓越的启蒙思想家早就提出过类似主张。我国先秦时代的大思想家荀子本是个无神论者，可他在否定神鬼存在之后，反过来却主张"神道设教"。他完全根据社会的需要来理解敬天祭祖的宗教仪式活动。他有两段名言："祭者，志意思慕之情也，忠信爱敬之至矣，礼节文貌之盛矣，苟非圣人，莫之能知也。圣人明知之，士君子安行之，官人以为守，百姓以成俗。其在君子，以为人道也；其在百姓，以为鬼事也。"（《礼论》）举行各种宗教祭祀仪式活动，不过是利用"神道"以"设教"、对老百姓进行精神教化的文化活动："日月食而救之，天旱而雩，卜筮然后决大事；非以为得求也，以文之也。故君子以为文，而百姓以为神。以为文则吉，以为神则凶也。"（《天论》）

18 世纪法国启蒙运动的旗手伏尔泰更是力持此说。他对传统基督教的教义和信条都持严厉批判的态度。但他主张应把基督教的上帝净化为摆脱一切神迹故事的道德化身，把传统宗教改造为消除了神学教条的道德宗教。他认为一个穷光蛋的无神论者如果知道世界上并没有什么奖善罚恶的上帝，他就会走上谋财害命的犯罪道路，除非他是个笨蛋。这样下去，犯罪将泛滥成灾。一个无神论的君主远比一个狂热的教徒危险。因此，信仰一个奖善罚恶的上帝对人类社会较为有益。基于社会需要宗教的考虑，伏尔泰留下了一句名言："即使没有上帝也要造出一个来。"

近现代的宗教社会学家中，许多名家事实上都主张"宗教为社会必需论"。宗教社会学的开创者之一涂尔干认为，一个社会之为社会必须有社会成员的认同。宗教则是这种认同感的基本机制，宗教信仰的基本特点就是它对于其信仰群体是有共同性。由于其成员有着共同的信仰，便由此而构成群体的统一性，并把共同的信仰化为实践的行动，结成教会组织，组成统一的社会。宗教信仰的共同性还通过宗教仪式的不断举行来予以维持。仪式的功能就在于它强化信仰者与神的关系，也由之而强化个人与社会的关系。仪式本身就是一种手段，社会集体通过它定期重新肯定自身，那些认为有共同信仰对象（社会或神）的个人，通过共同的仪式活动而意识到他们在道德上的一致性，社会即因此而形成一个道德共同体。在涂尔干的宗教社会学里，超自然、超人间的上帝本来是不存在的，但他认为，上帝或神就是社会本身，是社会本身的象征地表现为上帝或神。宗教之于社会，不仅是必要的，也是必然的。在涂氏看来，只要社会存在，宗教就必然存在。涂尔干还为这个论点找出了所谓经验事实的根据。他有一句名言说："所知的社会都是有宗教的，不存在没有宗教的社会。"① 宗教对于社会是不可或缺的。他预言："宗教似乎注定重建其自身，而不是消亡。"②

现代社会学家帕森斯也主张"宗教与社会共存论"。他认为，家庭、经济制度、政治制度、宗教，是一个社会最基本、最必需的制度。其中，宗教承担了提供基本意义和认知的一般框架的作用。③ 因此，只要社会存在，宗教也将必然存在。

无论是"宗教为社会必需论"，还是"宗教为人类天赋人性论"，严格说来，都不能算作是"宗教永恒论"。因为"永恒"，乃是时间的"无限"，那是哲学所谓的"绝对物"。而宗教为社会所必需也罢，宗教为人类天赋人性也罢，宗教的存在都必须依赖于人和人类，以及人们构成的社会。如果不在理论上承认人和社会的存在，宗教即无从存在。所以，这两种类型的"宗教永恒论"，只能算作是"宗教与人类社会共存论"，只具有相对的意义。不过，毕竟宗教只是人类和人类社会才有的一种社会文化现象。只要人类永存，社会即永存，那么，这两种类型的"宗教永存论"也可勉强承认为具有相对意义的"宗教永恒论"。

但是，根本问题在于即使这种"宗教为社会必需"的相对性永恒论，也经不起历史事实和理性逻辑的推敲。第一，涂尔干所谓的那个经验事实完全不符合原始社会的历史事实。他所认为的作为宗教的最原始的形态——图腾崇拜的社会，其实并不是人类最原始的社会。在此之前的旧石器早中期，已经存在了数百万年之久，图腾崇拜（甚至一切其他的原始性宗教崇拜）最早也不过出现于旧石器时期晚期或新石器时期。在漫长的旧石器早中期的人类社会中，并没有任何宗教的任何表现。这个考古学和文化人类学的基本事实从根本上推翻了"宗教为社会所必需"作为主论之前提的经验根据。大前提错了，以后的一切推论皆错。第二，即使我们承认自宗教在历史的某个阶段诞生以来，延至今日，一切社会皆需由宗教来维持其秩序。但从过去社会的必需也不能逻辑地推论出未来社会仍必然需要宗教。这个"过去"与"未来"之间并没有逻

　① 涂尔干：《宗教生活的基本形式》，伦敦：Allex and Dynes，1915，第273页。
　② 同上书，第43页。
　③ 帕森斯：《社会系统》，见 D. P. 约翰森《社会学理论》，国际文化出版公司1988年版，第525页。

辑的必然性。形式逻辑一贯承认，从昨天、今天太阳从东方升起的经验
事实，并不能得出一个逻辑的结论说，明天的太阳也一定会从东方升
起。这是经验的习惯性推论，而不是逻辑的必然性。至于人类的未来社
会是否仍像过去几千年那样必需一个宗教来维系社会的秩序和道德，那
是一个存在着许多不确定性的未知问题。人类进入文明时代，至今不过
几千年。至于几千年、几万年、几十万年之后的未来社会，究竟会演变
成个什么样子，当时究竟需要什么，生活在现阶段社会的我们，谁也讲
不清楚。在已成过去的人类史上，宗教适应了社会的需要，发挥了特定
的功能。这是历史事实，谁也不能否认，但不能根据人类文明史这个短
短几千年的历史事实来推断相对永久存在的未来的人类社会的情况。历
史中的一切存在，终将成为历史。所谓"历史"，本身就意味着一个时
间过程，有其开始，就有其终结。宗教本身就是人类社会史发展到一定
阶段的产物，它必然也将会在人类社会史发展到新的阶段而终结其存
在。这是人类社会历史上一切存在物的宿命，宗教岂能例外。"非历史"
的永恒之物，只能是宗教神学所谓的超自然、超人间、超历史的神。可
惜这样的"神"，只不过是一种"观念"存在于宗教家、神学家和宗教
信徒的头脑之中，在客观世界上并不存在。在当代社会中，以及在我
国，确有一些对马克思主义的"宗教自然消亡论"不以为然的人，其中
不乏大抛新名词的"宗教学者"，他们不仅看到过去社会需要宗教的历
史事实，也看到我国毛泽东时代"消灭宗教"之后，宗教又勃然复兴的
现实情况，于是也跟着西方某些宗教学者的步调，唱起了宗教永远为社
会所必需，宗教是人类为超越自身而必然追求的精神需要之类宗教赞美
诗。不过，我要说几句可能会使这些"宗教学者"感到不高兴的话。他
们的目光似乎有些把历史看成静态的东西，或者永远停留在现阶段，不
再继续演变的东西，实质上并不完全符合于历史的真实。如果从中国
"文化大革命"之后或第二次世界大战以后伊斯兰世界（特别是阿拉伯
世界）与以美国为首的西方基督教霸权主义的斗争越来越激化的情况来
看，宗教在世界的很多地区确有日趋"兴盛"的情况。不过，这仅仅是
近半个世纪的情况，并非全球历史的全貌。如果我们想要比较准确说明
世界宗教发展史的总趋势，就不能把我们的历史视野限制在这短暂的半
个世纪之中，而应该把它和过去几千年世界文明史总的宗教发展趋势作

个全面的比较。这就是说，我们应该而且必要用一种"大尺度"的历史观全景式地观察整个人类文明史和世界宗教史。我们相信，当我们如此这般地用大尺度的历史观观察这个问题的时候，当会发现一个似乎具有规律性的现象：世界上一切民族对于宗教信仰的深度（虔信程度）和广度（信仰者占总人口数的百分比），几乎总是与文明（科学与文化）的发展程度成反比。在原始社会的民族—部落宗教时代，在古代民族—国家时代以及中世纪基督教和哈里发帝国、奥斯曼帝国时代……总之，在近现代理性启蒙思潮之前世界各民族的相应的历史阶段上，宗教曾是何等的辉煌，其地位是何等的神圣，它拥有的虔信度和广泛度又是何等之深厚和广大。当代西方和当代中国的一些宗教学者高谈阔论的"宗教复兴"能与之相提并论吗？当代世界各大宗教似乎都在热心地致力于"宗教复兴"的神圣事业。可是这种"热心"的出现、这种"口号"的提出，不正说明宗教领袖们对于传统宗教江河日下的总趋势已感到惶恐与不安吗？近半个世纪的宗教发展的"盛况"，与未来人类文明史的"无尽"时相比，只不过是短暂的一瞬，能代表"无尽"的未来文明史吗？

只要我们的学者承认人类社会的历史，特别是人类的文明史是不断发展的，而且这种文明发展的程度是越来越进步，越来越接近科学的真理，那么，马克思主义宗教理论关于"宗教自然消亡论"的观点就是不可推翻的，各种形式的"宗教永恒论"可以休矣！

第五节　论宗教的社会功能

马克思、恩格斯有关宗教的论述大多都是分析宗教在历史上和现实社会生活中的作用问题。他们作为共产主义的思想家，后来又发展为领导无产阶级和被压迫人民进行革命的革命家，他们为自己的一生确定的理想和奋斗，目标是推翻一切剥削制度，创建他们所理想的社会主义社会。这种革命家的理想追求就规定了马克思、恩格斯在对待传统宗教的总立场和态度。因此，他们总是从社会革命的角度来分析宗教的社会历史作用，采取了激烈的批判和否定态度。总的说来，他们认为宗教是维护经济基础的上层建筑，本质上是历史上的统治阶级用来维护其统治秩序的工具；对于被压迫人民而言，则不过是麻痹其革命意志的精神鸦片。对此，马克思在《〈黑格尔法哲学批判〉导言》中进行了集中的说明，大体上从三个方面来说明宗教的社会功能。

第一，宗教是颠倒的世界借以安慰和辩护的普遍根据。

第二，宗教给人民以幻想的幸福，为人民身上的锁链装饰上虚幻的花朵。

第三，宗教是现实苦难的表现和抗议。

关于《导言》所概括的宗教的三条社会功能和历史作用，本书第四章第三节之"三"，已对其具体内容作过一些叙述和分析，读者可以参读，这里就不再做介绍了。

对于宗教为统治阶级服务这种社会作用，马克思还在《导言》以外的其他论著中大量论述过，其基本精神都是一致的。例如，马克思在1847 年写的《"莱茵观察家"的共产主义》一文中对基督教的社会原则作了激烈的批判和全面的否定：

> 基督教的社会原则有过一千八百年的发展，它并不需要普鲁士国教顾问做任何进一步的发展。
>
> 基督教的社会原则曾为古代奴隶制进行过辩护，也曾把中世纪的农奴制吹得天花乱坠，必要的时候，虽然装出几分怜悯的表情，也还可以为无产阶级遭受压迫进行辩解。
>
> 基督教的社会原则宣扬阶级（统治阶级和被压迫阶级）存在的必要性，它们对被压迫阶级只有一个虔诚的愿望，希望他们能得到统治阶级的恩典。
>
> 基督教的社会原则把国教顾问答应对一切已使人受害的弊端的补偿搬到天上，从而为这些弊端的继续在地上存在进行辩护。
>
> 基督教的社会原则认为压迫者对待被压迫者的各种卑鄙龌龊的行为，不是对生就的罪恶和其他罪恶的公正惩罚，就是无限英明的上帝对人们赎罪的考验。
>
> 基督教的社会原则颂扬怯懦、自卑、自甘屈辱、顺从驯服，总之，颂扬愚民的各种特点，但对不希望把自己当愚民看待的无产阶级说来，勇敢、自尊、自豪感和独立感比面包还要重要。

　　基督教的社会原则带有狡猾的假仁假义的烙印，而无产阶级却是革命的。

　　基督教的社会原则就是这样。①

　　在这里，马克思完全是从阶级斗争史观来看待基督教的社会历史作用：对于统治阶级，基督教是维护其统治秩序的工具；对于被压迫人民，则是假仁假义的欺骗。

　　马克思在其全部著作中对于宗教在历史和现实社会中的作用几乎没有肯定性的评价，而且在《共产党宣言》之后也几乎没有写过一篇集中讨论宗教问题的著作和文章（个别性的论断例外）。正如他在《导言》中所宣布的那样："就德国来说，对宗教的批判实际上已经结束。"他的任务是从宗教的批判转向对尘世的批判。而要批判尘世，只要揭露出宗教的消极的社会作用也就够了。相比之下，恩格斯则有些不同。他不仅在其以后的著作中继续讨论宗教问题，甚至还专门写了几篇研究基督教史的文章；更值得注意的是，他似乎逐渐意识到宗教在历史上的作用并不完全是消极的、否定性的；在一定的历史条件下，也可以起到某种积极的、肯定性的作用。为了与他和马克思过去对宗教的彻底否定的主张相协调，他提出了"宗教外衣"这个新的概念。恩格斯的一些论著分析了中世纪的异端运动、德国的农民战争和早期资产阶级革命的情况，他发现，所有这些反对封建制度的运动都曾打着宗教的旗号，具有浓厚的宗教色彩。作为社会主义者和无产阶级革命家，他和马克思都毫无保留地肯定这些反封建斗争；但作为历史唯物主义者和无神论者，他们对宗教的社会历史作用又从来都是否定的。在这种情况下，恩格斯得出结论：在当时那种宗教居于绝对统治地位的情况下，被压迫人民的一切反抗斗争都必须穿上一件"宗教外衣"。按照笔者的初步统计，恩格斯的论著中至少有八个地方提到了"宗教外衣"这个概念，兹摘抄如下：

　　其一，见于恩格斯与马克思合著的《德意志意识形态》（1845—1846）：

————————

　　① 《马克思恩格斯全集》第4卷，第218页。

在理论上宣布符合于这种资产阶级实践的意识、相互剥削的意识是一切个人之间普遍的相互关系，——这也是一个大胆的公开的进步，这是一种**启蒙**，它揭示了披在封建剥削上面的政治、宗法、宗教和闲逸的外衣的世俗意义，这些外衣符合于当时的剥削形式，而君主专制的理论家们特别把它系统化了。①

马克思、恩格斯在这里把宗教和宗法、政治都视为维护封建剥削制度和君主专制制度的"外衣"。这是马、恩第一次使用"宗教外衣"这个概念，这种意义上的"宗教外衣"完全是否定性的、消极性的作用，与恩格斯后期赋予它的某种积极意义是不同的。

其二，见于1850年的《德国农民战争》：

16世纪的所谓宗教战争也根本是为着十分明确的物质的阶级利益而进行的。这些战争，同稍后时期英国和法国的国内冲突完全一样，都是阶级斗争。如果说这许多次阶级斗争在当时是在宗教的标志下进行的，如果说各阶级的利益、需要和要求都还隐蔽在宗教外衣之下，那末这并没有改变事情的实质，而且也容易用时代条件来加以解释。②

其三，也见于《德国农民战争》：

由此可见，一般针对封建制度发出的一切攻击必然首先就是对教会的攻击，而一切革命的社会政治理论大体上必然同时就是神学异端。为要触犯当时的社会制度，就必须从制度上剥去那一层神圣外衣。

反封建的革命反对派活跃于整个中世纪。革命反对派随时代条件之不同，或者是以神秘主义的形式出现，或者是以公开的异教的

---

① 《马克思恩格斯全集》第3卷，第480页。
② 《马克思恩格斯全集》第7卷，第400页。

形式出现，或者是以武装起义的形式出现。①

　　恩格斯在这里把"神圣外衣"进一步穿在"封建制度"身上。当然，他同时认为中世纪革命反对派的三种斗争形式都披的是"宗教外衣"。

　　其四、其五、其六：均见于恩格斯在 1886 年写的《路德维希·费尔巴哈和德国古典哲学的终结》中：

> 中世纪把意识形态的其他一切形式——哲学、政治、法学，都合并到神学中，使它们成为神学中的科目。因此，当时任何社会运动和政治运动都不得不采取神学的形式；对于完全受宗教影响的群众的感情说来，要掀起巨大的风暴，就必须让群众的切身利益披上宗教的外衣出现。②

> 当路德的宗教改革在德国已经蜕化并把德国引向灭亡的时候，加尔文的宗教改革却成了日内瓦、荷兰和苏格兰共和党人的旗帜，使荷兰摆脱了西班牙和德意志帝国的统治，并为英国发生的资产阶级革命的第二幕提供了意识形态的外衣，在这里，加尔文教是当时资产阶级利益的真正的宗教外衣……③

> 由此可见，基督教已经踏进了最后阶段。此后，它已不能成为任何进步阶级的意向的意识形态外衣了；它愈来愈变成统治阶级专有的东西，统治阶级只把它当作使下层阶级就范的统治手段。④

　　其七，见于 1892 年 4 月写的《社会主义从空想到科学的发展·英文版导言》：

---

① 《马克思恩格斯全集》第 7 卷，第 401 页。
② 《马克思恩格斯选集》第 4 卷，第 251 页。
③ 同上书，第 252 页。
④ 同上书，第 252—253 页。

当时反对封建制度的每一种斗争，都必然要披上宗教的外衣，必然首先把矛头指向教会。[1]

其八，恩格斯在《论早期基督教的历史》（1894），再一次提到"宗教外衣论"，并把这个概念从基督教史推广到伊斯兰教的历史中，使之具有更普遍的意义。尽管"宗教外衣"在伊斯兰教与马赫迪运动中所起的作用并无什么积极的社会意义，这与欧洲的农民起义与资产阶级早期的反封建革命利用基督教教义和《圣经》的某些词句作为"宗教外衣"所起的作用有性质上的不同。

> 伊斯兰教世界的宗教起义，特别在非洲，是一种奇特的与此（指西欧宗教改革——引者注）相反的情况。伊斯兰这种宗教是适合于东方人的，特别是适合于阿拉伯人的，也就是说，一方面适合于从事贸易和手工业的市民，另一方面也适合于贝都英游牧民族。而这里就存在着周期性冲突的萌芽。市民富有起来了，他们沉湎于奢华的生活，对遵守"律条"满不在乎。生活贫困并因此而保持严峻习俗的贝都英人，则以嫉妒和渴望的眼光来看待那些财富和享受。于是，他们就团结在某个先知，即某个马赫迪的领导下，去惩罚背教者，恢复对礼仪、对真正信仰的尊重，并把背教者的财富作为给自己的奖赏而收归己有。自然，过了一百年，他们又处于这些背教者所处的同样的地位；又需要来一次信仰净化，又出现新的马赫迪，戏又从头演起。……所有这些在宗教的外衣下进行的运动都是由经济原因引起的；可是这些运动即使在获得胜利的情况下，也把原有的经济条件原封不动地保留下来。这样，一切又都照旧，冲突就成为周期性的了。与此相反，在信奉基督教的西方的人民起义中，宗教外衣只是用来作为进攻陈旧经济制度的旗帜和掩护物，陈旧的经济制度终归被消灭，为新的经济制度所取代，世界向前迈进。[2]

---

[1] 《马克思恩格斯选集》第 3 卷，第 390 页。
[2] 《马克思恩格斯全集》第 22 卷，第 526 页。

以上八处，除其一与其八对"宗教外衣"的作用未做积极性的评价以外，其他六处，对它的评价都是积极的，这就是说，在恩格斯看来，尽管宗教在这一切反封建制度的革命中所起的作用，只是提供一件意识形态的"外衣"，而非宗教的实质内容，但恩格斯毕竟对宗教的这种作用是肯定的，比之于马克思在这个问题上的全盘否定态度要全面一些。恩格斯的"宗教外衣论"使马克思主义的历史唯物主义宗教观在解释宗教的历史作用问题时具有更多的灵活性，使它从全盘否定的僵硬态度上解脱出来。当然，喜欢探索的人、近百余年发展起来的近现代的比较宗教学（特别是其中的社会宗教学学派）不会完全满足于恩格斯的"宗教外衣论"，他们会进一步问：难道宗教在这些反封建革命中所起的作用仅仅是"外衣"么？难道宗教的内容——教义——就不起作用么？这是一个应予继续探讨的问题。但是，在这种情况下，宗教为反封建革命所提供的东西，无论是"外衣"也好，"内容"也好，都不是决定性的东西。反封建制度的社会力量（中世纪的农民和早期资本主义社会的资产阶级）之所以奋起斗争，决定性的原因是他们的社会地位以及由此而产生的社会的、政治的、经济的需要，而宗教的"外衣"或"内容"都不过是他们用以实现其需要的"工具"。在这个意义上，恩格斯的"宗教外衣论"大体上足以满足学者们解释历史事件的要求。更何况，从纯粹哲学意义而论，"形式"与"内容"本是不可分割的辩证范畴。内容是形式的内在根据，形式则是内容的外在表现。故形式可转化而为内容，内容亦可转化而为形式。我们大可不必追究，宗教在这些历史事件中所起的作用，究竟是"形式"，还是"内容"。这种"追究"，似乎未免过于学究气了。问题在于我们究竟是从什么样的角度进行这种解释。如果从归根到底的意义上去理解，宗教在反封建斗争中的作用，也许就是形式；如果从这种斗争的发起，其直接的、比较切近的意义上讲，也许就是基督教及其《圣经》的某些教义，这也就是"内容"。

对于恩格斯的"宗教外衣论"来说，真正成为问题的，倒是在于：如果宗教作为"革命反对派"的工具只是"外衣"，那么，它作为"统治阶级"的工具就是"本质"了。"外衣"的积极作用是虚假的，"本质"的消极作用才是真实的。照此推论下来，宗教本质上是统治阶级的统治工具，它的历史作用，从本质上分析，便是消极的、甚至是反动的了。看来，马克思、恩格斯本人也是这样推论的。他们有关宗教的论著基本上都是把宗教视为统治阶级维护其统治秩序的工具。马、恩作为革命家，对宗教的这种作用从本质意义上说，基本上是否定的（恩格斯的"宗教外衣论"除外）。受其影响，后来的列宁更着重批判宗教的这种"反动的"社会功能，而马克思主义、列宁主义的一些"后继人"更是把这种推论推到极端，总是把宗教与统治阶级紧密联系起来，进一步又把统治阶级等同于反动阶级，从而否定宗教的任何积极作用。这样的推论无疑是有些片面性的，也并不符合于历史唯物主义的基本精神。历史唯物主义的历史辩证法应该承认，历史上的一切事物都有一个发生、发展和消亡的过程。社会的制度和秩序是如此，社会上的统治阶级也是如此。一种社会制度或一种社会秩序，当其符合于历史发展的规律的时候，它就起着一种推动社会发展、历史进步的积极作用；只有当它们在进一步的发展中成为一种阻碍社会进步的东西时，它们才是一种保守的因素，必须为某种新的制度和秩序所代替。这种历史辩证法同时意味着它决不否定统治阶级在一定历史阶段上的积极作用。当统治阶级所维护的统治秩序符合于历史发展的要求时，它就是社会生活中的积极因素和进步力量。只有当它所维护的统治秩序成为社会发展的障碍时，这时的统治阶级才是保守的、反动的社会力量。马克思、恩格斯的《共产党宣言》在分析资产阶级的历史作用时就使用了历史辩证法的分析方法。他们曾充分肯定资产阶级在其上升时期在历史上所起的巨大进步作用。既然如此，我们也可以把这种历史辩证法应用到宗教领域中来，承认统治阶级进步时期对于宗教的利用是起了进步作用的。只有当宗教为反动、保守的统治阶级服务时，它的社会历史作用才是保守的、反动的。遗憾的是，我们所作的这样的推论和结论，马克思、恩格斯的论著中并没有直接而明白的论述；但是，它确是合乎逻辑地包含在历史唯物主义的历史辩证法中。

马、恩的宗教观在评价宗教的社会功能问题上还有一个更重要的不足之处，就是：马、恩一般只是把宗教视为统治阶级的统治工具，只看到宗教的政治功能。他们忽视了，甚至没有注意到宗教还是一种社会文化形式，除了政治功能以外，还具有文化功能。他们的有关论著中对于宗教在文化领域的巨大影响，几乎没有直接的论述。即使有时顺便提到了，也只限于宗教对政治、道德、哲学诸方面的消极影响，而对宗教在保存、培育、包容诸文化因素的积极作用，基本上没有涉及。也正由于这个原因，造成了近百年来夺取了政权的社会主义国家的共产党在对待和处理宗教问题上的片面性和简单化。如果说，由于马克思、恩格斯本人是革命思想家，而不是专业的宗教学者，对于他们在认识宗教文化功能上的不足，我们应予理解的话，那么，对于马克思主义的专业宗教学者在百余年来的宗教研究中也始终不越雷池一步，继续忽视宗教文化功能的研究，那应该算是一种不能原谅的过错。

还有一个重要的理论问题和历史事实问题，我们今天需要特别提出来作一些必要的评说，马克思、恩格斯创建的唯物史观，在应用于历史的分析批判时，他们更着重社会的阶级分野，把世界文明史总括为阶级斗争史。《共产党宣言》开宗明义就公开宣告："到目前为止的一切社会的历史（后来，恩格斯在1888年的英文版上附加了一个注，对这句话作出这样的修改：确切地说，这是指有文字记载的历史），都是阶级斗争的历史。"① 由于《共产党宣言》对这句重要判断适用范围和条件未作任何限制性的说明，以致后来的"马克思主义者"，特别是苏联和中国的共产党人常把阶级斗争无限制地使用在历史的一切阶段和人际关系和社会生活的一切方面。毛泽东在《实践论》中说："在阶级社会中，各种思想无不打上阶级的烙印。"在以阶级斗争为纲的年代，人的一切思想言行都被视为阶级意识的表现，人际间的一切社会关系都被认为具有阶级斗争的性质。这种以阶级斗争为纲的历史观和社会观所带来的灾难性后果，在中国共产党的历次"路线斗争"和"文化大革命"中已经集中而突出地展现出来，这里没有再做什么解说和发挥的必要。本书的主题只限于讨论马克思主义的宗教理论问题，因此，这里就必须探讨宗教信仰与阶级斗争历史观和阶级斗争社会观的关系问题。

如果我们仍然奉行"以阶级斗争为纲"年代的阶级观念去看待宗教信仰问题，那么，一切宗教信仰都势将被打上"阶级的烙印"并因此而把宗教信仰者打到敌对阶级的阵营，宗教的社会功能和社会作用便只能

---

① 《马克思恩格斯选集》第1卷，第250页。

被归结成为反动阶级服务的工具。笔者认为这种阶级斗争观念其实从基本性质和内容上是有违于马克思主义和唯物史观的。这是因为在历史和现实的社会生活中，人与人间的社会关系是非常复杂的，内容和形式是多种多样的，并不能完全归结为阶级关系。马克思在《关于费尔巴哈的提纲》中就曾说过，人是"一切社会关系的总和"。所谓"一切社会关系"当然包括"阶级关系"，但并不等同于或归结为单一的"阶级关系"。人与人的社会关系中事实上存在着许多非阶级、非政治性的关系，例如：人作为人类的一分子与人类其他成员有一种普遍性的人类关系；人作为血缘种族和民族，与种族和民族有一种种族性和民族性的关系，并与不同种族、不同民族发生不同族类的关系，由此还进一步演化为不同地域、不同国家之间的关系；人与人间还有父母、夫妻、兄弟、亲戚、朋友……之类人伦关系；由于从事不同的职业，由此而产生同业或不同业、同事或不同事的行业关系；由于文化传统、宗教信仰、政治信念道德价值观的认同或不同而产生错综复杂的群体性关系……各种各样的社会关系错综交汇，构成极其复杂的关系网络。每一个人作为社会成员身处社会网络之中，其自身都是无限量的关系网络交会的中心。他既是属于某个阶级的人，也是某个行业、某种文化体系、某个宗教教派、某个社会团体、某个家族、某个种族或民族、某个国家社会共同体的人，同时也是人类共同体的一员，众多社会关系互相制约，互相影响，彼此重叠，互为因果，但并不互相取代。对于马克思所说的"人是社会关系的总和"我们应该从上述这个社会背景去理解，体会这句话的真义。如果这样理解能够成立，那么，我们就不能绝对单一地把人理解为"阶级的人"，人的思想意识，就并非都被打上阶级的烙印。当然，在特定的社会经济关系中，阶级关系也许是最重要、最关键的因素，具有决定性的意义。不过，这也不能排斥人在非阶级性、非政治性的社会关系中所具有非阶级的性质和意义，人的这种非常复杂的多重性，不能不反映在人所创造的宗教之中。

我们当然不会忘记，马克思不仅讲过"人是社会关系的总和"这句话，他还在《〈黑格尔法哲学批判〉导言》中说过一段与此相关联，而且具有同样重要意义的话：

人就是**人的世界**，就是国家，社会。国家、社会产生了宗教即**颠倒了的世界观**，因为它本身就是**颠倒了的世界**。宗教是这个世界的总的理论，是它的包罗万象的纲领，它的通俗逻辑，它的唯灵论的荣誉问题，它的热情，它的道德上的核准，它的庄严补充，它借以安慰和辩护的普遍根据。①

从这段话，我们似乎可以相信，在马克思的内心深处有某些潜在性的东西，即认为宗教从特定的意义上仍具有多方面的社会文化功能。宗教之所以具有对整个国家和社会的"总的世界观"的意义和作用，那是因为宗教的神（特别是一神教的上帝）被宗教赋予了主宰世界万物和人世社会生活一切方面的大能，人与人之间的一切社会关系以及由此而形成的社会秩序、社会结构（包括整个国家和社会的上层建筑和经济基础的一切方面）都被说成是神或上帝安排、支配和主宰的，都被神或上帝神圣化了。人是社会关系的总和，而人和全部社会关系又均为神或上帝所创造和安排，人和社会关系的全部性质、意义和作用，既源于宗教和神，那就必然应通过宗教和神来说明，这就是马克思所说的"人是社会关系的总和"和"宗教是国家、社会的总的世界观"这两个论断的逻辑关系。话说到这里，本书读者也许会问：你这位写书人究竟想从这里得出什么结论呢？笔者想得出的第一个与上述有关的结论就是：既然国家和社会的一切"社会关系"都为神和宗教所决定，而人与人的"一切社会关系"如上所说，并非均为"阶级性"的关系，其中也包含大量非阶级性的关系，那么，宗教和神所安排和主宰的社会关系、社会结构及其社会功能，那就应该既具有阶级性的一面，也具有非阶级性的一面，宗教作为"国家和社会的总的世界观"，它所具有和展现的社会作用和社会功能，便不能被单纯归结为统治阶级利益及其统治下的国家和社会制度服务这唯一的方面，它还应该具有为非阶级的人际关系、人伦关系和其他各种社会文化关系施加宗教影响，甚至使之神圣化、宗教化的作用，尽管马克思的论著中对宗教体系中所包含的这些非阶级性的社会功能和社会作用没有具体说明，但从他在《导言》中关于宗教是国家社会

---

① 《马克思恩格斯选集》第1卷，第1页。

的总的世界观的论断中，理应逻辑地包含这方面的内容。如果我对马克思的这些论断的诠释在理论上、逻辑上能够成立，那宗教学术界过去普遍相信的一种观点：即认为马克思、恩格斯的历史唯物主义宗教观关于宗教在历史上和社会生活中完全是为反动统治阶级的利益服务的，其实是对马、恩宗教理论的一种并不准确的理解。这样，就可以使学术界摆脱旧时学术传统对历史唯物主义宗教观关于宗教的社会功能和社会作用的理论所做的简单化、片面化的理解，在发展马克思主义宗教理论的道路上这是重要的一步。

从上引《导言》的那段话，还可得出第二个具有同样重要意义的结论。按照这段话的字面意义和内在精神，它的基本意思是说，宗教虽然是在"颠倒了的世界"基础上产生出来的一种"颠倒了的世界观"，但既然是一种"世界观"，它也应该像作为"世界观"的哲学体系一样，是关于"这个世界的总的理论"，是"包罗万象的纲领"。世界的万事万物、人事社会的森罗万象，无不包罗在宗教体系之中，被宗教所统，赋之以神圣宗教的色彩和意义，通过神圣宗教而得到自己的存在，成为宗教体系的一个分支或附属部分。马克思还比较具体地列举了几个主要方面：在政治上，宗教论证了"颠倒了的世界"在社会制度上的合理性；在社会伦理和道德上，宗教为之提供了善恶的标准；在人们的社会生活和个人生活方面，宗教为人们遭逢的苦难提供了心理上和感情上的慰藉……这就是说，马克思这段话事实上是在说明传统宗教在人类历史和现实生活中对哲学、政治、道德法律、文学艺术以及人类的精神活动、文化生活的一切方面都发生了深刻的影响和作用。所有这一切都是人类创造的各种形式的文化，而宗教作为所有这些文化形式的"世界观"、"总的理论"、"包罗万象的纲领"，其本身当然就是包容一切文化形式于其中的"包罗万象"的总的文化体系。既然如此，我们就不能像旧时的"马克思主义者"那样，仅仅把传统宗教理解成为阶级斗争服务的政治性意识形态，而应理解为"包罗万象"的文化体系。它的社会功能和社会作用也不仅仅限于为阶级斗争服务的政治功能，而应具有与多种多样的社会文化相关联的、其内容丰富多样的社会文化功能。当然，在我们把传统宗教广义地理解为在历史上发生了丰富多样的社会文化功能、"包罗万象"的文化体系的时候，我们必须注意到马克思当时主要关注之点是：传统宗教作为文化体系，在人类文明史上的主要作用是为"颠倒了的世界"的政治需要服务，是为统治阶级、剥削阶级的阶级需要服务，论证其在政治上的合理性、道德上的正义性，把颠倒世界的社会制度、社会秩序合法化、神圣化，给它们戴上神圣不可侵犯的"灵光圈"。马克思作为立志推翻旧世界、创建新社会的革命家、思想家，他视野中的传统宗教必然就是这个样子。当他领导共产主义革命的时候，传统宗教也正是如此这般地站在反动统治阶级阵营，反对共产主义革命，把共产主义视为洪水猛兽。在这种阶级斗争的现实环境面前，马克思不可避免地在理论上集中强调传统宗教的社会功能和历史作用的政治方面。社会存在决定社会意识，文化是社会生活的反映。马克思当时不可能按照《导言》所说的那样，从传统宗教是"包罗万象"的总的纲领，是对一切文化形式都有深刻影响的文化体系这一论断的理论逻辑出发，把关注之点从政治学角度转换到广义文化学角度，去强调传统宗教作为文化体系非政治性的功能，尽管《导言》这段话在理论上、逻辑上理应包含这非政治的方面。基于这种理解，我们今天就能超越过去对传统宗教之社会功能和历史作用的绝对政治化的狭隘理解，发展马克思主义的宗教理论，对宗教的社会文化功能问题作出更全面、更准确、更适合于现实生活的实际情况的理解和说明。在这方面，本书作者认为近现代发展起来的西方宗教社会学提出了不少颇有价值的理论和学说，值得我们关注和借鉴。其中有些内容，并不与马克思主义宗教理论冲突和对立，甚至可以应用马克思主义宗教理论在理性批判分析的基础上对之进行新的诠释。本书作者之一高师宁教授为此撰写了一篇专论，对近现代西方宗教学者（特别是一批著名的宗教社会学者）有关宗教的社会功能问题所发表的一些具有代表性的理论进行了比较系统的阐述和有见地的独立的批判性思考。如果我国研究马克思主义宗教理论的学者在探讨宗教之社会功能问题的时候，能以一种比较开放的学术心态对西方宗教社会学家的有关理论进行理性批判的分析，也许能开阔我们的视野，对加深和发展马克思主义宗教理论不无助益。为此我们决定，将高师宁教授撰写的这篇专论附于本章之后，以飨读者。

附 西方宗教社会学家论
宗教的功能和作用

对于宗教之独特功能的研究，自麦克斯·缪勒创立宗教学研究以来就开始了，而且一直是宗教研究学者们经久不衰的兴趣所在。这是因为，与人类历史一样古老的宗教迄今不仅依然存在，而且还在不断地出现新的团体、新的宗派或教派，究其原因，是人类对宗教的需求一直存在，换言之，是因为宗教迄今仍然具有能够满足人类生存需要和社会需要的功能。

今天当我们再来重新讨论宗教功能的问题时，我们不仅需要从前人的研究中汲取养料，而且还需要一种更加全面的视野，需要从更广泛的角度、更多的层面去理解宗教的功能。

一 对宗教功能的多层面解读

人类为什么需要宗教的问题，或者说，宗教能够满足人类的什么需求这一关涉到宗教功能的问题，既可以从社会学层面，也可以从心理学层面，还可以从生命与生活层面以及文化层面来回答。

1. 来自社会学层面的回答

从社会学层面来看，最为重要的一点是，宗教能够对社会（即社会秩序、社会结构、社会制度等）的合法化提供论证。

例如，在原始社会，每一个氏族都有一个独立的图腾，它是神圣的，它表达着一个信息，即某一氏族的成员来自某一图腾，也就是说，氏族的每个成员都有着一个共同的祖先。这个共同的祖先即图腾使之区别于其他氏族成员。于是，图腾决定了氏族的合法性以及氏族生活的各种禁忌法则。图腾不仅极其神圣，而且还将其神圣特征传递给周围的一切，围绕着它，神圣与世俗也就区别开来。按照涂尔干（Emile Durkheim）的观点，氏族成员对图腾的崇拜就是其宗教的原初或基本形式。詹姆斯·乔治·弗雷泽（J. G. Frazer）总结说："图腾既是一种宗教体系，也是一种社会体系。就其宗教方面而言，它是由人与其图腾之间相互尊重与相互保护的关系组成的；就其社会方面而言，它包含了同

族人相互间的关系以及和外族人之间的关系……人与其图腾之间的这种
联系互利互惠；图腾保护人，人则以各种不同的方式来表示他对图腾的
尊重，如果图腾是动物便不杀之，如果是植物便不砍伐或者采集之……
属于同一图腾的人不可通婚，或者说，相互间不可发生性行为。"① 由
此我们可以了解到，原始社会中一个氏族或部落之形成、生存和维系，
靠的是对其共同的图腾的崇拜。尽管图腾崇拜的仪式千差万别，但是，
正如另一位宗教人类学家阿尔弗雷德·拉德克里夫—布朗（Alfred Regi-
nald Radcliffe-Brown）所言，"仪式的主要基础，是将仪式的价值归于对
象与地点，它们要么本身就是维系一个团体之成员的重要共同利益的物
体，要么就是这些物体的象征性的代表"②。

　　拉德克里夫—布朗对位于印度洋上的安达曼群岛的研究，也得出了
宗教具有维系共同身份与社会团结之功能的假设。他认为，社会的整合
是通过宗教节日、舞蹈和庆典等形式来维系的，宗教巩固了社会结构。

　　再让我们来看看印度社会的种姓制度，它的合法性也是得到宗教认
可的。在印度教的经典之一《梨俱吠陀》X. 90 节中有这样一段诗句：
当他们分解原人时，把他们分成多少块呢？婆罗门是他的嘴，两臂就是
罗尼耶（刹帝利），两腿成为吠舍，双足却是首陀罗。③ 按照这一神话
的描述，婆罗门因为是宇宙人（原人）的口所生，因而处于社会最高
层、社会第一等级，因此，他们负责宗教祭祀、学习、教导人才；刹帝
利是第二等级，武士与贵族属于此类，其职责包括参加战争和治国；平
民属于吠舍等级，职责是从事生产劳动，而处于社会最低阶层的首陀罗
是贱民或奴隶，他们只能伺候前面三个等级的人。此外，还有一种无种
姓者，他们被认为是"不可接触者"。在这里，社会等级制已经被宗教
经典合理化而似乎具有了一种"天然性"，因而当然也就是合法的了。
《歌者奥义书》中，还有这样一段话："那些在现世行为适当的人就有希
望进入一个适当的胎中，或者是婆罗门的胎中；或者是刹帝利的或吠舍

　　① Frazer, *Totemism*, A & C. Black, 1887, pp. 3, 2, 58.

　　② Alfred Radcliffe-Brown, *Structure and Function in Primitive Society*, London: Cohen &
West, 1952, pp. 150—151, 转引自罗伯托·希普里阿尼：《宗教社会学史》，中国人民大学出
版社 2005 年版，第 59 页。

　　③ 约翰·B. 诺斯等：《人类的宗教》（第七版），四川人民出版社 2005 年版，第 106 页。

的胎中。然而那些现世臭名昭著的人，其未来就必然进入狗或猪的胎中，或者是一个贱民的胎中。"① 这是一种关于轮回或再生的说法，而关于轮回与再生的信仰存在于许多宗教中。那么，又是什么可以决定再生的性质呢？是羯磨法，即被称为"一个人现世生命中所发生的一切的原因"的羯磨法的引入。于是我们看到，当种姓制度获得了清晰而又容易理解的说明，社会结构中的种姓区别立即获得了一种道义上的正当性。②

在此我们看到，社会秩序、社会制度、社会分层、社会分工和社会规范等，由于被赋予了神圣的解说甚至神圣性，因而变成了理所当然的。按照美国宗教社会学家贝格尔（Peter Berger）的说法，人类社会是人建造世界之活动的结果，是人的产物。随人类社会之建立而来的社会秩序、社会制度等等，同样也都是人的产物。③ 人的产物何以具有合法性，或者说，人的产物如何能够顺理成章地代代相传？这首先是一个经验性的问题。也就是说，当我们从历史角度去考察人类社会时，我们发现，人类社会所有的这一切，在其最初的时期都是被神圣化的，似乎"首先只有借助神圣者，人才有可能设想一个宇宙"。换言之，人的产物具有非固有性和非稳定性，它们需要有一个神圣者来为其合理性作论证，同时在获得神证或神授之下，合法地代代相传。在人类社会发展的早期历史中，这个论证任务是由宗教来承担的。④

此类历史事实还可以列举许多：希腊城邦及其种种附属制度，一直得到了宗教的合理性论证；以色列民族在其作为独立社会而存在的整个过程中，一直根据摩西等"先知"传达耶和华所颁发的律法来证明其制度之合理性；中国历代皇帝自称"天子"，君权为神授使得统治阶级的地位具有神圣的光环……一言以蔽之，从人类发展的历史来看，在相当长的时期中，人类社会是被神圣化了的，宗教对其合理性的论证一直存在。

总之，宗教以神的名义赋予了社会结构、社会秩序、社会体制甚至

---

① 约翰·B. 诺斯等：《人类的宗教》（第七版），四川人民出版社 2005 年版，第 130 页。
② 同上书，第 131—132 页。
③ 彼得·贝格尔：《神圣的帷幕：宗教社会学基本要素》，上海人民出版社 1991 年版。
④ 同上。

社会关系中的规范等不可更改、不容侵犯的神圣性，维系了社会群体共同生活的需要。宗教的这种社会功能可以在不同的社会发挥同样的作用。当然，在阶级社会中，这些社会功能也自然地起到了为统治阶级服务的作用。

2. 来自心理学层面的回答

从心理学角度来看，宗教常常在信仰者心中承担着"救助"功能，千百年来，中国的老百姓常常在陷入困境的时候，情不自禁地诵念"大慈大悲、救苦救难的观世音菩萨"。西方的基督教徒则向上帝祈求帮助。

著名人类学家马林诺夫斯基（Malinowski）认为，人有各种不同的简单需要，宗教满足了人类的基本需要，因此它在每一种文化中都一直存在。[①] 关于这些基本需要，心理学家马斯洛（Abraham Maslow）在其"人的动机理论"一文中已经论述过。人的基本需要有五种：生理需要、安全需要、爱的需要、尊重的需要以及自我实现的需要。[②] 显然，前三种需要是生存的需要，后两种需要是人格发展的需要。毫无疑问，生存需要是一种最起码的基本需要，也是一种低层次的需要，人格发展需要则属于高层次的需要。这些需要不论层次高低，它们都只是一种外在的需要或物质的需要。但是，人还有一种追求意义的需要，即追求理解生存之意义的需要，还有希望超越自我的需要。这些需要在某种程度上远远胜过对外在需要的满足，或者说，正是因为有了这种需要，外在的物质需要满足与否，相对地降到次要地位。此外，人的内在需要与其基本需要一样，并不因为文化背景的不同而有很大差别。而且如果说，人的基本需要的顺序必然按相当确定的等级排列，即只有在基本需要或低层次需要满足之后，才会产生高级需要的话，那么，人的内在需要则时时存在于每个人的内心，不同的只是，有时强烈，有时淡漠。满足人之内在需要，并非物质可以达到。当然，宗教不是唯一能够满足此需要的手段，然而事实是，在人类漫长的历史中，绝大多数人依靠的都是这种手

---

① Malinowski, *A Scientific Theory of Culture and Other Essays*, Chapl Hill: University of North Craolina Press, 1994, p. 200.

② 参见马斯洛等《人的潜能和价值》，华夏出版社 1987 年版，第 162—168 页。

段，而且看来还将长久地依靠它。①

此外，人的这种内在需要还与人类生活的基本特征相关。我们说，每一个人都是独特的，每一个人的生活经历也有其独特性。尽管如此，人类生活的经历有着某些共同点。美国宗教社会学家奥戴（T. F. O'Dea）认为，人的生活具有三大特征：偶然性——指个人生活的环境变化不定，无法预测；有限性（或者说是无能为力状态）——指人在面临许多冲突时事实上处于一种无能为力的状态之中；匮乏性——指人类社会相对于人的各方面需要而言，总是处于一种不能满足的匮乏状态之下。②正因为如此，不论人如何努力，愿望与现实总是有距离的，人总会有失望，总不能得到所需要的一切。此外，人还会因为自身的弱点而承受诸多的不幸。环境的变化不定与人的无可奈何、无能为力，会使人们遇到一些"极限"或"断裂点"③而倍感"走投无路"。这些充满痛与苦的断裂点或"走投无路"，也是宗教发挥营救作用的关键。

宗教的这种救助作用，在现代社会更加明显。现代社会是人类有史以来物质产品最丰富的时代，科学技术的飞速发展不仅使生产力提高，社会更加富裕，而且给人带来了许多的希望与信心。现代社会在取得这些成就的同时，也带来了过去若干世纪从未有过的许多弊病。正如某些学者指出的，在这个时代，"人类在自我组织方面出现偏差最大"，因而成为"人类历史上人为灾难最为深重"的时代。在这个时代，"人类的对外和对内认识之间、物质领域与精神领域之间，出现了巨大的鸿沟"④。一言以蔽之，现代社会是创造与毁灭共存、希望与危机同在的时代。

至于现代人，伯特兰·罗素（Bertrand Russell）曾这样总结过："凡感到有信心有把握的都是蠢人，凡具有想象力和理解力的人则充满怀疑和犹豫。"当然，现代人未必只有罗素总结的这两种"凡是"，但是，这

① 根据美国《教会研究国际公报》1996年的统计，全世界58亿多人中，各种宗教的信仰者占总人口数的80%以上；该公报对2005年的人口总数预测为近83亿人，信徒占82%以上。
② 参见奥戴《宗教社会学》，中国社会科学出版社1990年版。
③ 例如，人为什么会死？为什么会生病？等等。
④ 参见何光沪《"道生一，一生二，二生三"？——宗教学百年鸟瞰》，载《国外社会科学》2000年第2期。

句话指出了一个非常重要的潜在现象：现代社会有种种令人不安的东
西。因此，当我们透过诸如种族战争、各种疾病、环境污染、经济动
荡、社会不宁以及人与自然、人与人、人与自身的疏离所造成的心理精
神问题，甚至现代社会的政治、经济、法律、家庭、医疗等制度中存在
的种种问题来看现代人时，我们发现，空虚、孤独、焦虑与恐惧已成为
现代人普遍的心理。法国学者阿兰·德·白卢瓦（Alain de Benoist）这
样描述过现代人：个人面对的压力越来越大，生活的节奏越来越快，再
加上沉重的限制与约束，内心便感到前途无望——变化的因素如此之
多，他们不再能够掌握自己的立足点，只是感到比过去更加孤独。随着
所有曾经是伟大的世界观的坍塌，虚无感益发增加……①确实，如果说
内心冲突是人生命中不可缺少的部分的话，那么这种冲突前所未有的强
烈，则是现代社会特有的。

当然，现代人战胜空虚、孤独、焦虑与恐惧以及减少内心冲突的方式
未必一定是宗教，社会组织、人与人间的道德友爱精神以及各种文化也能
发挥这种救助作用。但是，宗教以其具有的调节、减缓、舒展各种心理忧
患的独特功能，能够而且事实上也成诸种方式中比较普遍和重要的一种。

3. 来自生活层面的回答

从生命与生活的角度来看，宗教以及人类的各种精神性文化能够为
人类提供一种意义。

所谓"意义"，指的是"依据某种更为宏大的参照系对一些境遇与
事件所作的解释或理解"②。意义问题的提出涉及的是人类生活的事实，
即人生有种种痛苦甚至死亡，而当人面对痛苦和死亡时，不但需要感情
上的调适，也需要认识上的认同。一言以蔽之，人需要得到关于各种不
幸问题的答案。因此，"意义问题属于个人生活的基本信仰，涉及对生
存的意义（幸福与受苦、善与恶、为什么我在、死亡的释义、与他人生
存的关系）的认识"③。由于人类理性具有的有限性和非自足性，以

---

① 参见玛丽·费雪《二十一世纪宗教》，猫头鹰出版社 1999 年版，第 46 页，中文版译
文有改动。

② 孙尚扬：《宗教社会学》，北京大学出版社 2001 年版，第 53 页。

③ Joseph Runzo & Nancy M. Martin ed., *The Meaning of Life in the World Religions*,
pp. 55，188，270－271；转引自同上书。

及人类生存中充满的矛盾、歧义或极性，也由于人类对自身和世界认识和体验具有的相对性、有限性，人类对于意义的追求几乎可以说是一种本能，尽管并非每一个人，也并非在每时每刻都会意识到这一点。

人们常说人生无常，或者说，人生没有确定性。人类生活与生命的这一特点，造成了人的另一个基本特征，即人会忧惧。人有无数的忧惧，或者说，人会为任何事情忧惧。因为伴随人的一生，有无数的不满、不幸与痛苦（有的是天灾，有的是人祸），而最大的不幸即人会死亡。人害怕死亡，使这种害怕加重的是，人并不知道死亡何时来临。一言以蔽之，小到梦境大到死亡的生命体验都体现了种种不确定性。不过，按照哲学家的总结：人的忧惧归根到底只是一怕，即怕"虚无"，也就是怕"无意义"。

尽管人怕"无意义"，但是，意义并不是事物、事件或境遇本身具有的东西，意义是人的认识和理解赋予事物、事件或境遇的，也就是说，意义也是人的意识和理解力的产物。按照我们在前边的说法，凡是人的产物，都具有非固有性和非稳定性。例如对小到一个事情大到一种历史事件的起因或结果，都会是"各抒己见"、"众说纷纭"，可见人的意识与理解力是因人而异的。然而，由宗教给出的说法却不相同，宗教可以将一切无秩序的经验、不幸及痛苦甚至死亡说成是有意义的，是必需的，是命定的。于是，一切无秩序、一切恶、一切不幸及痛苦和最终的死亡都可以得到解释。正如尼采所言：谁要是知道为什么活着，谁就能承受任何一种活法。宗教提供的意义，无疑会在一定程度上满足人类对于意义的本能追求。

在原始宗教中，提供这种意义的基础是个人与集体的完全合一，这种合一导致了人对自我的超越，个人的种种不幸甚至死亡，都只不过是连续的集体中的若干插曲，个人生命包含在集体中，集体生命又包含在整个的存在中。此人的生命与宇宙的生命浑然一体，人不仅分有了宇宙的存在，而且其痛苦与死亡也在宇宙中有了一席之地。在阶级社会中，宗教"由于穷人的贫困而为他们提供意义，也由于富人的财富而为他们提供意义"。因此，这种提供意义也是对"社会力量与权利之普遍不平等作解释"①。事实上，几乎所有的宗教都关注死亡与永生，关注以一种整体的、普遍的方式对于各种自然力的崇拜，关注人对神灵之统治的向往；所有的宗教都企图回答关于人在宇宙中之位置、人的起源以及人的目标等问题，几乎所有的宗教都为自然秩序和社会秩序提供了种种认证。而这些认证就构成了一种基本的意义系统。当这些意义系统得到信仰者的认可时，一方面它们构成了信仰者的世界观与人生观，另一方面信仰者又用这种世界观和人生观去塑造着周围的世界。

因此可以说，就人类整体来说，寻求意义是人性中的一个基本取向。事实上，所谓意义问题涉及的是一个解释性的问题，即根据什么来对个人或团体的处境以及经历进行解释的问题。就此而言，对于意义的解释并非一定是宗教的，但是，由于宗教在人类历史上是个人与社会群体之间的一种重要纽带，也就是说，几乎所有的宗教都是综合性的意义体系，用马克思的话讲，宗教为社会提供了"总的世界观"或"包罗万象的总的纲领"，因此，尽管"人们可以在无宗教的情况下过一种有意义的生活，但是，如果一套关于人生的终极意义与目标的宗教信仰是正确的，那么，除非追随这套信仰，否则人们就可能真的丧失生活的真正意义"②。

从宗教的历史来看，因为无知、贫穷、疾病、种种不幸以及不了解死亡等而选择信仰宗教的人确实不少，然而更多的人却是在寻求生存的意义、生命的价值及追求真理与精神生活的道路上选择了宗教信仰。这不仅是因为宗教所提供的解释和意义体系，能够驱除自然界的恐怖，能够缓和人与残酷命运（尤其是死亡所显示出的严酷）的关系，能够补偿社会生活所强加的苦难和匮缺，而且也更是因为宗教能够满足人的精神渴求。

4. 来自文化层面的回答

众所周知，在原始社会，宗教就是那个社会的伦理、道德、哲学、艺术、法律、科学和政治。正是由于这种原初为一而植根在社会生活之

_____

① 彼得·贝格尔：《神圣的帷幕：宗教社会学基本要素》，第59页。
② Joseph Runzo & Nancy M. Martin ed.，前引书，第9页，转引自孙尚扬前揭书，第54页。

中的状况,宗教从来都与人类生活的各个领域关系密切,即便这些文化形态在与宗教分离之后,宗教依然与它们有着或远或近、或正或负、或直接或间接的互渗互动关系,而宗教的许多功能也从来都是在与各种文化形态的相互关系中发挥作用的。

所谓文化,指的是与自然相对的东西,即人类所创造的东西。道德、哲学、艺术、法律、科学和政治这些文化形态,是人类历史发展过程中出现的,它们的出现顺应了人类自身的需要。宗教与各种文化形态的关系常常表现为互为形式或内容的关系,或者说,各种文化形态既是宗教之文化功能的载体,又是宗教之文化功能的表现。因此,宗教对各民族的道德、法律、哲学、经济、政治、艺术、教育、学术、科学甚至风俗等文化形式的面貌及其发展,一直发挥着重要的、内在的、潜移默化的作用,对于各民族在这些方面的碰撞、交流和互动,也产生着巨大的影响。在此我们仅简要地讨论宗教与道德、艺术以及科学这三种文化形态的关系以及对它们的影响。

宗教与道德的关系。一般而言,这两者的关系被认为是最为密切的,因为在远古时代,这二者乃是合一的:"风俗需要神灵的核准,宗教和道德构成一个统一法典,虔诚和道德被看做一个东西。"[①] 在二者分离后,宗教仍然拥有要求其信徒遵从的道德诫命,它们虽然不完全等同于调节维护人—人关系的世俗道德,但由于宗教道德是在人—神框架内来看待并要求人—人关系的,因此二者又都有极大的关系。

宗教对世俗道德的影响可以说有两个方面,一是神圣化世俗道德,二是转化为世俗道德。由于道德是需要服从的种种规则,因而其自身需要有一种最高权威来保证其约束力;而又由于在现实生活中人类的有限性以及善被恶报的事常有发生,因而正如康德在《实践理性批判》中所论述的那样,道德诉求超出人间的力量而指向宗教成为必然的预设。中国封建社会的三纲被说成"可求于天",中国语言中的"无法无天"(无天必然无法),正好从正反两面论证了宗教对道德的神圣化。

至于宗教教义转化成为世俗道德,这在具有宗教文化传统的国家中尤其明显。例如在以基督教为文化背景的西方社会,其道德观念多与

---

① 包尔生:《伦理学体系》,中国社会科学出版社 1988 年版,第 354 页。

《圣经》要求不可分开。当然，这样一种转化也是在人类社会的发展中逐渐形成的。正因为如此，在道德滑坡的今天，当我们已经有一种重建我们的道德体系之紧迫感时，特别是在人口爆炸、生态破坏、战争不断、危机四伏的今日世界中，宗教也可能在我们解决世界和平、反对并制止战争、抢救生态、开展对话的各种努力中起到有益的作用。

宗教与艺术的关系。在人类的文化史上，宗教对艺术的发生和发展都有着深刻而重大的影响。首先，宗教与艺术可以说是同根同源，都产生于人类自身的需要；其次，宗教与艺术具有一定的同步性。在远古时代的人类文化遗址中，大量的考古发现表明了原始宗教与原始艺术相伴，前者刺激了后者的发展，而后者又服务于前者的需要。从古代埃及、希腊、印度以及中国的历史中，我们可以看到，社会文明程度越高，宗教越发达，艺术也越昌盛。

在这样一种密切的关系中，宗教对于艺术风格的影响是直接而又巨大的。在艺术没有独立地位的时代，宗教的需要决定了艺术的形式和风格。例如，以死亡为主题的埃及宗教，决定了古代埃及的艺术多为坟墓艺术；以"追求"为主要精神的希腊宗教，决定了希腊艺术具有一种激励的、富于生命性的风格；而反对偶像崇拜的伊斯兰教则决定了伊斯兰艺术在图案、线条方面的独特性。哈伯特·瑞德（Herbert Read）在其《艺术与社会》一书中对佛教与艺术之关系的评论，很好地表明了宗教对艺术的这种影响："佛教认为自然是由一种内在的力量赋予的生命，此种力量是一种命令，整个宇宙都要服从这种命令，这必然影响艺术的整个基础，因为艺术是现实或自然的外观后面超现实的一种代表。在佛教里面最使我们感动的特性是忍受，个人顺从命运——这形成一切的神灵。由于艺术家具有那种特性，因而他们唯一的愿望是与那种普及宇宙的精神合一。这种愿望的后果是：导致偏爱山水画更甚于人物画。……自然比人性更崇高，更接近宇宙的本体。但由于艺术家认为他所看到的自然只是事物骗人的外貌，因此他不致力模仿准确的外观而表现其精神。"①

---

① Herbert Read, *Art and Society*, London：Faber, 1945, p. 53. 转引自戴康生主编《宗教社会学》，社会科学文献出版社 2000 年版，第 178 页。译文稍有调整。

除了决定艺术的风格与形式外，宗教也是人类艺术瑰宝的保护者。今天我们所看到的人类艺术品的稀世珍品，大多是具有宗教性的艺术，而这些艺术珍品的保存，更多的是依靠了宗教。例如，世界各地的圣地圣殿、神庙神坛之所以在数千年中依然灿烂，是因为宗教赋予了它们神圣性，使人们只能对之敬畏，从而尽其所能地保护它们并且不断地维新它们。许多极其宝贵的绘画，例如欧洲各大教堂中伟大艺术家的大手笔，也因为作者是为宗教需求而画，其作品存于教堂也得以传世。

当我们从文化层面来探讨宗教的功能时，有两点是应该注意的。第一，宗教对这些文化形态的关系是双向性的，也就是说，不仅是宗教影响了这些文化形态，这些文化形态同时也在一定程度上影响了宗教。由于这不是在此的主要话题，因此我们没有更多地提及。第二，宗教对于各文化形态的影响也是具有两面性的，换言之，除了积极的作用之外，也会有消极的作用。宗教功能的这种两面性，也是我们在下一节中要讨论的关于宗教功能的特点。

二 宗教功能的主要特点与影响其作用发挥的因素

在从多个层面解读宗教的功能时，我们可以发现，宗教的一些功能是不受时代、社会的变化所影响的，例如宗教提供意义的功能，宗教安慰心灵的功能，等等。换言之，这类功能可以说是人类存在所需要的，尽管这种需要不一定由宗教来承担，但是历史事实是，世界上 80% 以上的人选择了宗教来解决他们的这类需要。因此，我们不妨称之为宗教的"宗教功能"，即宗教最纯粹最本质的功能。

然而，除了这些宗教的"宗教功能"之外，宗教还有一些功能是随着时代、社会的变化而变化的，也就是说，这类宗教功能是一种变量。这是宗教功能的一个特点，即，其功能与其社会地位相关，也就是说，宗教的社会地位越高，这部分功能发挥就越充分。宗教功能有正有负，有显有潜，而正负功能与积极消极作用之关系也是变化的。当然，只有理解了宗教功能的这些主要特点，我们也才有可能全面理解宗教功能。

此外，我们在这一节还将讨论影响宗教功能发挥的主要因素，也就是说，宗教自身具有的功能是一回事，这些功能是否能够全部发挥作用则是另一回事。一句话，功能与作用是有区别的。事实上，宗教能够发挥什么样的作用，除了宗教自身的信仰、教义、组织等因素之外，主要取决于它在整个社会制度中与个人和国家的关系。

1. 宗教功能特点

宗教的功能是一种"变量"，也就是说，社会的变化能够引起宗教之社会地位的变化从而使其功能发生相应的变化。尽管旧石器晚期之后的人类社会中不存在没有宗教的社会，但是，综观宗教发展的历史，我们可以看到，在不同结构的社会中，宗教的社会地位是不同的，而这种不同直接地关联着宗教之功能的发挥。

在人类社会的早期即原始社会，整个社会的生产力低下，在那种状况下，社会结构单一，社会生活简陋，意识形态与文化形式浑然一体，统领全部生活的是只以图腾、神话（传说、故事）、追求和仪式为主的在形态上并不完备的原始宗教。尽管如此，原始宗教实质上就是原始社会的一切，它既是远古先民们的社会结构与社会制度，也是他们的哲学、伦理、艺术、科学，是他们认识自身与认识世界的唯一途径。一言以蔽之，原始宗教不仅要"建立有关世界之理论"，而且要"为这个世界建立理论"，它同时发挥着无可替代的认识功能、社会功能和文化功能。总之，在原始社会，"宗教生活使人类的生活和行业围绕着神圣化的信仰而规范化，终于成为一种强有力的社会控制。原始宗教最大的特点是它的巨大的社会组织力量，它把个体组织进一步稳定在以图腾制为标志的宗教集团中，共同反抗着苦难和死亡"[1]。

当人类社会步入传统社会[2]后，由于社会的发展，社会结构逐渐复杂，社会分层后阶级出现，各种文化也逐渐从宗教中分离出来形成独立的形态，宗教的地位随之从社会生活舞台的一切逐渐减退。尽管如此，在传统社会漫长的时期里，宗教仍然是社会生活舞台的核心，它维系着社会秩序、论证着社会之合理性、解释着自然现象、承担着整合社会之价值观。宗教的社会学意义上的功能不仅在延续，有些甚至有所加强——不仅继续要为自然界的一切现象如日月星辰的运转、四季的更替、各种自然灾难，人的生、老、病、死，人生的凶、吉、福、祸提供

---

① 朱狄：《原始文化研究》，生活·读书·新知三联书店 1988 年版，第 790—791 页。
② 在此指除原始社会之外相对于现代社会而言的时期。

解释，还要为阶级社会中的财富、力量、权利、等级和特权提供一种合法性的论证。然而，宗教在原始社会具有的所谓文化功能，却因为意识形态的分化和文化形态的独立而有所分化和减退。例如，法律的出现逐步替代了宗教作为生活行为的基本指导和主要评判标准的功能，世俗道德的加强也削弱了宗教的道德功能，等等。一言以蔽之，宗教在传统社会虽然不再具有担当社会生活之一切的功能，但仍然在意识形态方面具有垄断地位；因此，它不仅仍然维系着整个社会的秩序，而且论证着整个社会存在的合理性；与此同时，它也在政治、教育、道德、法律等方面发挥着巨大的影响。

人类社会的发展在进入现代之后，现代社会或现代国家逐渐"以理性的、此岸的天命取代了非理性的、神意的天命"①，社会、国家从神圣化或宗教化，逐渐变得非神圣化即世俗化，越来越不需要宗教作为说明自己存在之合理性的帷幕，在某种程度上，在一些国家和地区，宗教已经退出了社会公共生活领域，不再像原来那样是现代社会生活中的"垄断者"，能够在许多方面发挥作用或产生影响。换言之，宗教在社会中地位的这种变化直接阻碍了宗教某些功能的发挥。例如，在社会层面上，宗教所具有的维系社会秩序、提供凝聚力等功能逐渐减弱，或者只能在局部范围内发挥作用。在生活层面上，人们的生活行为准则也变得多元，判断其对错靠的是法律而不再是宗教的教条或诫命；宗教的礼仪与教规对个人行为的影响只局限于其成员，不再具有普遍的社会约束力。

当然，宗教功能在现代社会的变化也并不只是变弱，有的功能是在加强甚至重新彰显。例如，在现代社会的结构日益复杂，为人提供的各种机会增多，致使人的欲望增多，竞争也增多，因而现实与理想之间的差距也越来越大，可能影响人生活的因素也越来越复杂的背景下，宗教调节个人信仰与社会公共价值之间的关系，向个人提供属于个体生存（生、死、苦难、幸福等）之意义的选择的功能仍然继续发生作用。首先，由于现代社会生活的单面化、非人化、非情感化，人与自然的疏离、人与人之间的隔膜；由于现代社会给人带来的孤独感、冷漠感，宗

---

① 特洛伊奇：《现代精神的本质》，第32页以下，载《国外社会学》1994年第6期。

教对社会特别是信仰者，也继续发挥着"精神慰藉"的作用。其次，尽管在现代社会宗教不再主导或参与政治，但是它作为广大信众的代言人，可以成为一个独立的道德力量，成为社会生活的监督者。再者，原先不突出、不重要的宗教身份认同功能随着世界各国人口结构的变化、移民的复杂而变得越来越重要。在许多国家和地区，宗教身份成为首要的、重要的甚至是唯一的身份。这种功能尤其对于社会中的孤独者、社会地位低下的民众、少数民族、外来移民等更具有重要意义。宗教的道德功能在社会道德滑坡的社会也让人们觉得它适应了社会需要。

除了是"变量"的特点之外，宗教功能还具有两面性与辩证性。在对宗教功能的研究中，美国社会学大师级人物默顿（Merton）的研究有一个飞跃——在此之前，各种研究几乎都只强调宗教的正面功能（例如宗教之整合功能），而默顿却认为，任何一个事物或现象对整体系统的作用都是多方面的，即既有积极的方面，又有消极的方面。积极的一面他称为正功能，消极的一面为负功能；被人们所意识到的功能被称为显功能，潜在而未被意识到的称为潜功能。确实，默顿的功能分析法提示了宗教功能的又一特点，即宗教功能不仅是多面的，而且是具有辩证性的。

关于宗教功能的正负两面性，我们在对宗教进行多层面解读时没有提到，但是，宗教的负功能确实是存在的。美国社会学家 T. F. 奥戴对此有比较全面的总结。奥戴认为宗教有六种正功能：（1）支撑、慰藉和调解的功能，旨在支持既有的价值观和既定的目标；（2）祭司的功能，通过崇拜和仪式，提供情感上的安全和认同，为各种冲突的观点和选择提供参照系，有助于社会的稳定和秩序；（3）合法化的功能，使现行的社会规范和价值观神圣化，使之超越于个体之上；使社会秩序合法化，有助于社会控制；（4）先知的功能，提供能够成为对现存模式进行批判之基础的标准；（5）认同的功能，为个体提供身份的意义；（6）教化的功能，在个体成长的过程中，帮助他们顺利度过生活危机的转折点。与此同时，他也列举了宗教的六种负功能：（1）抵制人们的反抗精神；（2）其牧师功能可能将一些有限的思想和狭隘观念神圣化；（3）其合法化功能可以赋予那在特定环境中已经丧失适应能力的行为规范以永恒意义，因而阻碍对于变化无穷的环境的适应；（4）其先知功能可能导致纯属乌托邦性质的、不现实的改革要求，以至这要求成为采取更为切实行动的障碍；（5）局限于对旧的认同的忠诚，将自身变成效忠的对象，阻碍新的认同的发展；（6）造成个体的依赖感，因而阻碍个体的成熟。奥戴的上述总结应该是对我们多层面解读宗教功能的一个具有重要意义的理论。

关于宗教功能的辩证性，可以这样说，对宗教功能之正负、宗教作用之积极与消极的判断必须根据其时代背景和时代之需要。例如，在亟需变革的时代，宗教的统一、整合的功能（一般学者认为是正功能）就可能逆时代潮流而动，因而，其功能所起的作用应该是负面的；而此时宗教引起的分裂（一般学者认为的负功能）则可能是正面的作用。换言之，宗教之正功能不一定发挥积极正面的作用，而宗教的反功能也不一定就起着消极负面的作用。这一点还可以用马克思经典作家提到的宗教的"鸦片"功能和"外衣"功能来说明。宗教的这两种功能是相互冲突的，"鸦片"功能使人麻痹、逆来顺受不反抗；而"外衣"功能则指借助宗教进行反抗。但是，当一个社会需要安定时，"鸦片"功能可能发挥了正面的积极作用，而"外衣"功能则对社会稳定不利；反之，当一个社会需要变革之时，"外衣"功能无疑能够发挥积极作用，而"鸦片"功能在此时却走向了消极的一端。

此外，宗教的同一种功能在不同的社会、在同一社会的不同历史时期，也可能发挥正负不同的作用。因此，在论及宗教的功能时必须结合具体的社会结构、社会制度和社会需要。如果忘记了这一点，就不可能全面客观地了解宗教的功能和它的作用。因此，我们也应该辩证地理解宗教功能的所谓正负性、宗教作用的积极性与消极性。如果总认为宗教的功能都是积极的，那将是"理智的灾难"①。

2．影响宗教发挥作用的因素

尽管宗教具有多层面的功能，然而这些功能是否能够充分地发挥作用，却与个体和国家有关。

对于个体而言，宗教功能的发挥不仅与信徒对该宗教教义等方面的

---

① 参见刘易斯·史内德（Louis Schneider）《宗教社会学的若干问题》，载于 R. 法里斯编《现代社会学手册》，纽约，1964 年，第 781 页。

认识、信仰时间的长短和自身的状态相关，更主要的是与其自身的虔诚程度相关。具有极强烈宗教情感甚至宗教狂热者，常常是完全委身于其信仰和信仰团体。在这种状态下，宗教是其生命中不可或缺的部分，其信仰甚至其信仰团体不仅可能完全主宰其日常生活，而且他们也可以为其信仰或信仰团体献身。古今中外这类例证都有许多。在此我们仅以今天处于正常信仰状态下的中国基督徒为例，来讨论一下宗教对他们发挥的作用。

560 名北京基督徒在回答"宗教对自己的有何作用"这个问卷问题[①]时给出的答案如下：86.6％的人认为宗教使自己内心充满喜悦、宁静和平安；80.3％的人认为宗教使自己找到了人生真谛；77.3％的信徒认为宗教使自己对前途充满信心；74.6％的人认为自己信教之后拥有了积极向上的人生观、世界观；74.6％的人觉得宗教使自己克服了困难、渡过了危机；67.6％的人认为有信仰之后自己的见识或知识有所增加；64.8％的信徒对目前的生活状况感到满意；62.4％的人认为宗教使他们更加关心和帮助别人；61％的人信仰后家庭关系有所改善；59.3％的信徒改正了不良习惯，能够克服自私的心理；59.1％的信徒改善了家庭之外的人际关系；51.5％的人认为宗教使自己的健康状况有了提高；有一半的人认为自己信仰之后能够随遇而安、接受现状；还有 35.6％的信仰者甚至认为宗教信仰使自己的经济状况有所改善。[②]

从上述实证研究的资料可见，基督教对其信仰者个体的作用是很大的，一般而言，也是正面的。宗教的这些影响对于不同个体也是不同

---

　①　问卷为多项选择。

　②　参见高师宁《当代北京的基督教与基督徒——宗教社会学个案研究》，香港道风山汉语基督教文化研究所 2005 年版，第 230—231 页。因为多项选择，上述百分比并不能说明收获度的大小。为了计算收获度，作者另设定"变量收获度"，即"各变量对应选项的取值就选择该项的样本数之加权平均值"，并设"收获很大"取值为 2，"有一些收获"取值为 1，"没有收获"取值为 0，并再次将变量收获从大到小排序，所得到的分值结果如下（保留小数点后两位）：1）内心的喜悦、宁静和平安（1.86）；2）满意目前的生活（1.80）；3）健康状况改进（1.76）；4）随遇而安、接受现状（1.73）；5）经济状况改善（1.72）；6）家庭之外人际关系的改善（1.66）；7）自私心理的克服（1.61）；8）个人困难和危机的克服（1.60）；9）见识或知识的增加（1.57）；10）积极向上的人生观世界观（1.57）；11）寻找人生真谛（1.57）；12）对前途的信心（1.56）；13）不良习惯的改正（1.41）；14）关心和帮助他人（1.39）；15）家庭关系的改善（1.10）。

的，其原因在于我们上述提到的认识、教龄和虔诚度。至于对个体的影响和作用是否会延伸到社会，那是另一个话题。关于作为社会子系统的宗教事实上能够对社会发挥什么样的作用，这关系到宗教与社会与职能政府的关系；甚至我们也可以说，不同的政教关系决定了宗教发挥的作用之不同。

从人类社会的发展来看，宗教与国家或政府的关系大致有这么四种：政教合一、国教、国家支配宗教、政教分离。它们基本上包括了世界上所有国家的宗教与政府的关系的模式。在政教合一和国教这两种模式下，由于某一宗教得到了政府的支持甚至与政治合一，因而宗教的政治功能以及社会功能可以发挥到极致。这个特点在一些伊斯兰教国家表现得特别明显。宗教教义是政府治国、外交等事务的宗旨和准则，也是教育、道德、法律等方面的依据，更是民众日常生活必须遵循的规定。一言以蔽之，宗教可以充分地发挥其作为主要意识形态、核心价值体系、文化主体以及维系整个社会的秩序的功能。

在政教分离的国家，宗教只能作为一种民间力量而存在，其功能主要体现在社会服务与文化方面。以美国为例，据 1996 年的统计，全美有 35 万个各色各样的宗教机构，每年花在社会服务上的资金大约是 150 亿—200 亿美元。[①] 它们不仅是动员广大公民关心社会、参与社会的最有效机构，也是社会生活的积极参与者，宗教组织提供的社会服务范围之广——从消除贫困、预防犯罪、反对酗酒、毒品等，到帮助难民、提供医疗卫生援助、发展文化与教育等，受益的人之多，占全国人口的一半以上。对于那些收入低、受教育程度低、处于弱势的群体来说，这些服务非常重要，甚至不可或缺。为此，宗教被誉为"文明社会的支柱"，其发挥的作用远远大于政府。

尽管在这种状态下的宗教组织是一种属于非政府组织的独立力量，但其在政治及社会各种问题上仍然可以产生一定的影响力；宗教组织及其信众可以对民众关心的社会问题发表看法，表达不满，可以反对政府的行为和抵制某些政策，甚至可以为政府的各种政策提供民间思想（尤其是不同意见）从而影响政府有关决策的制订（例如在美国。当然，如

---

　① 刘澎主编：《国家、宗教、法律》，中国社会科学出版社 2006 年版，第 208 页。

果政府采纳其见解必须付费）。

在国家支配宗教的模式中，宗教功能是否可以发挥作用常常决定于职能政府对宗教和社会民众对宗教的态度。关于此问题，当代中国政府对宗教态度的变化以及由之而来的宗教地位的变化，及其功能的发挥也随之变化的历史，是这一讨论的佳例。

众所周知，1949 年之后到"文化大革命"结束整整三十年间，一方面，各大宗教不断在各种政治运动中首当其冲，成为批判和斗争的主要对象之一，到了"文化大革命"时期，二者间的对立达至顶点——宗教不仅从组织上被消灭，甚至一些神职人员还遭受到肉体上的迫害。在这种将宗教视为与"社会主义意识形态格格不入、反动的、封建落后的思想"的社会氛围中，各宗教组织不得不应付各自的生存环境，遑论发挥其作用？另一方面，新中国成立后逐步形成的意识形态高度统一的局面，使在中国上层和各级权力机构（如人大、政协）中占有一席之地，代表着几千万信教民众的各级宗教领袖们，几乎只有"同声合唱"，因为"同则昌"，"异则亡"。① 中国宗教在中国的命运朝不保夕，生存成为各宗教组织最大的问题。在这种状态下，遑论对社会的监督？正因为如此，在所有相关的宗教杂志上，我们几乎看不到宗教团体、宗教领袖对民众关心的社会问题、社会事务提出不同的看法。在这三十年间，宗教在中国社会生活中的空间不断地萎缩，连信徒的正常宗教生活亦不能保证，宗教的作用和影响也几乎消失殆尽。就连许多宗教所具有的救灾济贫的传统和社会服务，在 1949 年之后，除了极少部分延续下来支撑宗教团体的生存之外，多数都从社会上逐渐消失，"文化大革命"时期，则与宗教自身一起，完全不复存在。

改革开放之后，拨乱反正使得政府的宗教政策得到了逐步的落实，宗教团体开始恢复正常工作，信众的宗教生活也逐步正常化，宗教在中国社会开始复苏。接着政府提出了引导宗教"与社会主义相适应"、"与社会主义相协调"的方针，宗教在社会生活中的空间逐步得到拓展。在中共十七大会上，胡锦涛总书记关于"发挥宗教界人士和信教群众在促

---

① 可参见何光沪主编《宗教与当代中国社会》"天主教篇"中关于神职人员在土改、反右等运动中发表不同意见后的遭遇。人民大学出版社 2005 年版。

进经济社会发展中的积极作用"的提法，不仅表明了政府对宗教进一步肯定的态度，也成为各宗教认真考虑如何发挥其社会作用的重要契机。

如果我们用"张力"这一术语来描述宗教与政府之间的关系的话，这二者之间张力呈现的是一个曲线图：即从 1951 年展开的政治运动开始，张力逐渐增加，"文化大革命"使张力达到最高点。改革开放之后，随着宗教政策的逐步落实，张力逐渐下降，相对来说，今天也许是自1949 年以来张力的较低点。对这个曲线图之形成背景的解读，是政府对于宗教的态度：即从将宗教视为与社会主义格格不入的意识形态，将宗教列入反动落后的封建迷信而将之打倒，再到逐步落实宗教政策，引导宗教与社会主义相适应，再到发挥宗教界和宗教信众的积极作用。随着这个张力之变化的，是宗教在中国社会活动空间的变化：从萎缩、消失到恢复、拓展，而宗教所发挥的作用不仅逐渐得到认可，也日益增加。

宗教地位在中国社会的这种变化使得宗教的某些功能，首先是社会服务功能，即宗教在救灾济贫方面的传统优势，得到了相应的发挥。例如，1991 年，中国佛教协会共募集救灾款人民币 500 万元，被中央政府授予"抗洪抢险救灾模范先进单位"称号；2003 年，佛教界共为防治"非典"捐款 500 多万元；为中国残疾人福利基金会捐款，资助修复长城、抢救大熊猫等公益事业；同时还资助失学儿童，修建希望小学，帮助孤寡老人和残疾人，设立奖学金，义诊施药等等。[①] 中国天主教的情况也大致相同。据不完全统计，从 1998—2006 年 7 年多的时间里，全国各地天主教徒为各种慈善及赈灾活动捐款达 5554 万元，衣物 70 余万件；资助建希望小学 60 多所，资助失学儿童及大学生 3630 多人；建幼儿园 35 所，诊所或医院 212 所，养老院 68 所，残婴院 13 所，慧灵智障人士康复院 8 所，防治艾滋病的关爱机构 5 所。[②] 尤其在 2008 年 5月的汶川大地震中，宗教组织更是默默地为灾区捐款、在灾区抢险、为受灾民众祈福、为灾后的家园重建和心灵救治作出了巨大的贡献和

---

① 可参见何光沪主编《宗教与当代中国社会》"佛教篇"。

② 参阅傅铁山主教 2004 年 7 月 7 日在中国天主教第七届代表会议上所作的工作报告；张士江在"第一届宗教慈善与社会服务"学术研讨会上的发言。

投入。近十多年来，宗教类的非政府组织在中国兴起，尽管其数量屈指可数①，其规模十分有限，但是它们将宗教乐善好施、扶贫济困的优良传统经常化、持续化、规范化、系统化，为宗教进入社会公共生活提供了一个新的平台。②

综上所述，我们可以看到，作为社会的子系统，宗教的本质赋予了其功能；而要实现宗教的功能，却与社会环境有极大的关系。换言之，宗教的社会功能要得以发挥，在一定程度上必须依赖于整个社会尤其是职能政府对于宗教的态度。

职能政府和社会如何看待宗教是影响宗教功能发挥的因素，而宗教具有的公共性则是宗教功能得以发挥的一种基础。在人心灵的深处，宗教信仰的确是私人的事情，但是由于信仰一定有其表达，不可能也不应该只保留在私人生活的领域，因此，这种体现在社会行为与社会关系之中的表达，就构成宗教之公共性的一面。马克斯·韦伯曾经对基督教与资本主义的关系作了如下的论述：在基督徒看来，整个尘世的存在只是为了荣耀上帝，这种天职观、禁欲精神却与此世、商业、经济紧密结合，从而促进了资本主义精神的发展。③韦伯在此虽然针对的是基督教，但却说明，宗教的公共性是可以渗透到社会生活的各个方面，从而能够发挥作用和产生影响的。

在此应该说明的是，宗教的公共性并不是指宗教对公共生活的控制或者宗教与政权的联盟，反而是要求保持宗教的独立性。由于宗教有其特殊的角度（例如基督教从上帝之国、原罪等角度去看待社会和人生），其世界观与价值观必然与世俗社会有某种张力。但是种种不同，正好从许多方面丰富了社会生活。一个和谐的社会，需要汲取一切有益的文化

①　佛教有山西五台山佛教慈善功德会、南普陀寺慈善事业基金会；道教有茅山院慈善基金会；基督教有爱德基金会、基督教青年会；天主教有河北天主教进德公益事业服务中心和辽宁省天主教社会服务中心。资料来源：邓国胜"宗教类 NGO：宗教社会服务的新模式"。

②　如由中国基督徒发起、社会各界人士参加的爱德基金会，其成立 22 年来，致力于促进医疗卫生、教育、社会福利和农村发展工作，共筹集捐赠资金 10 亿元，项目遍及全国 31 个省市自治区的 200 多个县市，受益人群达数百万人（参见丘仲辉"爱德二十年的实践探索之路"和爱德基金网）。

③　可参见其著作《新教伦理与资本主义精神》，生活·读书·新知三联书店 1987 年版；R. H. 托尼：《宗教与资本主义兴起》，上海译文出版社 2006 年版。

资源，和而不同，不同而和，彼此不同的对立面之间的和谐共处，才是真正的"和"。因此，只有坚持宗教的独立性，宗教才可能在社会生活中、从宗教特有的角度充分发挥其精神作用，体现其独特的价值。

我们应该注意到，当谈论宗教的功能作用时，我们并未对宗教及教义的是非真假作任何价值判断，这是因为，宗教的社会功能和作用并不决定于宗教的真实性或虚假性，即使是"荒谬"的宗教教义，也是社会体系的组成部分。正因为如此，拉德克利夫·布朗说，"有许多人肯定会说，只有真正的宗教（例如他们自己的宗教）能够提供有序的社会生活的基础。我们考虑的假设则是，宗教的社会功能不取决于其真伪，我们认为是错误的、甚至是荒谬的、令人厌恶的宗教，例如某种野蛮部落的宗教，也许都是重要的，是社会机构的有效部分，没有这些'虚假的'的宗教，社会就不可能进步，现代文明就不可能发展"①。

三　宗教功能研究的诸种理论

一百多年来，宗教学研究大师们，尤其是宗教社会学的大师们对宗教功能的研究纷繁多样，由于他们的研究角度不同，其结论也各有特色，有的相互冲突，有的相互补充。当然，从社会学角度对宗教功能的探讨也有其基本的路径，这种路径与社会学研究本身的特征相关联，也就是说，与社会学所关注的社会制度与社会发展过程的关系，关注个体的人格和社会行为相关联。因此，从社会学角度分析宗教的功能，一般而言，有几个途径，或从社会结构入手，或从人的行为入手，或从人类生存入手，它们所依据不同的理论，形成不同的风格。按照这些不同的理论与风格，我们可以把纷繁多样的宗教功能研究分为三大类，即从三个方面来看待宗教功能理论。

第一，结构功能理论，这类理论关注的是宗教与社会的凝聚。社会学家是把社会作为一个整体来分析的，而社会是由各种不同的社会制度构成的。宗教与家庭、政治团体、经济团体等一样，属于社会的一种制度。由不同制度构成的整体如何统一运作呢？宗教对社会整体的形成有什么关系呢？一些宗教社会学家从社会结构入手对之进行了研究。他们

---

① Alfred Radcliffe-Brown, *Structure and Function in Primitive Society*, p. 154.

遵循社会是一种"有机体模式"的基本观点，形成了结构功能的理论。

结构功能理论的分析方法基于这样一种认识：社会是一个有机体，是各种社会制度的均衡机制。各种社会制度从整体上构成社会系统，社会系统的各个部分相互依存，任何一个部分的变化都会波及其他部分，从而影响整个系统。而各种制度作为整个社会系统的组成部分，都具有自己的功能。没有功能的东西是不存在的，这是功能主义的公理。根据这种理论，宗教也是一种社会机构，是一种体制化了的人类行为的形式，是社会系统中的一个子系统。

把社会类比为人之生命的机体的社会思想早已有之。柏拉图曾把人的灵魂分为三个部分：理性、意志和情感，他把这种理论扩大并用于社会和国家，认为社会和国家正像人的灵魂一样也有三部分，每一个部分代表一个特定的社会阶层。但是，明确地认为社会同生物一样是一个有机体并提出"社会机体"概念的，则是被称为现代社会学之父的斯宾塞（Herbert Spencer），而且他也是第一个提出了"功能"的概念，并辛辛苦苦将其与"社会有机体"相联系起来的社会学大师。斯宾塞虽然没有专门研究宗教，但在其四卷本的巨著《社会学原理》中，他分析了宗教的起源，并对宗教的功能作了详细的论述。斯宾塞认为，"祖先崇拜乃是每一宗教的根源"。在此基础之上，他提出宗教有四个功能：第一，宗教通过对祖先的安葬制度和礼仪性崇拜而加强家庭的联盟，祖先墓地的神圣意义可以制止家族中的不和或不协调行为，使家庭作为社会团体不断获得巩固和发展。第二，宗教确保社会行为规范得以维系，传统的行为标准通过宗教赋予的合法性而有了保障。第三，宗教建立并加强了民族的统一和团结，因为民族最初本被视为宗教的统一体或联合体。第四，宗教使社会一些重要财产制度所有制取得合法地位，最初作为神圣之物和神圣之地的产业因其禁忌化而实际落入有关人物之手，从而形成一种宗教意义上的早期社会的经济秩序。[①] 斯宾塞虽然比较详细地论述了宗教的社会性，但由于他对宗教的研究只是为建立其社会学体系服务，因此，学术界常把他的思想视为宗教社会学的先驱。不过，结构功能理论的真正鼻祖当推涂尔干。

---

① 转引自卓新平《世界宗教与宗教学》，社会科学文献出版社 1992 年版，第 102 页。

涂尔干的宗教研究以澳大利亚的原始部落阿隆塔的图腾信仰与仪式为基础。涂尔干认为，图腾崇拜是宗教的源头。涂氏指出："图腾是氏族社会的特定标志，是这个氏族的旗帜"，甚至"原则上就是氏族本身。"① 氏族成员视图腾为具有超凡神力的象征，没有这种象征，氏族就不能存在。那么为什么社会需要一个神圣的象征物呢？涂尔干从研究中得出这样一个看法：氏族的团结不是来自共同的血统的习惯，而是来自"共同的名称，共同的标志，共同的仪式，相信同属一个类别。一言以蔽之，参加同样的图腾崇拜"②。涂尔干因此认为，将人们聚集在一起，重申群体的价值标准，加强氏族的团结，就是图腾的功能。此外，涂尔干把宗教视为集体生活的产物，因此，"宗教与集体生活所依存的社会有一种紧密的相互依赖的关系，宗教象征以自身突出的神圣的观念……像神对待它的崇拜者一样……专横地要求我们帮助社会达到它的目的，要求我们忘记切身的利益，作它的侍从，驱使我们在贫困、不便、牺牲中服从。没有这些，社会生活将是不可能的"③。于是，"对于社会成员来说，社会就是人们崇拜的神"。

在此我们看到，当论述宗教与社会之关系时，涂尔干已经涉及了宗教的社会功能。他对这一问题的进一步论述，紧紧围绕着宗教仪式。涂尔干将宗教仪式分为三类：消极仪式、积极仪式和禳解仪式。这些不同类型的仪式各自有其不可替代的功能。④ 这些仪式相互交叠、相互替代，不论它们有什么差别，所产生的结果是一致的。用涂尔干自己的话来说，"不论宗教生活的外表多么复杂，本质上都是一元的和一体的。无论何时何处，它都对应于同一个需要，来源于同一种心态。不管宗教生活以什么样的形式出现，它的目的都是为了把人提升起来，使他超越自身，过一种高于仅凭一己之见而放任自流的生活；信仰在表现中表达了这种生活；而仪式组织了这种生活，使之按部就班地运行"⑤。当一种生活按部就班运行时，社会的整合与稳定也就实现了。在此，宗教的

---

① 涂尔干：《宗教的原初形式》，伦敦，1962 年，第 206 页。
② 同上书，第 167—168 页。
③ 同上书，第 206 页。
④ 参见涂尔干《宗教生活的基本形式》（英文本），第 396—407、433—508 页。
⑤ 同上书，第 541 页。

功能就是通过各种仪式来维系社会，使之一体化。

把结构功能理论推向顶峰的，是帕森斯（Talcott Parsons）。帕森斯认为，社会需要一些必要的制度机构来满足社会体系的基本和普遍的功能，这些必要的制度机构有：亲属结构，工具性的成就结构和分层，地域、力量和权力系统的整合，还有一个就是宗教和价值的整合。换言之，共同构成一个社会总行动体系的有四大部门：家庭、经济、政治和法律。每个部门都有四种基本需要，即适应、目标实现、整合及潜调节，因而它们自身也具有满足它们需要的这四种功能。在帕森斯看来，宗教提供了一套象征意义的框架，社会价值系统在其中获得基本的意义，因此，社会的基本世界观是与宗教结构相关的，而共同的价值取向和情感依附又可以导致社会的团结。帕森斯在其《现代社会的结构过程》中说过，"宗教归根到底是个人的事情，它涉及个人本性和信仰内心最深处的个性核心上"[①]。因此，他认为宗教之功能在于，第一，"使道德价值、情感和行为体系的规范具有了认识上的意义"；第二，"平衡了合理地期待行为后果与实际能看到的后果之间的差异"。[②] 这可以看做是宗教之整合功能的具体体现。

贝格尔则从另一个角度来研究宗教的功能。他认为，社会是人的产物，社会制度与社会秩序也是人的产物。而人的产物总是具有两大特征：非固有性和非稳定性。因此，任何一个社会都存在着如何将其制度秩序一代代传下去的问题，换言之，即如何使从无到有建立起来的社会秩序在将来的延续能够得到最可靠的保证的问题。对此，贝格尔的回答是："建立宗教的合理化论证。"也就是说，要使人造的社会长治久安，只有通过将之神圣化，使它变成一种在时间的开端就已存在的东西。贝格尔认为，古往今来，在历史上流传最广而又最有效的论证社会合理从而维系社会之稳定的手段，就是宗教。他认为宗教是一块神圣的帷幕，它掩盖了社会的一切人造的痕迹，神圣化了社会因而也就使之合理化、合法化。贝格尔说，"宗教通过赋予社会惯例制度以终极有效的本体论

---

① 帕森斯：《现代社会的结构过程》，光明日报出版社 1988 年版，第 247 页。

② 弗兰克·惠灵顿编：《当代研究宗教的方法》第二卷，芒顿出版社 1985 年版，第 155 页。

地位，把经验社会不稳定的实在结构与终极实在联系起来"，从而证明了它们的合理性。于是，尽管制度随着社会的变化而变化，尽管它们受到来自各方面的威胁，但是它们被赋予了必然的、稳定的、永久的外衣，它们也就"超越了个人的死亡和整个集体的瓦解，因而具有了不朽的性质"①。

从上述介绍我们可以看到，结构功能理论在宗教功能研究中有一个共同结论，即宗教具有整合的功能。所谓整合，就是使社会中不同的个人、群体或者各种社会力量和集团统一而成为一个一致的整体。社会系统犹如一张无形的大网，不同个体与不同集团是这个大网络中一个个的网结。在这个网络中，个人的利益、集团的利益都必须与他人的或其他集团的利益相协调，换言之，社会系统需要一个共同的利益尺度，这是社会生存的基础。宗教的整合功能，就是指宗教具有一种凝聚力量，它起着社会"黏合剂"的作用，能够把社会中各种不同的网结"黏合"在一起，成为一个统一的网络。持这种看法的宗教社会学家都认为，宗教的整合功能之基础，就是共同的信仰。这种信仰可以在不同的人群之间唤起共同的信念，提供共同的价值观，从而达到社会的统一。当然，宗教整合功能的发挥还必须依赖宗教的其他要素，即宗教的重要组成部分：礼仪。例如在原始社会，图腾崇拜是原始部落所有成员的崇拜对象，它是氏族社会的标志，是原始人集合在一起的旗帜。而图腾崇拜仪式一方面强化其崇拜者的意识，一方面又不断地规范他们的行为甚至情感。由此可见，宗教仪式不仅直接在参加者心中产生直接效果，而且影响到社会结构或网络。

在现代社会，关于宗教之整合功能的观点遭到了强大的挑战。这是因为在现代社会，一方面，连接网络之每个网结的东西大大地增多而且越来越复杂，另一方面，社会日益呈多元化状况，逐渐由一个大网络变成许多亚网络，而宗教只是其中的一种"黏合剂"，而且往往只是亚网络中的黏合剂。这种挑战不仅表明宗教的整合功能在现代社会日渐衰落，而且也表明了结构功能理论（尤其是早期的结构功能理论）的一种不足，即过分地强调宗教对于社会稳定的作用，忽略社会冲突始终存在

---

① 彼得·贝格尔：《神圣的帷幕：宗教社会学基本要素》，第33页。

这一基本事实，其原因是结构功能理论首先把社会设想为一个完全整合和完全统一的体系，把社会秩序的稳定视为一种常态。这种理论受到持来自强调社会之变化与冲突才是常态的宗教社会学家的挑战。这也是我们将要介绍的研究宗教之功能的第二个方面。

第二，变迁与冲突理论。这类理论关注的是宗教与社会变迁和冲突的关系。如果说以涂尔干为代表的注重宗教之整合功能的路线遵循的是社会学始祖孔德（Auguste Comte）提出的"社会静力学"的话，那么，以韦伯为代表的另一条线遵循的则是孔德的"社会动力学"。用孔德的话来说，"社会学的静止的研究就是研究社会制度各个不同的部分的行动和反动的法则"，研究"普遍的社会关系"。而社会动力学则是把整个社会作为分析单位，并揭示它们是如何随着时间的消逝而发展变化的。

韦伯是研究宗教与社会变迁之关系的先驱。韦伯对宗教研究的切入点是人的社会行为。这与韦伯对社会学的理解有密切关系。韦伯认为，社会学"是一门试图深入理解社会行动以便对其过程及影响作出因果解释的科学"[①]。在韦伯看来，只有每个个体是客观存在的，社会仅仅是用来称谓一群人的名称（显然这与杜尔凯姆把社会看做独立存在的，超越个人之上的"静止的研究"完全不同）。韦伯对社会行为分析的基础概念是"合理性"。他认为宗教行动在价值取向上是具有合理性的。因此，宗教价值取向常常具有决定性与关键性。他说："为人所追求的救赎之性质，强烈受到支配阶层外在的利害状况及相应于此的生活样式之性质的影响，从而即强烈受到社会阶层化本身的影响。但是，反之亦然。举凡生活态度的方向被有计划地合理化者，其整体方向即深受此一合理化所导向的终极价值所决定。因此，这些终极的价值与立场乃宗教制约下的价值会是决定性因素之一，并且，往往绝对是决定性关键所在。"[②]

韦伯的这一观点在其《新教伦理与资本主义精神》中得到了充分地体现。该书强调，新教伦理的某些方面对资本主义经济制度在形成阶段

---

① 韦伯：《社会和经济组织的理论》，纽约，1964 年版，第 88 页。转引自 D. P. 约翰逊《社会学理论》，国际文化出版社 1988 年版，第 266 页。

② 《韦伯选集》第二卷，台湾远流出版公司 2000 年版，第 79 页。

的发展起了强有力的促进作用。这种作用的源泉，是新教信仰中的伦理要求与资本主义制度发展所需要的经济动机之间的"选择性亲和"，即逻辑一致性与相互支持的动机性影响。韦伯是这样来看待清教徒的：在他们的心目中，"一切生活现象皆是由上帝设定的，而如果他赐予某个选民获利的机缘，那么他必定抱着某种目的，所以虔信的基督徒理应服膺上帝的召唤，要尽可能地利用天赐良机。要是上帝为你指明了一条路，沿循它你可以合法地谋取更多的利益（而不会损害你自己的灵魂或者他人），而你却拒绝它并选择不那么容易获利的途径，那么，你会背离从事职业的目的之一，也就是拒绝成为上帝的仆人，拒绝接受他的馈赠并遵照他的训令为他而使用它们。他的圣训是：你须为上帝而辛劳致富，但不可为肉体、罪孽而如此。仅当财富诱使人无所事事，沉溺于罪恶的人生享乐之时，它在道德上方是邪恶的；仅当人为了日后的穷奢极欲，高枕无忧的生活而追逐财富时，它才是不正当的。但是，倘若财富意味着人履行其职业责任，则它不仅在道德上是正当的，而且是应该的、必须的"①。于是，一方面，追逐经济利益有了宗教信仰作为基础，发财致富有了正当的理由；另一方面，资本主义的发展要求限制消费以便达到再投资及资本增长的目的，要求自愿服从为未来目标制定的纪律，要求有规律的就业等，也因新教伦理强调要避免懒散和纵欲，要勤奋尽职而有了保证。因此，新教伦理与资本主义精神都追求一种合理的生活方式，它们具有一致性。韦伯从对资本主义的经济和人的行为的研究中得出这样的结论：宗教观念是决定经济行为的因素，因此也是社会经济改革的原因之一。

至于对宗教导致社会冲突的研究，是宗教功能研究中所出现的冲突主义理论的结果，这种理论反对过分强调宗教对于社会的稳定作用，强调的是绝大多数社会并非处于和谐之中，社会冲突始终存在这一基本事实。

提倡冲突理论者认为，社会生活的基本状况不是协调一致的，它由许多追求各自利益的群体组成，因此也由于这些不同的群体为争取自身

---

① 韦伯：《新教伦理与资本主义精神》，生活·读书·新知三联书店1987年版，第127页。

的权力和利益而处于冲突与纷争之中。能够统一社会的一致性价值观是不存在的，尤其是现代社会，各个利益集团之间争权夺利，已经成为现代社会的特征。宗教群体也被视为社会中具有自身利益的集团之一，其社会功能主要是分裂社会不是整合社会。

这种理论不仅得到了历史上从基督教与犹太教、伊斯兰教之间的多次争战，到基督教内部冲突引起的宗教改革，再到宗教权力与世俗权力的斗争，再到20世纪60年代之后各种新兴宗教的出现造成的多元状况的支持，也从巴以冲突、波黑冲突、北爱尔兰冲突、"9·11"事件后以美国为首的西方世界与阿拉伯世界的冲突等持续已久而且还将持续的国际冲突中找到了支持。客观地说，由于宗教原因引起的冲突当然存在，但是世界上的事情是复杂的，如果认真而全面地剖析种种冲突的原因，我们就会发现，有时宗教分歧可能只是被利用来证明发生冲突的合理性，但却不是冲突的真正原因。

尽管冲突理论认为宗教是社会分裂的源泉之一，但它同时也提出，分裂又是社会变迁、社会进步以及社会统一的前提，也就是说，宗教冲突最终也可达到社会统一。事实上，正如结构功能理论并未完全忽视社会的分裂一样，冲突理论也并未完全否认社会的统一，这两种理论只是各自强调的方面不同而已。它们对宗教功能不同侧重面的强调不应该相互排斥，而应该相互补充。

第三，生存理论。这类理论关注的是宗教与人生的关系。除了社会结构、社会制度、社会进程、社会行为等方面之外，社会学还关注人的生存，其中包括人格的形成。因为在社会学家看来，人的行为是在个体的人格中形成，并且主要是由人的生理、他的精神和他独有的个人经验的综合影响决定的；此外，人的客观环境、人的文化教育、人的社会地位等也在不同程度上发挥作用，那么，作为社会制度的宗教，对于人的生存有什么功能呢？

具有人类学色彩的英国社会学家马林诺夫斯基的研究是这一方面的先驱。马林诺夫斯基提出了人生"需要理论"，他从人类基本需要和满足这些需要的直接对比中，得出了"功能"的概念。他认为，在每种文明中，任何一种习俗、器物、观念、信仰都满足着某种需要，因而都完成着某种重要的功能，就连"西装袖子上的扣，也表示着对传统的尊敬"①。宗教当然也是如此。在马氏看来，宗教是"人类生命之真正不幸的结果，它出自人的计划与现实间的冲突"②。马氏在此所指的"不幸"，就是人的死亡。马氏认为，原始人害怕死亡，不承认死亡是生命的尽头。而宗教正是在人人所面临的生死攸关的难题上，"采用了积极的信条慰安的见解"，"使人相信永生，相信灵魂的单独存在，相信死后脱离肉体的生命"。③ 马林诺夫斯基以宗教礼仪中的丧礼为例，说明宗教对于满足人对永生的渴望之需要的功能："宗教不但专使个人精神得到完整，同样也使整个社会得到完整。丧礼能使活人与尸体保持一种关系，使这种关系牵连到死亡的本身；再有信仰信灵的存在，且信灵的善意或恶意，更加上追悼的礼、祭祀的礼——有了这些，宗教便可战胜恐惧、失望、灰心等离心力，而使受了威胁的群体生活得到最有力量的重新统协的机会，再接再厉的机会。"宗教在此所尽的使命，就是"保障了传统与文化，来战胜失败了的本能只在消极一面的反应"④。

除了上述需要之外，马林诺夫斯基还认为宗教具有满足社会伦理和社会文化方面的需要。他说："宗教的需要，是出于人类文化的绵延，而这种文化绵延的含义是：人类努力及人类关系必须打破鬼门关而继续存在。在伦理方面，宗教使人类的生活和行为神圣化，于是变为最强有力的一种社会控制。在它的信条方面，宗教予人以强大的团结力，使人能支配命运，并克服人生的苦恼。每个文化中都必然地有宗教，因为知识使人有预见，而预见并不能克服命运的捉弄；又因为人在生长期的合作与互助，形成了人间的情操，而这情操便反抗着生离与死别；并且，再次和现实接触的结果都启示着：一种敌对的不可测的恶意与一种仁慈的神意并存着，对于前者必须战胜，对于后者则当亲善。文化对于宗教的需求虽然是衍生的和间接的，但宗教最后却是深深地生根于人类的需

---

① 《西方社会学的发展主要理论》，中国社会函授大学编印，第 56 页。

② 《社会科学百科全书》第四卷，"文化"词条，纽约：麦克米兰公司 1931 年版，第 641 页。

③ 马林诺夫斯基：《巫术·科学·宗教与神话》，中国民间文艺出版社 1987 年版，第 33 页。

④ 同上书，第 34—35 页。

要，以及这些需要在文化中得到满足的方法之上。"①

从人类的基本需要来论述宗教的功能，也是属于"社会静力学"的范围，这种论述拓展了对宗教的功能的探索，但是却忽略了人类的基本需要与其社会环境的关系。也就是说，人类的基本需要是随着人类社会的变化而变化的，尤其是在现代社会，人类的基本需要甚至也趋于多元化，宗教可以满足的需要范围从某种角度来说正在逐渐减少，在有的地方这些需要已进入人类生活的边缘状态。就此而论，我们可以说，马林诺夫斯基的"宗教需要论"不仅是对宗教功能的一种静态分析，也是对社会的静态分析。

后来的宗教社会学家接受了马林诺夫斯基"需要理论"的观点，直接提出了宗教在人类生存中的三大功能：意义功能、补偿功能和认同功能。

任何一个社会，无论如何地神圣化、秩序化，无论个人的社会化如何地成功，无序的现象、天灾人祸以及被称为人的"边缘情境"的状况如噩梦、死亡等总是存在的，换言之，对个人而言，不幸与痛苦总是伴随着一生的。那么，如何面对死亡这个事实呢？或者说，人生有一系列的挫折和悲剧，赋予这些边缘情境以及一切痛苦和不幸以意义，或者说是需要，或者说成命定。因为，在实际的痛苦、不幸和边缘情境中，人对意义的需要，与对解脱和幸福的需要至少是同样强烈，或许更加强烈，而宗教提供的意义，正好满足了受苦难的人们的愿望。宗教为人们提供了一整套世界观或宇宙观，它们可以解释一切——无论是自然原因引起的还是人为造成的苦难和死亡。

宗教的意义功能与其补偿功能是不可分割的。人的一切苦难和死亡有了意义还是不够的，宗教还把对这一切的补偿寄托在从此世角度来理解的将来，正如贝格尔所指出的：它把将来变成另一个世界，从来世的角度弥补种种不幸的现象。也正如斯塔克所说："补偿就是相信在遥远的将来或其他不可能立即被证实的场合得到回报。"② 关于这一点，我

---

① 马林诺夫斯基：《文化论》，中国民间文艺出版社 1987 年版，第 78—79 页，译文有所改动。

② 斯塔克：《宗教之未来》，中国人民大学出版社 2004 年版，第 6 页。

们可以从犹太教的弥赛亚运动，基督教的末世论，佛教的轮回观等中看到。

至于宗教的认同功能可以从两个方面来理解。首先是从人的社会性方面。

人是具有社会性的人。人的社会性之第一个特征，就是群居。涂尔干论述过原始社会的图腾，认为它是部落的标志和旗帜，它使同一血缘的人们集聚在一起。对于人的身份的证明也是如此。在传统社会，公民的政治身份与其信仰身份是重叠的，因此宗教的认同功能并不突出。在现代社会，这种认同功能却变得越来越重要和必要。美国宗教社会学家格雷利（Andrew M. Creeley）曾以美国社会为例，指出了宗教的这一重要功能。他认为，在移居美国之前，许多意大利人并未首先意识到自己是天主教徒，但在到了美国之后，意大利移民首先与天主教会认同。这种状况在美国移民中表现非常突出。这种认同功能在伊斯兰教、犹太教等宗教中尤为重要。其次是从个人在社会中的角色方面。个人在社会中的身份和角色，依赖于他人的认可和分派。个人只能在他人认可范围内，把自己与角色认同。然而他人却相当容易改变或撤回那种认可和分派，于是个人与角色和身份的关系就处于不稳定的状态之中。正如一条阿拉伯谚语所说的："人忘了的，神还记得。"于是神或上帝就成了最可信赖而又最有意义的他人。个人在社会上的身份与角色的认同关系在宗教的保护之下，变得更深刻，更稳定。

对宗教功能研究作出总结性说明的，要数美国宗教社会学家英格（Milton Yinger）与奥戴。他们对于各种宗教功能研究的综合、决结与发展，能够为我们理解宗教的功能提供更进一步的借鉴和启发。

英格认为，秩序是人与人相互作用的网络、共同的规范和个体向着秩序的社会化倾向相互作用的产物。他称这三种因素为结构控制、文化控制和自我控制。至于宗教如何介入对于秩序的影响，英格提出了宗教的三种介入进路：从情感上支持社会的基本价值观；强调任何人都能够获得的稀有价值如被拯救，因而缓解了为此而引起的争斗；强调超验价值，以缓和依赖公认手段却未能达到预期的社会化以及社会控制而引起的冲突。不过，英格认为，宗教的整合功能是受许多变量影响的，也就是说，在某些情况下，宗教整合功能的发挥率是最低的。英格列举了六种情况来说明宗教整合功能的局限性：（1）在那些存在着不止一种宗教的社会里；（2）当一个社会的成员所预期的需要无法实现时；（3）当仪式制度的吸引力被削弱，曾经影响了一代人的传统意识造成了接受不同社会和文化影响后的另一代人相互疏离时；（4）社会发生巨大转变之时；（5）在一个等级地位明显的社会里；（6）在一个社会受到外部压力而分裂之时。英格明确地指出，"衡量一种模式在何种程度上维系一个体系，也就是衡量它在何种程度上破坏一个体系；估价一种形式在什么条件下有益于体系的适应性和整合，同时也就提出了对该模式不能如此作用的条件进行研究的需要"①。

从上面的论述我们可以看到，英格关于宗教与社会秩序之关系的这种探索，突破了完全正确无视分裂与冲突存在的那种所谓"执著的功能主义者"的观点，他既看到了宗教作为凝聚力的同时，也看到了与之相反的功能，因此，他企图将功能的观点与冲突的观点相结合，而这便形成了其独特的思想。他的这一思想在对社会秩序与统一和价值体系、权力关系等的关联进行总结之后的结论中体现得更加清晰：在某种情况下，宗教通过仪式、象征、信仰及赏罚分明的教义，可能有助于培养社会化的个体，使之接受占主流地位的价值观，因而有可能解决秩序的问题。但是，在某些时候，宗教可能作为原因和象征，卷入社会冲突和秩序的变化之中，宗教在社会整合中的信奉被颠覆。宗教可能有助于维护从某种特定价值前提看是坏的社会秩序，也可能帮助毁灭从某种特定价值观看是好的社会秩序。正因为如此，英格并没有完全地肯定有关宗教整合功能的思想，他指出，这种理论困境在于，倾向于认为各社会系统都是完全整合的，社会的全部构成要素都是具有功能的和必不可少的。②

人类为什么需要宗教？宗教对于人类有何功能？T. F. 奥戴在其《宗教社会学》一书中对功能理论各种思想的疏理，也许能够算是一个比较全面的回答。③

---

① Yinger, *Religion, Society and the individual*, New York：Macmillan，1957.

② 同上书，第 58 页。

③ 以下讨论参见奥戴《宗教社会学》，中国社会科学出版社 1990 年版；以及 Malcolm B. Hamilton, *The Society of Religion：Theoretical and Comparative Persparative*, New York：Routledge，1995。

　　按照奥戴的总结，功能理论认为，宗教的最主要特征，就是"对人们在自然环境中所获得的日常经验的超越"，这是宗教发挥其所有功能的基础。人为什么会需要"某种超越经验的超越"，为什么需要某种"超验的"参照体系？社会为什么需要这些信仰和实践以及体现和维护这些信仰与实践的组织机构及其制度？这是人生活的基本特征所决定的。我们在从心理学层面看宗教之功能的讨论中已经提到过奥戴对于人类生活三大特征——偶然性、有限性、匮乏性——的总结。这些特征所引起的问题超出了日常经验的范畴，只有在日常经验之外才能找到答案。① 而宗教所涉及的正是那些超出日常生活范围之外的东西，因此，宗教只有在知识和技术不能够提供人类所需要的适应性或手段或调整机制的领域才具有意义。可以说，宗教的意义，是与人类生活的基本特征密切相关的。

　　奥戴总结了功能理论关于宗教的定义："宗教是人们适应吉凶祸福的最基本'机制'。"在此，宗教赖以产生的社会因素成了人类本身"存在"意义上的共同特征。在他看来，为达到这一目的，宗教凭借的是对秩序的神圣化，为信仰和价值取向提供基地。宗教可以提供两种东西：首先，在短绌和挫折仍被感到富有意义的条件下，提供一个关于来世的更广阔的视野；其次，为促进同这个可以给人类以足够安全感并确保人类维持其士气的来世的联系，提供一种仪式工具。正是根据这两点，奥戴才总结出了宗教的六种正功能。

　　对于功能理论之所以遭到批评，英格曾经总结说，正是由于它认为"就某一社会而言，它的全部能够延存下来的因素，都必然是具有某种突出的积极功能的东西"。事实上，在对于宗教与社会的关系的看法，奥戴与英格一样，并不认为宗教对于社会只有积极的功能，他更直接、更明确地提出宗教的六种负面功能。

　　宗教功能的这种两面性说明，一方面，宗教有助于社会整合、美化社会目标、强化社会控制，有助于个体信念与人格平衡；另一方面，它可以是一种瓦解性的因素，即，可以是社会冲突的源泉，导致个体或社会的紧张状态，成为最有效的调整障碍和必要的社会重组道路上的拦路

_____

① 参见奥戴前引书，第10—12页。

石。这种两面性是由于宗教与社会之关系的辩证性决定的。奥戴认为二者的关系是模糊的和二律背反的。然而，宗教积极功能可能向消极功能转向的条件和机制是什么呢？能否控制这种转换呢？这方面的研究迄今仍然是不够的，仍然是我们应该进一步深入探讨的课题。

宗教社会学家对宗教功能的论述，与马克思主义宗教观关于宗教功能的分析其实也是有不少共同之处的。如前所述，马克思主义宗教观论述的宗教的外衣功能，也是引起社会冲突与变迁的一种方式。在此，我们不仅看到了马克思主义宗教功能观与宗教社会学宗教功能研究有一定的渊源，也看到了后来的宗教功能研究，相对于马克思主义宗教功能观而言，它开辟了新的视角，提供了新的观念和新的方法。不管其是非对错，都对我们具有借鉴的意义。

第六节　关于基督教史的研究

在本章第一节"论著概况"中，曾概略地列举了恩格斯在这一时期（特别是在他的晚期）写作了一系列比较集中的讨论基督教史的论著。本书不打算概述和评价恩格斯关于基督教史研究的具体内容，因为在今天看来，这些关于基督教早期历史的考证和论说都显得有些一般化，失去了它们在青年黑格尔派宗教批判运动时期所特有的光彩。现在我只打算分析一下他在基督教史研究中如何运用辩证法和唯物史观，给我们留下了哪些方法论上的启示，供我们在自己的宗教研究中学习和借鉴。按照笔者的初步体会，主要有如下几点：

第一，批判了在宗教的起源和发展问题上的非历史主义和唯心史观。

1873 年，恩格斯在《关于德国的札记》中就已指出：要想消灭基督教这样的宗教，仅仅用嘲笑和攻击是不可能的，应该从科学方面来克服它，也就是从历史上来说明基督教起源和发展的真情实况，以此来剥掉它的神圣画皮。

恩格斯主要批判了两种非历史主义的和唯心主义的观点和方法。一种观点认为"基督教是一下子便体态完备地从犹太教里产生出来，并凭自己一劳永逸地大体上确定的教义和伦理从巴勒斯坦征服了世界"①。恩格斯嘲笑它是一种海外奇谈,从布鲁诺·鲍威尔以后就再也站不住脚了,它只能在神学院里和那些为保存宗教而不惜损害科学的人们中间苟延残喘。另一种是流行于从文艺复兴时期以来的自由思想者到18世纪的启蒙运动者中间的错误观点,认为一切宗教,包括基督教在内,都是骗子手的捏造。这种观点在恩格斯看来是不能令人满意的。在原始社会之后,新宗教的创建都是创教者人为地建立起来的。一切人为的宗教在其创立的时候当然少不了欺骗和伪造历史的成分,但如果仅仅看到这一点是片面的。对于一种征服罗马世界帝国,统治西方文明社会达一千八百年之久的宗教,简单地说它是骗子手凑集而成的无稽之谈,是不能解决问题的。恩格斯指出,我们必须根据宗教借以产生和取得统治地位的历史条件去说明它的起源和发展,才能解决问题,对基督教更是这样。

第二,从社会存在决定社会意识、经济基础决定上层建筑的唯物史观去说明宗教的起源和发展。

马克思、恩格斯在1845—1846年的《德意志意识形态》一书中就曾批判施蒂纳所谓"宗教是自身原因"的唯心史观,而坚持基督教本身没有历史,必须用社会存在即"生产和交往的方式"的历史发展去说明基督教历史的唯物史观。

恩格斯关于基督教历史的几部著作,其主要特点是应用唯物史观去分析宗教的本质和历史。他坚持用历史去说明宗教,反对从宗教去说明历史,用社会存在(物质生活条件、经济基础)去说明基督教的形成和发展。例如,在分析早期基督教的形成时,恩格斯着重分析罗马世界帝国的社会状况,从中找出基督教产生的历史必然性:下层人民苦难深重,面对罗马帝国的世界强权统治,任何反抗都是无望之举。在当时的情况下,得救的出路只有一条:宗教打开了另一个世界的大门,灵魂不死、来世报偿、天国地狱……之类信仰越来越为大家接受,这是一条把受苦受难的人从我们这个苦难的尘世引入永恒天堂的出路。② 恩格斯就这样通过社会分析极其自然而合理地说明了基督教产生的历史必然性。

---

① 《马克思恩格斯全集》第22卷,第531—532页。
② 详见《论早期基督教的历史》,《马克思恩格斯全集》第22卷,第541—543页。

与此相对，神学家、唯心主义者常常用上帝的启示、耶稣的教化、传统的信仰之类来解释灵魂不死、天堂地狱之类教义的产生，但这些说法不仅不能解释这些信条原来又是如何产生出来的这个问题，也不能说明罗马世界帝国的广大民众何以会相信和接受这些信条。神启说和唯心论留下的疑问比它们解释的疑难更多，更难以解释。

恩格斯的有关著作还深刻地描述和说明了基督教产生之后，如何随社会历史的发展，根据不同历史时期的社会需要而不断改变自己的教义和形态，先后成为封建制社会和资本主义社会的上层建筑和统治阶级的意识形态。

《路德维希·费尔巴哈和德国古典哲学的终结》第四部分系统而又扼要地说明了基督教如何适应罗马奴隶制帝国的需要而成为国教；后来又如何适应中世纪封建制的发展形成同它相适应的、具有相应的封建教阶制的宗教；随着资本主义的兴起，基督教又以宗教改革运动的形式成了早期资产阶级反对封建制度的斗争的意识形态外衣。

《社会主义从空想到科学的发展·英文版导言》则进一步阐述当资产阶级在欧洲各国取得统治权、成为统治阶级之后，他们又如何把基督教作为维护资本统治、操纵被压迫人民的灵魂的工具的情况与过程。

以英国为例：

> 英国的中等阶级……现在比以往任何时候都更需要用精神手段去控制人民，而一切能影响群众的精神手段中第一个和最重要的手段依然是宗教。于是，学校董事会中就让牧师占据优势；于是，资产阶级日益增加自我捐税，以维持各种基督复活派，从崇礼派直到救世军。[①]

再以法国和德国为例：

> 法国和德国的工人已经变成了叛乱者。他们全部都感染了社会主义，而且根据相当充分的理由，他们在选择取得统治的手段时，

---

① 《马克思恩格斯选集》第 3 卷，第 401 页。

丝毫不在乎这种手段是否合法。这个强壮的小伙子一天比一天更心怀恶意。法国和德国的资产阶级，只好采取最后的办法，不声不响地丢掉了他们的自由思想……嘲笑宗教的人一个一个地在外表上变成了笃信宗教的人，他们毕恭毕敬地谈论教会、它的教条和仪式，甚至在实在不得已的时候，自己也行起这些仪式来了。法国资产阶级每逢星期五进素食，德国资产者每逢星期日就坐在教堂的椅子上耐心地听完新教的冗长的布道。他们已经吃了唯物主义的苦头。……"必须为人民保存宗教"，这是拯救社会于完全毁灭的唯一的和最后的手段。①

在恩格斯的笔下，基督教的演进史再也不是什么"基督教本身"的历史，不是什么"宗教精神的自我规定"及其继续发展的历史，而完全是为社会历史条件所决定，随着社会历史的发展而相应发展的历史，从而使基督教史得到了令人信服的说明。恩格斯的对基督教历史的研究，不仅准确地再现了基督教史的客观过程，也论证了马克思主义唯物史观本身的合理性。

第三，用阶级斗争的观点和阶级分析的方法去分析宗教的社会历史作用。

对于基督教在欧洲历史上和现实社会生活中所起的作用，马克思、恩格斯这一时期的许多论著继续进行论述和说明。他们的有关论述有一个鲜明的特点，即贯穿了阶级斗争的观点和阶级分析的方法。由于马克思主义把宗教视为维护经济基础的上层建筑，这就意味着宗教本质上是统治阶级用来奴役被统治人民的工具，具有统治阶级的阶级特性。所以，马克思、恩格斯论述这一问题的各种著作都不止一次地揭示这一历史事实。

1847年，马克思在《"莱茵观察家"的共产主义》中对基督教社会原则的阶级实质作了集中的揭露。

由于说明问题的需要，我们在这里再一次把这段话引证如下：

---

① 《马克思恩格斯选集》第3卷，第401—402页。

　　基督教的社会原则有过一千八百年的发展，它并不需要普鲁士国教顾问做任何进一步的发展。

　　基督教的社会原则曾为古代奴隶制进行过辩护，也曾把中世纪的农奴制吹得天花乱坠，必要的时候，虽然装出几分怜悯的表情，也还可以为无产阶级遭受压迫进行辩解。

　　基督教的社会原则宣扬阶级（统治阶级和被压迫阶级）存在的必要性，它们对被压迫阶级只有一个虔诚的愿望，希望他们能得到统治阶级的恩典。

　　基督教的社会原则把国教顾问答应对一切已使人受害的弊端的补偿搬到天上，从而为这些弊端的继续在地上存在进行辩护。

　　基督教的社会原则认为压迫者对待被压迫者的各种卑鄙龌龊的行为，不是对生就的罪恶和其他罪恶的公正惩罚，就是无限英明的上帝对人们赎罪的考验。

　　基督教的社会原则颂扬怯懦、自卑、自甘屈辱、顺从驯服，总之，颂扬愚民的各种特点，但对不希望把自己当愚民看待的无产阶级说来，勇敢、自尊、自豪感和独立感比面包还要重要。

　　基督教的社会原则带有狡猾的假仁假义的烙印，而无产阶级却是革命的。①

　　这就是说，基督教的社会原则和道德规范对不同的阶级有着完全不同的作用：对于统治阶级是有利于维护其统治秩序的工具；对于被压迫人民，则是假仁假义的欺骗。

　　对于教会和僧侣的性质，马克思和恩格斯也进行了阶级分析。恩格斯在1850年写的《德国农民战争》中明确指出在僧侣中有两个极其不同的阶级。僧侣中的封建特权阶层形成贵族阶级，其中包括主教和大主教、修道院长、副院长以及其他高级僧侣。这些教会显贵或者本身就是帝国贵族，或者是在其他诸侯的麾下以封建主身份控制着大片土地，拥有许多农奴和依附农。僧侣中还有一个平民集团，其成员主要是农村传教士和城市传教士，他们不属于教会封建特权阶层，不能分享特权阶层

---

　　① 《马克思恩格斯全集》第4卷，第218页。

的财富。

以阶级分析的方法看教会，教会本质上是捍卫剥削制度的机构。恩格斯以中世纪的教会为例指出：罗马天主教会是封建制度的国际中心。它把整个封建的西欧联合为一个大的政治体系；它给封建制度绕上一圈神圣的灵光；它按照封建的方式建立了它自己的教阶制；它拥有天主教世界地产的三分之一，是最有势力的封建领主。因此，如果要在每个国家内从各个方面成功地进攻世俗的封建制度，就必须摧毁它的这个神圣的中心组织。

恩格斯在从各个方面揭露宗教（基督教）是中世纪统治阶级的精神支柱的同时，也从来不否认被压迫人民在历史上特定阶段利用过宗教进行反抗斗争的事实。但他是应用历史唯物主义的社会史观和方法论来进行这种研究的。他不仅没有因此而放弃阶级分析的方法，把宗教说成是某种超阶级的东西，而且以阶级斗争观点为理论工具，具体分析统治阶级之利用宗教和被统治阶级之利用宗教的根本不同之点，找出这两种利用的不同的阶级实质。

按照恩格斯的分析，整个中世纪的反封建的革命反对派有三种情况：它们虽都打着宗教的旗号，但或者是以神秘主义的形式出现，或者是以公开的异教形式出现，或者是以武装起义的形式出现。三种反封建运动之所以要打着宗教的旗帜，主要是因为基督教的绝对统治迫使一切革命的社会政治理论必然同时就是神学异端，反封建斗争必须以宗教作为掩人耳目的外衣，宗教只是作为"外衣"为反封建斗争服务。在这里，我们又一次回到我们在上文论述的恩格斯的"宗教外衣论"，我觉得有必要对此问题作进一步的说明。

"宗教外衣"，是恩格斯《德国农民战争》、《费尔巴哈论》、《社会主义从空想到科学的发展·英文版导言》等著作在分析以宗教为旗号的群众反抗斗争时一再使用的概念，这个概念在恩格斯心目中的意义和地位是可想而知的。我们应对之有深入准确的理解。恩格斯的"宗教外衣论"事实上是在告诉我们，在分析具有宗教色彩的社会斗争时，不能停留在表面现象上面，要透过外表深入把握其实质。宗教在社会斗争中的作用常常是形式上的，并没有决定性的意义。具有宗教色彩的群众斗争，它所包含的内容和意义是多方面的，除了宗教神学方面的教义信条以外，还有直接为当时阶级斗争服务的政治思想、哲学理论和社会伦理观念。一场群众斗争的理论原则和思想因素，是上述各种意识形态的综合，它们在斗争中的意义和作用是各不相同的，我们不能笼而统之地把诸种意识形态都化为单一的宗教神学观念。这就是恩格斯"宗教外衣论"·所包含的基本理论原则。如果我们不区分一场群众斗争中宗教因素与社会政治因素的不同作用，而笼统地把它视为纯宗教运动，就会或者因强调宗教神学的消极性而完全否定整个群众斗争，或者因肯定整个运动而把它的全部积极意义都归结为宗教的作用。这两种做法都有片面性。根据"宗教外衣"所启示的方法论原则，我们就会看到，历史上那些以宗教为旗帜的群众斗争和社会斗争之所以发动起来，总是由人民群众的切身利益所决定的，是由直接反映这些利益的政治经济要求和社会伦理观念鼓动和指导的。宗教神学的作用，一般不过是用当时人民大众所能理解的"神"的语言来强化这种要求，为其社会政治伦理观念批上一件神圣的外衣。恩格斯应用"宗教外衣"的概念，对闵采尔领导的德国农民战争，对早期资产阶级三次反封建大起义进行了具体的解剖。他总是透过宗教的外衣，直接分析其社会政治伦理观念本身的性质，得出了历史唯物主义的结论。

在研究基督教史，一般地说，在研究自阶级社会以来的一切宗教的历史中，应用阶级分析的方法，去解剖宗教在不同历史时期的阶级实质，说明它如何被特定的社会阶级利用来为自己的阶级利益服务，以及宗教本身又如何调整自己的教义体系及其他要素来适应社会阶级的需要，这是马克思、恩格斯创建的历史唯物主义宗教理论的主要内容和基本要求之一。抛弃和否定阶级分析方法，也就是抛弃和否定历史唯物主义本身。至于在应用阶级分析方法去说明宗教的历史发展时是否实事求是，恰如其分，符合于宗教发展史的历史真实，那是另一个问题，取决于研究者理解马克思主义唯物史观的水平，以及掌握历史真实面貌的程度。在这方面，任何研究者都不可能为自己打下绝对的保票，保证不出差错。但一个以"马克思主义者"自许的宗教学者应该努力避免犯倾向性的错误，这种倾向性的错误主要表现在两个方面：一是把"人是社会关系的总和"（马克思语）中的"社会关系"绝对化为单纯的"阶级关系"，在此基础上，把作为国家、社会的"总的世界观"、"包罗万象的纲领"的宗教体系中的一切方面、一切内容和要素都绝对化为"无不打上阶级的烙印";再进一步,则把一切宗教和宗教体系的一切内容都说成为反动统治阶级的统治工具。另一种错误倾向则完全否认历史上和现实社会中存在着阶级分野和阶级斗争的事实,把宗教体系中的一切说成是普遍人性的表现,不具任何"阶级性"的色彩。如果我们对新中国成立以来六十年宗教理论和宗教历史研究的实际情况作一番认真的实事求是的分析与反思,那么,应该承认,上述这两种倾向性的错误,我们都曾见到过,并曾为此吃尽苦头。

"文革"及其之前的三十年,那是"以阶级斗争为纲"的年代。每个人都被划属于特定的社会阶级,他的灵魂和人性被认为先天即已打上阶级的烙印,不具阶级性的"普遍人性"根本不存在。承认"普遍人性"的"人性论"被打为"资产阶级人性论",在政治上、学术上不断受到严厉的批判。宗教体系的一切更难逃阶级斗争的天罗地网,铁定地定性为历史上各种反动统治阶级的工具,最后则在"大跃进"和"文化大革命"中被作为扫进历史垃圾堆予以消灭的对象。这段灾难性的历史故事,尽人皆知,已经没有多废口舌的必要。邓小平倡导的改革开放运动,更从政治上、理论上彻底批判并否定了"以阶级斗争为纲"的倾向性错误。

然而,人类的天性似乎总喜欢重复上演"矫枉过正"、"过犹不及"的历史"喜剧"。人们的认识常常不把自己限制在适当的"度"的范围,超越事物固有的"度",走过了头,用之过度,滑到了事物固有范围之外,以致走到事物的反面。为了避免大而不经的空泛之论,我们现在只把讨论限制在近二十年来宗教学术研究的局部范围之内。在我们这个范围,这些年来,我们似乎可以见到某种并非个别的现象。当我们反对在宗教学术研究中把阶级斗争理论"绝对化"的时候,有些学者却对历史上和现代世界的宗教体系中客观存在的阶级斗争的事实几乎完全放诸学术视野之外,说什么宗教不具任何特定的阶级性,本身是"中性"的,可以像自然科学一样为各种不同的阶级服务。当我们反对在宗教学术研究中把阶级分析方法"绝对化"、"到处乱贴阶级标签"的时候,有些学者不仅反对"到处乱贴",而且根本不"贴",把阶级分析方法说成是"左"的教条主义。他们最喜欢放声高歌的论据就是:既然我们反对

"以阶级斗争为纲",那就应该不再谈论什么"阶级斗争",在宗教研究中不应再搞任何"阶级分析",特别是我国现在已是社会主义国家,敌对阶级已不存在。如果学术界再谈什么阶级分析,那么,国家法律承认的五大宗教,你能说出它们各自的阶级属性么?在他们看来,我们必须承认所有现存宗教都不属于任何特定阶级,它们是全民性的。阶级分析方法已经过时,必须放弃。这种否定阶级分析的说法,开始的时候,尚大致限定在改革开放以来的中国现阶段的社会主义社会之中,后来则逐渐放大其使用范围,从"现阶段"延长到既往的历史,以至尚未到来的未来社会;从"中国"放大到无远弗届的世界各地。西方宗教学术著作中普遍存在的否定马克思主义唯物史观的阶级分析方法的情况,我们且暂时放在一边,不去说它也罢!在我国最近三十年特别是这一二十年的不少具体宗教史著作中,自觉地应用阶级分析方法去分析和说明我国传统宗教为何为统治阶级的利益服务的历史真实情况,确实有些像消失中的珍稀物种一样,日益罕见了,即使这些学者不得不论及"君权神授"、当权者是上帝手中的剑,被统治的人民必须敬而畏之、服而从之,社会阶级和阶层的划分是上帝或天神的旨意和天命之类遍及世界各种宗教的基本教义的时候,也往往只是肯定宗教把阶级历史上的社会秩序、社会制度神圣化、合法化,为一个和平、和谐社会所必需的合理性的一面(这种"合理性"的一面,在特定的社会历史条件下的确是不能否认的,这正是唯物史观的必然推论),而对专制主义的君权与神权的结合给苦难社会中的被压迫阶级带来的生活上的屈辱以及精神上的压制则往往轻描淡写,甚至避而不论。这种理论倾向和学术风气很难说是正常的。全面否认唯物史观阶级分析方法在宗教史研究中的意义和作用,不仅不符合人类文明史上存在着阶级斗争以及各种宗教都曾用各种方式为阶级斗争服务的历史事实,也不符合当代中国和当代世界政治的现实。与我国的这些宗教学者的学术倾向不同,倒是相当不少的西方大有名声的宗教学术大师往往在自己的著作中自觉不自觉地应用着阶级分析方法。其中最为著名、在我国改革开放时期影响最大、一度在中国青年宗教学者和社会学者中掀起"韦伯热"的马克斯·韦伯在这方面就颇为引人注目。在宗教与社会经济的关系上,他在其名著《新教伦理与资本主义精神》一书中公开而且明确地反对马克思的唯物史观的"经济决定论",并反马克思之道而提出宗教伦理决定经济的发展的理论*。但在他的其他著作中，却不断违反自己的反唯物史观的上述宣告。他承认各种宗教都有自己的特定的"社会承担者"，他们对宗教的态度，与其经济地位和经

---

* ［本书作者评注］

马克斯·韦伯这本书中的所谓基督新教加尔文教派的"上帝命定论"教义和"禁欲主义"伦理孕育了资本家的艰苦创业精神、推动并决定了资本主义经济发展的理论，尽管在国内外受到许多学者的吹捧，其实是经不起理论上的推敲，也不符合西方资本主义经济产生与发展的历史事实的。"上帝命定论"、"禁欲主义"之类宗教教义和宗教伦理观念并非加尔文个人发明的专利品。从古代以来，它就曾广泛流行于世界各地的各种宗教之中。古罗马帝国时代的基督教的著名主教奥里略·奥古斯汀（公元354—430年）在其《上帝之城》中满怀激情地高调宣扬这两条教义和伦理观念，对中世纪基督教神学产生过深远而持久的影响。但无情的历史事实告诉我们，它在基督教世界以及世界其他地方，都丝毫未起到过像韦伯大肆鼓吹的那样，孕育或铸造了艰苦创业的"资本主义精神"。在16世纪西欧宗教改革运动之前，也从未在西方任何地方推动资本主义经济的发展。这是因为，从理论上说，关于"上帝命定论"的宗教教义只会教导信仰者安分守己，听天由命，从而扼杀信仰者发扬个性、勇于冒险的创业精神。至于"禁欲主义"的宗教伦理更不会推动信仰者去创造、积累和享受财富，它与真正的"资本主义精神"是完全背道而驰的。

从西方资本主义经济产生和发展的历史事实看，它实际上萌芽于从10—11世纪逐渐兴起的城市手工业。11—13世纪长达200年的十字军东侵之后，东西方商业交流日益兴盛，大批农奴从封建领主的人身奴役下挣脱出来，进入城市，加速了城市手工业的发展。在此基础上，14—15世纪，资本主义性质的企业经济得以成长起来。历史学家称之为"文艺复兴时期"，实质上就是资本主义经济形式成长发展的时期。表现在文化思想领域，则是"人文主义思潮"的崛起。人文主义本质是一种反映新兴市民阶层（早期资产阶级）打破中世纪以来基督教的"上帝命定论"教义和"禁欲主义"宗教道德的精神要求，论证个人的自由，追求人性的解放，说明人追求现世幸福的合理性。这是一种反封建、反传统基督教的启蒙思想。正是这种"人文主义思潮"适应了资本主义成长和发展的需要，它才反过来推动和促进了资本主义经济的成长与发展。因此，如果要说有什么东西孕育和铸造了"资本主义精神"的话，"人文主义思潮"当之无愧。至于加尔文主义，则是16世纪的产物（加尔文生于1509年，死于1564年）。资本主义经济和"资本主义精神"早在加尔文出生之前的一二个世纪就已有了。即使我们承认韦伯的主张，把加尔文的"上帝命定论"和"禁欲主义"的"新教伦理"视为"资本主义精神"的孕育者，那也只能说，那不过是早已成长起来的资产阶级进一步发展资本主义经济的社会要求在意识形态上的反映。因为加尔文主义事实上只是教导资本家在荣耀上帝的名义下，工作上勤奋努力，生活上节制有度。创造财富愈多，证明上帝的恩宠愈大。这种"精神"，实质上不过是资本原始积累时期的资产阶级心态。它恰恰是当时的资本主义经济基础在宗教教义、宗教伦理上的反映。如果它果真对资本主义有什么作用的话，那正是马克思主义唯物史观所主张的上层建筑对经济基础的反作用。韦伯的《新教伦理与资本主义精神》的基本理论是完全错误的，因为它把真实的因果关系弄颠倒了，把原因（资本主义经济基础）说成"结果"，把结果（新教伦理）说成"原因"。

济上的利害关系有着"相当显著，有时甚至极为关键"①的关系。他还说，尽管某一社会阶层对宗教特性的影响从来不是完全绝对的，"话虽如此，我们通常还是能指出某些阶层，其生活样式对于诸宗教而言，不少是主要的决定关键"②。韦伯更针对各种宗教贴上"韦伯牌号"的"阶级标签"。按他的"阶级分析"，儒教是接受俸禄的儒生的地位伦理；早期的印度教的社会承担者是世袭的有教养的知识分子种姓，其职能是充当个人和社会的一种仪式顾向和精神顾问；佛教明显的是作为一种知识分子阶级的救世教义而出现的，起初它几乎完全是从特权种姓、特别是武士种姓（刹帝利）中吸收信徒；伊斯兰教在其初期是一种征服世界的武士的宗教，是一支类似于训练有素的十字军的骑士团；犹太教从巴比伦因房时代开始就是一种城市贱民的宗教。在中世纪，犹太教处于知识分子阶层的领导之下。这一阶层代表了日益增长的半无产阶级和小资产阶级的知识分子；基督教开始时是作为四处流动的手工业者的教义，在它向外传播的整个时期中，它一直是一种具有鲜明特色的城市宗教，尤其是一种市民宗教。

在韦伯的宗教社会学中，一方面，宗教有不同的"社会承担者"；另一方面，不同的社会阶级（阶层）出于现世利益的考虑，对待不同的宗教也持不同的态度。按照韦伯的分析，教权制教士阶层总倾向于独占宗教救赎事业，由他们举行宗教仪式来授予宗教救赎，反对信仰者自行获救。政治性的官僚阶层对于与国家竞争的教权制则倾向于不予信任。在政治官僚看来，宗教义务只不过是公民的社会性义务，宗教礼仪应符合于行政法规，其性质由官方决定。农民阶级往往倾向于巫术，相信可以用巫术来强制主管自然力的神灵，或者通过献祭仪式贿赂神灵，以期获得神灵的善意。市民阶层（职工、商人、工业企业家之类）的共同点是在生活上不再受制于自然的束缚，他们的职业需要科学技术或经济上的计算，以及对自然、对人类的支配为其基础。故其中有着产生一种伦理的、理性的生活规范的可能性。市民阶层越是摆脱图腾制度的束缚和氏族制、种姓制的桎梏，就越有可能接受使命先知型的宗教倾向。他们

① 《韦伯选集》，英文版，第2卷，第59页。
② 同上书，第56页。

常用先知那种视自己为神的工具的感情来规范自己，并认为禁欲的行动即是合乎神意的行动。他们不倾向于接受追求冥思型的、与神合一的神秘论宗教。他在其主要著作《新教伦理与资本主义精神》中对此理论大加发挥。韦伯对他生活那个时代的"现代无产阶级"的宗教倾向的分析颇有意趣。据他说，现代无产阶级有一个明显的特点，那就是，漠视甚至拒斥现代资产阶级各大集团所共有的各种宗教。我们还是引用一段他在其《宗教社会学》一书中写的一段话来说明韦伯的观点吧：

> 在现代无产阶级看来，对人们自己的成就的依赖感，应由对纯粹的社会因素、经济关系和法律保证的权力关系的依赖意识来取代。他们认为，任何依赖自然过程或气象学途径的想法，任何依赖那些受制于巫术或天命影响的事物的想法，已被完全排除了……所以，无产阶级的理性主义就像完全掌握了经济力量的发达资本主义国家的资产阶级的理性主义一样，就其性质而言，不会轻易地具有宗教特性，自然也不会轻易地产生一种宗教。无产阶级的理性主义是现代发达资本主义国家资产阶级理性主义的补充现象。因此，在无产阶级理性主义范围内，通常由一种意识形态来替代宗教。[1]

韦伯的《宗教社会学》也在进行着具有"韦伯特色"的"阶级分析方法"。至于他的阶级分析法的结论是否准确，与马克思主义的唯物史观的阶级分析方法是否一致，那另当别论。但无论如何，韦伯并不完全否认各种宗教具有不同的阶级特性，不同的社会阶级阶层、利益集团具有不同的宗教倾向。希望当代中国那些完全抛弃马克思主义阶级分析方法的宗教学者们注意，对此进行更深的反思。这些学者也许会说，即使马克斯·韦伯的宗教社会学理论没有否认宗教的阶级性，他也在应用"阶级分析方法"，但韦伯讲的是资本主义社会及其以前的社会形态的情况，对我国现阶段的社会主义社会并不适用。好！那我们现在不妨扼要地分析一下当代中国社会的宗教的情况。

---

[1] 转引自肯尼特·鲍柯克、肯尼思·汤普森编《宗教与意识形态》，龚方震译，四川人民出版社 1992 年版，第 21—22 页。

1949年以来的当代中国，不仅进行了社会改革，也进行了宗教领域的改革，中国的各大宗教的教会组织都拥护中国共产党的领导，拥护社会主义建设。改革开放以来，特别是近些年来，它们更进一步拥护中国共产党倡导的建设"和谐社会"的政治理念，努力发掘传统教义中有关社会和谐的教义为此服务，对此事实，人们不能视而不见。我们再也不能像"文化大革命"时代那样，随心所欲地乱贴阶级标签，人为地制造并激化"阶级斗争"。

但是，这种说法仅只是就全国宗教领域的总的大局而言，实际上，并不一切太平，局部情况还是相当复杂的，隐藏着不少隐患。如果只看到宗教和谐的一面，而看不到"不和谐"的因素，那是片面的。以达赖为首的"藏独"势力和国际上伊斯兰极端主义为背景的"疆独"势力，在国内外大肆进行分裂民族团结、破坏祖国统一的活动，不仅有其国内敌对势力的暗中支持，更有西方帝国主义、霸权主义的支持，这种情况，就是国际、国内阶级斗争在宗教领域的公开表现。当代中国处于"全球化"的时代，西方那些敌视中国共产党、反对中国社会主义、对中国不断强大感到恐惧的宗教势力（特别是基督教），更是借着中国改革开放门户大开的机会对我国进行公开的或暗中的渗透，培植他们的代理人，发展地下教会组织，内外勾结，在宗教上破坏我国实行的三自爱国的国策，在政治上，更试图逐渐把中国基督教化，成为西方基督教霸权文化的文化附庸。正是在这种背景下，最近十多二十年来，西方基督教在中国出现爆发式的发展局面。如果我们再不警惕起来，任其发展，其后果不仅在宗教上、文化上，而且在政治上，都深堪忧虑。我们希望国内那些抛弃和否认马克思主义唯物史观阶级分析方法的"学者们"关注一下这些触目惊心的事实。其实，你们有意无意视而不见的这种国际阶级斗争的事实，在西方有不少的哲学家、思想家甚至基督教内的神学家却注意到了。在美国，就出现了一批自由派的开明神学家，他们公开站出来反对美国基督教保守主义推行的帝国主义侵略政策和基督教保守派的基督教霸权主义。美国有一个自由派的基督教神学家，名叫格里芬，他前几年写了一本书叫《后现代宗教》，这是一本神学著作，也是哲学著作。这本书的前面几章是从哲学上和科学上（达尔文进化论）来论证一切宗教（包括基督教）的超自然上帝都是不存在的，那是纯哲学的分析。《后现代宗教》一书的最后一章（第八章）章名"帝国主义，核威胁论和后现代神学"，格里芬把基督教保守派的上帝观叫做唯意志论的超自然主义上帝观，认为保守派心目中的上帝是一个唯意志论者，上帝可以随心所欲，为所欲为，用超自然手段来实现上帝的意志。格里芬认为这种上帝观导致了善恶二元论的政治观和世界观。世界上凡是顺从基督教上帝者就是善人，不顺从者就是恶人。因此要想使世界实现一劳永逸的和平，就应该按照上帝的意志不惜用一切手段把恶人的世界全部消灭，然后按照上帝的意志（也就是基督教的价值观）重新来构造一个善人的世界。美国就是上帝在当代的"选民"。美国的历史任务就是要按照上帝的意志，消灭一切违背上帝意志的文化、宗教和民族，来建立基督教统一价值观的世界。为了达到这个目的，可以发动核战争。据格里芬讲，小布什总统时代的统治集团实际实行的霸权主义政策，就是按照这种理论的一种实践。美国基督教新保守主义就是美国帝国主义、霸权主义的社会基础。

对美国基督教保守派进行谴责和批判的神哲学家不光是格里芬一个人，还有不少具有开明思想、维护世界和平的思想家和神哲学家也进行过类似批判。有一个名叫保罗·尼特的自由派神学家，在他《全球责任和基督信仰》一书中引用了《新约·约翰福音》里耶稣的话："我是道路，我是真理，我是生命，除了我没有人能到天父那里。"尼特批判这句《圣经》中的话。他指出，如果接受这句话，那么耶稣就是唯一的救世主，不信基督教就不能得救。他批判说，把耶稣这句话当成神圣的"绝对真理"就会在现实的国际政治中变成"绝对暴力"。这是一种可怕的、危险的傲慢。基督教徒在这种宗教教示下，就会产生出一种傲视其他宗教和其他文化的唯我独尊的优越感；在国际政治中，就会导致帝国主义、种族主义，以及对其他宗教、文化和民族的压迫以至侵略。当我们回顾这些年来美国和西方对我国和其他第三世界国家的各种敌视和歧视的政策和行为的时候，难道我们不感到格里芬和保罗·尼特等开明正直的神哲学家对基督教保守主义和帝国主义的批判，完全符合于当代国际政治的事实么！在他们所批判和揭示的事实面前，我们那些抛弃唯物史观宗教理论，否认在宗教领域内任何阶级斗争理论和阶级分析方法的适用性的"学者们"，似乎应该有进行一番反思自省的必要。

总之，马克思、恩格斯的历史唯物主义宗教理论有关阶级分析方法仍然具有普遍的适用性，不仅适用于历史上的宗教，也适用于现当代的宗教；不仅适用于美国、西方等资本主义社会的宗教，即使对现阶段的社会主义中国，也有一定的适用性，问题的关键在于理解和应用阶级分析方法，去分析宗教问题时，要实事求是、恰如其分。对于我国宗教领域中具有阶级色彩的东西，我们要承认，有一说一；对于其中那些并不具有阶级色彩的，我们也要如实承认，不要无中生有。"文革"时期那种人为地制造阶级斗争，激化社会矛盾的历史教训太深刻了，我们千万不要忘记。

第七节　从自然科学和辩证唯物主义哲学对基督教神学的批判

马克思主义的唯物史观宗教理论的一个重要特征，就是他对于基督教神学基本信条（诸如上帝存在说、上帝创世说、灵魂非物质说、灵魂不朽说、神学目的论、神创奇迹说，等等）的否定，不是基于纯粹思辨性的逻辑推理，而是建立在自然科学新成就的基础之上。马克思和恩格斯极其重视自然科学的作用，随时注意和总结自然科学最新发展的哲学含义和无神论含义。在这方面，恩格斯投入了更多的时间和精力，收集大量自然科学材料，从事《自然辩证法》的写作。这部著作虽然生前尚未完成，但仍然是一部科学—哲学巨著。这部著作和马、恩的其他论著深刻地论述了科学与宗教在世界观上的根本对立，阐明了许多自然科学新成就的革命性和无神论意义。

恩格斯多次深刻地揭露中世纪时代由于基督教宗教神学在整个上层建筑中的绝对垄断地位，给知识和科学的发展造成了极大的危害。一切科学的探索、理性的思考和自由思想均被扼杀。科学变成了教会的恭顺的婢女，它不得超越宗教信仰的界限。漫长的中世纪，成了科学的黑夜。直到近代，自然科学才从冬眠中醒过来，但近代科学的每一步发展都受到传统神学的反对，遭到基督教宗教裁判所的镇压，甚至付出血的代价。恩格斯满怀激情地说：

自然科学当时也在普遍的革命中发展着，而且它本身就是彻底革命的；它还得为争取自己的生存权利而斗争。同现代哲学从之开始的意大利伟大人物一起，自然科学把它的殉道者送上火刑场和宗教裁判所的牢狱。值得注意的是，新教徒在迫害自然科学的自由研究上超过了天主教徒。塞尔维特正要发现血液循环过程的时候，加尔文便烧死了他，而且还活活地把他烤了两个钟头；而宗教裁判所只是把乔尔丹诺·布鲁诺简单地烧死便心满意足了。[①]

对于哥伯尼的科学发现，恩格斯给予了崇高的评价，认为这是在自然事物方面向教会权威挑战的革命行为，自然科学摆脱神学束缚的解放进程由此开始。在恩格斯看来，自然科学本质上是无神论的。它发现了自然界的客观规律，而每一发现都使人们不再乞助于上帝的意志和权威，使上帝的万能以至上帝本身的存在都成为不必要的假设：

在科学的猛攻之下，一个又一个部队放下了武器，一个又一个城堡投降了，直到最后，自然界无限的领域都被科学所征服，而且没有给造物主留下一点立足之地。牛顿还让上帝来作'第一次推动'，但是禁止他进一步干涉自己的太阳系。神甫赛奇虽然以合乎教规的一切荣誉来恭维他，但是绝对无条件地把他完全逐出了太阳系，只允许他在关系到原始星云的时候还有一次创造行为。在一切领域中，情形都是如此。在生物学中，他的最后的伟大的唐·吉诃德，即阿加西斯，甚至责成他去做十足荒唐的事情，他不仅应当创造实在的动物，而且还应当创造抽象的动物，即创造鱼这一个类！最后，丁铎尔完全禁止他进入自然界，把他放逐到情感世界中去，而他允许他存在，只是因为必须有一个对这一切事物（对自然界）比约翰·丁铎尔知道得更多的人！这和旧的上帝——天和地的创造者、万物的主宰，没有他就一根头发都不能从头上落下来——相距不知有多远！[②]

---

① 《马克思恩格斯选集》第 3 卷，第 446 页。
② 同上书，第 529—530 页。

这是对近代自然科学的无神论意义的精彩而又生动的说明。

按以上恩格斯的看法，只有对自然力的真正认识，即只有自然科学，才把各种神或上帝相继地从各个地方撵走。而现在，这个过程已进展到这样的程度，以至可以认为它在理论方面已经结束了。

当然，对上帝和神的彻底否定，只是由于自然科学的发展而"在理论方面"达到。在现实生活中，对上帝和神的信仰仍继续存在。这并非由于自然科学的无能，而是因为宗教的社会根源依然继续存在。

恩格斯在《自然辩证法》一书中的这些论述，虽然很简略，但却是对近代自然科学与传统宗教教义及其神学本质上互相对立，从而导致直接冲突的历史过程非常准确而真实的描述，它揭露了自然科学与宗教神学本质上的对立。任何一个具有理性的人，相信都不会否认恩格斯所陈述的宗教迫害科学的事实，肯定宗教与自然科学本质上相对立的结论。

在恩格斯之前和之后，都有一批启蒙思想家和专门研究自然科学与宗教之关系的科学史家进行过这方面的专门研究，更详尽地描述了自然科学和传统宗教与宗教神学不断发生冲突的历史，得出了与恩格斯相同或类似的结论。为什么如此，道理其实很简单。第一，这是历史上的事实，是一种客观存在，不会随着时间的逝去而消失。相反，那些曾被宗教教会斥为"异端邪说"而对之进行迫害的科学发现，随着科学的发展而得到普遍的承认。第二，科学和宗教神学在本质上是对立的，在理论上非常之简单明了，并不需要多么高深的哲理才能证明。科学之所以为科学，其本质原因就在于它不承认任何超自然的力量的存在及其对自然物的作用，因此也反对用超自然的力量作为原因去说明自然现象的性质及其运动过程；在对自然事物的理解中只要引进超自然的力量，那就不再成为真正的科学。

宗教神学则与此不同。宗教就其本质而言，就是对超自然力量的信仰和崇拜，相信超自然的上帝和神灵主宰自然界。因为，宗教神学总是把自然现象的性质及其发生发展的原因归结为上帝或诸神的神意和天命。宗教的本质决定它必然否认自然物有其客观存在的必然性和运动的规律性。对超自然力量的肯定与否定，决定了宗教与科学在本质上的对立。宗教对"超自然力量"的肯定和科学对它的否定，都是不可改变的，因为这种改变将使二者自身具有的本质规定性丧失。

这样的自然界和世界观，冥顽不化的宗教神学家一般都不愿意承认和接受，这是理所当然的，没有什么奇怪。奇怪的是近些年来，我国的宗教学术界竟有越来越多的人，在自己的论著中公然否定恩格斯的上述理论，宣扬宗教与科学并不对立。综观这些学者提出的理由，无非如下几条：

一、早期的宗教教义神学体系中包含着许多科学的因素，近代科学则是从这些因素发展而来。例如，宗教的占星术包含天文学的萌芽；道教的炼丹术积累了许多化学的资料和知识；原始巫术的赶鬼治病，萌生了当时的医学……

诸如此类的经验事实，在历史上确乎存在，我们不能视而不见。问题在于我们今天如何给出一个实事求是的合理解释。既然这些经验事实是历史上的存在，那我们就得问一句，这种情况存在于历史的哪个阶段。须知，无论是宗教还是科学都有其历史演变的过程，自从 17、18 世纪近现代意义的自然科学（其基本特征是以物质微粒的组织结构和数量组合的不同来说明物质的物理化学特性的差异，以数学方程式来表明物质运动的规律必然性）出现以来，中世纪及其以前的占星术、炼丹术以及原始时代的巫术医学已被时代科学从根本上予以否定，不再被承认是什么"科学"了，甚至现当代的基督教会也是为此。这些包含在古代社会宗教文化中的占星术、炼丹术和巫术医学之内，那是因为在那时，宗教是一切文化的总汇，是至高无上的神圣。用马克思的话说，是"包罗万象的纲领"，正如当时的宗教神学认为天神主宰世界万事万物一样，宗教也处于一切社会文化万流归宗的神圣地位。科学除作为宗教文化体系的附庸以外，别无存在的余地。占星术中所包含的那部分具有科学萌芽的经验知识的真正来源并不是神圣物的启示，而是人类生存所系的生产活动。农业和畜牧业都需要认识天象的变化和季节循环的常规，否则就不能根据季节气象的变化来进行游牧和播种收获，人类的生存就难以为继。于是就出现了巫、祝、卜、史之类宗教人士来专门从事天象观测并编制"历法"，同时给予神学的解释。巫术师和萨满的基本职能是赶鬼治病、装神弄鬼、赶鬼驱邪不能治病（当然可能具有定神安慰之类的心理调节作用），这便迫使他们尝试百草作为药物，逐渐积累了药物治病技术……这些原始性的经验知识中于是便出现了原始科学的苗头或因素。但它们在古代社会被包含在宗教体系中时，实际上是被宗教的至高无上的神圣地位的权威所迫而不得不然的。而这些具有科学苗头的经验知识在其作为宗教神学的附庸之后又被宗教的祭司和巫师进行了神秘主义的解释和附会，其科学萌芽的性质遭到了严重的扭曲和完全错误的神学解释。因此，如果我们今天用一种实事求是的历史唯物主义的宗教观、文化观去作科学的解释，那么，更为适当的结论应该是：与其说古代社会的"科学知识"起源于当时的宗教，毋宁说当时的宗教完全歪曲了起源于人类生活实践的经验知识。本来具有萌芽状态的对自然特性和自然规律的经验知识被那时的宗教和神职者（祭司、巫师和教士之类）涂上了神秘主义的色彩，成了与科学知识之本质（只承认自然律）相对立的东西。

特别重要者——当这些具有科学萌芽的经验知识被宗教和教士们视为神灵之超自然神意的表现之后，这些神学的歪曲就往往演变成神圣不可改变的教义或信条，只许信仰，不得怀疑，否则就犯了渎神的大罪，会受到严厉的残酷的惩罚，这就阻断了经验知识进一步通向真正科学的发展之路。这不是我们故意夸大宗教与科学本质上互相对立的危言耸听，而是近现代自然科学兴起之前（中世纪和古代社会）的历史事实。费尔巴哈对宗教与包括科学在内的一切人类文化之关系曾作过非常客观的历史学的分析。他在其《自然宗教讲演录》一书的第23讲中具体地谈论了这个问题：宗教不是别的，正是人类生活上最初的然而还粗鄙和庸俗的文化形式；所以，后来成为自我活动的对象，成为文化上事物的一切东西，当初都是宗教的对象；一切艺术，一切科学（或其萌芽，其最初因素，因为一种艺术，一种科学，当其发展完成后，就停止其为宗教了），当初都是宗教及其代表人物即教士的事物。比如哲学、诗、天文学、政治、法律（至少疑难案件的解决，有罪无罪的判定），以至于医学，当初都是宗教的事务。比如在古代埃及人中，医学具有一种宗教上的占星术性质。同一年中各个部分一样，人身上各个部分也是被认为在一个特殊星神影响之下的。……法律上的争论，医药上的治疗，没有向星占卜过，便不能进行（洛特［E. Roth］《埃及和波斯的信仰学说》）。又说，现在野蛮民族中，魔术家和巫师同时也是医生，他们同鬼神相交接，因之他们就是野蛮人的教士、祭司。即使在基督教徒中，医学，至少是治病的力量，当初也是宗教上信仰上的一种事务。据《圣经》说，甚至圣者和殉道者的服装都有治病的力量。这里，只举出基督的衣裳和使徒保罗的手巾和围裙做例就够了。据《福音》书上说，人们只要摸着基督衣裳的缝子，病就好了（参看《马太福音》第14章第36节）；据《使徒行传》说，人们只要拿保罗的手巾和围裙，病症便消退，恶鬼便离开了（参看《使徒行传》第19章第13节）。但宗教的医学，并非仅限止在所谓超自然的医疗方法。在人类文化早期，自然的医疗方法也含有宗教的意义。比如，在埃及人中，医学是宗教的一部分，不过埃及人也有使用自然的医疗方法的……可是，"记载医疗方法和医疗药品的那几本书，却被埃及人看作圣书，因之一切与书上不同的改进和革新都被严厉地禁止着；医生若是用新的方法去医治病人，不幸没有把病人治好，那他就要判处死刑"①。

费尔巴哈进一步指出，由于最新的科学、艺术和各种社会文化形式都被宗教视为神圣事物，甚至写入宗教圣书经典之中，"这样一来，一切与圣书不同的改进和革新便像宗教信仰上的'异端'一样被严厉地禁止了。这种情况在其他文化技艺领域同样存在。总之，一切使人舒适和欢畅的东西，一切有用于人的东西，一切增加人生优美和高尚的东西，在古代看来，都是圣物、神物、宗教上的事物。人愈是无知，愈是缺乏文化手段来使人防卫自然力的残暴，过上适于人性的生活，人就愈是尊敬这些手段的发明者，这些手段本身也就愈加被人视为神圣。但是，正因为最初的文化手段，那些人类教育和幸福的最初因素，被人尊为神圣，所以在人类发展过程当中，宗教便总是成为真正文化的敌人，成为进步的障碍。对每一种革新，对旧日传统的每一种改变，文化上的每一种进步，宗教总是视为对神圣的亵渎，对之仇视和反对"②。

费尔巴哈这里阐述的关于宗教与科学（当然也包括其他文化形式）

----

① 参阅《费尔巴哈哲学著作选集》下卷，王太庆等译，生活·读书·新知三联书店1962年版，第771—773页。

② 同上书，第713—714页。

之关系的观点，无论在理论上，还是在历史事实上，都是很客观的，有很强的说服力。他一方面说明了古代社会以来的科学知识为什么包含在宗教体系之中的缘由；另一方面也分析了宗教为什么最终从本质上成为科学的仇视者和反对者的内在根据。对于当代中国那些主张宗教从早期以来就包含和孕育科学因素，因而宗教与科学并不对立的"宗教学者"们，费尔巴哈的上述观点和文字，似乎是专门为回答他们而写出来的答辩词。本书作者完全同意费尔巴哈的"答辩词"，它太符合于历史事实了，因而也太有说服力了。我们似乎没有必要补充什么了。

二、不少科学家（其中还有一些重大科学发现者）也信仰宗教。这是事实，在历史上和当代社会都可以找到此类事例。最著名者当是哥伯尼、开普勒和牛顿。哥伯尼颠覆了被基督教会奉为神圣教义的地球中心说，被恩格斯誉为近代自然科学对宗教神学世界观的"第一次反叛"的"革命行为"。开普勒则发现了行星运动的三条定律，这两位开创近代自然科学的先驱人物，不仅是基督教的信仰者，而且还是教会的专业神职人员。至于牛顿，更是发现了万有引力定律和物体运动三大基本定律的伟大科学家。正是他的发现，证明了整个自然界的一切自然物都服从于必然的自然规律的统治，为近现代的整个自然科学奠定了坚实的基础。但牛顿也是一位虔诚的基督教信仰者，晚年甚至投身于《圣经·启示录》的神学性研究。自牛顿之后，直到现当代，可谓科学知识大普及、科学发现大发展的时代，可继续信仰宗教、经常上教堂礼拜上帝的科学家仍大有人在。但是，这类事实是否就足以证明宗教与科学并不对立，宗教神学并不妨碍科学的发展呢？我们对此种解读难以赞同。问题的关键在于，它在把科学发现者个人的宗教信仰与科学的本质混为一谈的同时，又把宗教神职人员个人在教会的职位与宗教的本质画了等号。一个从事科学研究的科学家之所以信仰某种宗教，其原因往往是相当复杂的。既可能承袭了相习已久的传统，也可能源之于社会环境造成的从众随俗的无形的社会压力。一个献身于科学事业的科学家，其内在的宗教信仰很难是纯之又纯、百分之百地符合于宗教教会奉之为神圣的宗教信条和教义神学。即使他确信有一个主宰自然万物的上帝，但如其在科学研究中发现了新的自然规律，而此新发现却不符合于教会坚持的教义神学的时候，这些科学家往往会把他们的科学发现进行一番神学的包装，使之看起来并不与上帝的神性相矛盾。开普勒和牛顿的情况就是如此。开普勒作为天文学家，他坚信太阳系的行星在绕日运动中完全服从于三大自然规律，这是一种数的必然性，任何力量都不能使之改变；但与此同时，他作为一个信仰传统基督教的专职教士，他把自己的伟大发现解释为上帝的安排，据他说，上帝本身就是一位几何学家。上帝按照几何学的数的必然性安排了太阳系诸行星的运行轨道。经过这一番神学包装，开普勒在天文学上的伟大发现便与传统基督教的上帝信仰有了表面的协调。但是，这样一来，作为"几何学家"的上帝与《圣经》描写的那位随心所欲创造和安排自然万物的上帝就大异其趣了。牛顿的情况也是这样。他发现的万有引力定律和三大力学基本定律证明自然万物的运动都服从于上述力学规律，概莫能外。在解释和说明自然力的一切运动过程，都不需要附加上帝的超自然作用。但牛顿力学虽然科学地解释了自然物的运动过程，却未能说明运动的开始。他需要一个使自然万物得以运动的"第一次推动"。于是他请来了上帝，并把上帝称之为"第一推动力"。但他的上帝观念也是一个严格遵从理性和自然律的"科学家"，是开普勒所谓的"几何学家"。这位上帝在对自然宇宙进行了第一次推动之后，便永远退居幕后，从此不复插手干预自然界的任何事物。开普勒和牛顿的"上帝观念"与《圣经》和基督教正统神学的上帝观念是完全不同的。因为他俩从根本上改变了《圣经》和正统神学赋予上帝的"神性"，既限制了上帝的万能，也取消了上帝的自由意志。上帝变成了严格遵从自然律的"几何学家"、"科学家"，而不再是一位凭其自由意志、为所欲为创造超自然神迹的"神"。从事情的本质上说，开普勒和牛顿的伟大科学发现颠覆了基督教的宗教神学。尽管他们都为其科学发现进行了神学的包装，但宗教与科学内在的、本质上的矛盾却是显而易见的。特别需要说明的是，哥伯尼、开普勒、牛顿等人的伟大科学发现在宗教史和科学史的发展进程中，其重大影响是直接开启和推动了近代实验科学的大发展，把自然界的各个领域都纳入到自然律的统治之下，整个自然界都被理性化了，自然科学化了，传统宗教神学对自然界的权威垄断地位加速走向土崩瓦解。反映在哲学上，则是理性启蒙主义的发展；在宗教思潮上，则出现了实质上具有反宗教性质的泛神论、自然神论、怀疑论。直到18世纪的法国则出现了以百科全书派为代表的、公开的、直接反对传统宗教的"战斗无神论"和启蒙运动。历史事实是对马克思主义宗教观关于科学与宗教本质上互相对立的理论的最具权威性的证明。

在这个问题上，尤其重要的历史事实是，像哥伯尼、开普勒、牛顿这样的宗教信仰者（甚至本人就是教会僧侣或教士）却在科学上做出伟大发现的人，相对于整个僧侣、教士阶层（更不用说一般的宗教信仰者）来说，那是极其罕见的个别例外，只是"特例"。我们怎能把这罕见的"特例"与整个教士阶层、整个教会，甚至与宗教本身画上"等号"，以此来证明宗教与科学并不对立呢？这种证明方法究其性质而言，是一种狭隘经验主义列举法，即用少数的、个别的经验事例来证明一个普遍性的命题。这种证明方法在形式逻辑上就说不通，更何况，即使我们退一步，甚至退一万步，承认经验主义列举法的"合理性"，那么，为什么我们不去关注这个别"特例"之外，相对数量大得多、多得惊人的整个教士、僧侣阶层和整个教会对自然科学的反对态度呢？教会僧侣和教士的基本任务就是传道，宣扬宗教教义是唯一的绝对的真理，这种任务就是培植对宗教信条的盲目迷信和绝对信从，这与科学精神是绝对对立的。基督教在西方近代以前的中世纪一千余年的漫长历史中，是精神世界和世俗社会的至高无上的统治力量，教会僧侣几乎垄断了全部文化和知识领域。可在哥伯尼之前的一千余年中，垄断了全部知识文化的教会僧侣为什么就没有出现一个哥伯尼式的科学家呢？中世纪一千年的历史事实所证明的唯一真理是，教会僧侣所宣扬和培植的是信仰主义的"宗教精神"，它把"科学精神"压倒了、窒息了。请大家不要忘记，哥伯尼、开普勒的科学发现是随着 15 世纪意大利和西欧文艺复兴运动的发展，是在以人和自然为中心的人文主义启蒙思潮代替以神为中心的宗教信仰主义之后才出现于世的。哥伯尼、开普勒是启蒙思潮的产物，而不是宗教精神的表现。唯其如此，恩格斯才把哥伯尼的太阳中心说誉之为近代自然科学对传统宗教的"第一次反叛"！自然科学对宗教神学的"反叛"，意味着二者本质上的对立。这种对立不仅表现在基督教会长期坚持对哥伯尼学说的反对与镇压，表现在宗教法庭对哥伯尼学说的拥护者伽利略的监禁以及对布鲁诺的火刑，而且后来更进一步反对和压制达尔文的生物进化论。直到科学昌明的 20 世纪，美国的某些州的法律上仍明文禁止在学校讲授进化论。就在前不久（2010 年 9 月），当代最著名的理论物理学家史蒂芬·霍金声称：宇宙大爆炸和宇宙的形成与上帝没有任何关系的时候，美国的一些基督教会头目们立即以违反《圣经》的神圣名义，对霍金的理论提出反对，进行谴责。我们当今那些仍宣扬宗教与科学并不对立的"宗教学者"们，为什么不关注宗教迫害科学这类铁一般的历史事实，却把教会僧侣中出现哥伯尼、开普勒的个别特例夸大为宗教与科学并不矛盾的普遍性命题呢？这种论证方式是令人惊奇的。

三、近现代自然科学的大发展给社会带来许多"灾难性"后果，必须求助于宗教的拯救。

这一论断很时髦，也很迷人。在当代社会，甚至在宗教学术界，拥有不少"粉丝"。我曾在《宗教学通论》和《宗教学通论新编》的《宗教与科学》一章中对此论断作过回应，说明了我的不同意见。至今我仍未改初衷。由于本书再次遭遇到这个问题，不得不重申己见。

真正的学者首先应该承认客观存在的事实，从近现代科学大发展以来，科学发现首先被资本家应用在开发自然的工业技术方向，促进工业文明的大发展。工业技术的应用和资本主义工业文明的发展，一方面提高了社会生产力，大大改善和提高了生活水平，在更大程度上满足了人们的物质享受；但是，另一方面，现当代社会在应用科学技术方面确也给社会带来了许多意想不到的弊端。这是因为科学和技术本身是没有阶级性的，可以一视同仁地为社会的各阶级、各阶层、各利益集团服务。但是人们为何利用科学和技术的成果，却是由应用者的阶级利益所决定的。一个对全人类全社会具有高度的道德责任感，又对科学技术的应用后果有全面准确的认知的社会集体，可以应用科学技术造福于整个人类社会；但其操纵在特殊的利益集团和反动的社会阶级之手，也会为他们自己的特殊利益服务，给人类社会带来比自然更严重的社会灾难。这种情况被有些人利用来证明科学本身固有的缺陷。他们宣称，科学本身就有两重性，它既可以创造文明，也可以带来灾难。化学既可以合成人类生活所需的高分子合成物，也可以污染环境和空气，还可以制造大规模杀人的化学武器。原子物理学既可建造给人类带来光明和能源的核电站，也可制造出毁灭人类的核武器；电子计算机和机器人促进生产自动

化，减轻了工作的劳动强度，还可能进一步压缩工人的劳动时间，使他
们有较多的机会去学习文化和科学知识，全面发展，但在现实生活中却
也造成了工人的失业和生活的贫困；大规模的工业化创造了高度的生产
率和高水平的福利社会，但也带来了环境污染，破坏了自然界的生态平
衡，大大提高了癌症发病率；特别是还引起了人们单纯追求物质利益的
拜金主义，使社会道德水平下降，精神境界污浊混乱……凡此种种，在
倾向宗教的人的眼里，科学已经不再是社会进步的催化剂，拯救人类和
社会的福音，只能是宗教。梵蒂冈的官方神学新托马斯主义宣称，在具
有核子武器的当代社会，人们不能保证科学技术不会毁灭人类社会，在
面临人类毁灭之危面前，必须使科学服从"正确的道德意志和真正的人
生目的"。为了确保科学技术的应用给人类带来的是一个幸福的世界，
人类迫切需要的东西，"乃是一种新的人道主义，一种以神为中心或完
满的人道主义"①。新托马斯主义者主张，科学不仅不能取代或超越宗
教，反而需要得到宗教智慧的引导。因此，当代中国有些人说，科学只
是小聪明，宗教才是大智慧。

　　毫无疑问，科学技术的应用在现当代社会的实际应用，确实造成了
双重化的社会效果。但是，问题的根子不在科学本身而在应用科学于工
业生产的社会，这就是不合理的社会制度所造成的病态的社会结构。如
果人们真要想克服科学应用的消极后果，便不是使超自然的上帝重新君
临科学世界，重新使科学变质为上帝的婢女，而是应着眼于改造这种不
合理的社会制度，使社会结构符合于道德理性的要求。但合乎道德理性
的伦理观念和道德规范并不源于上帝和宗教，而是基于合理的经济关系
和社会制度。因此，首要的步骤仍然是马克思、恩格斯所主张的对不合
理的社会制度进行改造。能够给这个问题提供最有说服力的答案者，只
能是历史事实。人类文明史曾经长时期为宗教提供了作出这种回答的机
会。在长达几千年的人类文明史中，宗教几乎始终居于社会上层建筑的
顶端，把包括科学在内的一切文化形式置于自己的支配和统治之下。这
就是说，在哥伯尼学说"第一次的反叛"宗教之前，确曾如托马斯主义

----

　　①　马里坦：《经院哲学与政治》，转引自《西方现代资产阶级哲学论著选辑》，商务印书
馆1964年版，第432页。

所要求的那样，"科学小聪明"的确曾完全服从于"宗教大智慧"。但这种服从的结果如何呢？我们从历史中看到的只是失望、再失望。在如此漫长的人类文明史上，宗教在任何国度也不曾建立过一个合理的社会结构。相反，宗教在历史上常常被用作不合理的社会制度的精神支柱，把它神圣化。社会的进步性变革几乎总是在与宗教及其教会势力的激烈斗争中才能实现。要建立一个人与自然和谐的关系，就得认识自然界的规律；要改造旧的社会制度，建立一个人与人和谐相处的人际社会，就得认识社会发展的规律。对于自然规律的认识，就是自然科学；对于社会发展规律的认识，就是社会科学。这意味着只有科学（自然科学和社会科学）才能帮助人类去建立一个人与人、人与自然相和谐的、合于道德理性的社会结构。如果这种理想得以实现，旧的社会结构在应用科学上造成的社会弊端就能得到克服。如果世界上消灭了战争的社会根源，新的科学发现就不致被用于制造毁灭人类的新武器（当代世界出现的能大规模杀人的新武器，差不多都是由美国的军工财团直接控制下研制出来的。"二战"以后美国独霸世界，大大小小的战争，或者是由美国直接发动，或者由美国幕后操控）。当然，在科学技术的应用过程中，也有主要是由于认识上的原因，而非由于社会原因造成的灾难性弊端。但是，一切具有清醒理智的人都会认识到，这种科学的局限也只有依靠科学本身的进一步发展才能克服。工业污染的消除，生态平衡的再建，与工业化有关的职业性病症的防治……离开了科学的进一步发展，断无解决的希望。不管我们如何虔诚地皈信宗教，向上帝或神灵祈祷，都无助于问题的解决。那么，究竟怎样才能克服当代社会在应用科学上造成的社会灾难呢？我们的结论是，正确的道路绝不是使科学重新接受宗教的引导，而是科学的发展加上社会的变革和进步。这样的结论马克思、恩格斯早就提了出来，至今仍然管用。

第八节　论马克思主义政党对待宗教的态度

在马克思、恩格斯历史唯物主义宗教理论的形成时期，他们当时的基本看法是，要使宗教消亡必须消灭私有制，理论上的无神论必须发展为社会主义。他们坚持社会主义学说的"科学性"，反对任何调和宗教与社会主义的企图。1843 年恩格斯批判法国共产主义者所谓"基督教就是共产主义"的谬论，坚持认为基督教《圣经》的整个精神同共产主义截然对立。① 1846 年，当克利盖在国际共产主义运动中散布魏特林把共产主义等同于早期基督教的说教时，马克思、恩格斯通过布鲁塞尔共产主义通讯委员会发出《反克利盖的通告》，对之进行了尖锐的批判。他们指出：克利盖的宗教梦呓，在实践上非常有害，如果工人接受，就会使他们的意志颓废。理论上更为荒唐。如果把共产主义理解为基督教圣餐中"同喝一种酒"和"同吃一块面包"的"共性精神"，"那就完全不能理解，按照克利盖的说法怎么来解释私有制的长期存在"。因此，"克利盖是在共产主义的幌子下宣扬陈旧的德国宗教哲学的幻想，而这种幻想是和共产主义截然相反的"②。对于马克思、恩格斯说来，社会主义、共产主义是一门与达尔文生物进化论一样的"真正的科学"，是建立在对社会历史发展客观规律的科学反映的基础之上的。要使社会主义理想胜利实现，只能用科学社会主义的真理去武装无产阶级，决不能用宗教的幻想去玷污科学社会主义，把工人运动引入了歧途。马、恩还把对宗教社会主义的批判写进了《共产党宣言》：

> 正如僧侣总是同封建主携手同行一样，僧侣的社会主义也总是同封建的社会主义携手同行的。
> 要给基督教禁欲主义涂上一层社会主义的色彩，是再容易不过了。基督教不是也激烈反对私有制，反对婚姻，反对国家吗？它不是提倡用行善和求乞、独身和禁欲、修道和礼拜来代替这一切吗？基督教的社会主义，只不过是僧侣用来使贵族的怨愤神圣化的圣水罢了。③

随着马克思主义的胜利传播和国际共产主义运动的强大发展，马克思主义政党在当前斗争中和未来的社会主义社会中如何处理与宗教的关

---

① 《大陆上社会改革运动的进展》，见《马克思恩格斯全集》第 1 卷，第 583 页。
② 《马克思恩格斯选集》第 1 卷，第 96 页。
③ 同上书，第 275 页。

系，便成了必须解决的理论问题和实际问题。党内在这个问题上也出现了各种主张，特别是一些"左"的和右的倾向，在工人运动内部不可避免地造成思想混乱，这种情况便迫使马克思和恩格斯继续展开对宗教问题上的各种偏向的批判，并在这些批判中阐明马克思主义政党应该如何对待宗教的态度。

对"哥达纲领"的批判

为了消除德国工人政党哥达纲领中的拉萨尔主义（按照恩格斯在《德国社会主义》一文中的说法，拉萨尔其实是马克思的"学生"：1848年欧洲革命失败后，德国的社会主义只能秘密地存在。只是在1862年马克思的学生拉萨尔才重新举起社会主义的旗帜。……正如我们看到的，拉萨尔的社会主义是非常温和的。但是，它在舞台上的出现，却标志着德国社会主义发展"第二阶段的起点。"［见《马克思恩格斯全集》第22卷，第288页］。不过，马克思当时却对拉萨尔在哥达纲领中提出的政治路线持不同意见）的影响，马克思于1875年写的《哥达纲领批判》中对之进行了严肃的批判。其中也批判了"信仰自由"的口号：

> "信仰自由"！在进行"文化斗争"的时候，要想提醒自由主义者记住他们的旧口号，那末只有采用下面这样的形式才能做到这一点：每一个人都应当有可能实现自己的宗教需要，就象实现自己的肉体需要一样，不受警察干涉。但是工人党本来应当乘此机会说出自己的看法：资产阶级的"信仰自由"不过是容忍各种各样的**宗教信仰自由**而已，而工人党却力求把信仰从宗教的妖术中解放出来。[1]

马克思在理论上强调区分资产阶级宗教信仰自由和无产阶级宗教信仰自由的原则区别。早在《共产党宣言》中，马克思和恩格斯就已揭露了宗教信仰自由思想的实质不过是资本主义自由竞争的表现。[2]《哥达

---

[1]　《马克思恩格斯选集》第3卷，第23—24页。
[2]　参见《马克思恩格斯选集》第1卷，第271页。

纲领批判》则更进一步指出，资产阶级的信仰自由的目的不是消除宗教的影响，而"不过是容忍各种各样的宗教信仰的自由而已"。在马克思看来，工人政党在宗教问题上的根本目标，应该是"力求把信仰从宗教的妖术中解放出来"，但是，马克思和恩格斯历来都是主张信仰自由的。甚至还把信仰自由具体化，进一步主张把宗教信仰当成"私人的事"①，实行政教分离②……反对警察对信仰的干涉……马克思反对的只是拉萨尔派在根本目标上的倒退。在他看来，工人政党的宗教信仰自由政策与党在宗教问题上的根本目标是一致的。宗教信仰自由有助于使信仰者摆脱教权主义的束缚，最后从宗教解放出来。

对布朗基主义者和杜林的"左"倾观点的批判

19 世纪 70 年代中期，国际共产主义运动中，在宗教问题上又出现了以布朗基主义者和杜林为代表的"左"的倾向，他们不是根据宗教自身发展的自然进程来对待宗教的消亡问题，而是企图通过行政命令和警察手段来禁止宗教，以此来表现他们的"无神论"的坚定性。这种"左"的倾向不仅无助于宗教的尽快消亡，而且只会刺激信教群众的感情，加强他们的宗教信仰，造成党与群众的隔阂。在这种情况下，恩格斯分别对他们进行了批判。

1874 年，恩格斯在《流亡者文献——二、公社的布朗基派流亡者的纲领》一文中批判了布朗基主义者企图用法令来取消神、禁止一切宗教宣传和宗教组织的做法。恩格斯指出：我们的布朗基主义者与巴枯宁主义者有一个共同的特点，这就是他们都想成为走得最远、最极端的派别的代表。因此，他们在无神论方面比所有的人都激进。恩格斯用带有嘲讽性的口吻说，在我们这个时代，当个无神论者幸而并不稀奇。在欧洲各工人政党中无神论已经成为不言而喻的事。尽管在有些国家中它往往还带有一位西班牙巴枯宁主义者的无神论所带有的那种性质，这位巴枯宁主义者说：信奉神，同任何一种社会主义都是背道而驰的，但信奉玛利亚则完全是另一回事，每一位正派的社会主义者当然都应该信奉

---

① 参见《神圣家族》，《马克思恩格斯全集》第 2 卷，第 143 页。
② 参见《共产党在法国的要求》，《马克思恩格斯全集》第 5 卷，第 4 页。

她。至于德国绝大多数的社会民主党工人，则甚至可以说，无神论在他们那里已经不只是在理论上，而且在实践上根本不相信神了；他们干脆把神打倒，他们在现实世界中生活和思考，因此他们是唯物主义者。在法国情况也是如此。恩格斯还指出，与其用行政命令的办法来禁止宗教宣传和废除宗教，高呼无神论的口号，不如采取一种最简单的做法，那就是在工人中设法广泛传播 18 世纪卓越的法国唯物主义文献。这些文献迄今为止不仅按形式，而且按内容来说都是法兰西精神的最高成就；如果考虑到当时的科学水平，那么就是在今天看来，它们的内容仍有极高的价值，它们的形式仍然是不可企及的典范。但是，这却不合我们的布朗基主义者的胃口，它们为了证明自己比谁都激进，于是像 1873 年那样，用法令来取消神。恩格斯引用了布朗基主义者关于禁止宗教的声明：

> 让公社使人类永远摆脱这个过去灾难的幽灵（神），摆脱人类现今灾难的原因（不存在的神的原因！）——在公社中没有神甫的位置；一切宗教宣传和宗教组织都应遭到禁止。①

恩格斯尖锐地指出两点：第一，这样一种要使人们成为无神论者的法令，布朗基主义公社领导成员可以随心所欲地发布许多条，而事实上却丝毫没有办法可以保证这些命令的实际执行；第二，把无神论宣布为强制性的信仰象征，实际上是效劳于宗教信仰的最好手段：

> 其次，取缔手段是巩固不良信念的最好手段！有一点是毫无疑义的，在我们时代能给神的唯一效劳，就是把无神论宣布为强制性的信仰象征，并以禁止一切宗教来胜过俾斯麦的关于文化斗争的反教会法令。②

当我们今天，在经过"大跃进"时代、"文革"时代两次用行政手

---

① 《马克思恩格斯全集》第 18 卷，第 584 页。
② 同上。

段来消灭宗教的失败经历之后，重温恩格斯在批判布朗基主义和巴枯宁主义关于用法令来禁止宗教的超级激进主义所说的这些话时，理所当然地会倍感真切、深受启发的。我们会真切地认识到两条历史留给我们的教训：第一，用任何行政法令和警察手段都不可能消灭或禁止宗教，宗教的发展有其自身的规律，它可能消失，但这只能是按照其发展的自然进程而自然实现的过程，用马克思恩格斯的话说，宗教只能听其"自然地死掉"；第二，在我们时代，无神论已经成为相当普遍的常识，没有必要过分地强调无神论宣传的作用与意义。任何一件事（包括禁止宗教和无神论宣传）做过头了，变成某种"强制性的信仰象征"，反而会引起社会大众的反感，走向自己的反面，成为"巩固不良信念的最好手段"，成为"在我们时代能给神的唯一效劳"。恩格斯的这些话，在当今之中国，仍有现实意义。

1876 年，恩格斯在《反杜林论》中又对杜林的"左"倾主张进行了更深入更细致的批判。杜林打着社会主义的旗号攻击马克思主义，在德国工人运动中造成相当大的思想混乱。他设计了关于未来社会主义社会的空中楼阁，并计划在未来社会中禁止一切宗教膜拜。杜林主张，在自由的社会里，不可能有任何膜拜；因为每个社会成员都克服了幼稚的原始的想象：以为在自然界背后或自然界之上有一种可以用牺牲或祈祷去感动的存在物。所以，正确理解的共同社会体系……必须除去宗教魔术的一切道具，因此，也必须除去膜拜的一切基本组成部分。杜林设计的禁止宗教方案，显然反映了某些非马克思主义的社会主义者的幼稚想法。他们常常是从社会主义与宗教在世界观上的对立，推论出未来社会主义社会必须禁绝宗教的结论。这种结论导源于他们头脑中那种社会主义的空想，而不是产生于关于宗教的本质及其发展的自然进程的科学认识。由于宗教信仰在无产阶级和人民群众中有广泛的影响，未来社会主义社会究竟如何处理宗教问题，必然是社会和群众至为关切的问题，国际共产主义运动必须对此作出马克思主义的科学说明。因此，恩格斯在《反杜林论》一书的"社会主义"编中，对宗教的本质、宗教发展的历程、宗教在资本主义社会存在的根源和宗教消亡的条件和途径等重大问题都进行了系统而又深入的考察（具体内容已如上述）。恩格斯得出了与杜林完全相反的结论：宗教只能随着其消亡的历史条件逐渐成熟之后

"自然地死掉"。在此基础上，他严厉地批判杜林：

> 可是杜林先生不能静待宗教这样自然地死掉。他干得更加彻底。他比俾斯麦本人有过之无不及；他颁布了严厉的五月法令①，不仅反对天主教，而且也反对一切宗教；他唆使他的未来的宪兵进攻宗教，以此帮助他殉教和延长生命期。无论我们向什么地方看，总是可以看到特殊普鲁士的社会主义。②

使用警察手段禁止宗教，不仅不符合宗教发展和消亡的自然进程，而且也违背了社会主义的基本精神。此类做法乃是普鲁士封建专制主义的表现，杜林的主张实质上不过是"特殊普鲁士的社会主义"——封建的社会主义。恩格斯对杜林的批判与他对布朗基主义、巴枯宁主义的批判一样，超出了德国的国界和当时的时代，对我们在社会主义时期处理宗教问题具有方向性的指导意义。

对其他倾向的批判

由于马克思、恩格斯对上述各种倾向的批判，马克思主义历史唯物主义宗教观终于在国际共产主义运动中取得胜利。例如德国社会民主党就完全接受了恩格斯关于工人政党要耐心地努力组织和教育无产阶级，使宗教自然消亡，而不要冒险地在政治上对宗教作战的观点，主张给各种宗教信仰以自由，取消任何警察手段。1891 年通过的《爱尔福特纲领》特别写进一个有名的条文："宗教是私人的事情。"这句话只有几个词，初看起来，似乎并无深意。实则不然。它是马克思、恩格斯根据历史唯物主义宗教理论处理宗教问题的过程中，经过长期的探索和总结，

---

① 五月法令是普鲁士宗教大臣法耳克根据俾斯麦的创议于 1873 年 5 月 11—14 日通过国会实施的四项法令的名称。这四项法律就以此名而载入史册。这些法律确立了国家对天主教会活动的严格控制，它们是所谓"文化斗争"的顶点，是俾斯麦于 1872—1875 年所采取的反对天主教僧侣的立法措施中最重要的一环。天主教僧侣是代表德国南部和西南部分裂派的利益的中央党的主要支柱。警察迫害引起了天主教徒的激烈反抗并为他们创造了殉教的荣誉。在 1880—1887 年，俾斯麦政府为了联合一切反动势力来同工人运动作斗争，不得不初是缓和，而后来是取消了几乎所有反天主教的法令（此为《马克思恩格斯选集》原编者所注）。

② 《马克思恩格斯选集》第 3 卷，第 356 页。

最后浓缩而成的一句纲领性的规定，它蕴含了工人政党对待宗教的基本态度和处理宗教问题的基本政策。因此，这句话才被写进德国工人政党的党章之中，其重要性可想而知。17、18 世纪西欧各国的启蒙思想家和自由思想一直提倡的"宗教信仰自由"、"政教分离"之类民主主义、自由主义思想，就包含了国家政权不干涉公民个人的宗教信仰，教会也不得干预国家的政治活动，利用国家政权的权力为宗教和教会服务等进步主张。西欧几个取得资产阶级革命胜利的国家（如尼德兰、法国）也在自己的宪法中不同程度地把这些进步思想写进宪法条文之中。马克思对此有所保留，在一些前期论著中认为这些主张不过是资产阶级自由竞争在宗教上的表现，而无产阶级的根本要求是要"力求把信仰从宗教的妖术中解放出来"。

尽管如此，但马克思仍然承认"信仰自由"的合理性，而且进一步承认："每一个人都应当有可能实现自己的宗教需要，就像实现自己的肉体需要一样，不受警察干涉"，这就是说，为要实现"信仰自由"，还必须实现"政教分离"。这就意味着，每一个人都有实现自己的宗教需要的权利，不受警察干涉。后来，恩格斯进一步把这个思想浓缩化为一句简单的话："宗教是私人的事情。"既然是"私人的事情"，国家政权（警察）当然就无权干涉。

不过这句话实在太简单了，后来者有可能作出不同的解读，列宁在 1905 年写的《社会主义和宗教》一文中就做出了比较详细具体的解释，并对第二国际（第二国际是在恩格斯指导下，于 1889 年成立的）对恩格斯这句话的理解进行激烈的批判，斥之为"机会主义"、"修正主义"。由于列宁在中国共产党和第三国际中的权威地位，他对这句话的解读自然地被认之为"权威"。经过百余年的历史实践，我们今天理应对恩格斯的这句话，以及列宁对第二国际的有关论争，作一个比较实事求是的评判了。

第九节　恩格斯晚年在对待宗教的
态度上的一些变化

一切皆变，没有永恒的事物，这是一条普遍如此的通则。马克思、恩格斯的整个思想理论体系如此，他们对宗教的认识和态度亦复如此。马克思生于 1818 年 5 月 5 日，逝世于 1883 年 3 月 14 日，享年 65 岁。恩格斯生于 1820 年 11 月 28 日，逝世于 1895 年 8 月 5 日，享年 75 岁。从他们青年时代（19 世纪 30 年代末）参加宗教批判运动算起，直到他们逝世，马克思经历了 45 年，恩格斯则大约超过 55 年。在长达半个世纪左右的历史发展中，马、恩对宗教的认识当然会有所发展，对待宗教的态度也会有相应的变化。简单地说，笔者认为，马克思，特别是恩格斯一生对待宗教的态度有一个从激烈否定到比较温和的过程。在马、恩青年时代的德国，政治领域荆棘丛生，有志于改革旧社会秩序的青年志士不得不把批判的矛头指向作为旧秩序之神圣灵光圈的宗教，通过宗教批判进行政治社会的批判，这集中体现为青年黑格尔派的宗教批判运动。马克思、恩格斯从青年时代起就参加到这一运动之中，迈出了他们一生从事革命运动的第一步。然后，马、恩又通过青年黑格尔派、费尔巴哈的人本主义的唯物论和宗教观，逐渐形成了自己的辩证唯物主义和历史唯物主义的哲学世界观和宗教观，创建了马克思主义思想体系。从他们形成历史唯物主义的社会史观以后，他们就认识到宗教作为"颠倒的世界观"，其存在的根源乃是"颠倒的世界"及其政治和法，而其终极的根源则是这个世界的生产关系和经济制度——私有财产制度。于是，马、恩便从对天国的批判转变为对尘世的批判，从对宗教的批判转变为对政治、法和社会经济制度的批判。马、恩本人则从一般的启蒙思想家和革命民主主义者转变为共产主义思想家和无产阶级革命的领袖与导师。从此以后，他们所关心的是社会革命，而不是宗教批判。在对宗教的态度上，也趋于缓和和温和，从早年的全盘否定逐渐转到变相的部分肯定（突出表现是恩格斯晚年的"宗教外衣论"）。恩格斯在 19 世纪90 年代创建并指导第二共产国际的时候，国际工人运动在欧洲的主要资本主义国家有很大的发展，在议会选举中取得很大的胜利。1893 年 8月，第二国际在苏黎世召开的第三次代表大会上甚至在其通过的决议上说：工人阶级取得政权的途径是要利用已经争得的政治权利，通过议会选举的胜利，"使政权由资本统治的工具变成无产阶级解放的工具"。恩格斯对未来的胜利充满了高度的乐观精神。他在 1892 年写作的《社会主义从空想到科学的发展·英文版导言》的结尾指出，无论资产阶级如何利用传统的宗教，但绝不能阻止工人阶级的胜利，任何教义都不能挽救资本主义社会的崩溃：

> 然而，无论英国资产阶级的宗教愚钝，或是大陆资产者的事后皈依宗教，恐怕都不能阻止日益高涨的无产阶级的潮流。传统是一种巨大的阻力，是历史的惰性力，但是由于它只是消极的，所以一定要被摧毁；因此，宗教也不能长期成为资本主义社会的保护物。如果说，我们的法律的、哲学的和宗教的观念，都是在一定社会内占统治地位的经济关系的或近或远的枝叶，那末，这些观念终究抵抗不住因这种经济关系完全改变而产生的影响。除非我们相信超自然的奇迹，否则，我们就必须承认，任何宗教教义都不足以支持一个摇摇欲坠的社会。①

乐观兴奋之情溢于言表。恩格斯还在 1894 年写作的《论早期基督教的历史》一文中，把早期基督教说成是当时的"被压迫者的运动"，比之为现代的工人阶级的社会主义运动。而且还以一种非常自信的语言宣称：现代的工人阶级的社会主义运动，"则在六十来年中争得了一个可以绝对保证它取得胜利的地位"：

> 在早期基督教的历史里，有些值得注意的与现代工人运动相同之点。基督教和后者一样，在其产生时也是被压迫者的运动：它最初是奴隶和被释放的奴隶、穷人和无权者、被罗马征服或驱散的人们的宗教。基督教和工人的社会主义都宣传将来会解脱奴役和贫困；基督教是在死后的彼岸生活中，在天国寻求这种解脱，而社会主义则是在这个世界里，在社会改造中寻求这种解脱。基督教和工人的社会主义都遭受过迫害和排挤，它们的信从者被人放逐，被待之以非常法：一种人被当作人类的敌人，另一种人被当作国家、宗教、家庭、社会秩序的敌人。可是不管这一切迫害，甚至时常还直接由于这些迫害，基督教和社会主义胜利地、势不可挡地给自己开

---

① 《马克思恩格斯选集》第 3 卷，第 402 页。

辟前进的道路。基督教在它产生三百年以后成了罗马世界帝国的公认的国教,而社会主义则在六十年中争取了可以绝对保证它取得胜利的地位。①

恩格斯这段话值得我们仔细地审思,第一,他对早期基督教的态度,已与他和马克思曾经参与的青年黑格尔派的观点和态度不尽相同。无论是大卫·施特劳斯的"神话说",还是布鲁诺·鲍威尔的"自我意识""人为编造说",都是把早期基督教及其《圣经》的福音故事通过历史考证,说成是人的无意识或有意识的人为编造,是一种对人的欺骗,很少去注意早期基督教运动的被压迫阶级的社会属性及其反抗罗马帝国反动统治秩序的社会意义。恩格斯应用历史唯物主义的社会史观和方法论对之进行了新的分析,作出新的评价;特别是还把它与现代工人阶级的社会主义运动相比较,既指出了二者的差异性,也发现了它们之间的共同点。应该说,这明显地反映了恩格斯晚年对宗教的认识和态度,与其青年时期,甚至与其以《共产党宣言》为标志的马克思主义成熟时期的宗教观相比,已经发生了一些变化。不再像过去那样强调宗教批判对社会主义革命的必然意义。第二,恩格斯在 1894 年(即第二国际 1893 年苏黎世代表会议之后第二年),非常乐观自信地相信欧洲工人政党已经发展到"可以绝对保证它取得胜利的地位",就像早期基督教在罗马帝国时代取得统治地位的胜利一样。那就是说,一切旧势力,包括传统基督教教会势力在内(毫无疑问,恩格斯仍会认为宗教与共产主义在思想体系上是"截然对立的"),都不能阻挡工人政党所代表的社会主义事业在议会选举和国家政权中取得胜利的地位。在这里,恩格斯虽未明确地宣称放弃或改变他和马克思在青年黑格尔派时期那种必须消灭一切宗教而后快的激烈批判态度,但确也没有再像过去那样继续把宗教当成社会主义事业不共戴天的敌人,他甚至还把自己指导的国际共产主义运动与早期基督教"社会主义"相比较,承认两者之间存在有某些相似之点。对待宗教的态度,这种微妙的变化是耐人寻味的,也是值得我们注意的。遗憾的是,我们现在不可能对这种微妙的"变化"给出一个更明

---

① 《马克思恩格斯全集》第 22 卷,第 525 页。

白、更确切的解释，而且将来大概也不会找到这种可能性。因为，恩格斯在写出这篇《论早期基督教的历史》（1894 年 6 月 19 日和 7 月 16 日之间）之后的第二年，即 1895 年 8 月 5 日，他就与世长辞了。

第 六 章

列宁的宗教观

第一节　马克思、恩格斯的宗教观与
列宁的宗教观的比较分析

在我国的宗教学术研究领域，改革开放以来有关列宁的宗教理论的研究越来越走向深入。但是，随着这种研究的深入，学者们对列宁的宗教理论的理解也逐渐出现了分歧，有不同的评价。主要有两种不同的意见。就其争议的内容而言，既有基本理论方面，也有实践政策方面。一派意见认为列宁在宗教领域的理论方面和实践方面，都存在着某种过于激进的"左"的倾向，对马克思、恩格斯宗教理论的理解不够全面，也不甚准确。甚至有人把列宁的宗教观与马克思、恩格斯的宗教观对立起来，在对待宗教的基本态度和基本路线上有别于马克思主义的宗教观。在这方面的集中表现就是列宁对马克思在《〈黑格尔法哲学批判〉导言》中所说的"宗教是人民的鸦片"那句话，作了过于夸张的解读："宗教是（麻醉）人民的鸦片——马克思的这句名言，是马克思主义在宗教问题上全部世界观的基石。"① 因此，此派学者把列宁的全部宗教观概括为"鸦片论"。据他们说，正是因为列宁的"鸦片论"把"宗教是人民的鸦片"说成"马克思主义在宗教问题上全部世界观的基石"，这就决

---

① 这句话见于列宁的《论工人政党对宗教的态度》一文中（《列宁选集》中文版第 2 版第 2 卷第 375 页）。经查对，马克思原著德文原本和列宁的引文原文（俄文译本）都只是说"宗教是人民的鸦片"，其中并无"麻醉"一词。这两个字显然是中国译者按照自己的臆想，自作主张妄加上去的。这种"妄加"不利于准确、全面地理解马克思的原意，引用此句话者宜谨慎。

定了列宁和列宁的后继者对宗教作绝对的否定，进行激烈的批判。在十月革命夺取政权之后，列宁领导的布尔什维克党和苏维埃国家则对处理宗教问题采用了"左"的政策，在相当长的时期内造成了国家与教会的不正常的紧张状态。持上述意见的学者，对列宁的宗教理论和宗教实践政策都持有保留和批判的态度。

我国另一些研究马克思主义宗教理论的学者不同意这一派学者的主张。他们认为，上述主张的根据是不足的，并不符合马克思主义、列宁主义宗教观所包含的丰富内容。马克思主义宗教观（广义上的），从马克思、恩格斯经过列宁再到中国共产党的宗教观，是一个一脉相承又不断丰富发展的完整过程，这个过程是割裂不开的，把列宁的宗教理论与马克思主义宗教观对立起来不仅违背历史发展事实，而且也无异于进一步把中国共产党的宗教观与马克思主义宗教观对立起来。

上述两种不同意见的分歧是明显的，已经见诸于他们各自发表的论文中。但双方的意见表达得都不够充分。表明了自己的基本态度，但也仅只点到为止，没有针对对方的观点展开具体的论证和系统的说明。一个对宗教的理论与实践本来具有重大理论意义的问题，就如此这般地被置于"引而不发"的状态，给社会留下了一堆待解的疑团。

在上述两种不同意见的分歧和争议面前，笔者的基本态度，大体上是持"中庸之道"的"中间派"。对上述两派意见都既有肯定的方面，也有否定的方面。笔者要承认一个事实，我今天走上"中间派"的地位，有一个发展过程。

20世纪七八十年代，笔者开始从事宗教学术研究，首先是比较系统地研究马克思、恩格斯、列宁有关宗教问题的著作和理论。当时以及此后相当长的一段时间内，笔者对此问题的观点，基本上与上述第二种意见是相同的。认为整个马克思主义宗教观，从马克思、恩格斯到列宁，再到中国共产党是一个一脉相承的发展过程，他们之间在宗教问题的基本理论上并没有什么性质上的差别。如果有什么差别的话，至多也不过是在不同的历史阶段，由于实践上的需要，对新出现的问题作相应的理论上的调整，有不同的侧重之点而已！然而经过最近十余年的阅读、阅历和思考，过去持有的观念不知不觉地产生了一些变化，逐渐认识到列宁的宗教理论与宗教实践，与成熟时代的马克思主义宗教观（特别是与恩格斯后期的宗教观）相比较，确有不相一致之处。如果我们把马克思、恩格斯青年时代参加青年黑格尔派的宗教批判运动时期的宗教观，与他们在《共产党宣言》之后形成的历史唯物主义宗教观，并越来越成熟、全面地运用历史唯物主义的认识论和方法论去分析和处理革命实践中出现的现实的宗教问题，即成熟时期的唯物史观宗教理论相比较，那么，我们似乎可以得出这样一个判断：马、恩的宗教观，他们对待和处理宗教问题的态度，有一个基本趋向：即从激烈的批判逐步走向比较温和的批判；从对宗教的社会历史功能的全盘否定逐步转变到部分的肯定（明显的表现就是恩格斯多次论述的"宗教外衣论"）；在论及工人政党对待和处理宗教问题的态度和策略问题时，也从最初着重批判用各种方式"保存宗教"或把宗教与社会主义混为一谈的右倾机会主义，到后期则转变为强调宗教存在的长期性，主张宗教随着其社会根源的消失而"自然消亡"；越来越激烈地批判工人政党的那些企图用行政手段和警察措施立即消灭宗教的"左"倾机会主义。笔者认为，这大概就是马克思、恩格斯建立的历史唯物主义宗教理论发展过程的基本倾向。

相比之下，列宁的宗教理论与宗教实践有比较明显的不同之点。其基本倾向是，列宁几乎全盘接受和承袭了马克思、恩格斯青年时代和以《〈黑格尔法哲学批判〉导言》、《神圣家族》、《德意志意识形态》为代表的早期形成的历史唯物主义宗教观；其最明显的特点则是用特别激进的阶级斗争观点和阶级分析方法对整个宗教持全面否定的态度，把宗教视为为反动统治阶级服务、对被压迫人民进行精神麻醉的工具，对之进行激烈的批判。列宁似乎从未注意到恩格斯后期也对宗教的社会历史功能实质上有所肯定的"宗教外衣论"，而着重强调马克思在《导言》中的那句名言："宗教是人民的鸦片"，并把这句名言全面升格为"马克思主义在宗教问题上全部世界观的基石"。列宁的这个论断，绝不是说说而已，他自己是非常认真的。在他的有关宗教理论的论文中，可以说，他是一以贯之地应用自己的这种观念去说明宗教的基本性质和社会功能。他是布尔什维克党的第三共产国际的创建者和领导人，他在宗教问题上的这个论断，不能不在布尔什维克党和第三国际内的国际共产主义运动中产生广泛而深刻的影响。列宁的"鸦片基石论"就成了"马克思主义在宗教问题上的全部世界观"，成了马克思主义的历史唯物主义宗教观的具体而微的集中体现。在国际共产主义运动中，特别是在我们中国，在很长时期内，人们几乎把"宗教"和"鸦片烟"当成同义词等同起来。因此，我们有理由说，列宁在宗教问题上的基本理论或基本观念，无论是就其本人的内在理念而论，还是就其在第三共产国际的实际影响而言，大体上可以概括为一句话："鸦片基石论"。如果我们今天打算就马克思、恩格斯的宗教理论与列宁的宗教理论的关系（是一以贯之的继承与发展，还是有所差别？）作一番切切实实的比较研究，其核心的标准和尺度就在于我们如何评价列宁的这个论断；也就是，马克思所说的"宗教是人民的鸦片"这句话，究竟是不是可以像列宁说的那样，被定为"马克思主义在宗教问题上全部世界观的基石"？马克思的这句话是他在 1843 年底至 1844 年 1 月之间说的，至今已过了一个半世纪；列宁对马克思这句名言的发挥是在 1909 年 5 月说的，至今刚好 100 年。经过这 100 年到约 150 年的马克思主义宗教理论和马克思主义政党的宗教工作实践的检验，我们大体上可以对马克思与列宁在这个问题上的关系（同或异，一致性或差异性）作一个比较准确、合情合理的判断了。比较深入系统的分析研究，本书下篇将做专题讨论。这里只打算概括地表明笔者的基本判断：

第一，"宗教是人民的鸦片"这句话是马克思在 1843—1844 年 1 月所写的《〈黑格尔法哲学批判〉导言》文中说的。当时的马克思宗教观尚没有完全摆脱布鲁诺·鲍威尔的启蒙宗教观的影响，马克思的历史唯物主义的社会史观和世界观，虽然已有某些明显的因素，但仍处于形成过程之中，"马克思主义"的整个思想体系还未形成。特别需要明确地指出一个事实，把宗教比作鸦片，并不是马克思的首创。在他之前，布鲁诺·鲍威尔就已说过。例如：

> 纯粹的基督教国家是神话法则占统治地位的国家。当这种法则通过与鸦片类似的作用使全体人民处于麻木不仁状态时，它就达到真正权力或绝对权力的地步，如果某些人偶尔醒悟的话，那么他们就会使尚未成为基督教徒或业已抛弃基督教制度的人感到

恐惧。①

　　类似的话，18 世纪法国的启蒙思想家们也曾说过，言之有理，证之有据。因此，马克思把它接了下来，写下"宗教是人民的鸦片"的名句。当马克思还未完全形成"马克思主义"思想体系的时候，列宁便把这种启蒙思想家的常用语说成是"马克思主义在宗教问题上全部世界观的基石"，似乎是欠妥当的。

　　第二，马克思的这句话的含义是专讲宗教的社会功能的，实际上，这句话也不能概括宗教的社会功能、政治功能的全部内容，而只是其中比较重要的方面的内容，并未包含马克思和马克思主义宗教观的全部内容。如马克思关于宗教的性质、宗教的发生与发展、宗教存在的根源和消亡的途径、无产阶级政党对待宗教的态度等方面的理论，都不能容纳到"宗教是人民的鸦片"这句论断之内。列宁把这句话的内容夸张地说成"马克思主义在宗教问题上的全部世界观的基石"，显然不够全面。

　　第三，如果真要为"马克思主义在宗教问题的全部世界观"寻找一块"基石"，那么，这块"基石"在性质上必须是指导马克思主义宗教理论工作者分析和研究一切宗教问题的认识论和方法论，它应该是一种哲学的理念和理论。具体地说，它就是、而且只能是马克思、恩格斯创建的"历史唯物主义"。正是因为这个缘故，我们才把马克思主义的宗教理论称之为"历史唯物主义的宗教观"。由于马、恩发展出了属于自己的历史唯物主义哲学，才使马、恩把自己的宗教理论与布鲁诺·鲍威尔为代表的青年黑格尔派的启蒙宗教观和费尔巴哈的人本主义宗教观区别开来，也进一步与此前西欧的各家各派启蒙宗教思潮区别开来。因此，笔者认为，只有"历史唯物主义"的哲学世界观和社会史观才具有唯一的资格，有权被称为"马克思主义在宗教问题上全部世界观的基石"。而所谓"鸦片"之说，只不过是对宗教作一个"形象性"的比喻。任何一种语言上的比喻，只能象征性地表示它与所比喻的对象在某个局部方面的相似性，不可能具有说明其内在本质的认识论和方法论的

　　① 布·鲍威尔：《基督教国家和现代生活》，转引自兹维·罗森《布鲁诺·鲍威尔和马克思》中译文，第 109 页。

意义。

第四，根据上述三个方面的分析，我们认为，列宁所谓"宗教是（麻醉）人民的鸦片"，马克思的这一句名言，是"马克思主义在宗教问题上全部世界观的基石"这个论断，在理论上和事实上均不能成立。不能把这种"鸦片基石论"附加在马克思个人和马克思主义宗教观的身上。我们只能说，这句话是属于列宁个人的意见。但是，这句话的意义和精神，确在一定程度上贯穿在列宁的全部宗教论著之中，反映了列宁全部宗教观的基本特点。在这个意义上，我们或许可以把列宁这个论断中的"马克思主义"改为"列宁主义"，即："宗教是人民的鸦片"——这一句名言是列宁主义在宗教问题上全部世界观的基石。

如果本书读者诸君和学界同人认同笔者在上文所作的分析，那么，我们就有可能对马克思、恩格斯的宗教理论（或"马克思主义的宗教观"）和列宁的宗教理论（或"列宁主义的宗教观"）之间的历史联系及其演变后的差异作一个相对准确的判断了。我们的判断是：列宁宗教理论的基本内容，确是继承马、恩而来，而且在文字上特别强调辩证唯物主义和历史唯物主义在研究和处理宗教问题的指导意义，否认这种继承性不符合历史事实。但是，另一方面，作为列宁的宗教理论之标志或基本特点的"鸦片基石论"，不完全符合马克思主义的历史唯物主义宗教观的基本精神，无论在宗教理论方面，还是在宗教实践方面，都有把马克思主义宗教观导向"左"倾方向之误。当然这种"'左'倾之误"在俄国有其深刻的社会历史背景。列宁在当时俄国的社会历史背景之下领导俄国革命，处理革命过程中不得不处理的宗教实际问题和相关的理论问题，常常会自觉不自觉地强调马克思、恩格斯宗教理论中的某些方面，而列宁所强调的这些方面也许并不完全符合成熟时期的马克思主义宗教理论的发展倾向。

第二节　列宁时代宗教战线的斗争

在全面论述列宁的宗教理论之前，我们有必要首先回顾一下列宁时代俄国宗教的基本情况。

列宁生长和生活的沙皇俄国，直到十月革命之前，仍是一个欧洲最落后、最反动的封建帝国。居于统治地位的东正教，没有经历过宗教改革，新兴资产阶级也没有强大起来走向资产阶级革命。俄国仍在实行中世纪式的政教合一，沙皇既是国家君主，也是东正教会的最高首脑。沙皇政府拨巨款直接资助东正教会兴建教堂，建立和管理东正教学校，对人民进行宗教教育，授予东正教会控制社会精神生活的各种特权。东正教会依附于沙皇政权，鼓吹俄国农奴制神圣不可侵犯，以各种方式直接地为地主贵族阶级的利益服务。

随着俄国资本主义经济的兴起与发展，新兴资产阶级也逐步学习西欧先行一步的资本主义国家，走上了要求进行社会变革的革命之路。从19世纪末到20世纪初，一部分先进的知识分子从西欧引进了人文主义启蒙思潮、自由民主思潮，以至各种社会主义思潮，其中也包括马克思主义的社会主义思想体系。1903年，建立了俄国社会民主工党（很快就分裂为列宁领导的布尔什维克和孟什维克两派），他们甚至发动了直接反对沙皇封建专制制度的革命运动。规模最大，影响最为深远的就是1905年武装起义。起义虽遭镇压，但革命运动之火并未熄灭，一直延续到1906年、1907年。按照列宁的说法，"没有1905年的'总演习'，就不可能有1917年十月革命的胜利"。列宁的布尔什维克党终于通过十月革命，在1917年夺取了政权，建立了苏维埃社会主义共和国联盟。

从俄国1905年革命到十月革命的整个革命过程中，东正教会都是沙皇俄国的帮凶，完全站在反对革命的反动立场。东正教会在1905年革命期间组织神父举着十字架走向彼得堡街头和广场，劝告人民群众放下武器，服从沙皇的统治。东正教会还把宗教神学的"神圣之剑"直接指向工人群众拥护的社会主义思想。主教公会决定把"揭穿社会主义"的方针列入教会学校的教学大纲，广泛宣传拥护君主专制的思想，攻击革命，诽谤革命者和社会主义思想。教会的大主教和神职人员还组织成立并直接参与"俄罗斯人民同盟"、"米哈伊尔·阿尔汗格尔同盟"等以保皇为宗旨的黑暗恐怖组织，直接与革命力量相对抗。

1917年2月，俄国革命者利用第一次世界大战人民普遍遭受战争苦难，反抗沙皇帝国统治的机会，在俄国发动了继1905年革命之后的第二次资产阶级革命，是为"二月革命"。革命过程中形成了两个政权。工农群众在列宁布尔什维克党的领导下建立了工农兵苏维埃，而资产阶级和地主阶级的代表则建立了"临时政府"。在此两个政权互相争斗、夺取政权的关头，东正教会则同"临时政府"建立联盟，成为"临时政府"的社会基础和精神支柱。1917 年 3 月 6 日，主教公会发表致教徒群众书，号召他们支持"临时政府"。第二天，又下令所属神职人员为"临时政府"祈祷。东正教会全面支持"临时政府"的政策，对外支持俄国继续参加帝国主义之间争夺霸权的第一次世界大战；对内则参与镇压工人在彼得堡的游行示威，支持对工人革命者处以死刑。教会刊物以宗教的神圣名义攻击布尔什维克的革命主张和革命活动，特别卖力地攻击布尔什维克党所崇奉的"科学社会主义"，企图用"基督教社会主义"来迷惑工人阶级，把他们引导到脱离"科学社会主义"的反对革命之路。这就是说：在俄国从资产阶级革命到无产阶级的社会主义革命的整个过程中，东正教会都是直接站在工人阶级和布尔什维克党的敌对方面。在这种局面之下，列宁不能不被东正教会所逼迫而走上与宗教教会势力和宗教神学本身直接对抗的道路，与他们进行日益激化的政治斗争与理论斗争。特别是在 1905—1907 年俄国民主主义革命遭到失败之后，俄国统治阶级一方面在政治上加强警察统治，另一方面则在精神上强化宗教麻醉。列宁作为俄国革命的领袖，对宗教的这种作用十分敏感。他尖锐地指出："俄国资产阶级为了反革命的目的，需要复活宗教，唤起对宗教的需求，编造宗教，向人民灌输宗教或用新的方法在人民中巩固宗教。"[1]列宁还具体地指出，这是因为俄国的反动派从 1905 年的人民革命中认识到：单靠棍棒和鞭子是不够的；棍棒终究要被折断。于是他们转而寻求一种最新式的思想棍棒或精神棍棒——即宗教。他在 1911年所写的《我们的取消派》一文中写道："我们的一切反动派，特别是自由派的（路标派的）'求助于'宗教并不是偶然的，而是必然的。单靠棍棒和鞭子是不够的；棍棒终究要被折断。路标派帮助先进资产阶级搞到一种最新式的思想棍棒，精神棍棒。"[2]列宁对当时俄国统治阶级各个阶层和各个派别与宗教的关系作了这样的分析：当时俄国反动统治阶级的各派政治代表都加强了与"教会黑帮势力"的政治联盟，都在

---

[1] 《列宁全集》第 16 卷，第 33 页。
[2] 《列宁全集》第 17 卷，第 60 页。

那里自觉地利用宗教这根"精神棍棒"。在国家杜马中，野蛮的地主和旧时警察的政治代表普什凯维奇实质上主张为了使人民处于精神奴隶的地位，必须同教会黑帮势力建立最紧密的联盟。资产阶级代表们的说法有些不同。十月党人感到"披着袈裟的官吏"降低了教会的威信，已经不中用了，过时了，甚至还给统治阶级带来了危害。他们为此而攻击教权主义的极端措施和警察的监督。但这种"攻击"的实质是为了加强宗教对群众的影响，是为了用比较精巧、比较完善的愚民办法来代替某些过于粗暴、过于陈旧、过于腐朽而不能达到目的办法。为了更好地愚弄群众，他们主张用"更文明、更新式、更灵活、更能在自治教区起作用的宗教"来代替"警察式的宗教"。卡拉乌洛夫则主张"教会高于政治"，以此去掉过于愚蠢和粗暴的黑帮分子。他认为，只有这样行事，才能至少欺骗一部分落后工人，才能欺骗小市民和农民，才能帮助革新后的教会完成使人民群众继续处于精神奴隶地位的伟大的、神圣的事业。①

立宪民主党的一些作家出版了《路标》文集，对马克思主义和一切解放运动进行攻击，不仅企图"消灭"唯物主义哲学和无神论思想体系，而且企图"消灭"革命理论和社会主义学说。他们吹捧各种宗教神秘主义和唯灵论观点，把这些东西说成是俄国人民仿佛自古以来既有的宗教情绪的表现。在哲学上，他们鼓吹意识独立于社会存在的意志自由，并把这种独立的意识和自由意志视为领悟"超人真理"的关键，而所谓"超人真理"实即是宗教的神。他们调和科学与宗教的对立，宣扬神秘的宗教和实证的科学各自管辖着完全不同的领域，二者之间没有任何对抗。有些资产阶级思想代表们则试图建立某种新的宗教。

新宗教的宣传者是所谓"寻神派"。其代表人物是布尔加科夫、别尔嘉耶夫、梅列日科夫斯基等人。他们认为俄国人天生就信仰宗教，只有宗教共同性才能拯救俄国。应当帮助人民找到这样的神，他为俄国人民所共有，给人民带来安慰，并为真、善、美的利益服务。

---

① 上述这种情况是列宁在其《各阶级和各政党对宗教和教会的态度》一文中所做的分析，此文载于《列宁全集》第15卷。

　　在 1905 年革命失败后的反革命专政的重压和国际国内的宗教思潮的影响之下，俄国革命阵营内部出现了思想蜕化现象，悲观失望和消极颓废的情绪颇为流行。工人政党中一部分自命为"马克思主义者"的人感染了宗教神秘主义和唯心主义的流感病毒，接受并在工人政党内传播新康德主义、马赫主义之类唯心主义，甚至直接宣传变相的宗教和神秘主义。俄国社会民主党党内的卢那察尔斯基、巴札罗夫、瓦连廷诺夫等人在哲学上用马赫主义代替辩证唯物主义和历史唯物主义，在宗教观上则抛弃马克思主义的无神论而代之以向宗教调情的"造神论"。"造神派"与"寻神派"有所不同，它认为神实际上并无客观的存在，只不过为了社会主义的利益，必须"造"出一个"神"来作为人们共同崇拜的象征。造神派一方面把陈旧的宗教视为对彼岸世界的非非之想而予以否弃，另一方面却又把宗教作为一种永恒的现象而保留其存在的权利。他们主张创立某种合乎时代要求的新的宗教理想，以之来体现人本身的"崇高性"、"高尚性"及其对尘世幸福生活的渴望。在造神派看来，宗教理应成为人类团结和联合起来的宗教道德理想，无产阶级似乎也需要一种属于"自己的""马克思主义的"宗教。如果把宗教变成对劳动和社会主义的崇拜，那么，社会主义理想就不仅为先进工人所理解，从而也会为半无产者、小资产者和农民所理解，激发他们建设并建成人间"天国"的狂热愿望。因此，他们宣称：社会主义就是宗教；人在本质上有着深厚的宗教气质和宗教信仰，马克思主义哲学乃是变相的宗教哲学，真正的马克思主义就是人类"最后的伟大宗教"，马克思是新宗教的伟大先知，无产阶级是宗教的体现者，工人联盟则是新教会的奠基石。

　　如果列宁只是一个实用主义的革命家，那么，俄国工人政党中的"造神派"理论，对于组织俄国无产阶级起来进行革命，也许并无大碍。20 世纪拉丁美洲出现的"革命神学"、"解放神学"运动不是也曾在拉美发动过多次反帝国主义的解放运动和武装革命斗争么！但列宁在哲学世界观上却不是个"实用主义者"，而是彻底的马克思主义者、"科学社会主义者"，他把意识形态上的纯洁性看得非常之重。他把"寻神派"、"造神派"之类的宗教哲学思潮，痛斥为反马克思主义的"修正主义"和"机会主义"，批判他们在哲学上是对辩证唯物主义与历史唯物主义、在宗教观上是对马克思主义彻底无神论的背叛。而且他进一步认为这种背叛超出了关于哲学和宗教观的纯粹理论思辨范围，直接涉及马克思主义—共产主义思想理论体系本身和无产阶级政党的革命实践中一系列根本性的问题。例如：

社会主义思想体系是否必须以辩证唯物主义和历史唯物主义作为自己的哲学基础？

如何理解宗教与唯心主义哲学的关系？

社会主义与宗教的关系如何？是否可以调和？

如何理解宗教的本质和社会作用？

如何理解宗教的阶级实质？宗教是否可以为无产阶级和被压迫人民服务？

马克思主义政党对待宗教应持什么态度？

……

从列宁当时有关宗教问题的论著中，大致可以看出，他当时非常重视这些问题，也围绕这些问题给出了他自己的解答。总的说来，列宁对他认之为工人政党内在哲学和宗教上的"修正主义"思潮表现出一种俄国革命者所特有的那种激动和愤怒之情。这种情绪在列宁于1908年2月25日写给高尔基的一封信中展现得淋漓尽致：

现在《马克思主义哲学概论》已经出版。除了苏沃洛夫那篇文章（我正在看）之外，其余的我都看了，每篇文章都使我气得简直要发疯。不，这不是马克思主义！我们的经验批判主义者、经验一元论者和经验符号论者都在往泥潭里爬。他们劝读者相信"信仰"外部世界的真实性就是"神秘主义"（巴札罗夫），他们把唯物主义同康德主义混淆得不成样子（巴札罗夫和波格丹诺夫），他们宣传不可知论的变种（经验批判主义）和唯心主义的变种（经验一元论），教给工人"宗教无神论"和"崇拜"人类最高潜在力（卢那察尔斯基），宣布恩格斯的辩证法学说为神秘主义（别尔曼），从法国某些"实证论者"（主张"符号认识论"的该死的不可知论者或形而上学者）的臭水沟里汲取东西（尤世凯维奇）！不，这太不象话了。①

激动的情绪表现为愤怒的言辞，这就是列宁对待异己思潮的一般风格。为什么要如此激烈地反对"唯心主义"？因为它否认外部世界的真实性，教给工人"宗教有神论"，为信仰主义留下余地。对"唯心主义哲学"尚且如此愤怒，那对"唯心主义哲学"为之留下余地的"宗教"，其敌对和愤怒的程度就可想而知了。列宁这一时期的论著，充满着捍卫马克思主义哲学和宗教理论的战斗激情。在1905年革命失败之后和十月革命胜利之前，列宁除了写作《唯物主义和经验批判主义》（1908）这部揭露和批判他认为是作为宗教神学之哲学基础的唯心主义哲学，捍卫唯物主义哲学的哲学著作之外，还写作了一系列专门论述宗教和无神论问题的论文，主要是：《社会主义与宗教》（1905）；《论工人政党对宗教的态度》（1909）；《各阶级和各政党对宗教的态度》（1909）；《论路标》（1909）；《给阿·马·高尔基的信》（1908—1913）；《论拥护法国主义和造神论的派别》（1909）等。这些讨论宗教问题的论文，其基本内容都具有鲜明的针对性和为俄国无产阶级革命如何对待和处理宗教问题直接服务的实践性。在论述方法上，则往往直接引述马克思、恩格斯的宗教理论，与列宁所指称的哲学上的"修正主义"和宗教问题上的"机会主义"对立起来，借以彰显他所批判的对象具有反马克思主义的实质，突出传统宗教的信仰主义在历史和现实社会中的消极反动作用。

本书不拟逐一论述列宁的每一篇有关宗教问题的论述，也不拟系统展开列宁有关宗教理论的每一个方面，而只打算着重分析和说明列宁在阐发马克思、恩格斯宗教理论时具有自己特色的一些倾向性的理论与方法。为什么本书对列宁的宗教理论的论述，采取了不同于此前对马、恩的论述方法呢？这是因为马、恩的宗教理论有一个相当时间的发展过程，不同历史阶段的宗教论述有不同性质和特点，而列宁的宗教论著则几乎直接继承马、恩的宗教理论（特别是《共产党宣言》之前的早期思想）。而且列宁有关宗教的论著、主题基本相同，文字、语言也简单明

---

① 《列宁全集》第13卷，第249页。

了，读这些文章后一目了然，因此笔者觉得，可以采取一种新的论述方法，这算是本书进行的一种尝试吧！

第三节　强调用阶级斗争的理论和阶级分析的方法去说明马、恩唯物史观宗教理论的主要方面

西方世界的宗教学术研究领域，从古代的希腊罗马时代、文艺复兴时代以来各历史发展阶段的启蒙思想家，直到 19 世纪的青年黑格尔派和费尔巴哈，他们对宗教的学术性研究基本上都集中在宗教的本质、起源、根源和社会功能等问题上。马克思、恩格斯的宗教理论所探讨的主要问题大体上也是这样。马、恩宗教理论的根本特征，是他们用自己创建的历史唯物主义哲学和社会史观去说明这些问题。因此，我们把马、恩的宗教理论称之为"历史唯物主义的宗教观"。在我们对列宁有关宗教问题的全部论著全部研读之后，我们大体上会得出这样一个结论：列宁宗教理论的主要内容基本上就是根据马克思、恩格斯的历史唯物主义宗教观对他在俄国革命过程中所遇到的实际问题作出说明。在宗教问题的基本理论方面，我们似乎找不出列宁与马、恩之间有什么大的差别。当然这也绝不是说，列宁在这方面就是原本照抄马、恩的词句，没有任何自己的特色。笔者认为，列宁在讨论他那个时代的宗教问题时，总是努力应用历史唯物主义的理论与方法；而他对历史唯物主义基本原理的理解，似乎更着重强调阶级斗争的理论和阶级分析的方法。他特别强调宗教不过是反动统治阶级维持其反动统治，对被压迫人民进行精神麻醉的工具，集中突出宗教的社会功能的消极方向。这个总的思想几乎贯穿在列宁宗教理论的各个方面。

列宁特别强调，在阶级社会中各种社会意识（包括宗教）作为社会经济基础的反映都具有阶级的特性。早在 1901 年，列宁在《怎么办？》一书中就曾指出过：一般说来，在为阶级矛盾所分裂的社会中，任何时候也不能有非阶级的或超阶级的思想体系。现实社会中的各种宗教、道德、政治和社会的理论，尽管常常打着非阶级或超阶级的旗号，但这都是假象，它们一般总是为特定阶级的利益服务的。列宁说，谁如果相信

这些，就会使自己成为自欺欺人的牺牲品：

> 马克思的天才就在于他最先从这里得出了全世界历史提示的结
> 论，并且一贯地推行了这个结论。这一结论就是关于阶级斗争的
> 学说。
> 当人们还不会从任何一种有关道德、宗教、政治和社会的言
> 论、声明和诺言中揭示出这些或那些阶级的利益时，他们无论是过
> 去或将来总是在政治上作受人欺骗和自己欺骗自己的愚蠢的牺牲
> 品的。①

列宁把阶级斗争理论和阶级分析方法作为研究错综复杂、充满矛盾
的社会历史现象，从中找出规律性的"指导性的线索"：

> 马克思主义给我们提出了一条指导性的线索，使我们能在这种
> 看来迷离混沌的状态中发现规律性。这条线索就是阶级斗争的理
> 论。只有把某一社会或某几个社会的全体成员的意向的总和加以研
> 究，才能对这些意向的结果作出科学的判断。其所以有各种矛盾的
> 意向，是因为每个社会所分成的各阶级的生活状况和生活条件
> 不同。②

各个不同的历史时代在经济、政治、哲学、道德、宗教等领域，都
有不同的学说、见解和表现形式，如果我们想要正确评价这些学说，认
清它们的实质，"就必须牢牢把握住社会阶级划分的事实，阶级统治形
式改变的事实，把它作为基本的指导线索，并用这个观点去分析一切社
会问题，即经济、政治、精神和宗教等等问题"③。

在列宁分析宗教现象一切方面的论著中，无论是揭示宗教的社会实
质，说明宗教在社会历史上的作用，分析宗教存在的根源，还是确定宗

---

① 《列宁选集》第 2 版，第 2 卷，第 445—446 页。
② 同上书，第 586—587 页。
③ 《列宁选集》第 2 版，第 4 卷，第 47 页。

教教会的社会属性……列宁总是拨开一切超越阶级的抽象人性论的外表，一针见血地揭穿它为特定阶级利益服务的阶级实质。当波格丹诺夫论及宗教的社会特性，用宗教信仰的社会性、群众性而把宗教说成是"社会地组织起来的经验"，用这种泛泛的空谈掩盖宗教的阶级实质的时候，列宁则提出："无疑地，天主教也是社会地组织起来的经验，不过它反映的不是客观真理（为波格丹诺夫所否定而为自然科学所反映的客观真理），而是一定的社会阶级利用人民的愚昧无知。"[①] 当波格丹诺夫说"神是那些激发和组织社会感情的观念的复合"的时候，列宁又斩钉截铁地指出："这不对。这是抹杀观念的物质起源的波格丹诺夫的唯心主义。神首先是（在历史上和生活里）由人的受压抑状态、外部自然界和阶级压迫产生的那些观念的复合，是巩固这种受压抑状态和麻痹阶级斗争的那些观念的复合。"[②]

这就是说宗教观念、神的观念决不是什么超阶级的社会性东西，而是为压迫者阶级服务的阶级性观念。

在论及宗教存在的根源时，列宁反对那种单纯归结为人民愚昧无知的资产阶级文化主义观点，他认为在现代资本主义国家内，这种根源主要是社会的根源，即资本主义苦役制度的压迫和资本主义盲目破坏势力的统治，人民的穷困和愚昧，对神的恐惧，主要是社会内部阶级剥削和阶级压迫的产物和反映：

> 为什么宗教在城市无产阶级的落后部分中，在广大的半无产阶级阶层中，在农民群众中能够保持它的影响呢？资产阶级的进步人士，即激进派或资产阶级唯物主义者回答说，这是由于人民的愚昧无知。由此得出结论说：打倒宗教，无神论万岁，宣传无神论观点是我们的任务。马克思主义说，这话不对。这是一种肤浅的、资产阶级的、狭隘的文化主义观点。这种观点不够深刻，这不是用唯物主义的观点而是用唯心主义的观点说明宗教的根源。在现代资本主义国家里，这种根源主要是社会的根源，劳动群众受到社会的压

---

① 《列宁选集》第 2 版，第 2 卷，第 235 页。
② 《列宁全集》第 35 卷，第 110 页。

抑，在时时刻刻给普通劳动人民带来最可怕的灾难，最残酷的折磨（比战争、地震等任何非常事件厉害一千倍）的资本主义盲目势力面前，他们觉得似乎毫无办法，——这就是目前宗教最深刻的根源。"恐惧创造神"。现代宗教的根源就是对资本盲目势力的恐惧，而这种势力确实是盲目的势力，因为人民群众不能预见到它，因为它使无产者和小业主在生活中随时随地都可能遭到，而且在遭到"突如其来的"、"出人意料的"、"偶然发生的"破产和毁灭，使他们变成乞丐，变成穷光蛋，变成娼妓，甚至活活饿死。凡是不愿一直留在预备班的唯物主义者，都应当首先而且特别注意这种根源。只要受资本主义苦役制度压迫，受资本主义盲目破坏势力摆布的群众自己还没有学会团结一致地、有组织地、有计划地、自觉地反对宗教的这种根源，反对任何形式的资本统治，那么无论什么启蒙书籍都不能使这些群众不信仰宗教。①

列宁还说：

　　被剥削阶级由于没有力量同剥削者进行斗争，必然会产生对死后生活的憧憬，正如野蛮人由于没有力量同大自然搏斗而产生对上帝、魔鬼、奇迹等的信仰一样。②

　　如果忘记，宗教对人类的压迫只不过是社会内部经济压迫的产物和反映，那就是受了资产阶级观点的限制。③

　　列宁把宗教的根源完全归结为剥削制度和统治阶级对于被压迫、被剥削阶级的阶级压迫，把现代宗教的根源完全说成是资本主义苦役制度对劳动人民的压迫，以及资本盲目势力给社会带来的灾难和恐惧。至于尚未看到这种阶级压迫、资本主义统治的其他各种批判宗教的观点，包

---

① 《列宁选集》第 2 版，第 2 卷，第 378—379 页。
② 《列宁全集》第 10 卷，第 62 页。
③ 同上书，第 65 页。

括"启蒙思想家"的无神论，都被列宁贬斥为"是受了资产阶级观点的限制"，是一种"肤浅的、资产阶级的、狭隘的文化主义观点"。列宁还进一步把它们上升为哲学世界观上的分歧，认为这种理论不是用唯物主义的观点而是用唯心主义的观点说明宗教的根源。

列宁在分析宗教的社会作用时，特别强调宗教对于不同阶级所起的不同作用。马克思的名言"宗教是人民的鸦片"这句话本来没有明确的阶级含义。这句话中的"人民"，既可解释为信仰宗教的苦难人民（被剥削、被压迫阶级），也可解释为泛指一切信仰的人，其中包括信仰宗教的上层阶级。但列宁却应用阶级斗争的理论对这句话的阶级含义作了鲜明的阶级分析：

> 对于工作一生而贫困一生的人，宗教教导他们在人间要顺从和忍耐，劝他们把希望寄托在天国的恩赐上。对于依靠他人劳动而过活的人，宗教教导他们要在人间行善，廉价地为他们的整个剥削生活辩护，廉价地售给他们享受天国幸福的门票。宗教是麻醉人民的鸦片。宗教是一种精神上的劣质酒，资本的奴隶饮了这种酒就毁伤了自己做人的形象，忘记要求稍微过一点人间应当过的生活。[1]

列宁认为，对劳动人民而言，宗教在阶级社会中的全部职能就是作为安慰被压迫者的"牧师的职能"：

> 所有一切压迫阶级，为了维护自己的统治，都需要有两种社会职能：一种是刽子手的职能，另一种是牧师的职能。刽子手镇压被压迫者的反抗和暴动。牧师安慰被压迫者，给他们描绘一幅在保存阶级统治的条件下减少痛苦和牺牲的远景（这些话说起来就特别容易，因为不用担保"实现"这种远景……），从而使他们忍受这种统治，使他们放弃革命行动，打消革命热情，破坏他们的革命决心。[2]

---

[1] 《列宁全集》第 10 卷，第 62—63 页。
[2] 《列宁选集》第 2 版，第 3 卷，第 565 页。

在列宁对宗教的社会本质、社会根源和社会作用的分析中，处处都渗透着阶级斗争的观点。显而易见，列宁的本意是想把马克思主义关于无产阶级革命的理论和历史唯物主义的宗教理论结合起来，启发无产阶级和被压迫人民的阶级意识，教育他们识破宗教的麻醉，焕发革命的热情，增强革命的自觉意识，为争取摆脱宗教的精神奴役和旧世界的政治压迫而斗争。

当然，我们也要注意到，列宁对宗教现象的各个方面所作的阶级分析，有些是针对当时的沙俄和欧洲的情况而言的，有其历史的具体性。真理总是具体的，有条件的。即使一个确具真理性的认识，当其脱离它所反映的对象的具体条件和历史背景，把它应用到这些具体条件和历史背景之外时，真理也就不再是真理了。例如列宁在《论工人政党对宗教的态度》一文中论及教会的性质时有这样一段话：

> 马克思主义始终认为现代所有的宗教和教会、各式各样的宗教团体，都是资产阶级反动派用来捍卫剥削制度、麻醉工人阶级的机构。①

这显然是对当时俄国的宗教和教会的政治态度所下的判断。因为当时俄国的各派宗教和教会确实与资产阶级反动派结成了反对工人阶级的政治联盟。如果我们脱离历史的具体性，把一切时代的宗教和教会都视为反动派的机构，那就不能解释欧洲宗教改革时期的基督教新教及其教会组织在当时所起的历史作用，更不能说明社会主义国家中的教会的社会性质了。总之，对于宗教和教会组织的阶级属性和社会作用，我们应该把它们放到一定的历史条件下根据当时阶级斗争的形势和性质去做恰当的阶级分析。正如恩格斯所指出的，在特定的历史条件下，宗教可作为进步社会力量的意识形态外衣，教会也可作为他们的组织纽带而起到一定的积极作用。恩格斯晚年在论述宗教的社会历史作用等问题时，也处处应用历史唯物主义的阶级斗争理论和阶级分析方法，但他与列宁不

---

① 《列宁选集》第2版，第2卷，第375页。

同。在分析早期基督教运动时，他承认早期基督教是被压迫人民和苦难大众的宗教；在分析中世纪基督教的神学异端运动时，他承认这种运动是被压迫人民反对封建统治阶级和上层僧侣贵族的腐败统治的一种宗教工具；在分析早期资产阶级三次革命（宗教改革运动，17 世纪荷兰和英国的资产阶级革命）时，恩格斯都承认它们把传统宗教当做意识形态的外衣和组织群众进行反抗斗争的纽带。

恩格斯的这种分析也是符合于历史唯物主义关于阶级斗争的理论的基本精神的。列宁的宗教理论，在应用历史唯物主义的阶级斗争理论和阶级分析方法的时候，则似乎缺乏恩格斯的那种全面性。他似乎总是把宗教分析为历代反动统治阶级维护其反动统治秩序，并对革命人民进行精神麻醉的工具，几乎从未论及历史上的某个特定历史阶段，被压迫人民也有利用宗教为其反抗斗争服务的事实。对于宗教的社会性质和社会历史作用所作的这种“阶级分析”，大概就不那么全面了。这种片面性的阶级分析，对于列宁以后的“马克思主义宗教学者”，影响是很大的。在我国“文革”失败之前，在很长的历史时期内，从事历史、哲学和宗教研究的学者，在讨论历史上和现实生活中的宗教的社会历史作用问题时，几乎都是照抄照搬列宁对于宗教的阶级分析方法，对宗教进行阶级定性。似乎还没有人敢于在自己的论著中承认宗教可能具有的某些积极方面，甚至连恩格斯的“宗教外衣论”也很少有人提及。即使偶尔提到“宗教外衣”这个词，也往往把它用在否定性的方面，对宗教的社会历史作用作“嘲讽性”的评判。在叙述历史上农民起义应用宗教口号的事实时，一般都会随即加上一句：“那不过是一件外衣而已！”考虑到上面所说的这些情况，我们似乎可以得出这样一个判断：列宁把阶级斗争理论和阶级分析方法应用到宗教问题上来，无疑是来源于马克思、恩格斯的历史唯物主义宗教观，他把宗教说成是反动统治阶级麻醉人民的工具，也符合于历史唯物主义及其宗教观的基本精神。问题只在于列宁对宗教的阶级分析总是把宗教和反动统治阶级联系在一起，而未考虑到被压迫阶级也有可能利用宗教为自己服务。他把阶级分析的方法片面化了，单方面地引向了“左”的方向。由于这种片面性的阶级分析，也导致我国当代一些宗教研究者走向另一种片面性和极端化，他们竟至否定阶级斗争理论和阶级分析方法在宗教研究中的任何合理性，把它与宗教

领域的极"左"路线等同起来。看来，我们的马克思主义宗教理论研究
有必要对此问题进行深入系统的讨论，寻求一个实事求是、合情合理的
答案。至于本书作者对此问题的基本看法，本书第五章第六节已有概括
性的论述，这里不再重复。

第四节　论哲学唯心主义与宗教的关系

在西方和世界的哲学史上，唯物主义哲学的进一步发展总是走向宗
教上的无神论，唯心主义哲学则大多为宗教神学作辩护，把上帝拉来作
为填补唯心主义哲学体系之漏洞的"救世主"。但这种情况在哲学史上
只是就一般性而言，并非绝对如此。许多唯物主义哲学家为逃避教会和
国家的政治迫害，一般多在最终的哲学结论上为上帝留一点存在的余
地；有些唯心主义哲学也高唱理性主义，对宗教神学的荒谬和教会的专
横腐败进行批判与揭露。唯物主义哲学和唯心主义哲学在宗教神学上的
情况有一定的复杂性，要根据当时的社会历史背景，具体问题具体分
析，不要从某种"路线斗争"、"两军对战"的概念，作一刀切式的简单
化处理。黑格尔哲学集唯心主义之大成，但他对宗教神学和教会的态度
就有两面性，相当复杂。保守的老年黑格尔派就把黑格尔哲学与宗教神
学拉上关系，激进的青年黑格尔派则把黑格尔哲学说成为"无神论"，
在此哲学基础上开展了意义深远的宗教批判运动。马克思、恩格斯参加
了这场运动，承认青年黑格尔派宗教批判运动的无神论实质。

但是，当马克思、恩格斯在哲学上经过费尔巴哈的人本主义唯物论
发展为历史唯物论的时候，他们就进一步地意识到，青年黑格尔派的哲
学唯心主义由于哲学上的局限性，是不可能对宗教神学作彻底地决裂
的。马、恩为此写了一本大著作：《神圣家族》，专门对布鲁诺·鲍威尔
为代表的青年黑格尔派进行哲理上的批判，指出他们的哲学唯心主义不
仅不能真正地战胜宗教神学，而且有可能在逻辑上转化为对宗教神学的
论证，甚至其本身就是一种新的神学。马、恩指出，布·鲍威尔大肆吹
嘘的那种普遍的"自我意识"，本质上即是基督教创世说的复活，并且
最终归宿为神学。因为，那同自然与社会相隔绝的"自我意识"，在脱
离了世界之后就变成了神圣的精神。作为此种神圣精神的化身的鲍威尔

及其追随者也加入到神灵的行列。马、恩因此把他们讽刺性地称之为"神学家",把他们一伙称之为"神圣家族"。

在列宁从事革命的年代,俄国思想界特别是在社会主义工党内部,也出现了一批与宗教神学调情的唯心义思潮。而且这种思潮竟成为一种时髦。工人政党内的这批人主张用唯心主义时髦哲学来歪曲或替代辩证唯物主义和历史唯物主义。列宁在哲学上是把辩证唯物主义和历史唯物主义奉为"神圣"的人,他的思想风格决定他的行动,他决不容忍任何唯心主义,他要保护马克思主义哲学的纯洁性。为此,他花了大量的精力来进行哲学研究,写出了《唯物主义与经验批判主义》、《哲学笔记》、《谈谈辩证法》等一批哲学著作。在这些著作中,他对唯心主义哲学和宗教神学在逻辑上的关系进行了相当细致的考察。列宁用他那一贯把理论上的分歧说成尖锐对立的路线斗争的思想风格和语言特征,反复指出:不管唯心主义哲学用的是何种最新的名词,但实质上仍不过是精巧的"科学的僧侣主义",是"通向公开的僧侣主义的前阶"。列宁斩钉截铁地指出,唯心主义哲学与宗教神学之间有着血缘关系。他为此提出了自己的论证。主要有如下两点:

第一,唯心主义为上帝创世说提供理论上的证明。

唯物主义哲学是宗教观上的无神论的理论基础,无神论的宗教观则是唯物主义哲学的逻辑结论。历史上的无神论一般总是从承认物质世界的客观存在和自然界发展的客观规律性出发,进一步否认上帝对世界进程的干预,直至否定上帝本身的存在。而唯心主义哲学却反对唯物主义世界观,把精神性的东西说成是第一性的存在,而把物理自然界说成派生的东西。这就会从理论上导致肯定作为"精神实体"、"绝对精神"的上帝的存在,为上帝创世说提供了哲学上的论证。列宁在《唯物主义与经验批判主义》一书中曾具体剖析了波格丹诺夫唯心主义的僧侣性质:

> 凡是说物理自然界本身是派生的东西的哲学就是最纯粹的僧侣主义哲学。它的这种性质决不会因为波格丹诺夫本人极力否认一切宗教而有所改变。杜林也是一个无神论者;他甚至提议在他的"共同社会的"制度里禁止宗教。尽管这样,恩格斯完全正确地指出,杜林的"体系"如果没有宗教便不能自圆其说。波格丹诺夫也完全

是这样，只不过有一个重大的差别：上面引的一段话不是偶然的自相矛盾，而是他的"经验一元论"和他的全部"代换说"的本质。如果自然界是派生的，那末不用说，它只能是由某种比自然界更巨大、更丰富、更广阔、更有力的东西派生出来的，只能是由某种存在着的东西派生出来的，因为要"派生"自然界，就必须有一个不依赖于自然界而存在的东西。这就是说，有某种存在于自然界以外，并且能派生出自然界的东西。用俄国话说，这种东西叫作神。使它更抽象、更模糊，同时（为了显得更真实）更接近于"心理的东西"，如"直接的复合"、无须证明的直接存在的东西。绝对观念、普遍精神、世界意志，心理的东西对物理的东西的"普遍代换"——这些都是同一个观念，只是表现形式不同而已。①

哲学史的历史事实证明列宁的上述分析是有根据的。柏拉图的"理念"，莱布尼兹的"单子"，巴克莱的"精神实体"，黑格尔的"绝对精神"，叔本华的"宇宙意志"，人格主义的"无限人格"……事实上都是上帝的别名。在这个意义上，列宁认为："唯心主义不过是信仰主义的一种精巧圆滑的形态。"② 它的客观作用就是反对唯物主义和无神论，为宗教信仰主义服务。

第二，唯心主义哲学和宗教信仰主义有共同的认识根源。

揭示宗教信仰主义的认识论根源以及在这个问题上与唯心主义的共同性，是列宁宗教理论的一个重要方面。列宁在《谈谈辩证法问题》一文中对此作了具体的分析和说明：唯心主义哲学是经过人的无限复杂的认识的一个成分而迈向僧侣主义的道路。人的认识不是沿着直线进行的，而是无限地近似于一串圆圈，近似于螺旋的曲线。如果我们截取这一曲线中的任何一个片断，它都能片面地变成独立完整的直线，如果我们只见树木不见森林，这条"直线"就会把人们引入僧侣主义的泥潭。所以，直线性和片面性，死板和僵化，主观主义和主观盲目性就是唯心主义的认识论根源。僧侣主义的根源与此相同，它是生长在人类认识这

---

① 《列宁选集》第2版，第2卷，第233—234页。
② 同上书，第365页。

棵活生生的树上的一朵不结果实的花。① 产生唯心主义和宗教信仰主义的可能性，在人类认识的最基本的抽象中就存在了。如果人们把抽象思维的产物脱离实在的事物，甚至把幻想置于实在事物之上，就会导致唯心主义和宗教。列宁在《哲学笔记》中曾指出：原始的唯心主义认为"一般"（即观念或概念）是单个的存在物，这看来是荒谬可笑的。可是现代的唯心主义以及神的观念不也完全与此相同，是把抽象的产物视为独立的实在。② 事实上，宗教幻想就是一种极端的，使思想脱离实在的抽象。所谓存在于时间和空间之外的存在物（神），不过是宗教的虚构和病态的幻想。

　　列宁从认识论上揭示唯心主义和宗教的内在一致性，对我们分析宗教神学问题是有意义的。如果要想克服宗教幻想，我们不仅要消除产生宗教的社会根源，而且还要注意克服产生宗教的认识论根源，要防止认识活动中的"直线性和片面性、死板和僵化、主观主义和主观盲目性"，等等。欧洲哲学史和宗教学说史上关于物质与精神相互关系的认识史就是一个明显的典型事例。由于有些哲学家把物质和精神作了"死板和僵化"的绝对对立，他们就始终不能说明精神现象的物质源泉，从而走上唯心主义。唯心主义把精神视为绝对自存的实体而导致承认上帝存在和灵魂不死。在其他重大的哲学问题上，都有与此类似的现象。

　　不过，我们在注意到列宁这些论述的时候，不应当忘记一个重要的事实：列宁研究宗教问题的年代，正是俄国工人政党内一些人（如"造神论"）鼓吹唯心主义、兜售宗教福音的时期。客观存在的历史条件要求列宁更多地注意唯心主义哲学与宗教信仰主义之间互相渗透的血缘关系，以便使革命队伍明白而确定地与他们划清界限，步调一致地去迎接新的革命高潮的到来。在这种形势下，列宁的有关论述，无论在理论上，还是政治上都是有其特定的针对性的。但是，如果抛开当时特定的历史条件，把列宁的观点绝对化，从唯心主义哲学与宗教在认识论根源上的一致性，进一步推论到二者的等同性，那就超过了真理的具体界限，从而变成谬误，这同样是犯了"直线性和片面性、死板和僵化"的

---

① 《列宁选集》第 2 版，第 2 卷，第 715 页。

② 参见《列宁全集》第 38 卷，第 420—421 页。

认识论和方法论的错误。事实上，中外思想史上都曾有一些唯心主义思想家在当时的历史条件下反对过正统宗教，主张过某种变相的、特殊形式的无神论。休谟、康德的不可知论实质上是用某种怀疑主义形式否认宗教神学的合理性；19世纪德国的古典唯心主义哲学也是提倡理性主义的启蒙思想以反对传统宗教信仰主义和蒙昧主义。当然唯心主义世界观的影响使他们思想中的无神论因素不可能得到正常顺利的发展，具有较多的神学不彻底性，这也是不容否认的事实。只要我们在宗教学说史的研究中，坚持辩证法和历史唯物主义，同时注意到并承认这两方面的事实并没有什么困难，而只会有助于我们克服宗教研究中的绝对化和简单化。

第五节　论宗教与社会主义思想的对立

恩格斯把马克思主义的社会主义学说称之为"科学社会主义"。他之所以如此自信地宣称马克思主义的社会主义学说是一种"科学"，是因为他们相信自己创建的"历史唯物主义"哲学和社会史观已经发现了人类社会发展的历史规律，论证了资本主义产生、发展、内在矛盾及其灭亡的规律，以及社会主义代替资本主义的历史必然性。这种基于对社会历史发展规律的认识之上的社会主义学说与宗教所谓的仁慈上帝对人类的爱没有任何关系。因此，马、恩不止一次地宣布宗教神学与他们的"科学社会主义"是"截然对立"的两种思想体系，反对任何把宗教与社会主义结合起来的企图。这鲜明地表现在他们对克利盖的批判以及对各种利用基督教的《圣经》词句和教义来构造未来理想社会的各种空想社会主义、基督教社会主义、封建社会主义的批判之中。列宁完全继承并极端发展了马、恩的这些思想和批判活动。列宁以极大的革命激情来宣传科学社会主义的理想，以此提高无产阶级的阶级自觉，努力使他们抛弃宗教偏见，把天堂让给僧侣和资产阶级伪善者们去享受，团结在科学社会主义的旗帜下，为自己争取实实在在的美好的人间生活。因此，列宁把俄国工人政党中的那些想为被压迫人民造自己的神的"造神派"表现出一种非常的痛恨和极端的蔑视，认为他们的主张是一种"机会主义"，是对马克思主义的公然背叛，是企图使科学社会主义倒退到宗教信仰主义，蜕化为某种新式的宗教神学。在列宁看来，如果听任这种机会主义思潮泛滥下去，社会主义思想就不复成其为科学，就不再对工人群众有真正的吸引力。在这种认识基础上，列宁对俄国造神派的思想与活动感到难以容忍的气愤，对他们进行了尖锐的批判。

1908 年 4 月 16 日，列宁分别致信卢那察尔斯基和高尔基，写道：

> 我跟那些鼓吹"把科学社会主义同宗教结合起来"的人以及一切马赫主义者走的不是一条路（恐怕是永久的）。
>
> （《给安·瓦·卢那察尔斯基》）[1]

> 我不能，也不想同那些鼓吹把科学社会主义和宗教结合起来的人交谈。
>
> （《给阿·马·高尔基》）[2]

1913 年 12 月，列宁又致信高尔基，尖锐地指出，所谓基督教社会主义是一种最坏的"社会主义"和对社会主义的"最坏的歪曲"。[3]

1909 年夏，列宁在巴黎召开的布尔什维克党《无产者报》扩大编辑部会议上提出了党对造神论的态度问题，会议通过的有关决议说：

> 目前在社会运动低落的气氛中，反革命资产阶级知识分子的宗教情绪高涨，使得这类问题具有了重大的社会意义；由于宗教情绪的这种高涨，现在个别社会民主党人企图把信教和造神说的宣传同社会民主主义联系起来，甚至企图使科学社会主义具有宗教信仰的性质。《无产者报》扩大编辑部会议有鉴于此，特声明如下：在卢那察尔斯基同志的文章中特别明显地鼓吹的这种思潮是完全背离马克思主义的基础的，就这种说教的实质而决不是就一个名词来说，这个思潮损害了革命的社会民主党在教育工人群众方面的工作；布

---

① 《列宁选集》第 34 卷，第 399 页。
② 同上书，第 400 页。
③ 参见《列宁全集》第 35 卷，第 109 页。

尔什维克派和这种对科学社会主义的歪曲毫无共同之点。①

这个决议说出了问题的实质。为什么造神论完全背离了马克思主义的基础，损害了对工人群众的教育呢？这是因为在列宁看来，社会主义的胜利必须依靠工人阶级的自觉的革命斗争。只有依靠马克思主义科学世界观和科学社会主义对工人群众的教育，使他们认识到资本主义必然死亡和社会主义必然胜利的历史发展规律，意识到工人阶级的伟大历史使命，才能启发这种自觉性，焕发他们的革命激情。可是造神论的说教却把工人阶级导引到醉生梦死的宗教幻梦中去，这就在理论上歪曲了科学社会主义，在实践上背离了无产阶级革命。

著名作家高尔基曾迷惑于造神论的说教，并企图使列宁与造神派达成妥协。他认为神的观念中有着"善良和美好的东西"，神的观念"把个人同社会联系起来"，起着"激发和组织社会感情"的作用。列宁对此的回答是，这种观点实际上是高尔基把自己的"善良的小市民"的"天真的愿望"加进神的观念之中，完全不符合宗教在历史上和生活现实中所起的实际作用，他很不客气地批评高尔基：

> 您粉饰、美化了的教权派、普利什凯维奇分子、尼古拉二世和司徒卢威先生之流的观念，因为事实上神的观念会帮助他们奴役人民。您美化了神的观念，也就美化了他们用来束缚落后的工人和农民的锁链。②

> 神的观念永远是奴隶状况（最坏的没有出路的奴隶状况）的观念，它一贯麻痹和削弱"社会感情"，以死东西偷换活东西。神的观念从来也没有把个人同社会联系起来，而是一贯用对压迫者的神圣性的信仰来束缚被压迫阶级。③

---

① 见《〈无产者报〉扩大编辑部会议记录》，1934 年俄文版，第 174 页。
② 《列宁全集》第 35 卷，第 110 页。
③ 同上书，第 111 页。

　　列宁与高尔基在各自的领域中都是时代的巨人，他们互相敬重，有着深厚的友谊。但在事关马克思主义科学社会主义的基础和原则的问题上，列宁并没有给高尔基留下任何情面，更没有按照高尔基的意愿与造神派妥协，而是对之进行了激烈的批判。

　　列宁心目中的社会主义思想没有给宗教神学留下任何空间，他不与宗教搞任何妥协。这就是列宁和列宁主义的理论风格。这种风格不能不在列宁一生的革命实践中造成影响，也不能不对奉列宁主义为指导思想的第三国际各国共产党处理宗教问题带来影响。苏联、东欧、中国以及各国共产党在夺取了政权，成了领导一切的执政党之后，几十年间进行了社会主义革命和社会主义建设的实践。历史的经验和教训反复告诫我们，共产党在由革命党变成执政党之后，革命时期关于宗教的路线、方针、口号并不完全适用于执政时期的实际需要。传统宗教并不会随着高举无神论旗帜的共产党登上执政地位而退出历史舞台，甚至也不会随着强力消灭私有财产制度之后而趋于消失。宗教将在历史上长期存在。共产党领导的社会主义社会必须与宗教和教会建立某种和平共处的关系。这就意味着，马克思、恩格斯过去关于共产主义与宗教"截然对立"的主张，列宁在这个问题上说的那些更激烈、更极端的话，已不再绝对完全地符合新时代的社会实际。因此，我们也不能把马、恩、列一百余年前所说的这些话继续奉之为已取得执政党地位的共产党关于宗教政策的指导方针。中国在经历了"三面红旗"、"大跃进"和"文化大革命"的几次社会大灾难之后，在改革开放年代适时提出了"引导宗教与社会主义社会相适应"，发挥宗教中文化、伦理方面的积极作用，构成"和谐社会"等新的方针，纠正了过去年代长时期内对宗教与社会主义之关系的片面理解，更有利于顺利地处理中国社会主义社会中的宗教问题。这是马克思主义宗教理论和政策实践上的一大进展。但是，当今中国共产党领导所提的"引导宗教与中国社会主义社会相适应"等的方针，究竟应作如何的理解，如何在实际应用中具体化，仍有待我们继续探讨。

第六节　论无产阶级政党对待宗教的态度

　　在欧洲和俄国，基督教在历史上被奉为国教，拥有巨大的社会影响，教会本身就是举足轻重的社会力量。无产阶级要变革社会，必然要触及宗教。作为俄国无产阶级革命的领袖，列宁十分强调布尔什维克党在革命斗争中对待宗教的态度和处理宗教问题的策略。只有有了正确的态度和策略，才能正确地处理与传统宗教、教会和信教群众的关系，比较顺利地越过革命航道上的礁石，团结广大信教群众，为实现无产阶级和被压迫人民的政治经济要求而斗争。列宁有关宗教问题的理论和著作的主要内容，就是对策略问题的论述。列宁为布尔什维克党制定了一整套处理宗教问题的战略和策略、方针和政策。列宁认为，他制定的这一套对待宗教的策略，是从马克思主义哲学得出来的结论："马克思主义对待宗教的策略是十分严谨的，是经过马克思和恩格斯周密考虑的；在迂儒或无知的人看来是动摇的表现，其实都是从辩证唯物主义中得出来的必然的结论。"① 主要内容大致概括为如下几点。

一　同宗教作斗争，要服从无产阶级的革命斗争

马克思和恩格斯曾多次指出，要把对宗教的批判转向对国家、政治和法的批判，通过消灭私有财产制度来消灭宗教存在的社会根源，通过消灭劳动异化来最终克服宗教异化。这就是说，无产阶级反对宗教迷雾的斗争要服从于争取社会主义的斗争。在列宁从事革命活动的年代，俄国无产阶级已经组织起来，与沙皇俄国的地主资产阶级进行决战。在两个阶级、两种制度的生死搏斗中，必须使全党和整个阶级大军有非常明确的斗争目标和革命对象，不为无关紧要的东西分散革命队伍的注意力，导入错误的轨道。在无产阶级的全部革命事业中，解决宗教问题到底应占多少比重，放在什么地位，就成了布尔什维克党必须解决的问题。列宁继承了马克思、恩格斯的上述有关思想，结合俄国革命的具体情况，作了更明确的阐述。列宁在这个问题上的基本主张就是：我们决不能把宗教问题提到它不应有的首要地位，同宗教作斗争必须服从于无产阶级的革命斗争。概括列宁的有关论述，主要理由有二：

第一，在策略上，不能让比较次要的宗教问题分散真正革命斗争的力量。

---

① 《列宁选集》第 2 版，第 2 卷，第 377 页。

列宁在《社会主义与宗教》一文中把这一点说得很透彻。他说，我们永远宣传科学的世界观，我们必须跟某些"基督教徒"的不彻底性进行斗争。但是，这绝不是说，我们必须把宗教问题提到它所不应有的首要地位；更不应该为了对那些很快就会失去任何政治意义，很快就会被经济发展过程抛进垃圾箱里去的次要的意见或呓语而分散真正革命斗争的（经济斗争的和政治斗争的）力量。当时，无产阶级的敌人正在竭力煽起宗教仇恨，挑起宗教斗争，以此来破坏无产阶级革命事业。在这种斗争形势面前，更需要我们把宗教信仰上的意见分歧放到次要地位："各地的反动资产阶级早就打算、而我国资产阶级现在也开始打算煽起宗教仇视，把群众的注意力吸引到这方面来，使他们不注意在革命斗争中联合起来的全俄无产阶级目前实际解决的真正重要的和根本的经济问题和政治问题。这种企图分散无产阶级力量的反动政策，今天主要表现为黑帮对犹太人的屠杀，明天也许有人会想出某些更巧妙的新办法。我们无论如何要沉着地、持久地、耐心地宣传无产阶级的团结和科学的世界观，以此来抗击这种反动的政策，决不要燃起次要的意见分歧。"①

第二，在战略上，同宗教的矛盾必须服从于无产阶级争取社会主义革命斗争。

列宁说，我们当然应当同宗教作斗争，这是整个唯物主义的起码原则，因而也是马克思主义的起码原则。但是，马克思主义不是停留在起码原则上的唯物主义。马克思主义的辩证唯物主义认为，我们还必须善于同宗教作斗争，为此就要善于用唯物主义观点来说明群众中的信仰和宗教的根源。同宗教作斗争不应该限于抽象的、思想上的宣传，不能把它归结为这样的宣传，而应该把这一斗争同消灭产生宗教的社会根源的阶级斗争实践联系起来。只有消除了宗教得以产生和赖以存在的社会根源，才有可能彻底消除宗教偏见。

列宁认为，在阶级社会中，宗教的社会根源是人剥削人的社会经济制度，宗教对人类的压迫只不过是社会内部经济压迫的产物和反映。在现代资本主义社会内，宗教的根源是资本主义苦役制度的压迫和资本主义盲目破坏势力对人的统治。凡是不愿一直留在预备班的唯物主义者都

①　《列宁全集》第 10 卷，第 65—66 页。

应当首先而且特别注意这种根源。只要受资本主义苦役制度压迫，受资本主义盲目破坏势力摆布的群众自己还没有学会团结一致地、有组织地、有计划地、自觉地反对宗教的这种根源，反对任何形式的资本统治，那么，无论人们进行多么激烈的反宗教斗争，无论什么样的启蒙书籍，都不能使这些群众不信仰宗教。当然，这并不是说，消除宗教愚昧的启蒙书籍是多余的，而只是说，马克思主义政党进行的这种斗争，应该服从党的基本任务：发展被剥削群众反对剥削阶级的斗争。

列宁有关党对待宗教问题的战略和策略的论述，是符合马克思、恩格斯关于工人政党对待宗教的基本态度，处理宗教问题的基本精神的。

二　团结信教的劳动群众，不要把群众间的宗教分野置于政治分野之上

列宁指出，既然只有社会主义的胜利才能消除宗教的根源，只有被压迫阶级在政治上和经济上的彻底解放才能最后赢得从宗教偏见中的解放，因此党的首要任务，应该是团结整个工人阶级和劳动群众为反对剥削压迫、实现社会主义而斗争。团结是革命胜利的前提和保证，为了实现团结就不能强调群众在宗教信仰上的分歧。推翻剥削制度，对于被压迫群众，不论他们信教与否，都是合乎其切身利益的根本大事。列宁认为，被压迫阶级为创立人间天堂而进行的这种真正革命斗争的一致，要比无产者关于天堂的意见的一致更为重要。因此，党坚决反对那种强调群众间的宗教分野的主张，不允许用宗教信仰上的分歧来划分群众，从而破坏革命队伍在政治上的团结一致。列宁完全赞成恩格斯对无政府主义者反教权斗争的批判，因为他认为这种"左"的论调不过是无政府主义的空谈。其主要错误就在于他们不是把政治上的分野提到首位，而是把宗教的分野提到首位，使某些工人阶层和民主派忽视阶级斗争的迫切任务，而去重视资产阶级的虚伪表面的反教权主义运动。对于信教的工人和劳动群众，列宁主张我们不能因为他们有宗教偏见而厌恶他们，把他们推开，而要顽强地、机智地、耐心地利用政治斗争和经济斗争的每个行动去启发他们的阶级意识，使他们在共同斗争的基础上与有觉悟的无产阶级靠近。列宁举例说，在工人阶级的罢工斗争中，就不能把工人分成无神论者和基督教徒。在这种情况下，强调宗教信仰的分歧，搞什

么无神论宣传，就显得是多余的和有害的了。这并不是像庸人那样考虑不要把落后工人吓跑，不要在选举中落选，而是从政治上着眼，从实际推进阶级斗争出发。因为在现代资本主义社会环境中，阶级斗争能把信基督教的工人吸引到马克思主义政党和无神论这方面来，这比那种枯燥地宣传无神论、不明智地强调宗教分歧要有效一百倍。在1905年的"五一"劳动节前，列宁向工人阶级发出呼吁说："凡是从事劳动的人，凡是用自己的劳动养活富翁和显贵的人，凡是为了得到微薄的工资而在过分繁重的工作中过活的人，凡是永远享受不到自己的劳动果实的人，凡是在现代文明的奢侈和豪华中过着牛马生活的人，都应当伸出手来为工人的解放和幸福而斗争。丢掉不同民族或不同宗教信仰的工人之间的相互仇视吧！这种仇视只能有利于靠无产阶级的无知和分散过活的掠夺者和暴君。犹太人和基督教徒，阿尔明尼亚人和鞑靼人，波兰人和俄国人，芬兰人和瑞典人，拉脱维亚人和德国人——都应当在社会主义的共同旗帜下并肩前进。"[①] 不难想象，如果布尔什维克党不是按照列宁提出的这种方针来对待和处理宗教问题，而是按宗教的分野来划分群众和组织自己的革命队伍，那将会出现什么样的结果呢？那就必然会在被压迫阶级中燃起宗教仇恨，把俄国无产阶级革命变质为基督教徒与无神论者之间的一场混战，这就不可能有十月革命的胜利。

三　宗教，对国家而言，是私人的事情，但对马克思主义政党而言，不是私人的事情

对于恩格斯和德国社会民主党党章关于"宗教是私人的事情"的主张，列宁一方面表示赞同和接受，并对之作出了自己的解释和发挥；另一方面，却对第二国际对这句话的理解进行了猛烈的批判。列宁把这句话所标志的工人政党的宗教路线赋予了自己的内容，导向新的方向。

列宁在1905年写作的《社会主义与宗教》一文中，是这样来解读恩格斯这句话的：

应当宣布宗教是私人的事情。这句话通常是用来表示社会主义

---

① 《列宁全集》第8卷，第318页。

者对待宗教的态度的。但是，这句话的意义必须正确地说明，以免引起任何误解。就国家而言，我们要求宗教是私人的事情，但是就我们自己的党而言，我们无论如何也不能认为宗教是私人的事情。国家不应当同宗教发生关系，宗教团体不应当同国家政权发生联系。任何人都有充分自由信仰任何宗教，或者不承认任何宗教，就是说，像通常任何一个社会主义者那样做一个无神论者。在公民中间，完全不允许因为宗教信仰而产生权利不一样的现象。在正式文件里应当根本取消关于公民某种信仰的任何记载。决不应当把国家的钱补贴给国家教会，决不应当把国家的钱补贴给教会团体和宗教团体，这些团体应当是完全自由的、与政权无关的志同道合的公民联合会。只有彻底实现这些要求，才能结束以往那种可耻的、可诅咒的现象：教会象农奴般的依赖于国家，而俄国公民又象农奴般的依赖于国家教会；中世纪的宗教裁判所的法律（这种法律至今还列在我国的刑事法典和刑事法规中）仍然存在，并且仍然有效，这种法律追究人是否有信仰，摧残人的良心，把官位和俸禄同分配某种国家教会的劣质酒联系起来。教会与国家完全分离，这就是社会主义无产阶级向现代国家和现代教会提出的要求。①

列宁对于"宗教是私人的事情"的上述解读，其中心内容是彻底的宗教信仰自由和全面的政教分离。应该说，它全面地反映了那个时代的马克思主义政党处理和对待宗教问题的基本态度和基本政策。

可是，列宁却认为第二国际社会民主党在把这句话作为党在宗教战线的政治策略的同时，已经把它变成为"机会主义"。在列宁看来，他们把这一策略说成这样，似乎对于社会民主党而言，宗教也是私人的事情。按照列宁的说法，恩格斯是反对这种"机会主义"的，在19世纪90年代，恩格斯虽然没有同这种机会主义观点进行直接的争辩，但是他认为必须坚决反对这种观点，不过不是用辩论的方式而是采用正面叙述的方式。当时恩格斯有意地着重声明，社会民主党认为宗教对于国家来说是私人的事情，但是对于社会民主党本身，对于马克思主义，对于

---

① 《列宁全集》第 10 卷，第 62—63 页。

工人政党来说绝不是私人的事情。

照此说来，恩格斯所理解的"宗教是私人的事情"，只是对国家政权而言；而对于社会民主党，则绝非私人的事情。因此，第二国际社会民主党把这句话的适用范围，从"对国家来说"扩大到"对工人政党来说"，乃是对马克思主义宗教观的歪曲。在《社会主义与宗教》一文中，列宁对他的这一立场作了明确的宣布：

> 应当宣布宗教是私人的事情。这句话通常是用来表示社会主义者对待宗教的态度的。但是，这句话的意义必须正确地说明，以免引起任何误解。就国家而言，我们要求宗教是私人的事情，但是就我们自己的党而言，我们无论如何也不能认为宗教是私人的事情。[①]

列宁对宗教对国家而言是私人的事情的具体理解，前面已引述。那么，所谓"对党而言，宗教决非私人的事情"，列宁又是如何理解的呢？对此，列宁也有明确的宣告：

> 对于社会主义无产阶级政党，宗教并不是私人的事情。我们的党是觉悟的先进战士争取工人阶级解放的联盟。这样的联盟不能够而且也不应当对信仰宗教这种不觉悟、无知的蒙昧的表现置之不理。我们要求教会与国家完全分离，用纯粹的思想武器，而且仅仅是思想武器，用我们的书刊、我们的言论来跟宗教迷雾进行斗争。我们建立自己的组织，即俄国社会民主工党，也正是为了要反对任何通过宗教来愚弄工人的行为。从我们来说，思想斗争不是私人的事情，而是全党的、全体无产阶级的事情。[②]

按照列宁的宣告，如果社会主义工人政党任凭宗教迷雾愚弄工人阶级，对之不闻不问，视之为党员的个人"私事"而置之不理，其结果就会使党蜕化变质，丢弃了马克思主义哲学世界观，不再成其为马克思主

---

① 《列宁全集》第 10 卷，第 63 页。
② 同上书，第 64 页。

义政党和工人阶级的先锋队。

对于俄国社会民主工党内列宁斥之为"机会主义者"的那些人把宗教也说成党的私事的主张，列宁是严厉斥责的。他在 1909 年写的《论工人政党对宗教的态度》一文中写道：

> 无产阶级政党应当成为思想上的领袖，领导反对一切中世纪制度的斗争，其中包括反对陈腐的、官方的宗教，反对任何革新宗教、重新建立或用另一种方式建立宗教的企图等等。如果说，德国社会民主党人把工人政党要求国家宣布宗教为私人事情的主张偷换成宣布宗教对社会民主党人和社会民主党本身来说也是私人事情，如果说，恩格斯纠正这种机会主义所用的方式还比较缓和，那末俄国机会主义者仿效德国人的这种歪曲，就应当受到恩格斯严厉一百倍的斥责。①

显而易见，列宁对社会主义工人政党与宗教在世界观、意识形态的分歧和对立，持毫不妥协的态度，坚持工人政党要"跟宗教迷雾进行斗争"。不过列宁同时也清楚地强调，这种斗争乃是思想领域的斗争。斗争的武器仅限于"我们的书刊"、"我们的言论"，而不能诉诸剑拔弩张的强制手段，更不能使用国家政权才拥有的行政暴力和警察工具。在书面语言上，列宁把党和国家对待宗教的态度及各自的权限和手段划分得很清楚。

在列宁论宗教问题的论文中，笔者认为最重要的是《社会主义与宗教》、《论工人政党对宗教的态度》这两篇。而这两篇论文都用相当多的篇幅和凝重的笔调讨论"宗教是私人的事情"这个问题。列宁把自己的观点与第二国际尖锐地对立起来，明确地定性为在宗教问题上的他的革命路线与"机会主义"路线的路线之争。这个问题在列宁的宗教理论中的分量之重，于此可以想见。列宁亲自组织和指导的第三国际各国共产党，特别是夺取了政权的社会主义国家的共产党（包括苏联、中国和东欧等）都势所必然地把列宁的这些观点奉为处理宗教问题的指导思想。

---

① 《列宁选集》第 2 版，第 2 卷，第 384 页。

由于这个问题的重要性，我们今天在研究列宁的宗教理论时，必须充分重视。《社会主义与宗教》写于 1905 年，《论工人政党对宗教的态度》写于 1909 年，至今刚好 100 年左右。列宁的有关理论在这 100 年中受到了历史实践的检验。我们也常可听到来自各个方面的不同声音的反应。有赞成的、坚持的；也有部分赞成、部分反对的；甚至也有完全反对的。今天研究马克思主义、列宁主义的宗教理论的学者，以及党和国家的宗教实践工作者，应该而且也有条件对此问题进行实事求是的反思，作出恰当公正的回答。

四　宗教信仰自由

宗教信仰自由本质上是资产阶级在反封建斗争时期提出的一个民主主义口号，马克思、恩格斯在马克思主义理论基础上吸取了这个口号并充实了它的内容。在列宁时代，欧洲各国（除了俄国和土耳其以外）都逐步在政策上实现了信仰自由。封建专制主义的沙皇俄国却还保留着中世纪教权主义的可耻法律。东正教仍是居于统治地位的国家宗教，不信正教而信其他宗教的人受到法律上的歧视，没有宗教信仰的自由和平等权利。结束这种极不公道的状况，争取宗教信仰自由，是俄国革命的一项内容。早在 1895 年，列宁在社会民主党纲领草案的说明中就提出"宗教信仰自由，所有民族一律平等"的主张。1903 年，列宁在《给农村贫民》一文中，一方面揭露了沙皇俄国宗教信仰不自由的可耻状况，另一方面又具体说明了社会民主党关于宗教信仰自由的内容：

> 社会民主党要求每人都有充分的信仰自由的权利。欧洲各国中只有俄国和土耳其，还保留着一些可耻的法律，来反对不信仰正教而信其他教的人，反对分裂教派，反对其他教派信徒，反对犹太人。这些法律不是直接禁止一种宗教，就是禁止传布这种宗教，或者是剥夺信这种宗教的人的某些权利。所有这些法律，都是极不公道的，极强制的，极可耻的。每个人不仅应该有相信随便哪种宗教的完全自由，而且应该有传布随便哪种宗教和改信宗教的完全自由，哪一个当官的都管不着谁信的是什么教，这是个人信仰的问题，谁也管不着。不应该有什么"占统治阶级地位的"宗教和教

会。一切宗教，一切教会，在法律上都应该是平等的，各种宗教的僧侣可以由信那种教的教徒来供养，国家不应该用公款来帮助任何一种宗教，来供养任何僧侣，不管他是正教的，分裂教派的，还是其他任何教派的僧侣。社会民主党人就是为了这些在进行斗争。在这些办法还没有无条件实现以前，人民就一直要因为信教问题而受到可耻的、警察的迫害，也免不了对某一种宗教实行同样可耻的警察的袒护。①

在 1905 年写的《社会主义与宗教》中，列宁又把"不承认任何宗教"，做一个"无神论者"作为"宗教信仰自由"的补充内容：

> 任何人都有充分自由信仰任何宗教，或者不承认任何宗教，就是说，象通常任何一个社会主义者那样做一个无神论者。在公民中间，完全不允许因为宗教信仰而产生权利不一样的现象。②

列宁关于宗教信仰自由的具体内容，比之于资产阶级国家法律的同类规定，要全面很多。在后者那里，所谓信仰自由不过只是信仰宗教的自由，不信仰任何宗教的无神论者一般是受歧视的。而且统治阶级与其所信宗教的历史联系，各种宗教和教派在信仰和权利上的平等，常常不过是一纸空文，事实上只有那些本身不信仰任何宗教的政党，才有可能一视同仁地对待各种宗教的信仰者。列宁关于宗教信仰自由的具体主张，在无产阶级革命进程中，成了动员和团结各民族和各种宗教信仰者争取民主和自由、反对封建制度的武器，十月革命胜利后，则成了苏维埃社会主义国家处理宗教问题的基本政策。

宗教信仰自由政策与马克思主义对宗教的根本态度并无矛盾。如前所说，恩格斯和列宁都坚持主张：宗教对于国家而言是私人的事情。而宗教信仰自由，实质上无非是这个马克思主义原则的具体化、政策化而已。

---

① 《列宁全集》第 6 卷，第 364—365 页。
② 《列宁全集》第 10 卷，第 63 页。

第七节　十月革命胜利后，列宁有关
宗教问题的理论与实践

十月革命胜利以后，布尔什维克成了苏维埃国家的唯一的执政党。随着社会主义革命和社会主义建设的进展，宗教战线提出了新的问题和任务。如何把党关于宗教问题的基本理论和基本方针变为国家的法律和政策，成了布尔什维克党和苏维埃国家必须解决的课题。列宁在繁忙的国务活动中，仍分出必要的时间和精力，致力于宗教理论问题的研究和解决实际宗教问题的实践。列宁写作和发表了《在全俄女工第一次代表大会上的演说》（1918）、《俄共（布）党纲草案》（1919），《共青团的任务》（1920）、《论战斗唯物主义的意义》（1922）、《给伊·伊·斯克沃尔佐夫—斯切潘诺夫》（1922）等演说和论著，回答和解决了新时代提出的新任务。列宁这一时期在这方面的理论和实践，其主要内容，有以下三点。

一　保持党在世界观上的纯洁性和共产党员的先进性，以党纲、党纪形式重申党对宗教的基本态度

布尔什维克党作为执政党的地位使共产党掌握了各级机构的领导权。但是，党不等于国家，国家职能也不能把党的机能融化，党作为无产阶级先锋队的先进性不仅不能削弱，而且只能增强。党和国家的这种既有区别又有联系的关系，表现为宗教政策上的二重化：布尔什维克党作为国家权力的执掌者，要彻底实行宗教信仰自由和政教分离政策，但从党的性质说，则要保持自身的纯洁性和先进性，不能允许共产党员背离马克思主义世界观而信仰宗教。1919 年 3 月，党的"八大"通过了列宁拟订的《俄共（布）党纲草案》。在党纲第 13 条里，列宁明确宣布共产党人的基本态度："俄共对宗教政策是不满足于已经颁布过教会同国家分离、学校同教会分离的法令，即不满足于资产阶级民主制许诺过、但由于资本同宗教宣传有多种多样的实际联系而在世界上任何地方也没有彻底实行过的措施。党力求完全摧毁剥削阶级同宗教宣传组织之间的联系，同时使劳动群众实际上从宗教偏见中解放出来，并为此组织

最广泛的科学教育和反宗教的宣传工作。同时必须注意避免伤害信教者的感情，因为这种伤害只会加剧宗教狂。"①

在列宁看来，实行政教分离、信教自由，从性质上说，不属于共产主义革命的任务，而是资产阶级民主革命的任务。苏维埃国家执行这些政策是完成资产阶级民主制从未彻底完成的民主革命任务。共产党的任务和目的是，在当前是"完全摧毁剥削阶级和宗教宣传组织之间的联系"，防止剥削阶级利用宗教反对社会主义革命，最终目的则是"使劳动群众从实际上从宗教偏见中解放出来"。党纲的上述规定成了这一时期宗教工作的原则。

为了保持共产党员的先进性，以列宁为首的俄共中央在 1921 年发布了《关于违反党纲第 13 条和反宗教宣传的问题》的决议，对党员是否可以信教以及信教群众是否可以入党问题做了明确规定：除特殊情况外，党员一般不许信教。共产党员信仰宗教一般要开除出党。

该决议中第 1—6 条规定如下：

（1）任何担任教会神职工作的人，不管他的这种职务是多么重要，都不得入党，或成为预备党员，必须向现在仍担任神职的党员提出要求：立即同随便哪种宗教的教会断绝关系，如果他不脱离这种关系，就将他们开除出党。

（2）那些资产阶级出身的知识分子，如果他们不完全赞成党纲第 13 条，不得接受入党。……

（3）有些正在要求入党或已成为预备党员的人，由于经济和家庭生活条件而紧紧依附于那些尚未同教会断绝关系的周围人们（如农民和部分工人），如果因为这种依附关系，他们在个别场合下发生动摇并被迫举行某种宗教仪式（如由于在农村难于或不可按其他方式结婚而在教堂举行婚礼），以及同周围人民一起参加宗教性葬礼（家庭成员的），那末，在他们提出相应的申请之后，可接受为预备党员和转为正式党员。

（4）担任要职或积极从事苏维埃或党的工作的党员，如违反党

---

① 《列宁选集》第 2 版，第 3 卷，第 766 页。

纲中关于宗教关系的条文，同某种宗教信仰发生联系，一律开除出党。只有在个别情况下，考虑到党员觉悟不高，党员必须在那里生活和工作的环境落后，以及其担任职务本身的重要程度，可使之转为预备党员。

（5）在个别情况下，如有些信教者以自己的革命斗争或有利于革命工作，在最危险的时刻以保卫革命的行动证明自己忠于共产主义，作为例外，可允许他们入党。对于这些人要特别进行再教育，培养他们树立严整的、科学的马克思主义世界观，只有这种世界观才能根除宗教观念。

（6）关于党的纪律处分，转为预备党员或开除出党的全部决定，要在当地的机关刊物上发表，使周围的人都知道。在吸收周围的工人和农民参加党的基层组织的公开会议上，要提出这些问题，并且从原则上阐明我党对宗教与教会的观点。①

上述这些党章条文，实际上是宣告布尔什维克党已不再把宗教信仰当成"个人的私事"。不仅对党而言，不是"私人的事情"，而且对于国家而言，也不再是"私人的事情"。因为这些条文不仅宣布不许党员信仰宗教，而且还进一步宣告，要"使劳动群众实际上从宗教偏见中解放出来"。这就是说，要把全民变成"无神论者"，把国家变成"无神论国家"。

二　制定和颁布一系列宗教政策

从十月革命胜利后到 1924 年的六年中，列宁领导苏维埃国家制定了一系列宗教政策，保障公民的宗教信仰自由，改造旧式的教会组织，推行政教分离，把宗教生活和教会组织纳入苏维埃国家法制的正常轨道。

1918 年 1 月，即十月革命胜利之后不到三个月，列宁修订和发布了苏维埃人民委员会《关于信仰自由、教会和宗教团体》的法令，明文规定各级政府和组织"禁止发布任何排斥或限制信仰自由，或以公民信仰

---

① 《苏联宗教政策》，中国社会科学出版社 1980 年版，第 41—42 页。

为理由而规定任何优先权或特权的地方性法律或决议"；每个公民"都有权信奉或不信奉任何宗教。凡因信奉或不信奉某一宗教而剥夺权利的规定，一律废除"。为了保证使宗教信仰成为公民个人的私事，还宣布："从一切身份证、国家证明书和任何公开的法律文件中取消一切有关说明公民信奉或不信奉宗教的规定。"①

1918 年 7 月召开的全俄苏维埃第五次代表大会把信仰自由写进了《宪法》。《宪法》总纲第十三条规定："为保障劳动者享有真正的信仰自由，实行教会同国家分离和学校同教会分离，并承认所有公民都有进行宗教宣传与反宗教宣传的自由。"②

为了使少数民族迅速从沙俄民族沙文主义的各种奴役（其中包括宗教歧视）下解放出来，党及时地表明了自己的立场。列宁与斯大林共同签发的《俄罗斯各族人民权利宣言》宣布："废除任何民族的和民族宗教的一切特权和限制。"③ 又在《告俄罗斯和东方全体穆斯林劳动人民书》中宣布："今后，你们的信仰和习惯，你们的民族和文化机关都被宣布为自由的和不可侵犯的。"④

1918 年的《宗教法令》和《宪法》中有关宗教的另一重要内容是规定"教会同国家分离"。其中明文规定在国家机关不得举行任何宗教仪式，废除宗教宣誓，户籍管理、生死、结婚和离婚等事宜由民政机关办理，禁止在公私学校讲授宗教教义，取消了教会干预政务和社会生活的特权，保障了"教会同国家分立、学校同教会分立"原则的实现。

为了改造传统教会，消除它剥削奴役人民的职能，使之成为信教公民的联合会，列宁在 1917 年 11 月 8 日，也就是十月革命胜利后的第二天，即在当天召开的全俄工农代表苏维埃第二次代表大会通过的《土地法令》中宣布："一切土地，包括教会的土地，一律收归全民所有。"1918 年 1 月的《宗教法令》又进一步宣布："凡在俄国属于教会和宗教团体的全部财产宣布为人民的财产。……专供祈祷用的建筑物和物品，根据地方或中央国家政权机关的特别规定，转交有关宗教团体无偿使

---

① 《苏联宗教政策》，第 16 页。
② 同上书，第 23 页。
③ 同上书，第 10 页。
④ 同上书，第 12 页。

用。""任何教会和宗教团体都无权占有财产。任何教会和宗教团体都不享有法人的权利。"① 这些政策规定割断了教会同剥削制度的经济联系，限制了它干预政治和社会生活的活动余地，使教会有可能逐渐改造为信教公民结合起来的"完全自由的、与政权无关的志同道合的公民联合会"②。

十月革命后，列宁为党和国家制定的上述宗教政策的目的在于剥夺传统教会的特权，而其最终目的无疑是想在苏维埃国家消除宗教和教会赖以存在的经济基础，最后消除宗教的存在，这就激化了党和国家与宗教和教会的矛盾。教会是不会心甘情愿地接受下来的。教会组织不但不愿割断其与剥削阶级的传统联系，而且与反对苏维埃政权的敌人勾结起来，利用宗教在群众中的传统影响，为敌人发动的反对苏维埃政权的内战服务。在一段时期内，与宗教教会势力的矛盾是相当尖锐的。各级行政部门在执行宗教政策中出现了不少"左"倾偏向。在这种情况下，列宁又不得不站出来反对这种"左"的倾向。1918 年列宁在全俄女工第一次代表大会上的演说中特别指出："同宗教偏见作斗争，必须特别慎重；在这一斗争中伤害宗教感情，会带来许多害处。应当通过宣传教育进行斗争，斗争搞得过于激烈会引起群众憎恨；这样的斗争会加深群众在宗教问题上的分裂，而我们的力量在于团结。"③

根据列宁关于不要伤害宗教感情的一贯指示精神，1918 年 12 月，司法人民委员部八局发出《关于教会同国家分离问题的通告》，《通告》共十七条，主要是纠正各级行政部门执行宗教政策出现的一些"左"倾偏向。如针对有些地方把祈祷用的物品改做旗帜之类情况，《通告》指出："所有这些行为首先是不合法的；其次，这些不适当行为触犯到部分公民的宗教感情；此外，损坏和降低了物品的价值，而且常常毁掉艺术价值；利用这些东西做革命的标志旗帜等，也失去内在含义。"又如：某些地方借口特殊惩处而强制神职人员参加诸如清扫大街、集市场院和其他粗活等义务劳动，八局（即"贯彻宗教法特别部"）《通告》认为这

① 《苏联宗教政策》，第 17 页。
② 《列宁全集》第 10 卷，第 63 页。
③ 《列宁全集》第 28 卷，第 163 页。

些是"完全错误的"。因为"任何宗教的神职人员穿着自己专门的服装出现在人数众多的广场和街道上，参加强制性的粗活，不仅会引起该宗教拥护者的愤怒，并从而为把这些神职人员描绘成某些为理想而殉道者制造了口实；此外，这些对劳动义务的曲解是同人民委员会今年12月10日的法令直接抵触的"。《通告》贯穿了列宁指示的基本情神，要按照国家法令实现宗教与国家分离。因此，要求拆除公共场所的圣像、把它们转交宗教团体、博物馆或国库保管，同时，对那些打着宗教幌子宣传反对苏维埃政权，参与反革命阴谋的神职人员，则给予打击，依法审处。

列宁为党和国家制定的各项宗教政策，是他的宗教理论的具体化，但宗教政策的制定、实施和完善是一个过程。现实生活总是复杂的，往往超出固定的原则和原来的估计。政策的不完善，执行人对政策理解的不恰当，以及反动教会的反抗与破坏，都会在宗教领域掀起新的波澜，道路是曲折的，偏向是难以避免的。但是，无论是成功的经验，还是失败的教训，都将为后代留下宝贵的借鉴。

三　普及科学世界观和无神论教育

列宁在十月革命之前和革命胜利之后，始终一贯地关注对工人阶级和人民群众进行科学世界观和无神论的宣传教育，因为他确信群众一旦摆脱宗教偏见的束缚，就会产生更高的社会主义自觉性和革命积极性。早在1902年的《政治鼓动和"阶级观点"》一文中列宁就指出："教育在人民中愈普及，宗教的偏见愈是被社会主义觉悟所代替，无产阶级胜利的日子就愈近，这个胜利将把一切被压迫阶级从现代社会的奴役下拯救出来。"[1] 1905年的《社会主义与宗教》则把无神论宣传作为党的宣传工作之一，具体指示，要求出版有关的科学书籍，翻译和大量传播法国18世纪的启蒙著作和无神论著作。[2]

但是，列宁当时已把所谓"打倒宗教、无神论万岁"的口号斥为

---

① 《列宁全集》第5卷，第305页。
② 《列宁全集》第10卷，第65页。

"一种肤浅的、资产阶级的、狭隘文化主义的观点"①。列宁认为，在革命年代，马克思主义的无神论宣传，主要内容应该是善于用历史唯物主义观点来说明群众中的信仰和宗教的根源，把工人阶级和被压迫人民引导到消灭宗教之社会根源的社会主义革命实践中来。

十月革命虽然取得胜利，但传统宗教并未就此消失。列宁认为，党不能低估传统宗教对人们的影响。1919 年 2 月 25 日，列宁在《俄共（布）党纲草案》中再一次提出了无神论教育问题："无产阶级专政应当坚持不懈地使劳动群众实际上从宗教偏见中解放出来，为此就要进行宣传和提高群众的觉悟，同时注意避免伤害信教者的感情，避免加剧宗教狂热。"②

1922 年，《在马克思主义旗帜下》杂志创刊。列宁抱病写作了《论战斗唯物主义的意义》一文，指示要把这个杂志办成一个继承和发扬唯物主义战斗传统的战斗无神论的机关刊物，并尖锐地批评了主管部门忽视无神论宣传的官僚主义：

> 这个要成为战斗唯物主义机关刊物的杂志，首先应该是一个战斗的机关刊物，这就是说，不管一切现代"僧侣主义的有学位的奴仆"是官方科学界的代表人物，还是以"民主主义左派或有社会主义思想的"政论家自命的志愿兵"都应坚决地加以揭露和追击"。其次，这个杂志应该是一个战斗的无神论的机关刊物，我们有些主管部门，至少有些国家机关是专门抓这个工作的。但是，这个工作做得非常软弱无力，非常不能令人满意，这大概是由我们道地的俄罗斯式的（虽然是苏维埃式的）官僚主义的一般条件所造成的。因此，为了协助有关国家机关进行这一工作，为了纠正和加强这一工作，这个以担当战斗唯物主义机关刊物为己任的杂志，就要不倦地进行无神论的宣传和斗争，这一点是非常重要的。③

---

① 《列宁选集》第 2 版，第 2 卷，第 378 页。
② 《列宁选集》第 2 版，第 3 卷，第 746 页。
③ 《列宁选集》第 2 版，第 4 卷，第 604—605 页。

列宁具体地指示布尔什维克党，要实现恩格斯的遗嘱，把 18 世纪的战斗无神论文献翻译出来，广泛地传播到人民中去。杂志必须用许多篇幅进行无神论宣传，评价有关著作，特别重要的是要利用那些有许多具体事实和对比，来说明现代资产阶级的阶级利益、阶级组织同宗教团体、宗教宣传组织之间的关系的书籍和小册子。列宁希望马克思主义者们要重视对那些被社会置于愚昧无知和囿于宗教偏见的千百万人民群众进行无神论教育，应该把各种无神论的宣传材料供给他们，把实际生活各个方面的事实告诉他们，用各种办法来影响他们，以引起他们的兴趣，唤醒他们的宗教迷梦，用种种办法从各方面使他们振作起来。"最重要的事情，也是我们那些貌似马克思主义而事实上却在歪曲马克思主义的共产党员往往忽视的事情，就是善于唤起最落后的群众自觉地对待宗教问题，自觉地批判宗教。"① 这些明确具体的指示，充分说明列宁在夺取政权之后，仍然对无神论宣传教育工作，继续给予了高度重视。

《论战斗唯物主义的意义》是列宁生前关于哲学与宗教问题的最后一篇重要著作，它被马克思主义理论工作者视为列宁的哲学遗嘱。对于马克思主义理论工作者来说，如何联系现实生活的实际，理解列宁的这些意见，仍是有待解决的课题。

×　　　　　　　×　　　　　　　×

总结上述关于列宁宗教理论与宗教实践的讨论，笔者有如下二点结论意见：

一、列宁在宗教理论和宗教实践的各个方面，都是力图应用马克思主义哲学世界观（辩证唯物论和历史唯物论）和宗教观说明他在布尔什维克党领导的俄国革命中所遭遇到的宗教战线的各种问题。他关于宗教问题的几篇重要论文，其论述的内容，几乎都可在马克思、恩格斯的有关论著中找到根据。因此，笔者不赞成把列宁的宗教观视为有别于马克思主义宗教观的对立物。

二、在理解和分析宗教战线上的各种理论问题和实践问题时，列宁特别强调历史唯物论关于阶级斗争的理论和阶级分析的方法。在这种理论和方法的支配之下，列宁一般总是把宗教视之为反动统治阶级对革命

---

① 《列宁选集》第 2 版，第 4 卷，第 606 页。

人民和被压迫阶级进行精神麻醉的"鸦片烟",是对人民进行精神压迫的"精神棍棒",是反动统治阶级维持其反动统治秩序的工具,起着与"警察职能"一样的"牧师职能"。在列宁的宗教理论中,宗教的社会功能完全是消极的、反动的,布尔什维克党在任何时候都必须坚持进行反宗教斗争。在宗教的阶级属性和宗教的社会功能问题上,列宁的观点难免有简单化、绝对化之误。在这方面,他不同于马克思和恩格斯。早在《〈黑格尔法哲学批判〉导言》中,马克思就说"对宗教的批判实际上已经结束";对天国的批判演变成对尘世的批判,对宗教的批判演变成对法的批判,对神学的批判演变成对政治的批判。而列宁却说,对于工人政党来说,宗教不是私人的事情,而要在思想战线上坚持不懈地同宗教迷雾进行斗争。恩格斯晚期,仍然坚持用历史唯物主义的阶级分析方法对宗教的阶级属性及其在不同历史阶段所发挥的社会功能进行阶级分析,但他在肯定传统宗教一般为统治阶级服务的同时,也承认它有时也可为被压迫阶级服务(早期基督教、中世纪异端神学、德国农民战争);同时,还进一步承认近代资产阶级三次革命均曾利用基督教作为资产阶级革命的意识形态的"外衣",恩格斯的宗教理论事实上承认宗教的社会历史功能有两面性。可是在列宁那里,这种"两面性"完全被放诸视野之外,宗教被说成只有为反动统治阶级服务,只起消极反动的社会作用的"一面性"。列宁的宗教理论有一种比较明显的倾向:就是把马克思、恩格斯对宗教的批判引向更激进、更"左"的方向。这种倾向并不完全符合于马、恩成熟时期的宗教观。

为什么列宁的宗教理论会出现"左"倾的倾向性呢?显然与他把马克思所说"宗教是人民的鸦片"那句名言,从"左"的方面作了过于夸张的理解有关。列宁竟把这句比喻性的话说成是"马克思主义在宗教问题上全部世界观的基石"。既然如此,宗教作为"麻醉人民的鸦片",自然只能是为反动统治阶级服务的反动工具了,其社会历史功能便只有反动消极的"一面性",而没有"两面性"了。"鸦片基石论"不符合马克思的原意,它是列宁主义"在宗教问题上全部世界观的基石"。"鸦片基石论"贯穿于列宁关于宗教理论和宗教实践的各个基本方面,正是这个"鸦片基石论"把列宁的宗教理论的后继人越来越甚地引导到"'左'倾片面性",偏离了成熟时期的马克思主义宗教观。

附 录

苏联时代的宗教理论、政策、实践与反思

张雅平

　　十月革命，结束了沙俄的统治，列宁领导的苏维埃取得了政权。无论是苏俄还是随后成立的苏联，也无论是列宁还是后来的各代领导人，他们在面对各种纷繁复杂的国内外重大问题中，宗教都一直是其中必须认真对待的问题，因为，俄国历史上自 988 年接受基督教（基督教东派，即东正教）以后，就成为政教合一的国家。居民绝大多数都信教。教会作为国家机器的一部分，享有政治上、经济上、教育上的极大特权。在苏联七十多年的历史中，世界上第一个社会主义国家与宗教的剪不断、理还乱的关系，形成了自己的理论、政策和实践。我们今天回顾这一段历史，从中总结出有意义的经验与教训，应该是一件十分有益的事情。

　　关于宗教，以及如何在无产阶级专政国家正确认识和处理宗教问题、保护信仰自由的一系列宗教观，是马克思和恩格斯理论的重要组成部分。苏联在推行信仰自由原则的过程中，应该说，理论上是始终宣称这一原则的，但是在具体的实践中却要复杂得多。因为，他们要面对的是自己特定的国情。所以，1917 年列宁的革命在打碎旧的国家机器的同时，对教会采取了更多的否定态度，使教会受到致命打击，这是不言而喻的。随着苏联革命和建设的深入发展，随着苏联党和国家领导人的更替，特别是面临不同时期的国内外历史环境，苏联的国内外政策都有不同的甚至是更巨大的变化，而与教会的关系也发生了不同的政策与实践。也正是因为与宗教的关系是俄国社会生活的一个极其重要的方面，

所以这种关系的改变就会影响到政治经济文化和人民精神生活的方方面面。大体上，苏联七十余年的历史上，在宗教理论和宗教实践的演变方面可以划分为六个阶段。下面本文分阶段予以概述。

一 苏俄初期把教会与国家实行分离（1917—1925）

马克思主义认为，"教会与国家分离"，是保证每个社会成员在信仰和不信仰之间进行自由选择的最重要的条件。马克思、恩格斯在《共产党在德国的要求》一文中指出："彻底实行政教分离。"[①] 这一原则也是俄国社会民主党最早的纲领中所明确规定的。列宁在《社会主义与宗教》（1905）一文中指出："教会与国家完全分离，这就是社会主义无产阶级向现代国家和现代教会提出的要求。"为此他还做了这样的阐述："国家不应当同宗教发生关系，宗教团体不应当同国家政权发生联系。任何人都有充分自由信仰任何宗教，或者不承认任何宗教。就是说，像通常任何一个社会主义者那样，做一个无神论者。在公民中间，完全不允许因为宗教信仰而产生权利不一样的现象。在正式文件里应当根本取消关于公民某种信仰的任何记载。决不应当把国家的钱补贴给教会团体，这些团体应当是完全自由的、与政治无关的、志同道合的公民联合会。"[②]

十月革命胜利以后，无产阶级专政国家将保障信仰自由的问题从理论领域转到了社会实践。苏维埃政府颁布了一系列法令和政策：《土地法令》把所有寺院的土地和教会的土地移交给了乡、县的土地委员会和农民代表同盟会；《俄国各族人民权利宣言》（1917 年 11 月 15 日）和《告俄国全体穆斯林劳动人民书》（1917 年 12 月 3 日）取消了对所有民族所有宗教的特权和限制；《离婚法令》（1917 年 12 月 29 日）和《婚姻、子女和公民户籍登记法令》（1917 年 12 月 31 日）废除了教会对家庭婚姻的作用，教堂婚姻不再具有法律效力；《关于将教育事务转交人民委员会的决议》（1917 年 12 月 11 日）则把教育与宗教完全脱钩。

为了使这些法规更加健全和完善，在十月革命刚刚取得胜利，苏维

---

① 《马克思恩格斯全集》第 5 卷，第 21 页。
② 《列宁全集》第 12 卷，第 132 页。

埃政府面临百废待兴的局面时，就把政教分离问题提到了亟待解决的重要议事日程上，为此，成立了由人民教育委员会卢那察尔斯基，人民司法委员会斯图奇卡、克拉西科夫，知名律师列伊斯涅尔和神职人员加尔金参加的起草委员会。委员会极短时间内便完成了任务，将"教会与国家分离的法令"草案于 1917 年 12 月 31 日在《人民事务报》上登载，条款具体如下：

1. 宗教是苏维埃每个公民的私事；

2. 禁止制定限制信仰自由的地方法律法规；

3. 每个公民可以根据自己的意愿信仰某一宗教或不信仰任何宗教；

4. 在所有国家机关取消正式的教会仪式；

5. 取消宗教宣誓，代之以庄严承诺；

6. 进行出生、死亡和婚姻登记无需神职人员参与；

7. 教会和宗教社团等同于私人社团；

8. 在学校中取消所有宗教题目的讲授；

9. 不允许强制追缴教会的收集款；

10. 教会和宗教社团无权享有私有财产，无权获得法人资格；

11. 教会和宗教社团的所有财产从法令颁布之日起归入国家财产所有；

12. 基层教区财产上交乡村、市自治委员会；

13. 教会建筑物只供给管理宗教物品的机构使用。

次年 1 月 18 日，人民司法委员会审查了该草案，并提交给列宁。1 月 20 日，列宁认真研究草案后对它做了一系列重要修改和补充，并于当天获得苏维埃人民委员会通过。该法令 1 月 23 日在政府官方机关报《临时工农政府报》上刊登，题目是《关于教会与国家分离和学校与教会分离的法令》。全文如下：

关于信仰自由、教会和宗教团体

一、教会同国家分离。

二、在共和国境内，禁止发布任何排斥或限制信仰自由、或以公民的宗教信仰为理由而规定任何优先权或特权的地方性法律或决议。

三、每个公民都有权信奉或不信奉任何宗教。凡因信奉或不信奉某一宗教而剥夺权利的规定，一律废除（从一切身份证、国家证明书和任何公开法律文件中取消一切有关说明公民宗教信仰的规定）。

四、国家机关和其他公开的社会权力机关在进行活动时，不得举行任何宗教仪式。

五、保障举行宗教仪式的自由，但以不破坏社会秩序和不侵犯苏维埃共和国公民的权利为限。如果发生上述情况，地方政权有采取一切必要措施来保障社会秩序和安全。

六、任何人不得以自己的宗教观点为借口，逃避履行自己的公民义务。任何个别情况，只有根据人民法院的规定，以一项公民义务代替（或交换）另一项公民义务为条件，准许例外。

七、废除宗教宣誓，在必要时，只做庄严的保证。

八、户籍工作只有民政机关，即婚姻和出生（或死亡）登记处办理。

九、学校同教会分离。在一切讲授普通科目的国立、公立和私立的学校中，禁止讲授宗教教义。公民可以私人教授或学习宗教教义。

十、一切教会或宗教团体均需遵守关于私人社团的一般条例；国家和地方自治机关不给予任何特权和津贴。

十一、不得为教会和宗教团体的利益强制征收捐款或课税，这些教会或宗教团体不得对本组织的成员采取强制手段或惩罚措施。

十二、任何教会和宗教团体都无权占有财产。任何教会和宗教团体都不享有法人的权利。

十三、凡在俄国属于教会和宗教团体的全部财产都宣布为人民的财产（登记、保管和经营管理专供祈祷用的建筑物或物品的手续，均按地方和中央国家政权机关的规定办理）。

专供祈祷用的建筑物和物品，根据地方政府或中央国家政权机关的特别规定，转交有关宗教团体无偿使用。①

----

① 《苏联宗教政策》，中国社会科学出版社1980年版，第16—18页。

如果把正式法令和草案比较，可以看出，列宁对草案的修改更全面地考虑到了信教公民的需要，扩大了群众的权利，例如，他特别强调"每个公民都有权信奉宗教和不信奉任何宗教"，明确提出要"保障举行宗教仪式的自由"，甚至具体到"公民可以私人教授或学习宗教教义"，宗教团体可以无偿使用"专供祈祷用的建筑物和物品"等，这就表明无产阶级专政的苏维埃政权，不但保障无神论者不信教的自由，也尊重和保障广大信教群众的自由和权利。

颁布这一法令的意义在于，苏维埃国家在其进行社会主义改造的同时，还需要解决资产阶级民主的课题。这就关系到在现实中应该切实给公民以信教自由。它一方面"结束以往那种可耻的、可诅咒的现象：教会农奴般地依赖于国家、而俄国公民又农奴般地依赖于国家教会；中世纪的宗教裁判所的法律仍然存在，并且仍然有效，这种法律追究人是否有信仰，摧残人的良心，把官位和俸禄同布施某种国家教会劣质酒联系起来"①。另一方面，列宁的法令并不指向消灭宗教或者禁止教会活动。对此，当时的资产阶级和教会的报纸也不否认。法令要改变的是一种社会环境，它要创造条件，使每个公民可以自由选择自己对宗教的态度，是做信徒还是做无神论者。苏维埃人民事务委员会行政事务部主任邦奇—布卢耶维奇说："劳动人民完全拥护《教会与国家分离、学校与教会分离》的法令，必须制定法令的条件早已成熟。"② 因此，当法令公布以后，也就是在苏维埃政权的早期，群众大批脱离教会形成热潮，首先是东正教徒。不可否认，这种热潮有形势所迫，整个大环境的气氛使一些人随大流；但确实应该承认，在俄罗斯近千年的历史上，俄国民众第一次享有了选择信教或不信教的权利，使广大民众有了一种解放了的清新感觉，一些人起来控诉教会的压迫，一些信徒则在脱离教会后要求参加红军，为苏维埃工作。这正是在列宁正确的宗教理论和政策指导下的主流所在。

广大教徒群众接受法令，而宗教职业者特别是教会上层则极力反

① 《列宁论无神论宗教与教会》，华文出版社1993年版，第73页。
② 《邦奇—布卢耶维奇选集》第一卷，莫斯科，1959年版，第81页。

对。教会方面早在十月革命胜利前夕已加紧活动，多次召开全俄最高宗教会议，反复、充分地讨论怎样对待与国家新政权的关系问题。并且，恢复了已中断近 200 年的牧首制。牧首直接给列宁写信，称法令是对教会"撒旦式的镇压"，组织集会向政府请愿，要求撤销法令；还对政府工作人员使用暴力，散发反对苏维埃的传单，号召教徒对抗政府的措施。教会上层的敌对情绪直接影响了许多信徒，从城市到乡村，他们走街串巷游行和祈祷，受到政府的阻止，双方发生冲突，甚至酿成流血事件。当然，教会的反抗徒劳无益，而且，神职人员的这种无理性的行为，反而使苏维埃政府把他们列入革命敌对者的阵营。应该说，苏维埃政权的法令，有许多是取得政权前社会民主党党纲中或列宁的文章中早已阐明的观点。敌对教会上层所维护的不是广大人民群众其中也包括信教群众的真正利益，而只不过是他们千方百计所拥有的特权，取消这种特权毫无疑问是正确的。但同时也应该看到，法令中的规定有一些是超出了革命党人的许诺的，如取消教会法人地位和没收教会全部财产的规定，实际上为一些人反对苏维埃政府的信仰自由政策抓到了把柄。在这样的政策指引下，至 1921 年底，全国的 600 个修道院关闭，教职界严重减员。

教会受挫后的抵制反抗，是极其激烈的。在这种情况下，地方政权在贯彻法令时，也显得自制力不足，缺乏冷静，在解决问题时往往急于求成，最便捷的手段就是采取行政压制。到 1918 年 4 月，苏维埃人民委员会通过决议，责成人民司法委员会组建一个机构，调控地方政权对法令条规的实施，负责解释宗教政策和相关法律。5 月，"贯彻宗教法特别部"（称为"八局"）成立，它具有咨询机构的性质，即在征求听取各政府部门人士和各教会代表的意见的基础上，主要是查明并解决在贯彻法令中出现的"带有苗头性的事件"；提出消除对法令的不同认识的办法，帮助政府机关化解宗教组织的反革命活动，以及对法令做出一些必要的补充和解释。尽管宗教对群众的影响已不如从前，但是群众仍然对任何不合法的侵犯宗教信仰的行为相当敏感。所以苏维埃政府仍致力于，一方面防止僧侣和教会组织对法规的破坏，同时要纠正地方政权的不当行为。

"八局"从 1918 年存在至 1924 年。在这段时间，苏联经历了国内战争和外国的武装干涉。内战造成物资匮乏、资金短缺，加上遇到大旱灾，民生成了问题。面对这种极其困难的局面，1922 年，苏维埃中央执行委员会发布了《没收教会贵重物品与饥饿作斗争的法令》，但却遭到教会殊死反抗。许多教堂聚众与政府工作人员对峙，甚至发生流血事件。列宁在给俄共（布）中央政治局委员会的信中指出，"不惜镇压任何反抗来没收教会的贵重物品"；"特别是最富有的大修道院、修道院、教堂的，必须无情而果断地、绝对不惜采取一切手段地在最短期限内完成。我们在此能枪决的反动僧侣和反动资产阶级代表人物数量越多越好。恰恰在现在，应当教训一下这帮人，以致他们在几十年里都不敢想进行任何反抗"①。从列宁信中所用的文字和语气不难看出，当时教会与国家之间的对立到了何等激烈的地步。在与政府的抗争过程中，教会内部逐渐分裂成两派：一派表示坚决与政府对抗到底，而支持政府的改革派则提出取消牧首职务，废除牧首制，以及一系列革新教义的主张。东正教会中出现的这种改革派，可以说是教会中的"左派"。由于主张亲近新政权，因而获得了政府的支持，然而他们的一些激进思想也不免脱离当时的教徒群众，他们中的某些人政治野心比较大，相互间纷争不止，因此，尽管政权支持改革派，甚至把大批教堂归他们管理，但拥护他们的人越来越少。而面临教会生死存亡的关头，教会领袖吉洪为了保全教会，不得不转变了仇视新社会和国家制度的态度，并于 1923 年 6月 16 日致信俄罗斯最高联邦法院，表示放弃反苏维埃立场。随着吉洪政治态度上的变化，加上吉洪大牧首所处的特殊位置和传统力量赋予其的威望，他所代表的中间派仍然成为而且始终是教会的主流，也最终得到国家的支持。1925 年 4 月吉洪去世，他在遗书中劝告东正教僧侣"别指望恢复君主专制制度。要相信苏维埃政权是真正人民的工农政权，因而是牢固的、不可动摇的。我们谴责对政权的任何反抗、险恶阴谋和仇恨行为"。1927 年 7 月，代理牧首谢尔吉连同 5 名主教，发表教牧宣言，表示忠于苏维埃政权，奉公守法。伊斯兰教、旧礼仪派、路德派和浸礼派、亚美尼亚戈里高利教会、东正教的传统派和革新派都公开声

---

①　苏联在 1990 年 4 月公开的 1922 年 3 月 19 日的绝密文件，转引自《列宁论无神论、宗教和教会》，华文出版社 1993 年版，第 523 页。

明，忠于苏维埃政权，信教群众无条件履行公民义务。就这样，在极其复杂的条件下，苏维埃国家完成了教会与国家的分离、学校与教会的分离，政教关系第一次以全新的面貌出现了。

回顾这一段以政教分离工作为重点的苏维埃新生政权的宗教工作政策与实践看，它建立了社会主义国家与宗教的关系，这是史无前例的。如果从俄国政教合一的近千年历史积淀下来的包括政治、经济、文化以及广大民众精神中所遗留下来的沉重包袱看，能够迅速地解决这一问题，显然其功绩是彪炳俄国历史的。但也正因为如此，它所碰到的困难是可想而知的，因此它不可避免地在解决问题的方法上有许多的失误和错误，诸如经常无根据地限制教徒权利或单方面地破坏法令；在解决群众精神生活的问题方面，在取缔部分僧侣的反政府行为的掌控方面，行政压制手段政府用得过多，用得得心应手。

今天，当我们把政教分离法令作为列宁的遗产的一部分看，在对它进行反思的时候，我们应该考虑到历史的具体条件。列宁把这个时期的诸多法令叫做"针对群众事务的指示"，或叫"须知"（俄文这个词还有"详细办法"的意思）。列宁同时指出，"其中可能有做不到的、错误的、经不住实践检验的内容"[①]。这一时期的法令并没有提出一蹴而就地解决社会主义社会宗教组织的法律地位的问题，主管宗教工作机构中的一些人也意识到这一点，从他们在工作讨论中可以看到，例如他们指出，宗教教会"作为财产权的主体，又没有法人资格，没有财政人资格，这在法律上是谬论"。"剥夺宗教社团的法人权利虽然是违背法律的，但现在是战争时期，不能根据政治原则给他们这个权利。""大的教会（东正教、天主教）毫无疑问与苏维埃政权是敌对的，他们是我们的敌人，因此在制定12、13条的问题上不能有丝毫的姑息。"但不幸，列宁过早地去世了，这些问题如苏联国内外的许多重大问题只能留给他的接班人去解决了。

二　社会主义建设初期的"反宗教偏见斗争"（1925—1940）

列宁逝世后，党和国家的领导工作由斯大林继承了。斯大林对宗

① 《列宁全集》第38卷，俄文版，第198—199页。

教、宗教职业者和信徒的态度是很反感的。在一次被问到耶稣教徒是否有"好的品质"时，他以极其轻蔑的口气回答："是的，为了实现丑恶的目的，他们在工作中有一贯性和顽强性。但是，它们的基本方法是监视、间谍活动、刺探情况和侮辱人，这里能有什么是好的呢？"① 他提出了"集体化、反富农斗争、反暗害分子、反宗教宣传等等，是我国宪法所确定的苏联工农不可剥夺的权利"②。

应该说，在列宁去世后的初期，苏联宗教工作基本上还是按照列宁所制定的宗教法令进行的。在一些地区，特别是民族地区，执行的宗教政策比较好，例如在中亚民族地区，伊斯兰宗教上层过去拥有的那些封建特权被取消了，一些以伊斯兰名义实行的迷信的陈规陋习被穆斯林丢弃了，广大穆斯林得到了新生。随着生产的发展，不少游牧的穆斯林定居下来，不少村落发展成大城市。③ 从效果看出，那时实行的宗教政策基本是正确的。但是，在苏联其他地方，从 20 年代中期，背离列宁基本政策的迹象越来越明显。

国家的宗教政策，它只是为清除原有的封建—资产阶级信仰自由的一种手段。根据马克思列宁主义的信仰自由原则，社会主义发展时期发挥最重要作用的，应该是党的社会政治的、经济的和文化的政策，应该在这些方面善于对信教者做工作（况且信教者是绝大多数，绝大多数人不可能一下子变成马克思主义者）。为此，就必须寻找新的方式发展政府与教会的关系，同时考虑到政教已经分离，大的主要的宗教组织已经宣布在政治上归顺新制度。政教已经分开，因此，政策应该作相应的改变。

然而，在领导人的理论方针和政策上并无新的思路。而原有的一些正确的东西慢慢丢掉了。至 1929 年，宗教政策事务改为由内务部主要处理。它负责整体监控宗教组织的活动及他们遵守法规的情况；负责登记，提出落实代表大会的办法，取缔披着宗教外衣行反社会活动的组织。在俄共中央反宗教委员会的文件中保留着一份"关于宗教崇拜和教

---

① 《斯大林全集》第 13 卷，1932 年版，第 101 页。
② 《斯大林全集》第 4 卷，第 320 页。
③ 参见王建平内部报告，第 240 页。

会财产状况"的草案文件。这个草案有 33 条，其中规定了教徒小组登记程序及其权利、使用建筑物和财务的权利、游行聚会、仪式的权利、新建祈祷所的条件等。草案第一部分"一般原则"包含了列宁法令的基本条款。例如第一条"每个公民都有权信奉或不信奉任何宗教。凡因信奉或不信奉某一宗教而剥夺权利的规定，一律废除"，第四条"任何人不得以自己的宗教观点为借口，逃避履行自己的公民义务。任何个别情况，只有根据人民法院的规定，以一项公民义务代替（或交换）另一项公民义务为条件，准许例外"。但是部分条款背离了列宁的原则。例如第六条关于讲授宗教教义的条款，取消了关键部分。列宁说的"公民可以私人讲授或学习宗教教义"变成了"禁止公民个人或在家庭讲授教义"，草案只允许教徒小组在有权使用的活动场地学习和活动。这个草案较之 1918 年的法令没有什么新内容。若干最实质的问题如宗教组织的法人地位、宗教宣传的形式和条件、教会财产等问题都没能说明和突破，而这些问题在新的条件下本是迫切需要解决和有所变化的。

与此同时，社会上围绕宗教的前景、宗教组织在社会主义社会的职能、反宗教工作的形势和意义、反宗教工作与党的整个意识形态的关系及其对世俗化的影响等这些问题，进行激烈的辩论；从而引发了对宗教法的讨论。但是，由于受斯大林个人崇拜的影响，这场讨论最后变成了探讨用什么新形势控制宗教活动，直接表现就是对宗教活动进一步限制。例如，20 年代后期，全俄中央执行委员会对地方政权机关有这样的指示："禁止在宗教会议和教派代表大会上讨论解决与宗教和崇拜无关的问题，例如经济问题、政治问题、文化教育问题等"；"禁止教派组织设立任何儿童小组、青少年小组、妇女小组，不允许以圣经小组、文学小组、劳动小组等形式组织会议指导孩子和妇女"[①]。限制是严厉的。在农业合作化运动中，基督教徒的合作组和农业社在生产和传教方面都蓬勃开展，后来被完全禁止。破坏禁令要受到行政处罚或刑事处罚。教会的最高负责人谢尔吉（代理牧首）的例子可作说明：1928 年 5 月，克里米亚发生地震和水灾，谢尔吉致信给教徒征集钱物，以帮助克里米亚地区抗震救灾，指示各主教区做这个工作。内务人民委员部认为此举

①　中央国家十月革命档案馆藏书。

违反了法令，需要追究法律责任。虽然最终没有上法庭，后来谢尔吉以书面保证以后不再发生此类事件。

在初期社会主义建设过程中，斯大林关于阶级斗争的理论逐渐深入社会意识。斯大林认为，社会主义建设越深入发展，阶级斗争就越激烈。这种理论把苏维埃社会分成两个不可调和的阵营，无产阶级和农民是一方，资产阶级是一方；而宗教则是传播资产阶级影响的导体，是"富农新经济政策时期资本主义分子"的帮凶；宗教组织"动员反动分子和不太觉悟的人对抗苏维埃政权和共产党的措施"。这就使全社会形成一种舆论，即，宗教人士特别积极参与富农的反抗活动，帮着富农抗缴粮食，破坏农村的社会主义改造。因此，与宗教进行斗争，不仅因为它用上帝的观念吸引群众，还因为它是一种"反革命势力"。斯大林以极其肯定的口气宣布："我们是不是已经把反动僧侣镇压下去了呢？是的，镇压下去了。可惜的是还没有把他们完全肃清。反宗教的宣传就是一种必能把反动僧侣彻底肃清的手段。"[1] 在这种思想指导下，宗教工作离开列宁主义的原则就越来越远了。

1929 年 4 月，中央执行委员会通过《关于宗教组织法》。它虽然在原先战时的法令基础上作了细化、修改和补充，但整体上原则没变，从法律上确定了国家在这之前关于宗教活动的意见，即，宗教活动限于满足教徒的信仰需要，它应该在祈祷场所进行，从而把宗教排挤出一切原来在社会上所占的领域，规定了它的"特居地"。同时，在满足信徒需要方面也有许多限制条件。例如新法令的以下条款：

　　第十二条　宗教团体和教徒小组的全体会议，在农村经乡的执行委员会或区的民政处许可，在城市经市民政局许可，方能举行。
　　第十七条　禁止宗教组织从事下列活动：
　　一、成立互助储蓄会、合作社和生产组织、动用其所支配的财产去达到除满足宗教要求以外的任何其他目的；
　　二、向其他成员提供物质帮助；
　　三、组织专门的少年儿童的、妇女的祈祷会和其他会议，举行

---

[1] 《斯大林全集》第 10 卷，第 117 页。

圣经的、文学的、手工业的、劳动的讲授宗教教义等类会议，成立各种团体、小组和部门，以及组织游览和设立儿童活动场所，开设图书馆和阅览室，建立卫生院和诊疗所；

在供祈祷用的专门建筑物和房屋内，只能存放仪式所必需的书籍。

第二十二条　宗教代表大会及其所选出的执行机构不具有法人权利，不允许：一、成立任何教徒自愿捐款中央储蓄部；二、规定任何强迫性捐款；三、占有教会财产或按合同获得教会财产、通过购买获得教会财产、租借用于祈祷集会的房屋；四、签订任何合同和契约。

《关于宗教组织法》中的确也规定了建立基层组织的条件，有权作宗教仪式等，但表述非常简短，尤其是在"驱逐"宗教已成气候的时候，这些条款显得分量不够，过于简单，起不到保护的作用，不易在实践中实施。

1929 年 5 月召开全俄苏维埃第 14 次代表大会，在修改宪法的决议中，把《宪法》第 4 条，"承认公民有宗教宣传和反宗教宣传的自由"，改为了"承认公民有信教自由和反宗教宣传的自由"，做这样的修改"目的是限制宗教偏见通过宣传的途径扩散，而被经常利用为反革命之目的"[①]。也就是说，它的落脚点不是保障宗教信仰自由，而是在反宗教宣传自由，在限制宗教活动上。

需要指出的是，对于这一时期的宗教工作的指导思想和宗教政策，在苏联领导集团中并不是完全一致的，尽管对斯大林的个人崇拜已经越来越甚，但仍有一些领导人清醒地指出这些方面的偏差和危害。例如苏维埃联邦人民委员会主席李可夫，他在报告中很多地方讲到宗教和宗教组织问题。他说："我们赞同与宗教迷雾作斗争，不仅不准备采取强制手段反对宗教，而且在宪法中承认信教自由。与宗教迷雾作斗争，只有与群众的热情结合、与科学知识在群众中的深入结合、与改变文化风俗结合，才能成功。当前出现的现象的确与我们的工作有关，这就是执行

---

① 《全俄苏维埃第 14 次代表大会公告》第 16 号，莫斯科，1929 年，第 45 页。

政策走样和过火的压制。但是过火行为是极少的，是特殊事例。"虽然李可夫婉转、小心翼翼地表达了自己的观点，但在大会上没有得到全体代表的支持。不少人表示要加速"消灭宗教"的过程，而且希望采取行政手段。弗拉基米尔省的代表说：弗拉基米尔省昨天关闭了一大批教堂，结果发生了什么事了？什么事也没发生。我认为工人们是一致赞成的。问题是不光需要鼓动，也许还需要工人的无产阶级的一手，有的地方还应该打击得更严厉一些。对此，李可夫在总结发言中专门批评了主张关闭教堂、更严厉打击宗教的立场，他指出，"不能用棍子代替证据，代替思想斗争。麻醉剂在什么地方？在什么地方消灭麻醉剂？在人们的头脑中，应该在人们的头脑中消灭它。人们指的是什么人呢？是那些至今还没能与宗教决裂的农民、工人。这里不是与新经济政策的资本主义分子的斗争。当然，新经济政策的资本主义分子和富农支持宗教，与僧侣结成同盟。对待他们，我们要采取和正在采取坚决斗争，但是对待相当数量的劳动群众，这种斗争方式就未必恰当。遇到的问题往往是，贫苦人民他们拥护政权，但是还没有摆脱宗教残余；我们如果用行政手段所谓的'拉'他们，而跟他们争吵破坏和睦，就完全不合适"①。然而，在当时整个"要加快加重反宗教偏见斗争"的大环境下，李可夫等人的这些看法没有被采纳，党内一部分人想修正这种路线的努力没有成功。

1929 年 6 月，无神论者同盟第二次代表大会确定：反宗教斗争是阶级斗争最重要的部分，是在城市和农村推进社会主义过程最重要的方面。反宗教运动的口号是：与宗教斗争就是为社会主义而斗争。当时党的理论家布哈林在这次会议上发言，他说："与宗教作斗争已经提上日程，斗争迫在眉睫，从整个社会改造的观点出发都是迫切的，特别是如果看到，在原来我们的生活领地，阶级斗争变得激烈异常，在我们社会主义的经济中心，把宗教口号、宗教组织和教堂作为反动阵地，把我们的困难、错误和缺陷用于反动目的的时候，这种斗争就显得更迫切。特殊性在于，我们的阶级对立面都想在宗教形式的队伍里变得强大，反宗

---

① 《全俄苏维埃第 14 次代表大会公告》第 1、2、4 号。

教阵线很明显被看做是一种阶级阵线。"① 虽然布哈林后来在斯大林的党内斗争中也被清除了，但这个时候他的这个思想，是和斯大林的主张一致的，是当时的主流思想。

在这样一种宗教四面楚歌的氛围下，《关于宗教组织法》（1929）的法令刚刚颁布，苏维埃工作人员和反宗教运动积极分子便在许多地方违反法令，在大规模关闭教堂的地方往往不作必要的解释，伤害信教者的情绪和权利。所有这些都引起信教群众不满，有的地区冲突发展到武斗。

如果说马克思主义关于解决宗教问题的传统首先是与社会、经济、政治和文化联系在一起的，而且需要一个很长的过程，那么，在20年代末，这种"逐渐消除"已经演变成以"消灭宗教"自身为目的了。评价反宗教宣传的效果有数量上的指标，这就更刺激地方政权追求"数字"，并且展开竞赛。仅莫斯科州1929年秋冬至1930年冬一年时间里就关闭教堂696处。地方政权要求把关闭祈祷所和聚会点的决定权下放，因为在地方，就教堂问题，信教者与不信教者经常论战，非常激烈，无休无止；为了让群众看到政府的权威和力量，就需要快刀斩乱麻，这样才对政府有利。除此之外，诸如限制主教会议、禁止教堂敛钱、关闭教堂图书馆、上交多余的文献、限制大主教的管理等，都是配合关闭教堂一起进行的。这些做法都是依据1929年《俄罗斯联邦宪法》第4条。这一条用"公民有信教自由"（或说宗教崇拜活动的自由）取代了原先关于"公民有宗教宣传和反宗教宣传的自由"的规定。这就使信仰自由只能有狭义上的理解，即信仰只能是头脑中的信仰，其余的一切活动，包括宗教仪式、宗教学习、宗教传授等，都是不能存在的。所以，宗教代表大会也是不符合宪法新精神的，这点在1929年以后十分明确。虽然宪法第6条规定劳动群众有集会自由，但是并不包括这种本质上与劳动群众利益相违背的会议，这就是当时的解释。

用行政手段对待信徒和宗教组织的现象，在20年代末很普遍。在此复杂局势中，党内和政府机关内不少人抵制这种做法，认为这样做歪

---

① 布哈林：《改造时期和与宗教作斗争》，无神论者同盟第二次代表大会，莫斯科，1929年，第6—7页。

曲了列宁关于社会主义处理宗教问题的学说，希望党和国家领导纠正错误的反宗教运动。

中央执行委员会主席加里宁在给中央监察委员会主席奥尔忠尼启泽的信中写道，由于执行党的农村集体化政策，他本人收到许多来自宗教界人士的情况反映信。这些人诉说自己无权和受到地方政府工作人员的专横的对待。他们的家庭的确都很艰难。法律上虽然没有将他们当做敌人，但在这一重要的政策问题上，地方党完全的粗暴专横、对党的政策不理解的现象太普遍了。所有措施都把对教职人员的剥夺与没收富农财产同等对待（这种不合法的剥夺是在征税的形式下进行的），这使他们不能完成他们的宗教需要。这种措施有时是法院行为，更多的是行政行为。加里宁认为，也许这些信件反映的不完全属实，但是，即便有一半可信，也该引起我们重视了。应该提请最高机关对此给予相应的解决。①

由于情况越来越糟，反对宗教工作"左倾"的意见在党内占了上风，因此，在联共（布）中央委员会 1930 年 3 月 14 日会议上，做出了关于"与歪曲党的农村运动路线而斗争"的决议。中央执行委员会宗教问题委员会 1930 年 4 月 6 日召开会议讨论了教职人员问题，并做出规定，大致包括：1. 强制莫斯科州和其他地方神职人员搬迁，违反现行法律，不符合党的路线，因此是非法的；2. 没收教职人员的财产是非法的；3. 对一个人只因为他是教职人员就处罚去伐木或实行其他劳动处罚，是违法的；对教职人员实行劳动处罚只能根据他与其他公民一样的犯罪事实；4. 在征收教职人员的税款时……应考虑他们所能承担的数额。……对破坏规定者要追究其刑事责任。②

由于这一决议的公布，各地反映和投诉的情况陆续向中央传来，如1930 年 5 月，穆斯林中心管理局向宗教问题委员会投诉，信中反映，在鞑靼斯坦共和国和巴什基里亚自治共和国等地，关闭清真寺、过度征税、罚款、没收财产、强制劳动、没收《古兰经》和其他宗教书籍的情况时有发生。

---

① 苏联中央国家档案馆（下简称"中央档案馆"），内务人民委员部"关于实施对宗教组织监管时出现歪曲阶级路线"的会议文件。

② 中央档案馆，中央执行委员会宗教问题委员会常务会议 9 号文件。

　　整个 30 年代就是这样反反复复折腾怎样落实宗教政策才合适，是否需要反对和纠正党和政府工作中的"左倾"路线，两种意见力量轮流占上风。30 年代后期，恢复开放教堂似乎就等于为教会和教派反动势力提供组织基础和活动场所，这种意见重新成为主流意见。苏共中央领导人马林科夫斯基向斯大林建议，作为第一阶段的任务，是从它的组织形式上即从教会管理机关、从教阶制度消灭它；而克拉西科夫（中执委宗教委员会主任）主张加强立法，严肃执法，对法规不断进行完善，但他的意见甚至没有得到研究。占优势的意见是，没有也不可能有"好的僧侣"；神职界、首先是高级神职人员就是公开的或隐藏的反革命力量。结果，至 30 年代末，在多数地区、州、加盟共和国，只保留一个主要教堂，有 25 个州建成无教堂州；整个苏联已无一座修道院，教会唯一一份杂志停刊，唯一一个神学院解散。宗教事务，包括主教以上重要职位的任命，完全交由国家内务部管理。

　　由此可见，事实上，苏联建国二十多年来，政教实际上没有分离。宗教还没有脱离政权能作为一种信仰而自主活动，它完全受到政权的排斥，时时受到政权的打压，这是一种表面上分离而实际上更人为的不分离。当然由于战争期间，在你死我活的争夺政权的时候，没有时间和条件做艰苦细致的思想工作，偶尔采用行政压制手段和过火行为，难以避免并可以解释，但在其后的相当长时间里，仍把压制作为解决问题的主要方式，这就犯了错误。很多的党的工作者和政府工作人员，尤其是基层的，长期以行政压制作为最便捷的与宗教作斗争的手段，就伤害了一大批群众。虽然到 20 年代末，大批教徒脱离了教会，但其中不能说没有随大流的因素。热火朝天的经济建设吸引了民众的很大一部分精力，焕发了他们建设新生活的热情，新的生活理想取代了一部分人的宗教信念，多数人的宗教观念则和他们积极参加建设也并不矛盾。然而无神论宣传者却一味地批判宗教的消极作用，例如说教徒守安息日影响劳动，把正常的宗教活动归于愚昧落后之列，极大地伤害了宗教徒的感情，也打击了他们参加新生活建设的积极性；而无神论宣传者甚至把宗教——上层建筑的现象之一，看成社会弊端的根源，更加陷入绝对化和片面性。马克思主义不是从宗教中去寻找社会的秘密，而是从社会生活中去寻找宗教的秘密。宗教并不是造成世人局限性的原因，它是巩固这种局限性的因素，是这种局限性的表现。

总之，如果说上一个时期新政权把政教分离当做宗教工作的中心而开展的话，这一个时期，苏联的宗教工作则在较为广阔的范围内展开了。但随着工作的全面深入，行政上人为的、过激的手段也越来越多，偏离马克思主义的路线越来越远，因而矛盾也越来越尖锐。就在这个时候，苏联遭遇了空前的灾难——第二次世界大战。这也因此改变了苏联政教之间的对立关系。

三　卫国战争给尖锐的政教关系带来了相对的正常化发展（1941—1957）

1941 年 6 月 22 日，德国法西斯侵入苏联国土。面临国家民族的生死存亡关头，苏联全国上下，不分男女老幼，不分民族也不分信仰，一致对外。战争爆发的第一天，谢尔吉在给东正教全体教职人员和教徒的通告中表明了教会的爱国立场。卫国战争使各个教会活跃起来。东正教会以自己的名义征集国防物资和基金，救助儿童和红军伤病员及他们的家属；福音基督徒洗礼派集资为国家购买运输机；亚美尼亚教会为筹集坦克纵队捐款等。国家也一改以往把教会排斥在政治经济活动之外的态度，允许和支持教会的爱国运动。国家把印刷厂提供给教会印制宣传品。1942 年 11 月，尼古拉主教受最高苏维埃之命，担任国家"平息和讨伐德国法西斯暴行委员会"成员。这一切表明，教会不但还存在着，而且它也以此改变了以往无神论宣传中所说的人民凶恶的敌人的形象。

神职界和信教群众在战争中表现的爱国立场与当时宣传造成的舆论直接矛盾。国家与教会关系应该正常化，变成人们的共识。1943 年是战场形势发生转折的一年。为了团结信奉天主教、东正教和新教的东欧国家，苏联政府在国内做出了改变宗教政策的积极姿态。这包括，对教会方面，自 30 年代封闭了的教区被允许恢复，教会人士可以自主地在教堂里主持活动，恢复了大主教加封仪式；政府方面，苏联报刊实际上不再进行反宗教宣传，由于纸张紧张，《战斗的无神论者同盟》停刊，一些反宗教博物馆也关闭了。政教之间建立了一种完全不同以往的秩序，教会的存在得到社会的认可。1943 年初，斯大林终于决定要使政教关系正常化，而当时东正教会内尚有一派所谓"革新"教会（产生于

1922 年，跟从俄共，反对教会领导，不占有群众，在国外教会中也得不到承认，被视为"分裂分子"和"篡权者"），为了建立政教关系的正常化，国家到底是依靠"左"派还是依靠正统的右派，斯大林明智地选择了后者，这虽然是实用主义的策略，但毕竟是终于面对了现实。

国家与教会的对峙在民族危亡的关头自动解除了。而且，苏联建国以来宗教问题中许多争论不休、悬而未决的问题，也得到了较好的解决。斯大林一改苏联法律禁止教会财务独立的规定，同意教会以自己的名义在银行开设账户，以存放各种国防捐款。1943 年 9 月 4—5 日，斯大林在克里姆林宫会见教会代表，满足了教会的一系列要求：允许召开主教大会，选举新牧首；恢复宗教学校；开放教堂；出版杂志；兴办蜡烛工厂等。显然，由于战争的特殊形势，国家与教会的关系极大地缓和了。乌克兰西部的希腊天主教在 1944 年致信斯大林和人民委员会，对苏维埃解放乌克兰表示感谢，声明教会愿意参与"和平生活的建设"；除此之外，他们提出调整关系，请求国家不要妨碍教会和修道院的活动，包括教授宗教课程和出版宗教刊物，以便为其正常发挥职能创造条件；同时，以全体僧侣和教徒的名义，捐赠 10 万卢布作为苏联红十字会基金。对此，政府作了友好的回应，它一方面指出，所有宗教组织都应在法律范围内活动，同时又肯定希腊天主教的要求并没有超越法律，因而应该得到满足。相应地，巴库、塔什干等地召开穆斯林大会，亚美尼亚成立教会事务委员会，基辅、里沃夫、明斯克、敖德萨等地开办神学培训班，基辅洞窟修道院开放。到 1945 年，东正教修道院恢复 75 座，天主教、东仪天主教、希腊天主教的修道院也相继开放。这期间，政府的东正教事务委员会讨论拟订的"苏联教会地位法"草案，但是没有获政府通过。然而，教会团体部分范围的法人权利，包括租赁、建房、购买财产等，均得到满足。

与此同时，教会为了适应社会主义社会，以神学界一部分人为代表，逐步放弃了教会在社会观上的中立性立场，转而论证宗教教义与共产主义目标的一致性。这种改变促成宗教训诫开始世俗化，使教徒的意识和行为也发生变化。教会的这一导向促使教徒群众把自己的宗教信仰和忠诚，与社会主义要求的思维方式加以调适，把为教会服务和为社会主义服务统一了起来。1945 年 1 月，东正教会在莫斯科召开主教会议

（选举新牧首），这次会议是教会生活稳定的一个分界。此后为了适应社会主义现实，教会加快了现代化进程，成为现代俄罗斯东正教的开端。之后直到 1957 年，是苏联历史中政教关系极其特殊的时期。

卫国战争以及战后时期，国家领导人与宗教组织的一些信件、涉及政策法规包括关于开放教堂的文件，都是不公开的，而是根据斯大林的旨意，在政府东正教事务委员会讨论之后，由莫洛托夫（人民委员会主席）而不是斯大林签署实行的。由于战争中及战后一段时间，苏联各宗教教派在前所未有的较宽松环境下，一方面为国家为卫国战争作了不少工作，态度是积极的，另一方面宗教自身也从以往 20 年被打压萎缩的状态下复苏和得到相当的发展，这种"升温"加上党的宗教工作方针政策透明度低，因而为不少党和政府工作人员所不理解，认为"离开了马克思主义立场"。战争结束十来年之后，随着苏联国民经济的迅速发展，综合国力加强，那种认为社会主义很快到了，资产阶级残余将会很快消灭的思想逐渐蔓延开来；在意识形态工作中，旧的、30 年代形成的无神论工作教条逐渐回潮，因为这些思想观念比较容易被党政干部理解，由于惯性的原因，对教会关系的"升温"作为"危害社会和党"的路线受到质疑，逐渐又收紧了社团登记。

回顾这一段时期苏联的宗教政策与实践可以看出，由于出现了二战这样的特定事件，政教关系得到缓和，并逐步正常化，这本来是改善关系的很好的契机，是把宗教理论政策回到马克思主义路线上的机会，可是，这段时间对待宗教和教会组织的种种做法包括中央指示、文件，都不是苏共领导人在理论上和思想上的转变，而只是暂时的不得已的临时措施，为了防止广大干部的误会，往往将斯大林的一些新措施、内部讲话秘而不宣，致使广大干部对这些措施不理解甚至怀疑，加上干部认识水平低，不研究新问题，对"左"的一套容易理解和偏爱，因此，一旦战争结束，主要矛盾不存在了，在日常工作中，对宗教简单粗暴的认识和工作方法又回潮了。

四　赫鲁晓夫改革调整时期矛盾的宗教理论与政策（1958—1965）

斯大林去世后，赫鲁晓夫上台。赫鲁晓夫其人没有完整的一贯性和思想理论。一方面，他思想比较开放，在他当政时期，对外调整外交政策，对内改革工农业经济，加强民主，主旨在避免世界大战，争取持久和平。因此，国内政策不再把与宗教的关系放在头等地位；但是，另一方面，他思想和政治上的唯意志论十分突出，以至于在宗教问题上，以往那种陈旧的宗教与共产主义势不两立的非此即彼的形而上学思想在党内占了优势：苏联准备实现进入共产主义的决定性飞跃，共产主义社会自然应该没有宗教的位置。在这种思想指导下，一场对宗教新的斗争又酝酿起来了，准备新一轮攻势。1959年，《真理报》刊登题为"与宗教偏见作斗争"的社论，称"宗教是最保守的一种意识形态，它妨碍人民群众参加改造社会的斗争"，"宗教残余是各族人民友谊的障碍，它维护民族主义情绪"。20世纪60年代初，从批判东正教的干尸崇拜属于宗教迷信为起因，曾经是罗斯文化发祥地的、11世纪修建的基辅洞窟大修道院被关闭，给教会和信众心里造成很大打击，并留下对政府不信任的阴影。60年代，无神论工作一直被视为指导人民形成科学唯物主义世界观的主要推动力。在最短的时间内建成"无宗教社会"成了纲领性目标。1963年苏共中央全会"关于当前党的思想工作的任务"的报告提出了无神论教育最完整的纲领："宗教是我们国家科学世界观的主要敌人，是旧社会最顽固的残余之一，许多阶层的民众还没有从其中解放出来"；"在我们国家已经切断了宗教的社会根源，但是宗教观念作为旧社会的残余依然存在……我们社会已经没有与社会主义敌对的阶级和社会阶层，但是还有一些人有意无意地保持着敌对阶级的观念和禀性；还有一些人的思想结构和行为是与社会主义格格不入的……"[1] 明确把宗教和宗教观念视为旧社会残余，或者是资产阶级的宣传，这种简单和片面的认识，自然导致了不允许在社会主义社会体系中保留宗教的位置。因此，苏联不仅在对外政治舞台上把与资本主义作斗争当做首要任务，而且在国内把消灭人们头脑中的资产阶级残余作为同等重要的任务。

　　这样一来，无神论工作的指向很快又变成追求削减教会组织的数字指标。由于不公开地逐渐控制宗教组织活动，因此，不进行登记的半地下组织增加。在实践中，实行内部指令的情况到处泛滥，对方针政策、法律法规为所欲为的解释造成政府威信的下降，使广大群众尤其是信教

---

① 参见《论科学无神论与无神论教育》，莫斯科，1974年，第267页。

群众精神上受到极大伤害。

　　显然，60 年代调整和解决宗教领域的问题仍然是 30 年代的基调，而且达到僵化的极致，表现在：1. 把判断宗教危机与否主要归结到数字指标；2. 把宗教生活的起伏发展视为国际资产阶级的渗透和宣传，是宗教消退过程中不可避免的现象，而否认在社会主义的苏联还存在宗教活跃的客观条件；3. 依然认为行政调节是促进社会世俗化的途径；4. 把不同时期形成的无神论宣传教育方式方法绝对化。

　　1965 年成立苏联部长会议宗教事务委员会，负责政府与教会的联系。但是许多具体的原则性问题，例如宗教社团登记、提供祈祷场所等都放权给地方。

　　60—70 年代，由于国家把主要精力放在改善国际环境和国内的工农业生产上，不再把与宗教的斗争作为主要目标任务，同时，为了消除斯大林个人崇拜、残酷压制的后果，平反了一批肃反扩大化受害人士，包括教职人士，这些做法使社会对宗教的容忍度大大放宽。国家同时把教会活动纳入国家外交活动，让他们在国际范围内受到承认，这不仅有利于国家也有利于教会，因此政教关系应该说比较平稳。这一时期，在宗教研究方面，认识到必须克服在实践中还存在的对待宗教思想的明显的简单化的倾向，同时，出版的书籍、文章非常之多，内容涉及宗教组织的介绍、宗教道德的分析等；更多地了解宗教现状，分析、研究宗教学说、教义、道德说教等，但多展示宗教思想的危害性，要以灵活而多方面的系统的斗争方法与之对抗。

　　在这种理论和实践的背景下，加上苏联领导人赫鲁晓夫在思想和工作作风上的主观性随意性，因此，这一期间即使赫氏本人有某些正确的政策、良好的愿望，也会由于他错误的领导方法而在实践中大打折扣。

五　服务于冷战时期超级大国对峙斗争的宗教理论与政策实践 (1965—1985)

　　苏联在勃列日涅夫当政的若干年间，国内各个领域总的形势可以用沉闷和停滞来概括。随着苏联国家综合实力的加强，苏联和美国成为世界上的超级大国，两个超级大国之间互相对抗、争霸。为了在国内有一个较为稳定的环境，在国际上争取更多人的支持，减少反对的压力，苏联政府对宗教采取了有限度的放宽。苏联领导人逐渐放弃了急于消灭宗教的不切实际的设想，抛弃了那种大规模限制宗教团体活动的做法，对于一些限制宗教活动的具体规定也作了某些修改。1975 年 6 月最高苏维埃主席团发布对宗教工作的指令，这个文件具有重要的意义。它对 1929 年的《宗教组织法》作了修订，使之符合从 1929—1974 年这一时期的各项法令，取消了一些陈旧的规则、概念和提法。具体的修改有以下几点：1. 宗教中心和教区管理机构可以生产教堂和仪式所需的用品，并且可以将它们出售给其他宗教团体。宗教团体有权获得运输工具，有权租赁、建造和购买自己所需的建筑物；2. 强调要遵循集中制原则检查关于宗教法的执行情况，为此授予苏联部长会议宗教事务委员会极大的权力；3. 宗教团体和教徒小组只有在国家政权机关登记后，方可进行活动。宗教团体承担遵守法律的义务，同时受到苏维埃法律的保护。与 1929 年法令规定不同，很重要的一点是，它把宗教团体的登记和取消登记、教堂的开放和关闭等事宜的决定权，从地方政权转到了中央机关，即苏联部长会议宗教事务委员会。在这些问题上，集中制原则可以保证在处理有关问题时，考虑全面情况，掌握分寸，比较谨慎，从而避免错误。1975—1977 年在各加盟共和国实行的"关于宗教组织"法令也是同样的意义。随后，1977 年的苏联宪法在第 52 条中也特别强调了社会主义社会信仰自由原则。

由于环境的宽松，教会各派活跃起来，积极配合政府的国内外政策，尤其在国际上，加入了世界性的基督教组织，树立在国际上苏联宗教信仰自由的形象，同时团结了周边信教国家，营造外部环境，使人们认识到"克服宗教偏见是一项需要耐心和认真态度的、长期而复杂的工作"（1977）。20 世纪 70 年代，在全苏境内，东正教会和其他教会（伊斯兰教、天主教、犹太教、佛教）恢复到 2 万多活动场所，修道院 20 座；东正教有 18 所神学院校，其他各教各有 1—2 所。60 年代以后宗教信徒数量比较快速地增加，政教关系缓和、环境相对宽松是一个方面，但苏联社会存在官僚腐败现象，人民利益受到忽视，还有肃反扩大化和二战遗留问题，在一些人心里造成严重的精神创伤，所有这些都会促使人们转而到宗教里去寻求慰藉，同时也说明教会的影响并没有减弱。从 1975—1985 十年间，仅东正教的宗教学校就从 750 所增加到

1200多所，几乎翻了一倍；1976年、1979年和1983年，东正教会莫斯科教区三次出版《圣经》，总印数达30万册，以满足教徒需要。民族地区两次出版《古兰经》（这固然是国内有需要，但也有国际外部压力的原因）。特别是，80年代，对于东正教会的重大事件——庆祝基督教传入俄国千年纪念的筹备事宜，当时的苏共中央宣传部认为，举行庆祝活动对国家来说没有任何意义，不宜支持；但是苏联政府顾及到国际范围对此的反映，权衡利弊，1983年决定把莫斯科最古老的、13世纪建造的、极具历史文物价值的丹尼尔修道院移交东正教会，以供教会用来作为筹备纪念活动行政指挥中心。这反映了国家一贯支持的战斗的无神论已改变姿态，对教会做出某种让步。

　　国内对宗教有一定程度的宽松，而国际上美国和梵蒂冈宗教势力则进一步加紧了对共产党国家的渗透和颠覆活动。波兰最先改变颜色，捷克、匈牙利、民主德国也出现不稳定态势，东欧邻国的动荡对苏联产生深剧影响。据英国"宗教与共产主义研究中心"统计，自80年代起，世界上有35个国际组织向苏联和其他东欧国家源源不断偷运《圣经》和宗教宣传品。

　　实践中对宗教采取了一定范围的宽松政策，但思想意识的滞后性、以往认识和方法上的惯性，使得信仰自由原则的贯彻停滞不前。一些理论家仍然坚持认为过去无神论工作方法是正确的和富有成效的。他们要人们注意，"宗教界……企图把宗教理想和我们的社会理想混为一谈"，强调"宗教对共产主义这种社会制度是有害的"，认为"宗教残余得以存在，伟大的卫国战争也起了一定作用……由于战争年代失去了亲人以及带来的艰难困苦，促使国内一些地区的宗教信仰有所发展"，但断言"宗教已无力恢复已经丧失了的历史情景"[①]。如何协调统一这时期的现实政策与理论认识上的矛盾、在宪法关于信仰自由的宣传与在实践实行中产生的矛盾，到80年代，不少党的思想理论家和政府部门、宗教界人士和信徒，包括社会舆论，都意识到了，这一领域成了国家内政方面的薄弱点，成了国家领导层必须注意和解决的问题。

―――――――――

　　① 参见前苏共中央社会科学院科学无神论研究所所长奥库洛夫的"当代条件下无神论巩固的若干特点"一文。

六　"新思维"指导下戈尔巴乔夫对宗教问题的新政策（1985—1990）

历史不断地向前发展。1985 年戈尔.巴乔夫当政以后，实行政治体制改革，由于经济体制改革徘徊不前，人民群众的需求得不到满足，许多人对改革的信心和社会主义理想发生动摇，苏联社会的凝聚力骤减，社会出现了不可遏止的信仰危机。1988 年，戈尔巴乔夫第一次提出"全人类精神价值"的观念，随着"新思维"的产生，社会进入了一个对其发展方向严肃反思的时期。思想界一下子活跃起来，各种问题都受到了关注：法制国家和新思维、全人类价值和阶级价值的关系、民族问题、社会主义的面貌、保存历史文化中有价值的东西和人权问题等。人们给所有这些问题寻找这样或那样的解决办法，宗教与教会的地位问题也是。而寻求对宗教问题的解决是与克服以往的错误分不开的，是与调整对宗教问题的认识和困惑相联系的。

怎样对待社会主义社会的宗教问题，在苏联社会有很重大的意义。戈尔巴乔夫不止一次谈到这个问题，党和国家其他领导人也多次强调。党和政府对宗教问题的态度反映在全苏党代会第 19 次会议戈尔巴乔夫的报告中，他说："我们不能隐瞒我们对宗教世界观的观点，它是非唯物主义的，是不科学的。但是这不能成为我们不尊重信徒群众精神世界的理由，更不能采取任何行政压制的手段来确立唯物主义观点。"应该说，这一表述没有违背马克思主义的传统理论。但反映在舆论中，在倡导"民主化"和"公开性"环境下，各种意见通过媒体可以公开发表，明显地反映出两种倾向：其一，谴责马克思主义无神论是不道德现象的根源，把苏联政治生活中的一切弊端都归罪于不信神，完全否定无神论和唯物主义世界观的宣传；其二，认为宗教并非克服社会危机和复兴道德的唯一途径。这种矛盾，反映了苏联文化思想领域的混乱、惶恐和冲突的现实状况。

其中影响最大、最具代表性的是激进派领袖叶利钦。他确信"宗教信奉和传播的那些永恒的、普遍适用的价值观，将会对社会有所帮助；特别是教会的许多富于伦理原则的劝诫，会帮助苏联人民克服信念危机，渡过难关"。因此他特别看重解决宗教问题。戈尔巴乔夫和叶利钦都支持东正教会的千年纪念活动，认为"具有政治的和道德的意义"。
1987 年 10 月，联合国教科文组织根据苏联政府的倡议，确定"'罗斯
受洗一千周年'是欧洲乃至世界历史和文化史中的重大事件"。

　　东正教在 1980—1988 年千年纪念活动筹备期间，曾召开三次神学
科学国际研讨会，吸引了国内外的神学家、史学家和非宗教界的哲学
家、人类学家等的参与，加上国内媒体的宣传，这些无疑对全苏联兴起
的宗教热起到了推波助澜的重要作用。1988 年 4 月，戈尔巴乔夫在会
见教会领袖时表明了全新的政策性观点。他的谈话要点如下：1. 国家
对教会的态度，立足点是看是否能巩固全民族团结；2. 信教者和不信
教者在世界观上有巨大差异，但也必须考虑现实情况，即教徒是爱国的
劳动者，所以应该有充分权利表达自己的信念；3. 马克思主义者与宗
教徒在诸如维护和平、保护文化古迹、促进社会成员道德的完善等方面
有对话的接触点；4. 承认宗教组织在调解国际争端、争取核裁军、宣
传人道主义以及支持苏维埃国家政策方面的积极作用。这次历史性会谈
引起国内国际上很大反响。舆论普遍认为，戈尔巴乔夫改变宗教政策的
目的在于，争取国内最大的宗教势力——东正教对其改革政策的支持。
1988 年 6 月，80 多个国家的 517 名代表，以及基督教以外其他宗教团
体的代表和社会活动家参加了纪念活动。纪念活动的顺利举办，大大提
高了东正教会在苏联国内的地位，扩大了它在国际上的影响。并且，在
国内引起连锁反应，此后国内的其他宗教组织如伊斯兰教，也纷纷效
仿，举办各种名目的纪念活动。宗教复兴的势头从此一发不可收。

　　自然，理顺政教关系必定是苏联社会改革应当包括的内容。鉴于
当时的情况，尽快制定新的宗教法规和政策，迫切地提上了议事日
程。1989 年，由苏联部长会议宗教事务委员会、外交部、司法部、
检察院、国家安全委员会和内务部共同起草了"信仰自由与宗教组织
法"，经苏共中央意识形态委员会审议拟定，其基本原则主要有：赋
予教会法人权利；保障教授宗教原理和宣传宗教教义的自由；教职人
员与其他公民享有同等权利。新宗教法草案先后交各大教会讨论征求
意见。东正教会特地为讨论草案召开主教大会，经过讨论提出教会的
要求，具体说有以下几点：1. 要求宗教组织与其他社会组织有平等权
利；2. 要求宗教教育和宗教宣传与无神论宣传有平等权利；3. 要求

准许教会广泛而多样化地开展慈善事业；4. 要求出版宗教书刊的自由；5. 要求使用大众传媒工具。1989 年底，宗教法草案呈送最高苏维埃国际事务委员会和法律委员会审查。1990 年 6 月 6 日在《消息报》上全文发表，供全民讨论。此间，总共收到来自各个阶层约 500 条意见。10 月 25 日"信仰自由与宗教组织法"正式颁布。这项法律共 6 章 31 条，对信仰自由、宗教组织、政教分离、学校与教会分离、宗教组织的财产地位、权利和经济活动作了详细的规定。在"信仰自由之权利"的条款中是这样规定的：

每个公民根据信仰自由之权利，可以自由决定对宗教的态度，有权单独地或共同地与他人一起信仰任何一种宗教或不信仰任何宗教，有权表达和传播与宗教有关的信念。

父母或监护人，本着相互同意之原则，有权按其本人对宗教之态度教育子女。

在公民决定其对宗教、对信仰或不信仰宗教、对参加或不参加祈祷、仪式、典礼与宗教学习之态度时，不准有任何强迫。

实现信教自由或信念自由只受以下限制，这些限制是维护社会治安与秩序、维护社会生活、健康与道德所必需，也是维护其他公民的权利与自由所必需，这些限制为法律所规定并与苏联所承担之国际义务并行不悖。

在"教会与国家分离"的条款有如下规定：

一切宗教和信仰在法律面前一律平等。不准因一种宗教或信仰对其他宗教或信仰之态度规定任何特权或限制。

国家不能委托宗教组织执行任何国家职能。宗教组织的活动如不与法律相抵触，国家不得干预。国家不资助宗教组织的活动和无神论宣传的活动。

不准限制科学研究，其中包括国家资助的科学研究，不准限制其成果的宣传，不准按其特点是否符合某一宗教或无神论理论而限制其列入普通教育大纲。

各宗教组织不履行国家职能。

宗教组织有权参与社会生活，与社会团体同样平等地利用群众性新闻媒介手段。

宗教组织不参与政党活动，不得给予政党财政上的支持。宗教组织之工作人员与所有公民一样，有权参加政治生活。

在"学校同教会分离"的条款中增加了这样的内容：

公民可单独地或与其他人一起，按自己选择的语言学习宗教教义和接受宗教教育。

已经按规定手续登记其章程的宗教组织，有权根据其章程，利用归其所有或归其使用的房屋，为儿童和成年人之宗教教育兴办学校或小组，及进行其他形式之教学。

与已经实行了整整 60 年的 1929 年的宗教法律相比，该法律还增加了有关国际上公民权利条约的规定，增加了军人、青年学生、在监人员参加宗教活动的规定，与外国宗教界往来的自由、从事慈善事业的自由等。特别值得注意的是，它规定，对待无神论宣传同对待宗教组织活动一样，国家不予财政支持，这等于说，无神论不再被作为国家的意识形态。在此之后，国家取消了原有的苏联部长会议宗教事务委员会（相当于中国的国务院宗教事务管理局），解散了苏共中央下属的社会科学院宗教与科学无神论研究所。可以看出，宗教界的要求不仅几乎全部得到了满足，而且有些规定还超出了他们的预想。国际上有评论说这是世界上最自由的宗教法之一。

此后，宗教政策全面放开，教会活动得到了全方位复兴：教会人士不但大张旗鼓致力于教育、走进军队，不但重提传教、开展慈善事业，而且开始参政议政，公开发表对各种政治及社会问题的看法，成为苏联社会中一支举足轻重的社会力量。教会重返社会以后，活动领域大大扩展，对俄罗斯社会生活和政治的影响日趋扩大。

80 年代末，苏共领导意识到苏联宗教理论和无神论研究的偏差，及其与社会实践的巨大矛盾，苏联宗教问题的理论家也开始了反思，其中苏共中央宗教与科学无神论研究所所长、苏联科学院院士 B. N. 加拉贾的文章"重新认识"，是苏联实行改革政策过程中学者对宗教问题再认识的代表性文章，具有很大影响，引起广泛注意。文章开宗明义："今天所进行的无神论工作不仅没有效果，而且连带还要付出道德的、精神的和政治上的巨大代价"，指出，"把宗教想成几乎是社会主义社会发展的主要障碍，这不仅可笑，而且可以说是无知"，"不应该否定宗教在社会主义社会生活中的积极作用，不能否定在革新社会主义的斗争中教徒与非教徒团结一致的必要性"，"应当从改革的立场分析和评价社会与教徒、国家与教会的关系，应当使信教者没有理由指责无神论者保守、冷酷无情、教条和不宽容等"，大声疾呼"应该摆脱僵滞状态，走上坚决改革无神论活动的道路的时候了"。然而形势已经发生巨变，在戈尔巴乔夫"新思维"的冲击下，宗教浪潮席卷而来，无神论已不是"改革"的问题，它在苏联随着苏联的国体的削弱和消亡，也到了自己濒临消失的地步，1991年苏联解体之后，那个无神论研究所也最终被解散了。

　　1991年苏联解体。新的俄国政府在后来处理复杂的政治的、外交的、民族的、经济的等一系列问题的现实事务中，依靠教会与教会协作，双方不断磨合，逐渐走上了"自由合作"的佳境，形成了稳定的新格局。政府和教会通过几十年痛苦的实践，都认识到，必需真正的分离，才能在独立的基础上合作，完成各自的使命。回顾起来，列宁在1918年的法令中，已经规定了宗教与社会主义国家在建设社会主义社会中共存的条件，是正确的。对于经典作家所论述过的正确的东西，俄国人至今没有完全丢弃。对于他在当时条件下所表现出的战斗性，对今天已不适用。

七　反思

　　1. 苏联与宗教斗争的实践证明了马克思在《资本论》中所论述的一段话的正确性，即，宗教反映在现实世界的消失，是有条件的，"这需要有一定的社会物质基础，或一系列的物质生存条件，而这些条件本身又是长期的、痛苦的历史发展的自然产物"①。苏联70多年的历史，虽然不能说很短，但无论如何不能说是长期的。特别是，苏联社会主义国家的建立，是否就等于具备了宗教消失的物质基础呢？当然也不是，这里所谓的社会物质基础，或"一系列的物质生存条件"，首先是指经济基础，指社会具备了巨大的丰富的物质条件，社会不但不再有阶级和剥削，而且不再有贫困，不再有对社会的恐惧，还要有巨大的科学进步

---

① 《马克思恩格斯全集》第23卷，人民出版社1972年版，第96—97页。

和丰富的文化生活；人们不但不再愚昧，而且不再对未来恐惧，也就是说人们到了谋事在人、成事也在人的时候，宗教才能失去生存的条件和基础。这是很长很长的时期，人类社会的现实世界最终能不能达到这样的境况还是个未知数，所以这个理论问题至今还在探讨中，也许最终还是要实践来回答呢。而苏联的领导人和理论界，错误地认为消灭了人剥削人的现象，消除了阶级对抗，宗教就不存在产生的土壤，就导致迅速消亡，把社会主义的胜利等同于"群众性无神论社会的建立"，这种认识是错误的，是苏联与宗教作斗争一系列具体政策失误的根源。因此，对宗教存在的长期性，我们必须有足够清醒的认识。

2. 整个苏联时期（除卫国战争和戈尔巴乔夫时期），几乎全是在"大声疾呼向宗教宣战"。列宁建国初期，与教会斗争实际上是争夺政权的斗争，是政治斗争，因而极其残酷。但列宁的后人在建设时期的经济斗争、意识形态的斗争中毫无例外地用行政手段、用压迫、压制、限制、剥夺、取消等手段与宗教斗争，其效果如何已被事实所证明。"克服宗教"这一抽象公式变成了行动目标，而对宗教在不同的社会历史时期存在的深刻的社会根源却缺乏对具体矛盾和复杂性的分析，导致一系列"左"的错误的发生。结果是表面上信徒少了，教堂关闭了，事实上人们精神压抑，社会什么怪事都可能发生，甚至教徒跑到党的机关或克格勃那里互相告密；以往人们解释说这证明教会的衰败，实际上并不那么简单，正如叶利钦所说，"当社会患病时，它的成员也不会健康"。

3. 苏联在二战的国难当中政教关系有所缓和，事实上苏联共产党和政府也适时地做出一些相应的调整，对各个教会的爱国行动给予认可和支持，但并没有从根本上转变态度，从理论上对宗教做重新认识，这一点从斯大林从不亲自签署正式文件就可看出政府是否有诚意；对教会的积极活动、捐赠钱物以及明确要求改善关系的示好信息，政府总是怀着戒备的心理，没有抓住时机互动，导致以后的"左"的回潮。

4. 苏联在很长时期除了党的无神论工作者，在社会科学中，没有一门专门的学科深入地研究宗教，而一般的历史、哲学、法律、经济、政治学等学科都不提及宗教，宗教现象没有被作为研究对象，以致理论研究长期滞后，认识僵化。从这一历史教训使我们更加体会毛泽东当年亲自提议成立我国的马克思主义的宗教研究机构是非常正确的。知己知彼、相互尊重、正确引导、长期共存，才是我们从苏联宗教工作的历史教训中得出的对待宗教的正确态度。